VERSTEHEN UND GESTALTEN G6

Arbeitsbuch für Gymnasien
Ausgabe G

Herausgegeben von Konrad Notzon und Dieter Schrey
Bearbeitet von Sybille Bauer, Wolfgang Bick, Karin Comfere,
Christine Debold, Klaus Holzwarth, Ralf Kellermann,
Ute Leube-Dürr, Konrad Notzon, Ulrike Paschek,
Juliane Quent, Christoph Schappert, Dieter Schrey

Oldenbourg

Vorwort

Liebe Schülerin, lieber Schüler,

hier ist dein neues Arbeitsbuch für das Fach Deutsch: Verstehen und Gestalten 6. Wie es aufgebaut ist, weißt du sicher noch aus den vergangenen Schuljahren; in einer Zeichnung wollen wir dir den Aufbau noch einmal im Überblick zeigen:

▶ Jedes Kapitel beginnt mit einer Doppelseite, den **Startseiten**. Hier kannst du sehen, was dich im jeweiligen Kapitel erwartet.

▶ Jedes Basiskapitel kombiniert ein **Thema** mit einem **Lernbereich** des Faches Deutsch. Die Inhalte der Basiskapitel sind in der Regel verpflichtend, d. h. wenn du ein Basiskapitel erarbeitet hast, hast du das **Grundwissen** erworben, das du am Ende dieser Jahrgangsstufe beherrschen solltest.

▶ Am Ende eines Basiskapitels wird das **Gelernte** in Stichworten **zusammengefasst** und das **Grundwissen** durch Fettdruck hervorgehoben. **Ideen und Projekte** geben Anregungen zur Weiterarbeit.

▶ Im Anschluss an jedes Basiskapitel stehen meist zwei Module, die **E·V·A-Seiten**. Mit ihnen kannst du im Unterricht oder zu Hause z. B. Wissen **erweitern**, es trainierend **vertiefen** oder Gelerntes in neuen Zusammenhängen **anwenden**.

▶ Am Schluss des Arbeitsbuchs findest du das **Sachlexikon Deutsch**. Alphabetisch ist hier alles geordnet, was du an **Grundwissen, Methoden** und **Arbeitstechniken** brauchst.

▶ Am Ende eines Bandes gibt dir ein **Kleines Autorenlexikon** Informationen zu den Autorinnen und Autoren, deren Texte in den Kapiteln abgedruckt sind.

Startseiten

Kapitel z. B.: Sechzehn sein – Romane lesen und verstehen

| Das hast du in diesem Kapitel gelernt | Ideen und Projekte |

E·V·A
Erweitern • Vertiefen • Anwenden

Sachlexikon Deutsch
Grundwissen und Methoden

Kleines Autorenlexikon

Inhalt

6 Kultur und Akkulturation – Erfolgreich kommunizieren

8   1. Kulturelle Unterschiede – Verstehen und missverstehen
- 1.1 Missverständnisse in der nonverbalen Kommunikation
- 1.2 Missverständnisse in der verbalen Kommunikation
- 1.3 Der Begriff „Kultur": Klärungen

17   2. Einwanderung, und dann? – Partnerschaftlich diskutieren
- 2.1 Sich informieren und Fragen entwickeln
- 2.2 Überzeugend argumentieren: Vorbereitungen
- 2.3 Eine Diskussion leiten und auswerten

    Erweitern – Vertiefen – Anwenden
26   Feedbackmethoden

28 Fördert oder schadet der Computer? – Streitfragen und Probleme erörtern

30   1. Klärung: lineares und dialektisches Erörtern

31   2. Computerspiele und Gewalt – Lineares Erörtern
- 2.1 Vorarbeiten: Stoffsammlung und Gliederung
- 2.2 Eine lineare Erörterung überarbeiten

34   3. Laptops statt Schultüten? – Dialektisches Erörtern im Anschluss an einen Text
- 3.1 Thesen und Argumente erschließen, bewerten und ergänzen
- 3.2 Eine Gliederung für eine dialektische Erörterung erstellen
- 3.3 Die Erörterung ausgestalten

    Erweitern – Vertiefen – Anwenden
42   Textgebunden erörtern
46   Rhetorisch-stilistische Möglichkeiten: Satzbau

48 „Versuch mit mir" – Kurzprosa

50   1. Das Erzählte – die Erzählweise – die Sprache: Wege der Texterschließung
54   2. Phasen des Textverstehens: von der Analyse zur Interpretation
58   3. Bildteil und Sachteil: Parabeln interpretieren
60   4. Meine Deutung begründen: eine Interpretation schreiben

    Erweitern – Vertiefen – Anwenden
66   Was Bilder erzählen: kreatives Schreiben
68   Parodie und Satire: Schreibimpulse

72 Sechzehn sein – Romane lesen und verstehen

74   1. „… verliebte ich mich und mein Vater ertrank." – Die Steuerung des Lesers
76   2. Erzähler und Erzählverfahren: die Erzählweise
- 2.1 „Ich sah deutlich, dass er sie mochte …" – Die Erzählsituation
- 2.2 „Ich bin jetzt älter als Vater …" – Die Zeitgestaltung

79   3. Handlung und Figuren: das erzählte Geschehen
- 3.1 „Bone Point war ein besonderer Ort." – Das Setting der Romanwelt
- 3.2 „Zina war, selbst kopfunter betrachtet, schön" – Die Figurengestaltung

85	4. Wörter, Sätze, Stil: die Sprache
86	5. Von der Analyse zur Deutung: die Interpretation
	Erweitern – Vertiefen – Anwenden
88	Eine literarische Charakteristik schreiben
92	Einen Romananfang interpretieren

94 Yvonne, die Burgunderprinzessin – Vom Text zur Aufführung

96	1. Der Hof tritt auf: Installation der Grundsituation
98	2. Der Prinz und das Mädchen: Figuren werden lebendig
	2.1 „Prinz, sind Sie krank?" – Eine Rollenbiografie entwickeln
	2.2 Wie ein schweigendes Mädchen spricht – Figurencharakterisierung
	2.3 Was die Figur so denkt – Subtexte
105	3. Zug um Zug: Dialoganalyse durch szenische Verfahren
107	4. „An einer Gräte erstickt" – Ist die Katastrophe die Lösung?
110	5. Kontexte: das Programmheft
112	6. Nach der Premiere: die Theaterkritik
	Erweitern – Vertiefen – Anwenden
114	Die Interpretation einer Dramenszene schreiben

120 Liebe im Wandel der Zeiten – Gedichte im Barock und im Sturm und Drang

122	1. Liebe zwischen Sinnlichkeit, Verstand und Glaube: Lyrik im Barock
	1.1 „Ach Liebste, lass uns eilen" – Poetik des Barock
	1.2 „… ist nur ein falscher Wahn" – Barockgedichte interpretieren
129	2. Liebeslyrik als Erlebnislyrik: Sturm und Drang
	2.1 „… Und küssen wollt' ich sie" – Auf dem Weg zum Sturm und Drang
	2.2 „Folg' deinem Feuer!" – Sturm und Drang als Aufbruch
	2.3 „Und lieben, Götter, welch ein Glück!": Eine Gedichtinterpretation schreiben
	Erweitern – Vertiefen – Anwenden
140	Prosa des Sturm und Drang: „Die Leiden des jungen Werther"

144 Klone unter uns – Informieren, präsentieren, Stellung nehmen

146	1. Iris ist Siri – auswerten und präsentieren
	1.1 Zur Sache: erste Orientierung
	1.2 Sich Klarheit verschaffen: Sachtexte und Grafiken analysieren
	1.3 Therapeutisches Klonen? – Ergebnisse präsentieren
152	2. Stellung nehmen – Argumentierende Sachtexte
	Erweitern – Vertiefen – Anwenden
160	Training: Inhaltsangabe
162	Effektiv präsentieren

164	**Das Leben – eine Show? – Medien und Wirklichkeit**
166	1. Kamera, Schnitt und Ton: filmisches Erzählen in der „Truman Show"
	1.1 „Ich würde dich niemals belügen ..." – Filmische Erzählverfahren
	1.2 Ausprobieren: vom Drehbuch zum Storyboard
175	2. Vermittlung, Verzerrung, Verfälschung? Positionen in der Medienwelt
	Erweitern – Vertiefen – Anwenden
180	Projekttechniken

182	**Schwätzen – plaudern – sprechen –** **Spracherwerb, Sprachgeschichte und Dialekt**
184	1. Vom Wort zum Satz – Spracherwerb
187	2. Verstehen und verständigen: Begriffe definieren
193	3. Wie mir der Schnabel gewachsen ist: Dialekt und Sprachgeschichte
	Erweitern – Vertiefen – Anwenden
200	Getrennt oder zusammen? – Rechtschreibklippen
202	Zeichen setzen: Kommaregeln

204	**Sachlexikon Deutsch**

246	Kleines Autorenlexikon
249	Register
252	Textquellenverzeichnis
255	Bildquellenverzeichnis

KULTUR UND AKKULTURATION

Glücksbringer in ... Ägypten Großbritannien Algerien

Brot in ... Frankreich Deutschland Indien

Delikatesse in ... China Mexiko Frankreich

Der Slogan einer Londoner Bank lautet: „Never underestimate the importance of local knowledge."
– Übersetzt den Slogan gemeinsam und erklärt, was die Anzeigen ausdrücken bzw. welche Werbebotschaft sie vermitteln wollen.
– Was hältst du von dieser Werbekampagne?

Was verstehst du unter dem Begriff „Kultur"? Recherchiert und diskutiert eure Definitionen.

Anteil von Menschen nicht deutscher Herkunft in der deutschen Bevölkerung:

Erschließe die Grafik. Denkst du, dass man sich an die Sitten und die Kultur eines anderen Landes anpassen sollte, wenn man dort zu Besuch ist oder dort länger lebt?

Recherchiere in diesem Zusammenhang auch die Bedeutung des Begriffs „Akkulturation".

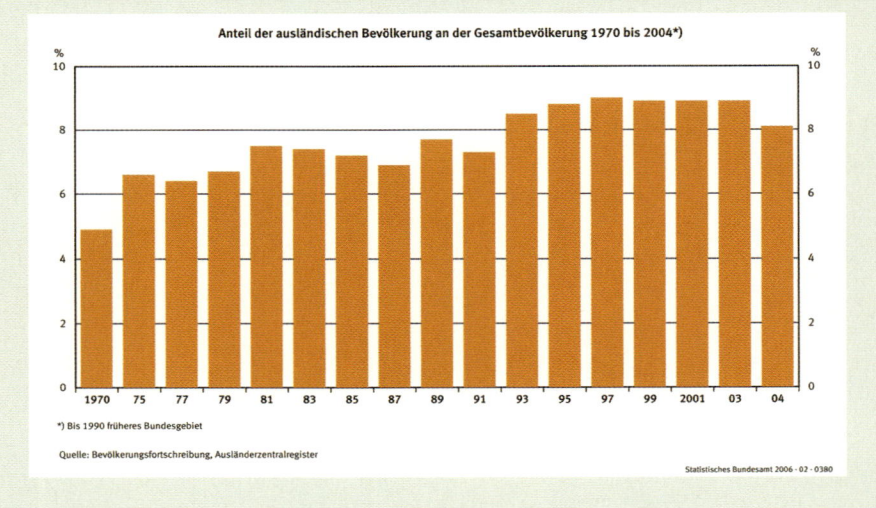

Anteil der ausländischen Bevölkerung an der Gesamtbevölkerung 1970 bis 2004*)

*) Bis 1990 früheres Bundesgebiet
Quelle: Bevölkerungsfortschreibung, Ausländerzentralregister

Statistisches Bundesamt 2006 · 02 · 0380

Erfolgreich kommunizieren

„Der Ausdruck der Gemütsbewegungen bei Menschen und Tieren" von Charles Darwin (1809–1882):
- Hältst du Hund und Katze in den Abbildungen eher für feindlich oder eher für freundlich gesinnt? Woran kann man das erkennen?
- Erkläre, warum es zu Missverständnissen kommen könnte, wenn Hund und Katze sich verständigen wollten.
- Kennst du Beispiele dafür, dass diese Missverständnisse überwindbar sind und Hund und Katze lernen können, miteinander zu „kommunizieren"?
- Haben Menschen ähnliche Verhaltensweisen, die möglicherweise missverständlich sein können? Worauf könnten diese gründen?

Trage zusammen, welche Aspekte der Begriff „kommunizieren" beinhaltet. Ergänze dazu die Tabelle.

kommunizieren	
verbal	nonverbal
diskutieren, informieren, …	nicken, …

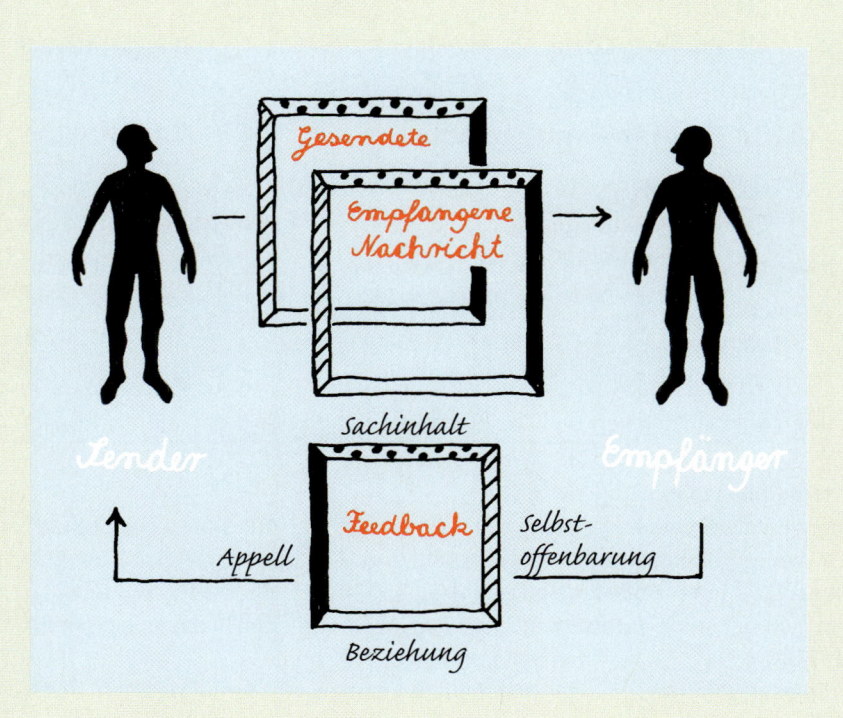

Was kann in einer Kommunikationssituation misslingen? Finde ein Beispiel für ein kommunikatives Missverständnis und erkläre es mithilfe des nebenstehenden Modells von Schulz von Thun. Wie ließe sich das Missverständnis klären?

Ebenen:
Beziehung: wie Sender und Empfänger zueinander stehen
Appell: wozu der Sender den Empfänger veranlassen möchte
Sachinhalt: worüber sachlich informiert wird
Selbstoffenbarung: was vom Sender selbst kundgegeben wird

1. KULTURELLE UNTERSCHIEDE
Verstehen und missverstehen

1.1 Missverständnisse in der nonverbalen Kommunikation

1 Unterschiedliche Kulturen haben unterschiedliche Bräuche. Führt gemeinsam ein **interkulturelles Rollenspiel** durch, um „hautnah" zu erleben, was das bedeuten kann.

> **interkulturell** (lat. *inter*: zwischen): die Beziehungen zwischen verschiedenen Kulturen betreffend
> **intrakulturell** (lat. *intra*: innerhalb): die Beziehungen innerhalb einer Kultur betreffend

Spielregel:
- Stellt euch vor, ihr nähmt an einem Projekt in einem fremden Land teil, bei dem ihr mit einem Angehörigen einer anderen Kultur zusammenarbeiten müsstet.
- Jeder von euch gehört einem Land mit bestimmten Begrüßungsritualen an.
- Ihr kommt nun am Flughafen an und habt die Aufgabe, euren Gastgeber zu finden.
- Schreibt die folgenden Namen von Völkern und ihr jeweiliges Begrüßungsritual auf Kärtchen und ordnet Paarungen zu (z. B. ein Dani besucht einen Inder).
- Versucht nun, euren Partner in der Menge zu finden, und begrüßt ihn.
- Spielt das Spiel so oft durch, bis alle einmal an der Reihe waren. Geht vorsichtig miteinander um und versucht, beim Spielen ernst zu bleiben.

Ihr gehört zu den …	Ihr begrüßt euch durch …
Kupfer-Eskimos	leichten Faustschlag gegen Kopf und Schulter
Eipo auf Neuguinea	Schweigen
Dani auf Neuguinea	minutenlanges Umarmen und Tränen der Rührung und Erschütterung
Loango	Händeklatschen
Assyrern	das Hergeben eines Kleidungsstücks
Deutschen	Händeschütteln
Indern	das Aneinanderlegen der Handflächen, sie halten sie vor den Körper und verbeugen sich leicht
Polynesiern	das Streichen über das eigene Gesicht mit den Händen des anderen
Mongolen	gegenseitiges Beriechen der Wangen und das Berühren und Reiben mit den Nasen
Balonda	Händeklatschen und das Trommeln mit den Ellbogen auf die Rippen

2a Besprecht nach dem Rollenspiel:
   - Welche Begrüßungen waren euch in eurer Rolle (un-)angenehm? Was waren die Gründe?
   - Wie habt ihr auf die Begrüßungen reagiert? Hättet ihr gerne anders reagiert?
   - Ist es euch gelungen, in eurer Rolle zu bleiben? Wie habt ihr das geschafft?
   - Wie könnte man sich bei solch unterschiedlichen Bräuchen verhalten? Lassen sich dafür Regeln erstellen?
 b Woher kommen die einzelnen Begrüßungsrituale? Stellt gemeinsam Vermutungen an und recherchiert im Internet, welche Vermutungen sich bestätigen lassen.

3a Überlegt und besprecht anhand des Kommunikationsmodells von Schulz von Thun (vgl. S. 7):
Auf welcher Ebene habt ihr im Rollenspiel vor allem reagiert,
– wenn die Kommunikation in der Begrüßung erfolgreich war?
– wenn es euch nicht gelungen ist, in eurer Rolle zu bleiben?

b Beschreibt, was geschehen ist, wenn ihr auf das Handeln des „Fremden" auf der Beziehungsebene reagiert habt.

Text 1 **Essen in China – ein Erfahrungsbericht einer Schülerin nach einem Austausch in Shanghai**

Meine Erfahrungen mit den Essgewohnheiten:
1. Essen ist wichtig, gerade auch als Gelegenheit zur Kommunikation. Das bedeutet, dass man seine Gäste mehrmals am Tag zum Essen ein-
5 lädt. Es gibt immer etwas Warmes zum Essen und immer grünen Tee. Kein Essen ist ein Zeichen von Gleichgültigkeit und Vernachlässigung.
2. Man kennt keinen gemeinsamen Beginn, aber man kümmert sich um seine Tischgesellen,
10 indem man ihnen z. B. etwas von den unterschiedlichen Gerichten auf den Teller füllt (mit den eigenen Stäbchen). 3. Bei festlichen und offiziellen Essen kommen ständig neue Gerichte hinzu und man würdigt den Gastgeber, indem
15 man alles probiert. 4. Man darf auf keinen Fall alles aufessen. In diesem Falle bekäme man ständig etwas neu aufgefüllt, denn der Gastgeber würde sein Gesicht verlieren, wenn ein Gast nicht satt würde. Alles aufessen heißt im
20 Chinesischen: Ich bin nicht satt. 5. Die Tischsitten sind, gelinde gesagt, irritierend und stehen im Gegensatz zu dem sehr hübsch dekorierten Essen: Die Chinesen, die ich kennengelernt habe, essen schnell, schlürfen und schmatzen. Sie essen gern Schalen mit und spucken sie auf den Tisch, sie knabbern sehr gern an Knochen und spucken ebenfalls die Reste aus. All dies ist ein Zeichen des Genusses.

4a Wurdet ihr auch schon einmal von Menschen aus anderen Kulturkreisen zum Essen eingeladen? Erzählt davon.

b Ordne dem **nonverbalen** Signal in Text 1 „Ich esse alles auf!" die vier Seiten nach Schulz von Thun (vgl. S. 7) zu
– in eurer eigenen Kultur,
– in der chinesischen Kultur, so wie sie in Text 1 beschrieben wird.

c Welche der vier Seiten des Kommunikationsmodells ist besonders „anfällig" für Missverständnisse?

d Überlegt gemeinsam, wie man in einer solchen oder ähnlichen Situation angemessen reagieren und Missverständnisse vermeiden könnte.

> **Kulturkreis:** Völker oder Nationen, die die gleiche oder eine ähnliche Kultur haben (z. B. der lateinamerikanische Kulturkreis, zu dem Brasilien, Mexiko, Chile, ... gehören)

Verstehen und missverstehen

Text 2 **Körpersprache und Kommunikation** MICHAEL ARGYLE

> Nicht nur Essgewohnheiten oder Tischsitten unterscheiden sich in verschiedenen Kulturen. Der Sozialpsychologe Michael Argyle nennt folgende Beispiele für Schwierigkeiten, die Mitteleuropäer oft bei interkultureller nonverbaler Kommunikation haben:

Gesichtsausdruck: Europäer haben im Gespräch mit Japanern und anderen Südost- und Ostasiaten oft große Schwierigkeiten wegen deren beherrschtem Gesichtsausdruck und dem Lächeln bzw. Lachen in völlig unerwarteten Situationen (z. B. bei Mitteilung eines Trauerfalls).
5 Körperlicher Abstand: Bei Zusammenkünften mit Arabern oder Lateinamerikanern weichen Europäer oder Nordamerikaner zurück, weil ihnen ihre Partner zu nahe auf die Pelle zu rücken scheinen. Daraufhin rücken die arabischen oder lateinamerikanischen Gesprächspartner nach. Dies kann zu komisch anmutenden Situationen führen.
Körperkontakt: Sehen Europäer, wie z. B. thailändische junge Männer Händchen halten,
10 schließen sie fälschlich auf homoerotische Verbindungen. In Wirklichkeit ist es in vielen Teilen der Welt völlig üblich, dass Personen gleichen Geschlechts Händchen halten. Dies geschieht auch in Gegenden, in denen solcher Körperkontakt zwischen Personen unterschiedlichen Geschlechts in der Öffentlichkeit absolut tabu ist.
Tonfall: Der Tonfall, der in einer Kultur (z. B. in Ägypten) als ernst gilt, kann von Euro-
15 päern als aggressiv gedeutet werden.
Blick: Mitteleuropäer fühlen sich in Südeuropa oft angestarrt; das Wegblicken mancher Asiaten interpretieren Europäer dagegen oft als Desinteresse und nicht als Zeichen des Respekts.

Text 3

Geste	Bedeutungen
👌	Nordamerika, Europa: „O.K.", „gut so" Frankreich, Belgien, Tunesien: „Null", „wertlos" Japan: „Geld" Sardinien, Malta, Tunesien, Griechenland, Türkei, Russland, naher Osten, Teile von Südamerika: vulgäre Beleidigung
👍	USA und viele Länder: „Prima!", „hervorragend" Australien, Nigeria: vulgäre Beleidigung Deutschland: „ein" Japan: „fünf" Viele Länder: beim Autostoppen verwendet, aber nicht in Australien und Nigeria (siehe oben!)
✌	Fast weltweit: „Sieg", „Frieden" (linkes Zeichen) Großbritannien, Australien: vulgäre Beleidigung (rechtes Zeichen)

5 Welche Verständnisschwierigkeiten können aus den kulturellen Unterschieden folgen, die in den Texten 2 und 3 benannt werden, und wie kann man sie beheben?
Probiert Möglichkeiten im Rollenspiel aus:
- Überlegt euch – zu zweit oder in kleinen Gruppen – ein kurzes Rollenspiel, in dem ihr ein interkulturelles Missverständnis aufgrund unterschiedlicher kultureller Gepflogenheiten und eine mögliche Lösung des daraus entstandenen Konflikts darstellt.
- Ihr könnt vereinbaren, dass jederzeit einer der Zuschauer in das Spiel eingreifen kann, wenn er eine andere Lösung anzubieten hat.

6 **Training: Informationen frei vortragen**
a Bereite einen kurzen **freien Vortrag** zum Thema „Interkulturelle Missverständnisse" vor.
- Notiert dazu auf ein Blatt eine Frage, die sich mithilfe der Texte 1–3 beantworten lässt.
- Mischt und verteilt die Blätter.
- Du hast nun 5 Minuten Zeit, für deine Antwort auf die von dir gezogene Frage einen gut strukturierten Stichwortzettel (z. B. als Mindmap, Liste oder Tabelle) vorzubereiten, mit dessen Hilfe du 30 Sekunden frei sprechen kannst.
- Die Zuhörer beurteilen mithilfe der Checkliste, ob du die Frage richtig beantwortet und gut frei vorgetragen hast.

> **Checkliste für den freien Vortrag:**
> ✓ nicht auswendig gelernt
> ✓ präzise Formulierungen
> ✓ vollständige Sätze
> ✓ Pausen zwischen den Sätzen
> ✓ klare, verständliche Sprache
> ✓ differenzierte und strukturierte Informationsvermittlung
> ✓ Blickkontakt, passende Körpersprache
> ✓ abgestimmt auf die Zuhörer (hörerbezogene Darstellung)

b In einigen Ländern können Kinder schon im Grundschulalter lange Reden auswendig aufsagen, in anderen lernen sie schon früh, frei über ein Thema zu sprechen. Welche dieser Fähigkeiten hältst du für sinnvoller und für brauchbarer? Begründe deine Meinung.

7 **Training: zuhören und Gehörtes wiedergeben**
a Setze das Vortragstraining mit einer Übung zum Zuhören fort:
b Wenn du deinen freien Vortrag gehalten hast, darfst du eine Mitschülerin oder einen Mitschüler bestimmen, die oder der den Vortrag wiedergibt.
c Der Vortrag sollte in der indirekten Rede wiedergegeben werden; verwende bei der Wiedergabe des Gehörten also den Konjunktiv, wo es möglich bzw. sinnvoll ist.
d Die Klasse beurteilt abschließend, ob die Wiedergabe korrekt war.

8 Fasst noch einmal knapp zusammen:
- Warum kann es zu Missverständnissen in der nonverbalen Kommunikation bei Angehörigen unterschiedlicher Kulturen bzw. Kulturkreise kommen?
- Wie lassen sich Missverständnisse dieser Art am besten vermeiden?

1.2 Missverständnisse in der verbalen Kommunikation

Text 4 „Kulturell bedingte Missverständnisse können die Unternehmen ein Vermögen kosten", sagt Alexander W., Director of Business Development Europe der Cross Cultural Division, einer Abteilung der Sprachschule B. Alexander W. lebt seit acht Jahren in Frankreich und hat bei zahlreichen Verhandlungen zwischen Deutschen und Franzosen zugehört.
5 Verhandlungssprache ist meist Englisch. Die Gefahr: „Falsche Freunde" oder „faux amis" – Worte mit scheinbar verlässlicher Bedeutung, die aber je nach Kultur völlig unterschiedlich interpretiert werden können. Als Paradebeispiel nennt W. das englische Wort „concept": Ein Deutscher verstehe darunter ein sorgfältig ausgearbeitetes Papier, „der Franzose hingegen übersetzt es mit Idee". Lautet die Ansage „Let's discuss a concept",
10 denkt der Franzose an ein Brainstorming, während der Deutsche mit prall gefülltem

Präsentationskoffer im Besprechungsraum erscheint. Ergebnis: Der Deutsche ist frustriert, der Franzose fühlt sich überrumpelt.

Um seine global agierenden Kunden vor Misserfolgen zu bewahren, macht Alexander W. sie mit den Gesprächskonventionen des jeweiligen Landes bekannt. Für Chinesen oder Franzosen zum Beispiel sei die Kennenlernphase zu Beginn sehr viel wichtiger als für die Deutschen: Was ist das für ein Mensch? Ist er vertrauenswürdig? Über welche Kontakte verfügt er? Danach erst komme für sie das Geschäft. Mit diesen Konventionen beschäftigt sich auch Bernd M.-J., Professor für interkulturelle Germanistik an der Universität Bayreuth: „Deutsche bewegen sich eher auf der Sachebene, um Vertrauen zu schaffen. Und sie sprechen Kommunikationsprobleme ganz offen an, indem sie etwa sagen: Ich glaube, wir reden hier gerade aneinander vorbei. In den meisten anderen Kulturen sind solche Reparaturen auf der Meta-Ebene tabu." Ein Engländer drückt sein Nichtverstehen nach Beobachtung von M.-J. eher zwischen den Zeilen aus, indem er zum Beispiel fragt: Could we go back to this point? „Um diese Unterschiede wahrzunehmen, muss man fleißig trainieren", betont der Wissenschaftler.

„Monitoring im Kopf" nennt er das, ein ständiges Reflektieren des Gesprächsgeschehens, [...]. Wenn sich die hochgetrimmten Gesprächspartner dann auch noch aufeinander zubewegen, statt sich stur an ihre Konventionen zu klammern, entsteht ein neues, multikulturelles Sendeformat.

So weit die Theorie.

1a Klärt zunächst Sachfragen – z. B.: Was ist mit dem Ausdruck „Reparaturen auf der Meta-Ebene" (Z. 22) gemeint? Was bedeutet „Deutsche bewegen sich eher auf der Sachebene, um Vertrauen zu schaffen." (Z. 19f.)? – Auf welcher Ebene könnten sie sich sonst bewegen?

b Erklärt, warum Fremdsprachenlerner besonders auf sogenannte „falsche Freunde" (Z. 5) achten müssen.

2a Welche Möglichkeiten werden in Text 4 genannt bzw. angedeutet, um Missverständnissen in interkulturellen Gesprächssituationen vorzubeugen?

b Diskutiert den letzten Satz des Textes „So weit die Theorie" (Z. 30).

3 Bereite einen **kurzen freien Vortrag** (höchstens eine Minute) über das Thema vor, auf welche Weise interkulturelle Missverständnisse in der nonverbalen und verbalen Kommunikation vermieden werden können. Halte ihn vor einer Kleingruppe und beurteilt in der Gruppe Inhalt und Vortragsweise deiner Darstellung mithilfe der Checkliste (S. 11).

Text 5 **Versteh mich bitte falsch! Zum Verständnis des Verstehens** (Auszug)
MARTIN HENKEL, ROLF TAUBERT

Jede Übersetzung ist eine Verfälschung, wie das italienische Sprichwort sagt: *Traduttore traditore*, der Übersetzer ist ein Verräter. (Natürlich ist auch diese Übersetzung ein Verrat am Original, schon deshalb, weil das Wortspiel des Gleichklangs nicht mitübersetzt werden kann.) In der internationalen Diplomatie kommt es immer wieder vor, dass die in den Sprachen der vertragschließenden Länder abgefassten Ausfertigungen eines Vertrags sich in einem wichtigen Punkt unterscheiden, was zu Auslegungsschwierigkeiten führen kann – und das trotz der Formelhaftigkeit der Diplomatensprache und trotz der Sorgfalt, mit der jede einzelne Formulierung festgezurrt wird. Zwei Wörter in zwei verschiedenen Sprachen bedeuten nie genau dasselbe. Durch die Übersetzung in eine andere Sprache entsteht eine neue Wirklichkeit. Man kann das besonders deutlich an den sogenannten *idioms* im Englischen sehen, idiomatischen Redewendungen. *To burn one's boat behind oneself* –; das übersetzt man am besten mit: „Die Brücken hinter sich abbrechen." Dabei fehlt aber eine Dimension; im englischen *idiom* spiegelt sich die Erfahrung eines Seefahrervolkes.

4a Erkläre mithilfe von Text 5 und der folgenden Sachinformation, warum zwei Wörter in zwei verschiedenen Sprachen nie genau dasselbe bedeuten.
 b Recherchiere weitere Beispiele und bringe gegebenenfalls auch deine eigenen Erfahrungen mit ein.
 c Was folgt aus dieser Tatsache für die Kommunikation? Was muss man tun, um sich in einer fremden Sprache unterhalten zu können, um erfolgreich eine Verhandlung, eine Diskussion, ein Verkaufsgespräch, ... zu führen?
 d Erläutere zusammenfassend die Zusammenhänge zwischen dem Kommunikationsmodell und der Sachinformation.

En- und Decodierung: Erfolgreiche Kommunikation ist abhängig von der Übereinstimmung zwischen Sender und Empfänger; Encodierung und Decodierung müssen sich also weitgehend decken, wenn eine Verständigung zustande kommen soll. Eine derartige Übereinstimmung ist abhängig von einem gemeinsamen Bezugssystem, einem gemeinsamen Code, dem die gleichen Ideen, Erfahrungen und Bezüge zugrunde liegen. Diese Voraussetzung ist umso besser erfüllt, je ähnlicher der kulturelle Erfahrungshintergrund ist.

Unterschiedliche Wirklichkeiten: Die Welt, wie wir sie erleben und wahrnehmen, ist zum großen Teil durch unsere Sprache vorstrukturiert. Dies aber bedeutet, dass unterschiedliche Sprachen letztlich nie die gleiche soziale Realität schaffen. Jede Sprache lässt nur bestimmte Interpretationen der Welt zu. Die Verwendung unterschiedlicher Sprachen gibt eine jeweils andere Beobachtung von Dingen und Verhalten vor, die sich äußerlich betrachtet gleichen mögen. Damit aber gelangen die verschiedenen Betrachter/-innen zu einer jeweils anderen Sicht der Dinge.

Grundwissen und Methode

5 Wendet eure Kenntnisse über Kultur(en) und die Behebung von Verständnisproblemen in dem **Simulationsspiel** „Nosamduken und Ellinganer" an.
Gemeinsames Ziel ist es, im Spiel die Situation zu normalisieren und eine gemeinsame Ebene zu finden, wobei ihr die Wünsche eures Partners respektieren solltet, ohne dabei zu sehr von euren eigenen kulturellen und individuellen Gewohnheiten abzuweichen.
Am besten geht ihr so vor:
 a Teilt euch in Gruppen von vier Spielern auf; je zwei von euch sind Nosamduken oder Ellinganer und machen sich mit den jeweiligen Spielvorgaben vertraut.
 b Ihr habt zehn Minuten Zeit für die Vorbereitung, das Simulationsspiel sollte ebenfalls jeweils etwa zehn Minuten dauern.
 c Zeichnet die Spiele am besten mit einer Videokamera auf und besprecht abschließend, wie ihr euch in eurer Rolle gefühlt habt und ob und auf welche Weise es euch gelungen ist, euer Ziel zu erreichen.

Spielvorgaben für Nosamduken:

Kontext:

Ihr sollt euren Geschäftspartner aus *Ellingan* nach dessen Landung und Check-out am Gate treffen.

Als ihr pünktlich dort eintrefft, ist euer Partner allerdings nicht aufzufinden. Nach langer, zeitraubender Suche findet ihr ihn fröhlich und entspannt im Café sitzend.

Nach der kulturell üblichen Begrüßung soll es zu einem ersten Gespräch kommen. Ihr seid mit dem bisherigen Verhalten eures Partners unzufrieden, da er sich nicht an eure Abmachung gehalten hat, euch am Gate zu treffen. Zudem ist es euch nicht recht, dass euer Zeitmanagement nun durcheinandergeraten ist.

Typische Verhaltensmuster:

- Durch die chaotische Flughafensituation seid ihr sehr gestresst.
- Ihr seid sehr pflichtbewusste Menschen und seid es gewohnt, euch an Regeln zu halten.
- Eure Nerven sind sehr schwach und ihr seid schnell aufgebracht.
- Ihr seid fremden Menschen gegenüber distanziert.
- Zur Begrüßung zwinkert ihr eurem Gegenüber zu und mögt keinen Körperkontakt (z. B. Händeschütteln).
- Ihr erwartet zudem, dass euer Partner sich vorstellt.
- In eurer Kultur ist es üblich, sich mit Titel und Nachnamen anzusprechen.
- In eurem Land Nosamduk trägt jeder Bürger den Titel „Tutitotalla".
- Geklärte Situationen und Aussprachen zieht ihr ungeklärten vor.

Spielvorgaben für Ellinganer:

Kontext:

Ihr sollt euren Geschäftspartner aus *Nosamduk* am Flughafengate treffen. Da euer Flieger allerdings zu früh ankommt, entschließt ihr euch, den Zeitpuffer bei einer gemütlichen Tasse Kaffee im Café zu überbrücken.

Nach einiger Zeit seht ihr euren Geschäftspartner zügig auf euch zukommen.

Nach der kulturell üblichen Begrüßung soll es zu einem ersten Gespräch kommen. Ihr empfindet das aufgebrachte Verhalten eures Partners als ungewohnt und unangenehm.

Typische Verhaltensmuster:

- Zur Begrüßung reibt ihr eurem Gegenüber am Knie und erwartet, dass er seinen Namen nennt und sich vorstellt.
- Aufgrund eurer offenen und unkonventionellen Art geht ihr von einer informellen Anrede aus: Vorname, „du".
- Ihr vermeidet Stress in jeder Lebenslage.
- Ihr habt ein ruhiges Gemüt und lasst euch durch nichts aus der Ruhe bringen.
- Ihr seid stets freundlich und höflich.
- Körperkontakt ist euch nicht fremd und gehört für euch zum persönlichen Miteinander.
- Beim Reden steht ihr auf und fasst eurem Gegenüber verständnisvoll an den Arm.
- Bei der Thematisierung von Problemen seid ihr eher zurückhaltend.

1.3 Der Begriff „Kultur": Klärungen

1a Was verbindest du mit dem Begriff „Kultur"? Versuche eine vorläufige **Begriffsdefinition**. Nutze dazu unterschiedliche Möglichkeiten, z. B. von bedeutungsverwandten Begriffen abgrenzen, anschauliche Beispiele usw. (→ Sachlexikon Deutsch: Begriffe definieren)
b Was assoziierst du mit dem Begriff „deutsche Kultur"? Schreibe in 60 Sekunden spontan alles auf, was dir dazu einfällt.
Vergleiche deine Vorstellungen mit den Ausführungen in Text 6.

Text 6 Das Klischee hat die Eigenart, dass es bisweilen der Realität entspricht, so wie sich auch manches Vorurteil nicht nur als zäh, sondern sogar als zutreffend erweist. Was die beliebten Klischees über die Deutschen angeht, dürfen die zahlreichen Gäste, welche
5 zur Fußball-Weltmeisterschaft anreisen, nun die Probe aufs Exempel machen. Um sie vor den schlimmsten Enttäuschungen, ja: vor den in Germany lauernden Gefahren zu bewahren, sind in den USA diverse Aufklärungsbücher erschienen. Eines warnt zum Beispiel vor der Erwartung, hierzulande trügen alle Männer Lederhosen.
10 Das ernüchternde Fazit lautet: „Die Deutschen ziehen sich nicht oft wie Deutsche an." Ein schillernder Satz einerseits, schwingt da doch die Aufforderung mit, sich gefälligst so zu kleiden, wie es sich aus amerikanischer Sicht für einen rechten Deutschen gehört. Andererseits aber auch lehrreich, weil die Besucher nun
15 wissen, dass nicht alle Deutschen automatisch Bayern sind.
Ein anderer, ausgesprochen nützlicher Rat geht dahin, sich auf keinen Fall mit Badehose in die Sauna zu setzen. Nun sind Amerikaner keine Finnen, brauchen also nicht unbedingt eine Sauna zum Überleben. Der eine oder andere, den die Neugier in den
20 Schwitzkasten treibt, könnte aber eine böse Überraschung erleben, giftige Reaktionen in der Art von: „Ziehen Sie sich sofort aus, Sie Schwein!" (Es reicht schon, das letzte Wort zu verstehen.) […]

2a Untersuche Text 6 in Hinblick auf seine besondere stilistische und sprachliche Gestaltung. Um welche journalistische Textsorte handelt es sich?
b Welche Klischees werden zusätzlich in der Abbildung dargestellt? Empfindest auch du diese Klischeevorstellungen als „typisch deutsch"? Begründe deine Meinung.
c Setze Text 6 im gleichen Stil fort.

3a Was ist deiner Meinung nach typisch für die Kultur anderer Länder, die du gut kennst, oder deines Ursprungslandes, wenn deine Familie nicht aus Deutschland stammt?
Tauscht euch aus; beachtet dabei die Hinweise zum fairen Gesprächsverhalten. (→ Sachlexikon Deutsch: Kommunikation)
b Ist es überhaupt möglich, beim Suchen „typisch" deutscher, italienischer, türkischer, ... Eigenschaften nicht in Klischees zu verfallen?
c Vergleiche deine Definition von Kultur (Aufgabe 1a) mit typischen kulturellen Klischees: Worin siehst du Gemeinsamkeiten, worin Unterschiede?

Faires Gesprächsverhalten:
– einander aufmerksam zuhören, dem Gesprächspartner offen begegnen
– einander ernst nehmen und nicht lächerlich machen
– Sach- und Beziehungsebene unterscheiden, auf dem „richtigen Ohr" hören
– Verständnis für andere Standpunkte zeigen – auch durch Rückmeldungen (Feedback) und gezielte Fragen
– Fairnessübung: den Redebeitrag eines anderen zunächst wiedergeben und erst dann kommentieren
– ...

Verstehen und missverstehen

Text 7 Wie zeigt sich „Kultur"? GEERT HOFSTEDE

> Es gibt eine ganze Reihe von Begriffen zur Beschreibung dessen, was eine Kultur ausmacht. Geert Hofstede, ein bekannter niederländischer Kulturwissenschaftler, verwendet dazu die folgenden vier Kategorien:

Symbole sind Worte, Gesten, Bilder oder Objekte, die eine bestimmte Bedeutung haben, welche nur von denjenigen als solche erkannt wird, die der gleichen Kultur angehören. Die Worte einer Sprache oder Fachsprache gehören zu dieser Kategorie, ebenso wie Kleidung, Haartracht, Flaggen und Statussymbole [...].

5 **Helden** sind Personen, tot oder lebend, echt oder fiktiv, die Eigenschaften besitzen, welche in einer Kultur hoch angesehen sind; sie dienen daher als Verhaltensvorbilder. Selbst Fantasie- oder Comicfiguren wie Barbie, Batman oder als Kontrast Snoopy in den USA, Asterix in Frankreich oder Ollie B. Bommel (Mr. Bumble) in den Niederlanden dienen als kulturelle Heldenfiguren. Im Zeitalter des Fernsehens hat das äußere Erschei10 nungsbild bei der Wahl von Helden eine größere Bedeutung als früher.

Rituale sind kollektive Tätigkeiten, die [...] innerhalb einer Kultur [...] als sozial notwendig gelten: Sie werden [...] um ihrer selbst willen ausgeübt. Formen des Grüßens und der Ehrerbietung anderen gegenüber, soziale und religiöse Zeremonien sind Beispiele hierfür. [...]

15 [...] Symbole, Helden und Rituale [werden] unter dem Begriff **Praktiken** zusammengefasst. Als solche sind sie für einen außenstehenden Beobachter sichtbar, aber ihre kulturelle Bedeutung ist nicht sichtbar; sie liegt genau und ausschließlich in der Art und Weise, wie diese Praktiken von Insidern interpretiert werden. Den Kern der Kultur [...] bilden
20 die **Werte**. Als Werte bezeichnet man die allgemeine Neigung, bestimmte Umstände anderen vorzuziehen. Werte sind Gefühle mit einer Orientierung zum Plus- und Minuspol hin. Sie betreffen: böse – gut, schmutzig – sauber, gefährlich – sicher, verboten – erlaubt [...].

4 In Text 7 wird Kultur in zwiebelähnlichen Schichten dargestellt, wobei jede Schicht die anderen bedingt und damit beeinflusst.
a Erschließe die Grafik, indem du sie beschreibst, erläuterst und zu ihrer Aussage Stellung nimmst.
b Zu welcher kulturellen Schicht gehören nach dem Modell von Hofstede die unterschiedlichen Begrüßungsformen (vgl. S. 8) und die als „typisch deutsch" dargestellten Verhaltensweisen und Einstellungen (S. 15)?
c Findet gemeinsam weitere Beispiele für Symbole, Helden, Rituale und Werte eurer eigenen Kultur und diskutiert sie.

5 Hofstede schreibt in Text 7, die kulturelle Bedeutung der „Praktiken" sei für einen außenstehenden Beobachter nicht sichtbar (Z. 16f.).
a Erklärt, was mit dieser Aussage konkret gemeint ist.
b Überlegt gemeinsam: Sind auch die kulturellen „Werte" eines Landes nur für „Insider" erkennbar? Bezieht dabei eure Ergebnisse aus Aufgabe 4c mit ein.
c Zu welchen Missverständnissen kann es kommen, wenn man grundlegende Merkmale einer anderen Kultur nicht kennt? Diskutiert, was man tun kann, um solchen Missverständnissen vorzubeugen oder sie auszuräumen.

6 Überarbeite deine vorläufige **Begriffsdefinition von „Kultur"** (S. 15, Aufgabe 1a) so, dass diese Definition in einem Lexikon stehen könnte. Vergleicht und korrigiert euch gegenseitig.

2. EINWANDERUNG, UND DANN?
Partnerschaftlich diskutieren

2.1 Sich informieren und Fragen entwickeln

1a Warum leben deiner Kenntnis und Meinung nach Menschen anderer Herkunft in Deutschland?
 b Welche Möglichkeiten, sich gegenüber der Kultur des Aufnahmelandes zu verhalten, haben diese Menschen? Beziehe dazu eigene Erfahrungen mit Migranten und die Begriffsklärungen der folgenden Sachinformation ein.
 c Diskutiert: Wie sollten sich Menschen anderer Herkunft eurer Meinung nach im jeweiligen Aufnahmeland verhalten?

Grundwissen und Methode

Migration (von lat. *migratio* = Auswanderung, Wanderung) meint „Wanderungsbewegungen", also den längerfristigen oder endgültigen Ortswechsel von Menschen, Gruppen oder Bevölkerungsteilen; das Einwandern wird als **Immigration** bezeichnet, das Auswandern als **Emigration**.

Akkulturation (lat. *ac, atque* = und, und auch; *cultura* = Bearbeitung, Bebauung, Anbau) bezeichnet die Übernahme fremder geistiger und materieller Kulturgüter bzw. die Anpassung von Personen an ein fremdes Milieu.

Meist werden folgende **Akkulturationsstrategien** unterschieden:
– **Integration** (lat. *integratio* = Erneuerung) bezeichnet in diesem Zusammenhang das Einbinden einer Minderheit in eine größere soziale Gruppe, insbesondere die Einbindung von Immigranten in die Aufnahmegesellschaft; dabei wird die kulturelle Identität durchaus beibehalten, kennzeichnend ist das Bestreben, integraler Teil einer größeren sozialen Struktur zu werden.
– **Assimilation** (lat. *similis* = ähnlich: „Ähnlichmachung", Angleichung) meint die Anpassung an eine andere soziale Gruppe oder an die Aufnahmegesellschaft, wobei die eigene kulturelle Identität weitgehend aufgegeben wird zugunsten des Aufbaus und der Pflege von positiven Beziehungen zur Aufnahmegruppe oder -gesellschaft.
– **Segregation**: (lat. *segregatio* = Absonderung, Trennung) bezeichnet hier das bewusste Beibehalten der eigenen kulturellen Identität und die Absonderung von der Kultur der aufnehmenden Gesellschaft; es besteht geringes bzw. überhaupt kein Interesse daran, positive Beziehungen zu anderen Gruppen oder zur Aufnahmegesellschaft aufzubauen.

2a Ordne die folgenden vereinfachenden Beispiele begründet einer der Akkulturationsstrategien aus der Sachinformation zu.
 – Der 16-jährige Murat ist Deutscher türkischer Herkunft. Er spielt im Fußballverein seines Viertels, kann aber manchmal nicht zu den Spielen kommen, weil er die Moschee besucht.
 – Die 14-jährige Ayshe trägt immer ein Kopftuch und wird von ihren Brüdern von der Schule abgeholt. Kontakte in der Freizeit zu Klassenkameraden darf sie nicht haben; die Nachmittage verbringt sie mit ihrer Mutter und der kleinen Schwester zu Hause.
 – In der japanischen Familie Oshimo verbieten die Eltern ihren Kindern die Verwendung von Essstäbchen. Oshimos besuchen deutsche Kochkurse; die Kinder sprechen nur Deutsch.
 b Begründe, welche Art der Akkulturation du selbst für erstrebenswert hältst.

Text 8

Muslime in Deutschland: Integration bedeutet nicht Assimilation

**Experten beklagen, dass Integrationsfortschritte von Muslimen in Deutschland kaum wahrgenommen würden. Stattdessen überwiegen in Medien und in der Öffentlichkeit Negativbilder von Migranten-Ghettos oder schlechten schulischen Leistungen türkischer Kinder.
Vedat Acikgöz berichtet.**

Wie viele Deutsche liest auch Jörg Becker fast täglich in der Zeitung, dass die Integration von Einwanderern aus muslimischen Ländern in die deutsche Gesellschaft gescheitert sei. Becker ist Soziologe und Medienwissenschaftler in der westdeutschen Stadt Solingen und er kann sich über solche Medienberichte nur wundern.

Wo bleiben die positiven Beispiele?
Natürlich kennt auch er die Migranten-Ghettos in den Großstädten und die Probleme, die es in Schulklassen mit hohem Migrantenanteil gibt. Aber wo bleiben in den Medien eigentlich die positiven Beispiele?

Becker zumindest kennt einige. Viele seiner Studenten haben ebenfalls einen „Migrationshintergrund", wie man neuerdings in Deutschland sagt. Und diese oft türkischstämmigen Studenten, meint Becker, seien Beispiele für eine erfolgreiche Integration.

Nur nehme das die deutsche Öffentlichkeit leider kaum zur Kenntnis – weil Leute, die gut integriert sind, eben nicht so sehr auffallen wie solche, die sich schwer damit tun oder Integration bewusst ablehnen. [...]

Deutschland müsste das riesengroße Potenzial von Ausländern innerhalb Deutschlands viel ernster nehmen, und zwar im positiven Sinne, meint der Soziologe. Nach wie vor werden Migranten bei uns als Problem definiert – und nie im umgekehrten Sinne sozusagen als Ressource für Reichtum. Was kann ich von denen Neuartiges lernen? [...]

Integration bedeutet nicht Assimilation
[...] [Der Politiker Cem] Özdemir ist der Meinung, dass die Mehrheit der Migranten in Deutschland ohnehin längst weit besser integriert sei, als in öffentlichen Debatten immer wieder dargestellt werde.

Nur müsse der deutsche Staat auch akzeptieren, dass Integration nicht Assimilation bedeute. Die Menschen hätten ein Recht darauf, ihre eigenen kulturellen Wurzeln zu pflegen.

„Die Menschen geben ihre Wurzeln nicht mehr auf, so wie es früher mal war", so Özdemir. „Früher, wenn ein Mensch nach Amerika ausgewandert ist, wusste er: Es gibt kein Zurück mehr. Heute gibt es Telekommunikation und die technischen Möglichkeiten sind viel größer. Die Menschen können schnell mal in die Türkei fliegen. Viele sind mehrmals im Jahr in ihrer Heimat."

Von den Menschen zu erwarten, ihre Wurzeln aufzugeben, sei deshalb absurd und realitätsfern, meint Özdemir. „Wir müssen daher versuchen, diesen Menschen das Gefühl zu geben, ein Teil dieser Gesellschaft zu sein, aber auch, dass sie ihre Wurzeln nicht aufgeben müssen, dass sie ihre Muttersprache, Religion und Kultur beibehalten können. Das dürfen wir nicht als Widerspruch sehen. Ich kann sowohl ein guter deutscher Staatsbürger und ein guter Europäer sein, dabei aber Türkisch als Muttersprache haben." [...]

3a Kennt auch ihr aktuelle Beispiele für „Positivberichterstattung" und „Negativberichterstattung" über Migranten in den Medien? Nennt und besprecht oder recherchiert sie in Online-Medien.

b Fasse den Standpunkt des Politikers Cem Özdemir aus Text 8 mit eigenen Worten zusammen:
  – Welche These stellt er auf?
  – Welche Argumente führt er dazu an?
  – Wie erläutert bzw. belegt er sie?

4 Entwickelt – am besten in Gruppen – einen **Fragenkatalog**, mit dessen Hilfe ihr euch zum Thema „Akkulturation" kundig machen und eine eigene Meinung bilden könnt.
  Ergänzt die folgenden Fragen, die das Thema aufwirft, mit solchen, die ihr selbst noch klären wollt:
  – Welche konkreten Folgen könnte die Forderung nach einer Assimilation haben, welche Folgen hätte eine Segregation?
  – Warum sollten sich Migranten im Aufnahmeland integrieren? Was bedeutet das praktisch?
  – Welche Rolle spielt die Sprache dabei?
  – Wer ist für das Gelingen von Integration verantwortlich?
  – ...

5 Erstellt mit euren Fragen eine **Fragenwand**:
  – Schreibt die Fragen auf Zettel und sortiert sie gemeinsam. Hängt eure Fragen geordnet an eine Wand im Klassenzimmer.
  – Heftet unter die jeweilige Frage vorläufige Antworten, Rechercheergebnisse, persönliche Stellungnahmen, Argumente, Beispiele etc.
  – Während der gesamten Auseinandersetzung mit dem Thema solltet ihr eure Fragenwand hängen lassen und immer wieder ergänzen.
  Auf diese Weise habt ihr nicht nur den Prozess der Vertiefung und Differenzierung des Themas immer im Blick, sondern auch eine Gedächtnisstütze für die Diskussion.

6 Text 9 gibt den Stand der sogenannten „Integrationsdebatte" in der Politik im Jahr 2006 wieder.
a Exzerpiert die unterschiedlichen Thesen, Argumente und Vorschläge aus dem Text und ergänzt damit eure Fragenwand.
b Recherchiert, ob einige dieser Vorschläge bereits in die Tat umgesetzt wurden oder ob es in der öffentlichen Diskussion neue Stimmen gibt. Heftet an die Fragenwand, was euch sinnvoll erscheint.

Text 9

„Schnupperknast" – Aktuelle Stimmen zur Integrationsdebatte

Die Brandbriefe von Berliner Lehrern wegen der Gewalt an ihren Schulen haben bundesweit eine hitzige Debatte über die Integration von Zuwandererkindern und den Umgang mit Gewalttätern ausgelöst. Bundesbildungsministerin Annette Schavan (CDU) schlug eine Unterbringung von aggressiven Schülern in Internaten vor. „Für besonders schwierige Fälle muss überlegt werden, Internatsplätze zu schaffen", sagte sie der *Financial Times Deutschland* (Montag). Dies sei aber nur ein zusätzliches Angebot. Der stellvertretende Vorsitzende der Unionsfraktion im Bundestag, Wolfgang Bosbach (CDU), forderte einen „Integrationsgipfel". Die aktuelle Debatte solle nicht folgenlos bleiben, sagte er dem Berliner *Tagesspiegel*. Während Kanzlerin Angela Merkel (CDU) und SPD-Generalsekretär Hubertus Heil am Wochenende vorrangig für die Verbesserung der Deutschkenntnisse plädierten, kamen von anderen Unionspolitikern Forderungen nach einem harten Durchgreifen gegen jugendliche Gewalttäter bis hin zu „Schnupperknast" und Abschiebung. [...]

Bayerns Ministerpräsident Edmund Stoiber (CSU) sagte der *Welt am Sonntag*, die Eingliederung ausländischer Mitbürger müsse nicht nur gefordert, sondern auch durchgesetzt werden. Wer sich verweigere, solle mit Sanktionen rechnen müssen – von der Kürzung sozialer Leistungen bis hin zur Ausweisung. Grünen-Chef Reinhard Bütikofer wies das zurück: „Das ist eine boshafte Denunziation der Betroffenen." Auch Hauptgeschäftsführer Gerd Landsberg vom Deutschen Städte- und Gemeindebund sagte, es müsse eine umfangreiche Förderung, aber auch Sanktionen für nicht integrationswillige Zuwanderer geben. Diese sollten „mit Leistungskürzungen und im Extremfall mit der Rückkehr in die Heimat bestraft werden", sagte er der *Neuen Osnabrücker Zeitung* (Montag).

Der Unionsfraktionschef im Bundestag, Volker Kauder (CDU), rief dazu auf, die Probleme der Integration von Migranten in Deutschland ungeschminkt darzustellen. Der Fall der Rütli-Hauptschule[1] zeige, „wie sehr sich die Realität gerade in Großstädten von der naiven Vorstellung multikultureller Straßenfestromantik entfernt hat", schrieb er für die *Frankfurter Allgemeine Sonntagszeitung*. [...]

FDP-Fraktionschef Wolfgang Gerhardt sieht vor allem die Eltern randalierender Schüler in der Verantwortung. Auch Migranten hätten die Pflicht, ihre Kinder zu erziehen, sagte er am Sonntag im Deutschlandfunk. Der Kriminologe Christian Pfeiffer nannte die Anstrengungen zur Integration völlig unzureichend. „Wir müssen schon auf der Kindergartenebene damit anfangen – in der Schule ist es bereits zu spät", sagte er der dpa.

1) s. Text 10

Zeit online, dpa, 3.4.2006

2.2 Überzeugend argumentieren: Vorbereitungen

1 **Übung: kontrollierte Diskussion**

a Kontrollierte Diskussionsformen, bei denen ihr das Diskutieren gut üben könnt, sind z. B. Kugellager oder Fishbowl (→ Sachlexikon Deutsch).
   Einigt euch dazu auf eine zentrale Frage eurer Fragenwand (z. B. „Sollte der Staat allen ausländischen Mitbürgerinnen und Mitbürgern kostenlose Sprachkurse anbieten?").

b Wertet eure kontrollierte Diskussion aus:
   – **themenbezogen**, indem ihr alle angesprochenen Argumente sammelt und die Fragenwand ergänzt,
   – **diskussionsbezogen**, indem ihr euer Gesprächsverhalten mithilfe der Beobachter rekapituliert.

c Ergänzt gemeinsam die folgende Aufstellung typischer Fehler in Diskussionen:

beim Sprecher	beim Zuhörer
– versucht, zu viel in einer Aussage unterzubringen – redet aus Unsicherheit immer weiter, ohne die Auffassungskapazität seines Partners abzuschätzen – ...	– denkt schon an seine Antwort, während der Partner noch spricht – neigt eher dazu, auf Details zu hören und sich evtl. über sie zu erregen, anstatt den Sinn und die wesentlichen Mitteilungen zu erfassen – ...

Text 10

Bausteine der Eingliederung

Mit aufgeregten Debatten reagiert die Politik auf Schulgewalt und kaum bildungsfähige Migrantenkinder. [...] Elemente für eine erfolgreiche Integration
von Mariam Lau und Joachim Peter

Selten hat eine Nachricht in so kurzer Zeit so heftige Reaktionen hervorgerufen wie der Hilferuf der Berliner Rütli-Schule. Erst am vergangenen Donnerstag [30. März 2006] war der an den Berliner Senat adressierte Brandbrief bekannt geworden, in dem sich das Lehrerkollegium außerstande erklärte, das Gewaltproblem an seiner Schule im Stadtteil Neukölln zu lösen. In den folgenden Tagen wurden ähnliche Zustände aus immer mehr Schulen bekannt. Es folgten zahlreiche Vorschläge aus allen politischen Lagern [...]. Doch solche Einzelmaßnahmen helfen nach Einschätzung von Experten wenig: Integration funktioniert nur, wenn verschiedene Aspekte berücksichtigt werden.

Die deutsche Sprache

Der wichtigste Schlüssel zur Integration ist die Kenntnis der deutschen Sprache. Internationale Bildungsstudien weisen jedoch nach, dass die Sprachdefizite bei den hiesigen Migrantenkindern zum Teil immens sind. Zur Bekämpfung der Misere haben die meisten Bundesländer inzwischen Sprachtests vor der Einschulung eingeführt. [...]

Sanktionen und Hilfen

Nicht alle Hauptschulen in sozialen Problemzonen brechen zusammen. Die Kurt-Löwenstein-Schule in Berlin-Neukölln beispielsweise liegt nur 1 000 Meter von der Rütli-Schule entfernt. Auch hier treffen jeden Morgen 20 Nationen aufeinander. „Angriffe auf Lehrer gibt es hier nicht", erklärt Schulleiter P. Das Geheimnis dieses Erfolgs liegt in einem Vertrag, den Schüler, Lehrer und Eltern vor drei Jahren gemeinsam beschlossen haben. Wer an diese Schule will, muss ihn unterschreiben. Wer die Regeln verletzt, kommt in den „Trainingsraum", wo er aufschreiben muss, was vorgefallen ist und wie er sich seinen geordneten Rückzug vorstellt. Sozialarbeiter helfen bei einem Besserungsplan. Nach dem fünften Besuch werden die Eltern eingeschaltet. Solange sie nicht erscheinen, bleibt der Schüler vom Unterricht suspendiert. Bei weiteren Verstößen ist die letzte Konsequenz der Schulverweis. [...]

Verantwortung der Eltern

Weil viele türkische/arabische Männer sogenannte „Importbräute" aus dörflichen Milieus heiraten, die sehr jung sind, kein Deutsch können und vom hiesigen Schulsystem keine Vorstellung haben, wird jetzt über die Heraufsetzung des Zuzugsalters und einen Spracherwerb schon im Heimatland diskutiert. „Sonst hat man immer wieder eine ‚erste Generation' von Einwanderern", erklärt der Migrationsforscher Ahmet C. [...] Viele Berliner Schulen haben auch den Besuch einer „Elternschule" zur Auflage gemacht. [...]

Mehr Ausbildungsplätze

Jeder fünfte jugendliche Zuwanderer hat keinen Schulabschluss. Ganze 2 320 Zuwanderer in Berlin haben eine Lehrstelle, das sind 4,5 Prozent. Von den Absolventen der Rütli-Hauptschule im letzten Jahr hat kein einziger eine gefunden. [...] Schwierig sind nach Ansicht von Integrationspolitikern auch rechtliche Konstruktionen, die es Familien von Zuwanderern unmöglich machen, finanziell auf eigene Beine zu kommen:

---

1) **Kettenduldung** (s. S. 22): betrifft abgelehnte Asylbewerber, die z. B. aus humanitären Gründen nicht abgeschoben werden dürfen. Sie heißt so, weil die Betroffenen alle sechs Monate ihre Aufenthaltserlaubnis verlängern müssen. Sie dürfen nicht arbeiten und sind auf staatliche Zuwendungen angewiesen.

Partnerschaftlich diskutieren

Wer mit einer sogenannten Kettendul-
80 dung[1] hier lebt – wie viele arabische Familien –, darf nicht arbeiten. Da nützen
dann auch Ausbildungsangebote nichts.
Kommunale Vernetzung
„Ich bin Lobbyist für unseren Kiez", sagt
85 Gilles D., Quartiersmanager im Berliner
Problemstadtteil Neukölln. D. kümmert
sich darum, dass soziale Einrichtungen
Geld vom Senat erhalten. [...] Mit Blick
auf die Ereignisse in der Rütli-Schule
90 wirbt D. für eine enge Zusammenarbeit
von Quartiersmanagement und Schulen. Nur so ließen sich die Verhältnisse
vor Ort verbessern. [...]
Gesellschaftliches Klima
95 Ob Integration gelingt, hängt auch davon ab, wie die „Mehrheitsgesellschaft"
zur Einwanderung steht. Wird sie grundsätzlich als Belastung betrachtet – oder
als Experiment, dem man gutes Gelin-
100 gen wünscht? [...]

2 Übung: Argumentationsfolgen

Bevor ihr eine freie Diskussion durchführt, könnt ihr üben, eure Diskussionsbeiträge überzeugend zu formulieren.

– Sucht euch dazu in kleinen Gruppen einen Punkt aus Text 10 aus, der euch strittig erscheint (z. B. Sprachtests kommen viel zu spät, wenn sie erst vor der Einschulung stattfinden; Sanktionen treiben die Schüler nur aus den Schulen; ...) oder den ihr unterstützen wollt (z. B. die Kettenduldung verhindert eine Integration).
– Gestaltet – am besten in Gruppen – einen Diskussionsbeitrag zu eurem Thema mithilfe der **Methode des Fünfsatzes** und tragt ihn den anderen Gruppen frei vor.
– Wenn alle Gruppen an der Reihe waren, einigt ihr euch auf einen Beitrag, den ihr beantworten wollt – wieder nach der Struktur des Fünfsatzes.

Vielleicht könnt ihr diesen Antwortbeitrag schon ohne Vorbereitungszeit frei halten.

Grundwissen und Methode

Argumente strukturieren im Fünfsatz

Der Fünfsatz ist eine Methode, wirkungsvoll in nur fünf Sätzen (Schritten) zu argumentieren. Es gibt unterschiedliche Modelle des Fünfsatzes mit ähnlicher Grundstruktur:

1. **Anknüpfung** an eine Situation, einen Sachverhalt oder eine Person (z. B.: *Im Text steht, dass ...; XY hat gesagt, dass; Ich denke aber ...*)
2. **Begründung** (Hauptargument) für den Zwecksatz (z. B.: *Ich bin dieser Auffassung, weil ...*)
3. **Erläuterung** mit weiteren Ausführungen (Argumenten) (z. B.: *Schon diese ... trägt dazu bei ... / Vor allem / Darüber hinaus zeigt sich, dass ...*)
4. **Veranschaulichung** mit Beispielen (z. B.: *Dies sieht man auch daran, dass ...*)
5. **Zweck/Absicht/Appell**: Zum Schluss formuliere ich den Zweck meiner Ausführungen (Zwecksatz) und/oder richte eine Aufforderung an meine Adressaten (z. B.: *Daher wäre es am besten, wenn du ...; Darum ist dieser Punkt zentral für ...*).

Bei der **Planung** des Fünfsatzes geht man umgekehrt vor:
1. zuerst den **Zielpunkt** mit dem Zwecksatz festlegen
2. **Argumentationsplanung** in drei Schritten: Argument, Erläuterungen, Veranschaulichung
3. situationsbezogenen **Einstieg** in das Thema/**Anknüpfungsmöglichkeit** überlegen

2.3 Eine Diskussion leiten und auswerten

1 **Diskussionsleitung oder Moderation?**
Damit eure Diskussion in geordneten Bahnen verläuft, solltet ihr eine Diskussionsleitung oder eine Moderatorin bzw. einen Moderator bestimmen.

a Übertragt zunächst die nachfolgende Mindmap ins Heft und ergänzt die Aufgaben einer Diskussionsleitung.

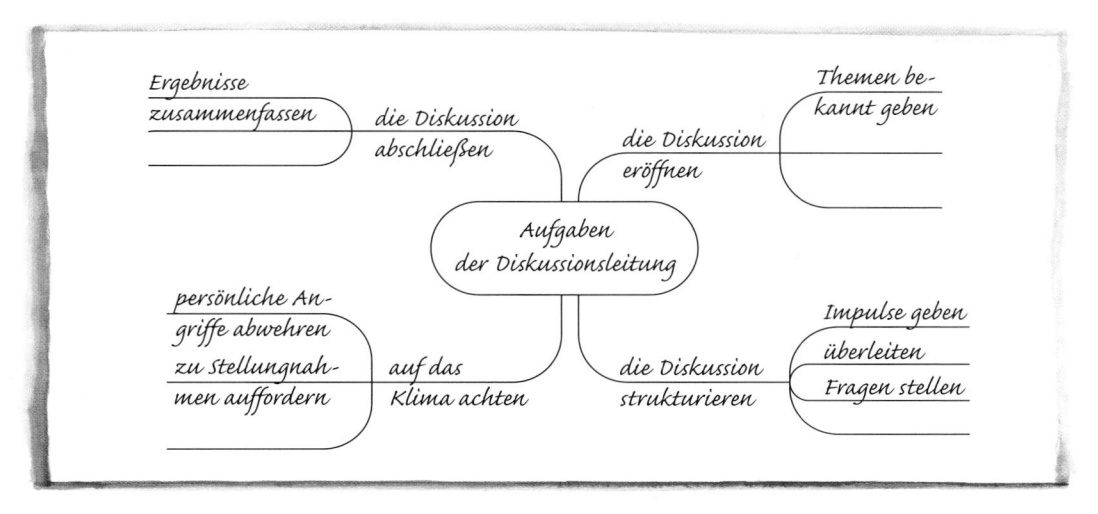

Aufgaben der Diskussionsleitung:
- die Diskussion abschließen: Ergebnisse zusammenfassen
- die Diskussion eröffnen: Themen bekannt geben
- auf das Klima achten: persönliche Angriffe abwehren, zu Stellungnahmen auffordern
- die Diskussion strukturieren: Impulse geben, überleiten, Fragen stellen

b Fertigt zum Vergleich eine Mindmap zu den Aufgaben einer Moderatorin oder eines Moderators an. (→ Sachlexikon Deutsch)
c Vergleicht Diskussionsleitung und Moderation: Was ist gemeinsam, worin liegen die Unterschiede?
d Entscheidet euch nun für Diskussionsleitung bzw. Moderation und verteilt entsprechende Aufgaben.

2 **Eine Diskussion durchführen:**
Führt eine Diskussion mit der gesamten Klasse durch, entweder zu einer Frage, zu der ihr euch bereits vorbereitet habt (vgl. S. 20, Aufgabe 1), oder zu einer anderen aus eurer Fragenwand (S. 19, Aufgabe 5), die sich als strittig erwiesen hat.
Berücksichtigt die **Regeln einer fairen, partnerschaftlichen Diskussion:**
– Achtet darauf, dass die Diskussion so verläuft, dass ihr euch gegenseitig **nicht überreden, sondern überzeugen** wollt.
– **Bereitet euch deshalb auf die Diskussion vor:** sich sachkundig machen, Standpunkte abwägen, Argumente und Belege sammeln, sich in den Gegenstandpunkt hineinversetzen usw.
– Wendet, wo es möglich bzw. sinnvoll ist, bei der Strukturierung eurer Diskussionsbeiträge den **Fünfsatz** an.
– **Hört genau zu;** wenn ihr euch nicht sicher seid, ob ihr einen Diskussionsbeitrag richtig verstanden habt, dann gebt ihn mit eigenen Worten wieder, bevor ihr darauf antwortet, oder fragt gezielt nach.
– **Knüpft** an die Vorredner **an, geht aufeinander ein,** greift **nicht die Person, sondern die Sache** (die Äußerung dazu) an.

Partnerschaflich diskutieren

3 **Feedback: eine Diskussion beobachten und auswerten**
Damit ihr aus dem Verlauf der Diskussion etwas für spätere Diskussionen lernen könnt, ist eine Reflexion von Diskussionsverhalten, Argumentationsweise usw. nötig. Am besten bestimmt ihr unbeteiligte Beobachter, die anhand eines Beobachtungsbogens Beobachtungsdaten liefern und Feedback geben können:

a Passt dazu zunächst den Beobachtungsbogen gemeinsam euren Bedürfnissen an.
b Ernennt mehrere Beobachter, die einen Beobachtungsbogen zu jeweils nur einer Beobachtungskategorie ausfüllen.
c Jeder Beobachter notiert im Abstand von fünf Minuten mithilfe der Codes und Plus- bzw. Minuszeichen, was ihm auffällt; für jede Beobachtung wird eine neue Zeile benutzt.

Text 11A **Beobachtungsbogen: Beobachtungskategorien**

Code	Code-Bedeutung
Beobachtungskategorie **Vo**rtragsweise (Vo):	
Vo 1	Die Argumente werden frei vorgetragen.
Vo 2	Der Redner spricht engagiert.
…	…
Beobachtungskategorie Diskussions**reg**eln/-klima (Reg):	
Reg 1	Die Diskussion ist fair und sachlich.
Reg 2	Persönliche Angriffe kommen nicht vor.
…	…
Beobachtungskategorie **Arg**umentation (Arg):	
Arg 1	Die Argumente sind stichhaltig.
Arg 2	Die Beiträge sind gut strukturiert.
…	…
Beobachtungskategorie **Lei**tung/Moderation (Lei):	
Lei 1	Es wurde in das Thema/die Diskussion eingeführt.
…	…
Beobachtungskategorie **So**nstiges (So)	
So 1	…
…	…

Text 11B **Beobachtungsbogen: Vorlage zum Ausfüllen**

Thema der Diskussion: _____
Datum, Uhrzeit: _____
Beobachtungskategorie: _____
Name des Beobachters: _____

Minute	Code	Namen, sonstige Beobachtungen
5	Arg 2 +	Sebastian (Fünfsatz); etwas leise gesprochen
10	…	…
….	…	…

Das hast du in diesem Kapitel gelernt:

- rhetorische Kenntnisse in der Praxis anwenden: frei vortragen
- Reflexion über verbale und nonverbale Kommunikation: Gründe für Verständnisprobleme erkennen und Mittel zu ihrer Behebung finden, auch in interkulturellen Kontexten; Beziehungs- und Sachebene unterscheiden
- Kommunikationsmodelle verstehen und anwenden
- Kenntnisse über den Kulturbegriff erwerben, sich der eigenen Kultur bewusst werden und Verständnis für andere Kulturen entwickeln
- Standpunkte wirkungsvoll und überzeugend vertreten, Gesprächspartnern offen begegnen und deren Beiträge einbeziehen
- Zuhören und Gehörtes wiedergeben, Rückmeldungen geben, einen Fragenkatalog entwickeln, gezielt Fragen stellen
- Argumentationsfolgen mit dem Fünfsatz erstellen; kontrollierte und freie Diskussionen vorbereiten, durchführen und moderieren
- Sachtexte auswerten

Ideen und Projekte:

- Stellt Sprachvergleiche an: Sammelt z. B. Redewendungen oder Sprichwörter in verschiedenen Sprachen, übersetzt sie und besprecht, inwieweit in ihnen ein unterschiedlicher kultureller Hintergrund zum Ausdruck kommt.
- Informiert euch über künstliche Sprachen wie Esperanto, Volapük, Interlingua, Glosa. Warum gibt es sie? Werden sie verwendet?
- Argumentieren im Fünfsatz: „Der Mensch ist immer Produkt seiner Kultur, aber gleichzeitig bleibt er immer ein Individuum." Wie steht ihr zu dieser Aussage?
- Informiert euch in offiziellen Quellen im Internet, also z. B. bei zuständigen Ministerien, Institutionen, Parteien und Kirchen, über die aktuelle Situation von Migranten in Deutschland und bereitet eine Ausstellung dazu vor.
- Vergleicht Esskulturen miteinander: China, Indien, Ägypten, Russland, Italien, ... Veranstaltet ein „interkulturelles Abendessen".
- In Indien oder Papua-Neuguinea werden mehrere hundert verschiedene Sprachen gesprochen. Recherchiert darüber und stellt Überlegungen an, was dies für die Kommunikation bedeuten kann. Stellt eure Ergebnisse vor.

Erweitern · Vertiefen · Anwenden

FEEDBACKMETHODEN

Text 1 Missverständnisse in Gesprächen und Diskussionen entstehen häufig auch deswegen, weil man sich selbst anders wahrnimmt, als andere dies tun. In der Kommunikationswissenschaft gibt es ein Modell, das die Selbst- und die Fremdwahrnehmung genauer beschreibt und das dazu verwendet werden kann, solche Missverständnisse möglichst gering zu halten: das sogenannte **Johari-Fenster**, benannt nach seinen Autoren **Jo**e Luft und **Har**ry Ingham.

		mir selbst	
Verhalten		bekannt	unbekannt
den anderen	bekannt	A „öffentliche Person"	C „mein blinder Fleck"
	unbekannt	B Privatperson	D Unbekanntes

Quadrant A: Der öffentliche Bereich, die öffentliche Person; der **Teil unserer Person, den wir offen und frei zeigen.**
Quadrant B: Der Bereich des Verhaltens, der **mir bekannt und bewusst ist, den ich aber andern nicht bekannt gemacht**
5 **habe oder machen will,** z. B. Gedanken und Aktionen, die wir anderen nicht gerne mitteilen.
Quadrant C: Der sogenannte blinde Fleck der Selbstwahrnehmung, d. h. der **Teil des Verhaltens, der für andere sichtbar und erkennbar ist, mir selbst hingegen nicht bewusst ist,**
10 z. B. Gewohnheiten, Vorurteile, Gesten, ...
Quadrant D: Dieser Bereich erfasst Vorgänge, die mir unbewusst und anderen nicht bekannt sind.

1a Ordne die folgenden Beschreibungen einer Jugendlichen den entsprechenden Quadranten des Johari-Fensters zu.
– Wenn sie nervös ist, fasst sie sich oft an die Nase.
– Sie hat ein Geheimnis, das sie selbst ihrer besten Freundin nicht verrät: Sie ist unglücklich in ihren Cousin verliebt.
– Mit drei Jahren wäre sie einmal, von allen unbemerkt, fast ertrunken und konnte sich gerade noch selbst retten. Daher rührt ihre uneingestandene Angst vor dem Wasser.
– Sie ist sehr erfolgreich im Schultheater, weil sie gerne in andere Rollen schlüpft.
b Finde Beispiele für die Quadranten A–C bei dir selbst oder anderen.
c Überlegt gemeinsam: Welche der Quadranten sollten vergrößert, welche sollten verkleinert werden, damit Selbst- und Fremdeinschätzung übereinstimmen?
2 Selbst- und Fremdeinschätzung können mithilfe von **Feedback**, also Rückmeldungen durch andere, verglichen und einander angenähert werden.
a Hast du selbst schon einmal Feedback erhalten? Wie bist du damit umgegangen? Tauscht euch aus.
b Überlegt, welche Regeln man für ein konstruktives Feedback aufseiten des Feedbackgebers und aufseiten des Feedbackempfängers aufstellen müsste, damit es wirklich sein Ziel erreicht. Ergänzt dazu zunächst gemeinsam die folgende Liste.

Der Feedbackgeber sollte:	Der Feedbackempfänger sollte:
– Ich-Botschaften verwenden,	– sagen, ob und wann er Feedback wünscht,
– an Stärken ansetzen,	– das Feedback überprüfen und offen
– die Beziehungsebene vermeiden,	aufnehmen,
– sachlich richtiges Feedback geben,	– auf der Sachebene bleiben,
– ...	– ...

3 Probiert im Anschluss an ein Gespräch, eine Diskussion, eine Unterrichtsstunde oder ein Projekt einmal eine der folgenden Feedbackmethoden. Haltet euch dabei an die von euch gemeinsam erstellten Regeln für ein konstruktives Feedback.

Persönlichkeitsprofil
Erstellt gemeinsam einen **Fragebogen**, der entweder **Charaktereigenschaften** (z. B. sachlich, selbstbewusst, aktiv, anpassungsfähig, kreativ, kontaktfreudig, tolerant, …) **oder Verhaltensweisen im Gespräch**, im Unterricht etc. (arbeitet gut mit, geht auf andere ein, kann zuhören, …) enthält, je nachdem, wozu ihr das Feedback haben möchtet.
Fügt eine **Skala von 1–5** hinzu, sodass die jeweilige Eigenschaft oder das Verhalten eingeordnet werden kann. Füllt euer **Profil zunächst für euch selbst** aus und bittet dann jeweils **drei Mitschülerinnen oder Mitschüler**, evtl. auch **eure Lehrerin oder euren Lehrer**, einen Fragebogen auszufüllen. Vergleicht die Einschätzungen und überlegt, wie ihr mit dem Feedback umgehen möchtet.

One-Minute-Paper
Am Ende der Situation, zu der das Feedback gegeben werden soll, schreibt jeder Teilnehmer auf eine Seite eines leeren Blattes **alle positiven Gedanken und Rückmeldungen**, auf die Rückseite **alle Unklarheiten oder Kritikpunkte**. Wertet die Blätter aus und diskutiert das Ergebnis. Überlegt, was ihr beim nächsten Mal verändern wollt.

Rezension
Alle Beteiligten schreiben eine kritische Einschätzung des Ablaufs der Situation, zu der das Feedback gegeben werden soll, und zwar **in Form einer Theaterrezension,** indem sie über **die inhaltliche Darbietung, die Inszenierung, die Bühne, die Akteure** und **das Publikum** berichten und diese kritisch bewerten. Diese Art des Feedbacks bringt oft gute Ergebnisse, weil kritische Aussagen oft in origineller Form verpackt werden, ist aber manchmal auch schwerer zu entschlüsseln.

Feedback-Briefe
Jeder Beteiligte wird gebeten, seinen **Namen auf eine Karte** zu schreiben, die dann verdeckt auf dem Boden verteilt werden. Nun **zieht jeder der Reihe nach eine Karte** und hält dabei aber geheim, welchen Namen er gezogen hat. **Auf die Rückseite** soll nun für die gezogene Person folgendes **Feedback** notiert werden:
– Was hat mir an dir besonders gut gefallen?
– Was könntest du an dir noch ändern und/oder verbessern?
Anschließend werden die Karten wieder auf dem Boden verteilt, diesmal allerdings mit den Namen nach oben. Jeder liest nun die für ihn bestimmte Rückmeldung.
Im Anschluss daran soll **jeder berichten, ob er das ihm gegebene Feedback annehmen kann oder nicht.** Dabei sollte es den einzelnen Teilnehmern überlassen sein, ob sie ihr Feedback vorlesen möchten oder nicht. Das Ziel dieser Methode ist es, bei kritischem Feedback zumindest Gedanken und Anregungen für die individuelle Nachbereitung zu Hause mitzugeben.

4 Evaluiere das Feedback, das du erhalten oder gegeben hast.
a Welche Form war für welchen Zweck besonders geeignet?
b Wie ist es dir gelungen, offen und auf der Sachebene zu bleiben?

FÖRDERT ODER SCHADET DER COMPUTER?

Gesellschaft
Drei Tage ohne Nachricht – eine Ewigkeit

Jugendliche verbringen viel Zeit mit Online-Kommunikation. Fördert das die soziale Kompetenz oder ist es eher schädlich? Experten sind sich nicht einig, immerhin gibt es erste Forschungsergebnisse. [...]

Cyberkids
Begegnung mit einer flüchtigen Spezies

Der ständige Umgang mit Computern, Handy und Internet versetzt viele Kinder in eine ganz eigene Welt – und verändert ihr Denken, die Wahrnehmung, das Gefühl für Zeit. Lehrer und Eltern reagieren oft befremdet bis schockiert. Wissenschaftler ergründen, was das „Hyperlearning" im Gehirn anrichtet. [...]

Gute Freunde im Netz

Wer heute 17 ist, kennt ein Leben ohne Internet nicht. Für die meisten ist der Computer wichtiger als Fernsehen. [...]

Vernetzte US-Schule
Laptops ersetzen Lehrbücher

In Arizona wird die Zukunft der digitalen Schule schon heute getippt: Auf der Empire High School haben alle 340 Schüler einen Laptop bekommen – die Lehrbücher wurden abgeschafft. Hausaufgaben werden nun online verschickt, Internet-Links bestimmen den Unterricht.

[...] Das Arbeiten mit den Klapp-Computern soll die Motivation der Schüler steigern. Das hoffen zumindest die Verantwortlichen der Schule und geben sich als Technik-Pioniere: „Wir waren schon immer bemüht, neue Technologien einzusetzen, und scheuen auch nicht das Risiko", [...].

Spiele ohne Grenzen

Je öfter ein Kind am Computer ballert, desto schlechter die Schulnoten, zeigt eine neue Studie. Die Spiele lassen eine Generation von Jungen verwahrlosen. [...]

Bessere Noten durch Computer?

Wenn Schüler viel Zeit am Computer verbringen, schneiden sie im Unterricht besser ab. Das legt eine PISA-Sonderauswertung der OECD* nahe. Andere Experten halten diese Einschätzung allerdings für fragwürdig. [...]

* OECD: Organisation for Economic Cooperation and Development (Organisation für wirtschaftliche Zusammenarbeit und Entwicklung)

Streitfragen und Probleme erörtern

Anteil der Schüler, die den Computer mehrmals wöchentlich in der Schule nutzen

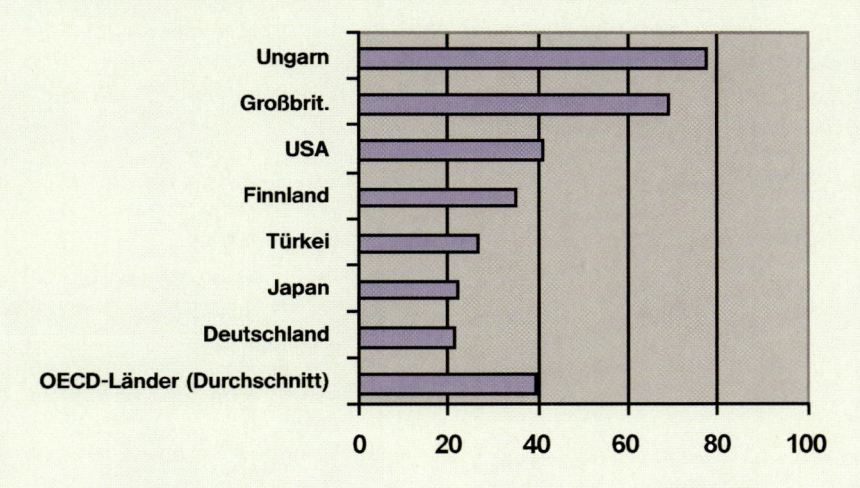

(Angaben in Prozent)

Land	Prozent
Ungarn	~78
Großbrit.	~70
USA	~40
Finnland	~35
Türkei	~25
Japan	~22
Deutschland	~22
OECD-Länder (Durchschnitt)	~40

Mindert Computereinsatz in der Schule die Lernfähigkeit?

Nach einer Untersuchung des Instituts für Wirtschaftsforschung Ifo haben Computer im Schuleinsatz kaum einen positiven Einfluss, können aber die Leistung behindern, weil sie andere Lehr- und Lernaktivitäten verdrängen.
Untersucht wurden die Leistungen von einhunderttausend 15-jährigen Schülern in
5 32 Ländern, die im Jahr 2000 an den Erhebungen für die PISA-Studien teilgenommen haben.
Die Ergebnisse sind ernüchternd: Je mehr Computer benutzt wurden, desto schlechtere Leistungen hatten die Schüler. [...]

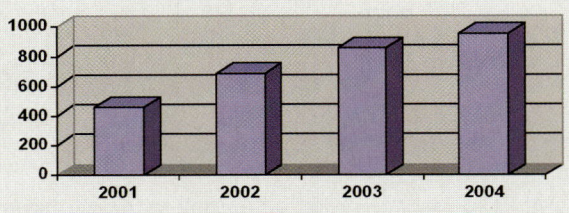

Computer in Schulen (Anzahl in Tsd.)

Jahr	2001	2002	2003	2004
Anzahl	~450	~700	~850	~950

Quelle: Bundesministerium für Bildung und Forschung, 2005

– Vergleicht und diskutiert eigene Erfahrungen mit Computern – privat und in der Schule.
– Welche Informationen könnt ihr den Artikelausschnitten und Statistiken entnehmen? Welche der angeführten Aspekte sprechen für, welche gegen die Verwendung von Computern durch Kinder und Jugendliche?
– Besorgt euch aktuelle Zahlen und ergänzende Informationen zur Problemstellung, z. B. aus dem Internet.
– Erstellt in der Klasse vorläufige Meinungsbilder:
  – Fördern brutale Computerspiele Gewalt?
  – Sollte der Computer im schulischen Unterricht eine größere Rolle spielen als bisher?

1. KLÄRUNG: lineares und dialektisches Erörtern

1 Zur Erinnerung: Ergänze die Lücken mithilfe des Wortspeichers.

> Wie bei der linearen, ✻ Erörterung begründet auch der Verfasser einer ✻ Erörterung die von ihm vertretene eigene **These** mit ✻ Argumenten.
> Im Unterschied zur ✻ Erörterung bezieht man bei der ✻ Erörterung jedoch auch die vom Verfasser nicht vertretene **Gegenthese** mit ein.

■ *dialektischen (2x) / linearen / steigernd angeordneten / steigernden*

2 Erläutere die grafische Darstellung zur linearen und dialektischen Erörterung.

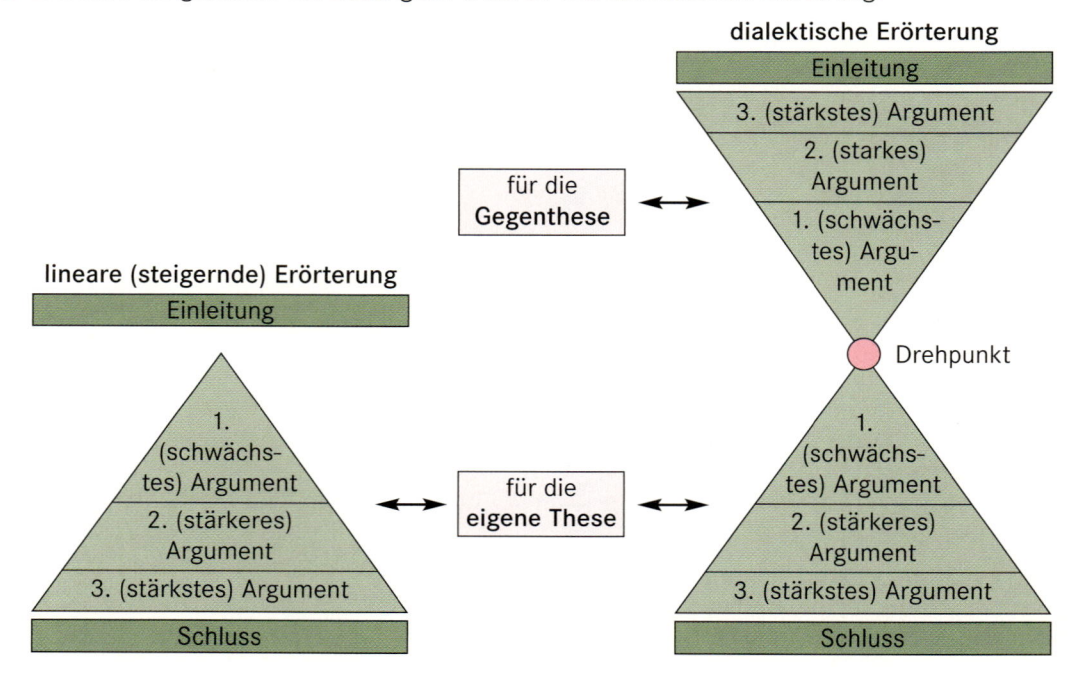

dialektische Erörterung

- Einleitung
- 3. (stärkstes) Argument
- 2. (starkes) Argument
- 1. (schwächstes) Argument

für die **Gegenthese**

Drehpunkt

lineare (steigernde) Erörterung

- Einleitung
- 1. (schwächstes) Argument
- 2. (stärkeres) Argument
- 3. (stärkstes) Argument
- Schluss

für die **eigene These**

- 1. (schwächstes) Argument
- 2. (stärkeres) Argument
- 3. (stärkstes) Argument
- Schluss

3 Ordne die folgenden Aussagen A–C und 1–3 einander zu:
Beim **linearen** Erörtern soll

(A) die Einleitung (1) die Argumente in steigernder Form zu Argumentationsblöcken ausgestalten (bestehend aus Argument und Belegen).
(B) der Hauptteil (2) aus der Argumentation eine logische Folgerung ziehen und zur Abrundung auf die Ausgangsthese zurückgreifen.
(C) der Schluss (3) das Thema erfassen, zum Thema hinführen, es klären/eingrenzen.

4 Erläutere zum **dialektischen** Erörtern,
  – warum es beim Untermauern der Gegenthese sinnvoll ist, mit dem **stärksten Argument** zu **beginnen**,
  – welche Auswirkungen die Auseinandersetzung mit der Gegenthese auf das Verfassen des **Einleitungs- und Schlussteils** hat,
  – welche Funktion dem **Drehpunkt** zukommt.

5 Besprecht, in welchen Situationen oder bei welchen Themen sich eher eine lineare und wann sich eher eine dialektische Erörterung anbietet.

Streitfragen und Probleme erörtern

2. COMPUTERSPIELE UND GEWALT
Lineares Erörtern

2.1 Vorarbeiten: Stoffsammlung und Gliederung

1 „Fördern brutale Computerspiele bei Jugendlichen Gewaltbereitschaft?"
Bevor du dich pro oder kontra entscheidest, solltest du dich sachkundig machen:
Sammelt in einem Brainstorming Pro- und Kontra-Argumente sowie Belege zu dieser Streitfrage und stellt sie in einem Cluster zusammen.

2a Welche der in der folgenden Stoffsammlung (Text 1) angeführten Gesichtspunkte
 – eignen sich eher als Argumente, welche eher als Belege,
 – welche können zusammengefasst werden
 – und welche eignen sich gar nicht für eine Erörterung?

b Welche Argumente und Belege lassen sich zusätzlich aufgrund der Materialien auf den Startseiten dieses Kapitels (S. 28f.) ergänzen?

c Ordne auch die in der Mitte angeführten Notizen als Argumente oder Belege nach pro und kontra in die Grafik ein.

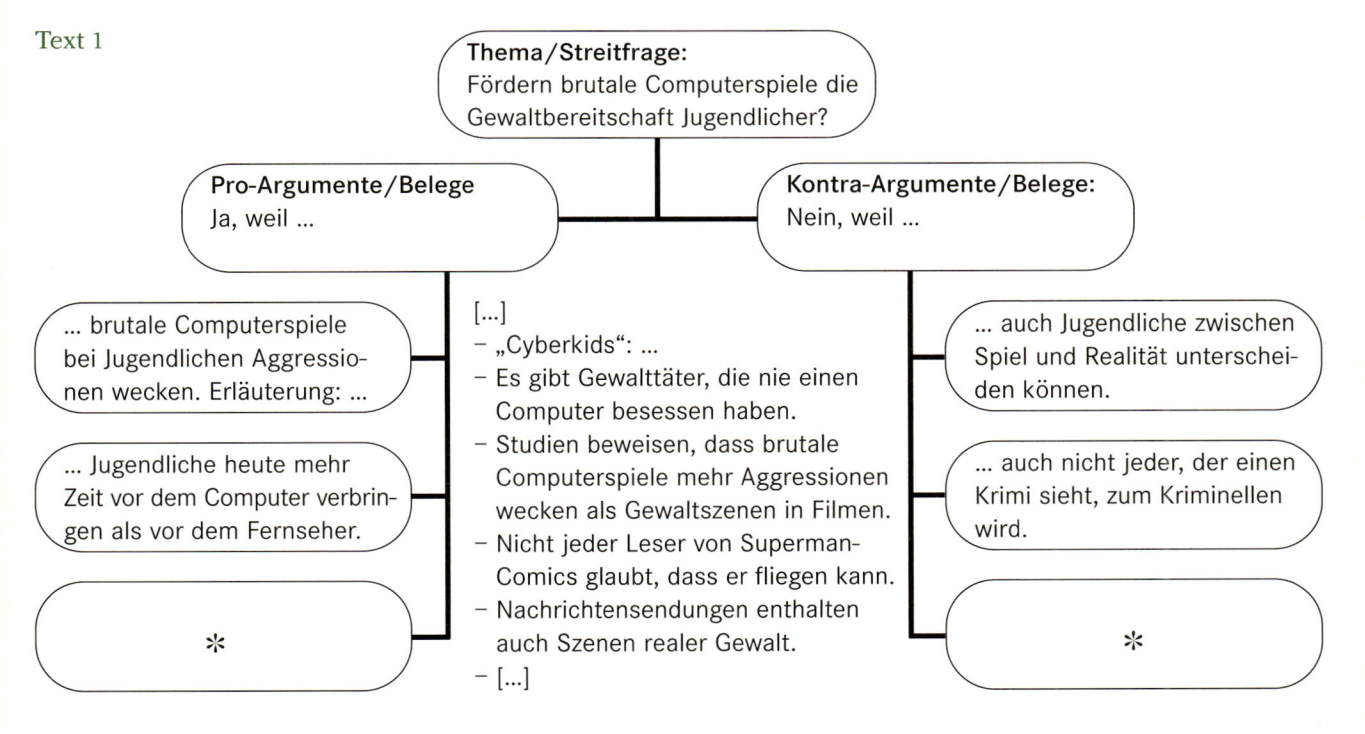

Text 1

Thema/Streitfrage:
Fördern brutale Computerspiele die Gewaltbereitschaft Jugendlicher?

Pro-Argumente/Belege
Ja, weil …

Kontra-Argumente/Belege:
Nein, weil …

… brutale Computerspiele bei Jugendlichen Aggressionen wecken. Erläuterung: …

… Jugendliche heute mehr Zeit vor dem Computer verbringen als vor dem Fernseher.

*

[…]
– „Cyberkids": …
– Es gibt Gewalttäter, die nie einen Computer besessen haben.
– Studien beweisen, dass brutale Computerspiele mehr Aggressionen wecken als Gewaltszenen in Filmen.
– Nicht jeder Leser von Superman-Comics glaubt, dass er fliegen kann.
– Nachrichtensendungen enthalten auch Szenen realer Gewalt.
– […]

… auch Jugendliche zwischen Spiel und Realität unterscheiden können.

… auch nicht jeder, der einen Krimi sieht, zum Kriminellen wird.

*

3 Nutze auch Text 2 zum Untermauern der beiden Positionen und ergänze jeweils die Pro- und die Kontra-Seite.

Text 2 Computeranimationen als Lernprogramme zum Töten?

Spätestens seit den Amokläufen amerikanischer und deutscher Schüler stehen brutale Videospiele in der Diskussion. Die These, der spielerische Umgang mit virtueller Brutalität senke vor allem bei Jugendlichen die Hemmschwelle, auch in der Realität Gewalt

Lineares Erörtern

gegen andere anzuwenden, wird durch die Aussage amerikanischer Militärpsychologen unterstützt. Demzufolge trainieren US-Soldaten u. a. auch mit Computeranimationen, um so ihre Trefferquote zu erhöhen. Diese Ausbildungsmethode sei mit dem Üben in einem Flugsimulator vergleichbar: Bestimmte Verhaltensmuster werden so lange eingeschliffen, bis sie auch in realen Situationen reflexartig abgerufen werden können. Dieser Sachverhalt sei durchaus auch auf den ständigen Umgang mit immer realistischeren Videospielen übertragbar, in denen der Spieler übt, oft auf brutalste Weise gleich dutzendweise Menschen zu töten und dafür Punkte zu bekommen oder zum Sieger erklärt zu werden. Viele Wissenschaftler widersprechen allerdings dieser Betrachtungsweise, da sie den Zusammenhang zwischen Videospielen und realer Gewaltanwendung vereinfache. Die Ursachen für die Gewaltbereitschaft Jugendlicher seien vor allem im sozialen Umfeld der Jugendlichen zu suchen. Computeranimationen verstärkten allenfalls die bereits vorhandene Bereitschaft, selbst zum Gewalttäter zu werden.

4 Ordne die von dir vervollständigte Stoffsammlung, sodass sie jeweils die aus deiner Sicht überzeugendsten Pro- und Kontra-Argumente sowie dazugehörige Belege enthält.

5 **Von der Stoffsammlung zur Gliederung:**

a Welche These vertritt der Verfasser der noch unvollständigen Gliederung in Text 3? An welchen Stellen bezieht der Verfasser Aussagen aus Text 1 und 2 mit ein?

b Benenne und erläutere mithilfe des Nummerierungssystems Inhalt und Funktion der einzelnen Gliederungsabschnitte.

c Gelingt es dem Verfasser, soweit das bereits aus der Gliederung ersichtlich ist, seine These linear (steigernd) überzeugend zu begründen?

Text 3 **Gliederung**

Fehlertext!

<u>Fördern brutale Computerspiele die Gewaltbereitschaft Jugendlicher?</u>

A Beliebtheit und Problematik von Computerspielen
 – faszinierende Möglichkeiten der virtuellen Welten: *
 – Gegenstand der folgenden Erörterung: Beschränkung auf *
 – Problematik: *

B Meine Position und deren Begründung: *

 I Einseitige Vorwürfe gegen Videospiele ungerechtfertigt
  1) tagtägliche Gewaltdarstellungen auch in Kriminalfilmen, in Nachrichtensendungen: *
  2) *

 II Keine derartigen Vorbehalte gegen Freizeitbeschäftigung von Jugendlichen
  1) in Schützenvereinen: *
  2) bei Boxkämpfen: sogar Idealisierung von realer Gewaltanwendung

 III Stützung durch Meinung von Wissenschaftlern
  1) kein eindeutiger Zusammenhang zwischen *
  2) *

C Fazit: *

Streitfragen und Probleme erörtern

6 Entscheide dich nun für eine Position zur Frage, ob brutale Computerspiele die Gewaltbereitschaft Jugendlicher fördern.
a Übertrage dazu die Gliederung (Text 3) in dein Heft und ergänze bzw. überarbeite die fehlenden Gliederungspunkte oder entwirf, wenn du die Gegenposition vertrittst, eine entsprechende andere Gliederung.
b Schreibe auf der Basis deiner Gliederung eine ausformulierte lineare (steigernde) Erörterung.

2.2 Eine lineare Erörterung überarbeiten

Fehlertext!

Text 4

[...] Zunächst einmal ist festzustellen, dass Jugendliche heutzutage länger vor dem Bildschirm sitzen als je zuvor. Dies bedeutet häufig auch, dass sie mehr Zeit vor dem Computer verbringen als zusammen mit der Familie oder mit Freunden. Sicherlich werden beim Umgang mit dem PC auch einzelne Fähig-
5 keiten erworben oder geübt, die zum Beispiel für das spätere Berufsleben hilfreich sein können. Auf jeden Fall aber muss man kritisch anmerken, dass gerade ein junger Mensch, der den Großteil seiner Freizeit seinem Computer widmet, hierdurch sicherlich in seinem Charakter geprägt wird und sich zwangsläufig zu einem Außenseiter entwickelt, der sich mit anderen höchstens noch per E-Mail
10 austauscht.
Kommt zu diesem ohnehin schon bedenklichen Umstand hinzu, dass sich die Betreffenden in dieser ganzen Zeit mit brutalen Computerspielen beschäftigen und ihr ganzes Leben in einer virtuellen Welt voller Blut und Leichen bewegen, muss man sich ernsthaft fragen, ob dies wirklich ohne Folgen bleiben kann.
15 Auch wenn Wissenschaftler zu unterschiedlichen Ergebnissen kommen, so stellen sie doch meiner Meinung nach fest, dass so etwas einfach Aggressionen wecken muss. Führt man diesen Gedanken weiter, kommt man zu dem aus meiner Sicht bedenklichsten Gesichtspunkt: Realistische Gewaltspiele wecken nicht nur Aggressionen, sondern trainieren den Spieler auch noch [...].

1 Untersuche diesen Ausschnitt aus dem Hauptteil einer Erörterung.
a **Inhaltlich:**
 – Welche These vertritt der Verfasser?
 – Welche Argumente und Belege führt er an?
 – Auf welche Weise versucht der Verfasser, dem möglichen Vorwurf zu begegnen, er argumentiere einseitig und undifferenziert?
b **Sprachlich:**
 – Mit welchen sprachlichen Mitteln bemüht sich der Verfasser darum, den Gedankengang seiner Argumentation möglichst dicht und schlüssig zu gestalten?
 – An welchen Stellen übertreibt der Verfasser in seinem Bemühen, möglichst nachdrücklich zu argumentieren?
 – An welchen Stellen bringt der Verfasser unangemessene persönliche Wertungen mit ein?
2a Überarbeite zunächst Text 4 in deinem Heft.
b Formuliere und ergänze dann mithilfe von Text 2 (S. 31f.) einen weiteren Argumentationsblock sowie die Einleitung und den Schlussteil.
c Vergleicht eure Ergebnisse: Was lässt sich noch optimieren?

3. LAPTOPS STATT SCHULTÜTEN? – Dialektisches Erörtern im Anschluss an einen Text

3.1 Thesen und Argumente erschließen, bewerten und ergänzen

Text 5 **Laptops statt Schultüten?** (2007)   INGA WOLF

Sei es durch Elterninitiative oder durch staatliche Förderung, in Deutschlands Klassenzimmern werden Tafel und Kreide immer mehr durch Computer und Maus ersetzt. Ist die Infrastruktur erst einmal vorhanden, üben Kinder schon in der Grundschule nicht mehr im Heft, sondern am Bildschirm mithilfe von Lernprogrammen, Subjekte von
5 Objekten zu unterscheiden, und recherchieren für verschiedene Projekte im Internet. „Die Arbeit am Computer motiviert Schüler aller Jahrgänge einfach mehr als traditioneller Unterricht", frohlockt die Lehrerin Dorothee M. stellvertretend für viele ihrer Kolleginnen und Kollegen. PCs förderten zudem Gruppen- und Projektunterricht sowie fächerübergreifendes Lernen. Sie gesteht allerdings ein: „Viele von uns betreten dabei
10 jedoch unbekanntes Terrain und müssen erst einmal an Fortbildungen teilnehmen, um Rechner und Programme sinnvoll nutzen zu können."
Genau hier liegt das Problem: Abgesehen davon, dass immer noch viele Schulen mit veralteter Hardware zu kämpfen haben und über zu wenige Computer verfügen, fehle es an Schulungen für Lehrkräfte und an der Entwicklung pädagogisch sinnvoller Unterrichts-
15 konzepte, beklagt der Medienpädagoge Ulrich L. die unzureichende Qualität des Computereinsatzes. 
Einen kritischen Akzent setzte auch das Münchner Institut für Wirtschaftsforschung Ifo: Mehr Computer bedeuteten keinesfalls immer bessere schulische Leistungen. Die Forscher kamen sogar zu dem Ergebnis, dass häufiges Arbeiten am Computer die Lese- und
20 Rechenkompetenz von Schülern verschlechtere.
Niemand kann ernsthaft bestreiten, dass Deutschlands Schüler von der vielerorts geforderten kritisch-kreativen Medienkompetenz jedenfalls noch weit entfernt sind, wenn sie ohne kompetente Anleitung hilflos in den unergründlichen Tiefen des Cyberspace herumirren, in der dortigen Informationsüberflutung versinken und fragwürdige Materi-
25 alien obskurer Herkunft für fundierte Informationen halten. Und es muss doch die Frage gestattet sein, ob Schüler nicht lieber ein Buch in die Hand nehmen und eine Exkursion in die Natur machen sollten, anstatt Texte am Bildschirm zu lesen oder dort als „realistisch" gepriesene Simulationen anzusehen?
Wenn mancherorts sogar gefordert wird, dass praktisch jeder Erstklässler statt der Schul-
30 tüte besser mit einem Laptop ausgerüstet werden müsste, um immer und zu jeder Zeit damit arbeiten zu können und sich so u. a. auch auf den späteren Arbeitsalltag vorzubereiten, wird dabei völlig übersehen, dass viele Eltern und die leeren öffentlichen Kassen sich diesen mehr als zweifelhaften Luxus nicht leisten können.
Gewiss ist die Welt heutzutage nicht mehr ohne Computer und Internet vorstellbar, ob
35 aber beides Allheilmittel auf dem Weg zu besserem Unterricht und besseren Schülerleistungen sind, erscheint mehr als zweifelhaft.

1a Tauscht eure Eindrücke zu Text 5 aus: Fühlt ihr euch durch den Text provoziert? Welche Betrachtungen sind für euch neu oder besonders interessant?
 b Diskutiert in der Klasse über Vor- und Nachteile eines verstärkten Computereinsatzes im Unterricht.

2 Will man zu der Position, die jemand zu einer Streitfrage vertritt, begründet Stellung nehmen, muss man sich – mithilfe einer genauen Textanalyse – zunächst mit **These** und **Argumenten** des Textes vertraut machen.

> – **Klären von** unbekannten **Begriffen**: „Infrastruktur" (Z. 3), „Terrain" (Z. 10), „kritisch-kreative Medienkompetenz" (Z. 22)
> – **Thema** bzw. **Problemstellung** des Textes?

a Auf welche beiden nebenstehenden Begriffe beziehen sich die folgenden Wörterbucheintragungen?
   (A) Gebiet – [Bau]Gelände – Grundstück
   (B) wirtschaftlich-organisatorischer Unterbau einer hoch entwickelten Wirtschaft (Verkehrsnetz usw.); Gesamtheit militärischer Anlagen (Kasernen usw.)

b **Kritisch-kreative Medienkompetenz:**
   – Überprüfe: Welche der nachfolgenden Erläuterungen umschreibt die Bedeutung des Begriffs am ehesten:
   (A) Fähigkeit, einen PC in möglichst vielen künstlerischen Anwendungsbereichen bedienen und nutzen zu können
   (B) Fähigkeit, durch eigene Erfahrungen die Möglichkeiten und Grenzen von PC-Anwendungen beurteilen zu können
   (C) Fähigkeit, möglichst viele moderne Medien zu beherrschen und miteinander vernetzen zu können
   – Formuliere eine eigene optimale Erläuterung.

c Welche der folgenden Aussagen trifft die im Text behandelte **Problemstellung**? Erläutere deine Entscheidung:
Im Text geht es darum, dass
   (A) Schüler lieber „Laptops als Schultüten" bekommen sollten.
   (B) Schüler zu viel am Computer arbeiten und zu wenige Bücher lesen.
   (C) man den Einsatz von Computern im Schulunterricht verbessern kann.

3a Spricht sich die Autorin von Text 5 für oder gegen den Einsatz von Computern im Unterricht aus? Welches **Argumentationsziel** verfolgt sie?
 b Welche **These** vertritt die Autorin? Ergänze: Die Autorin ...
   (A) meint, dass Computer in Schulen unsinnig sind.
   (B) stellt fest, dass die Bedeutung von Computern im Unterricht überschätzt werde.
   (C) erläutert, dass Schüler aus Kostengründen zwar keinen Laptop haben müssten, aber auf jeden Fall einen Computer.

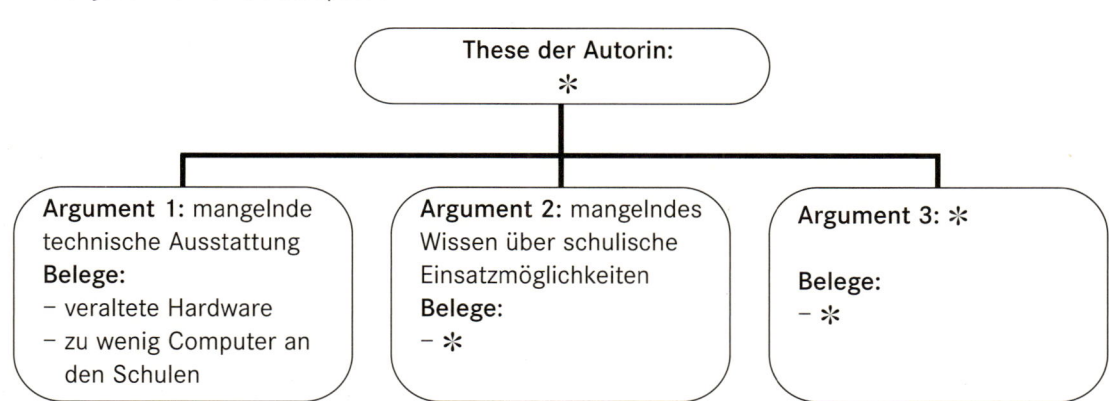

These der Autorin:
✻

Argument 1: mangelnde technische Ausstattung
Belege:
– veraltete Hardware
– zu wenig Computer an den Schulen

Argument 2: mangelndes Wissen über schulische Einsatzmöglichkeiten
Belege:
– ✻

Argument 3: ✻
Belege:
– ✻

4a Welche **Argumente** und **Belege** liefert die Verfasserin für die von ihr vertretene These?
 b Welche **Gegenthese** ist im Text erkennbar? Von wem wird sie vertreten und wie wird sie belegt?

Dialektisches Erörtern im Anschluss an einen Text

5 Bewerte und kommentiere Text 5.
a **Inhaltlich:**
 – Ist die Argumentation ausgewogen oder einseitig, zwingend oder leicht widerlegbar?
 – Fehlen aus deiner Sicht und mit Blick auf die heutige Schulwirklichkeit wichtige Fakten bzw. Argumente?
 – Versucht die Verfasserin, durch suggestive, also stark beeinflussende Aussagen, den Leser für seine Position zu gewinnen? ...

b **Sprachlich:**
 – Werden gedankliche Zusammenhänge durch klare sprachliche Verknüpfungen deutlich gemacht?
 – Ist der verwendete Wortschatz allgemein verständlich oder abgehoben? ...

6a „Ist der Einsatz von Computern im Unterricht sinnvoll?"
 – Führe deine Ergebnisse zu den Aufgaben 3–5 in einer nach pro und kontra (These und Gegenthese) geordneten **Stoffsammlung** zusammen.

b Welches sind deiner Meinung nach die wichtigsten Pro- und Kontra-Argumente? Welche Meinung vertrittst du: Teilst du die Position der Autorin oder widersprichst du ihr?

> – lieber „eine Exkursion in die Natur machen [...] anstatt [...] Simulationen anzusehen" (Z. 26–28) = grundsätzlich vertretbar
> Gegenargument: stimmt aber nicht bei Phänomenen, die man nicht ohne Weiteres beobachten kann (z. B. ✽)
> – hohe Kosten für Laptops nicht jedem zumutbar (vgl. Z. 32f.): stimmt
> Gegenargument: aber es gibt Auswege, z. B. ✽

3.2 Eine Gliederung für eine dialektische Erörterung erstellen

1 Vergegenwärtige dir die Bauform einer dialektischen Erörterung und nenne Stärken und Schwächen der folgenden Gliederung, die dir bereits nach dem ersten Lesen aufgefallen sind.

Text 6 **Gliederung**

Fehlertext!

> *Ist der verstärkte Einsatz von Computern im Unterricht sinnvoll?*
>
> A *Einleitung*
> – wachsende Bedeutung von Computern auch in der Schule
> – unterschiedliche Auffassungen hierzu: ✽
> – im Folgenden Erörterung der These: ✽
>
> B *Hauptteil*
>
> Pro: Argumente für Computereinsatz an Schulen
>
> I Durch PCs höhere Motivation im Unterricht (vgl. Lehrerin Dorothee M., Z. 6f.)
>   1) bei den meisten Jugendlichen: mehr Spaß am Lösen von Aufgaben
>   2) wichtige Ergänzung zu den geforderten Exkursionen (vgl. Z. ✽):
>   u. a. anschauliche Simulationen komplizierter naturwissenschaftlicher Vorgänge
>
> II Besonders mit Laptops Förderung von Gruppen- und Projektunterricht (vgl. ✽)
>   1) gemeinsame Recherchen im Internet. Jedoch wichtig: genaue Zielsetzung wegen Gefahr der „Informationsüberflutung" (Z. ✽)
>   2) weitere Vorteile von Gruppenarbeit am PC: ✽

        III Allgemeiner Trend zum Computer nicht mehr umkehrbar
            1) * (vgl. Grafik: Bundesministerium für Bildung und Forschung, S. 29)
            2) späteres Berufsleben: *

    Kontra: Argumente gegen Computereinsatz an Schulen
        I Nutzen von PCs im Unterricht zumindest umstritten
            1) einerseits: positive Einschätzung der OECD (vgl. S. 28),
               andererseits: Studie des Wirtschaftsforschungsinstituts Ifo (vgl. Z. *)
            2) * (vgl. Text 5, S. 34, Z. 17ff.)
        II *
        III Hoher Preis von Laptops
            1) trotz verschiedener Möglichkeiten (Sponsoring, Ausleihe von Geräten)
               für viele Familien unzumutbare finanzielle Belastung: *
            2) Gefahr des Diebstahls, der Beschädigung und notwendiger Reparaturen

C   Schluss
    – Zusammenfassung der Ergebnisse zu beiden Thesen: *
    – Resümee: *

2 Untersuche die **Struktur der Gliederung** genauer:
a Welche These vertritt der Verfasser der Gliederung?
b Erläutere die für die Einleitung, den Hauptteil und den Schluss angeführten Gliederungspunkte und deren jeweilige Funktion (Argument – Beleg/Beispiel).
c Begründe, ob es dem Verfasser überzeugend gelungen ist, die Argumentationsblöcke jeweils fallend (bei der Begründung der Gegenthese) und steigernd (bei der Begründung der These) zu gestalten.

3 **Funktion und Technik des Zitierens:**
a Erläutere, welche Funktion die jeweils in Klammern angeführten Quellenverweise haben. An welchen Stellen würdest du zusätzliche Verweise für günstig oder nötig halten?
b Wodurch unterscheiden sich direkte und indirekte Zitate? Zeige an Beispielen aus der Gliederung, ob du eher ein direktes oder eher ein indirektes Zitat für sinnvoll halten würdest.
c Teste deine Fähigkeit formal korrekten Zitierens, indem du einzelne Beispiele der Gliederung mit den entsprechenden Zitaten ausformulierst; orientiere dich im Zweifelsfall im → Sachlexikon Deutsch.

4 **Überarbeite** die Gliederung:
a Überlege z. B.:
   – Wo und wie bemüht sich der Verfasser, mögliche Gegenargumente zu berücksichtigen bzw. zu widerlegen?
   – Wo und wie lässt sich die Argumentation noch überzeugender differenzieren?
b Ergänze
   – fehlende Argumente, Belege, Quellenangaben,
   – den fehlenden Argumentationsblock auf der Kontra-Seite,
   – die im Schlussteil fehlenden Ausführungen.

Dialektisches Erörtern im Anschluss an einen Text

3.3 Die Erörterung ausgestalten

Text 7A **Einleitung**

Fehlertext!

> Heutzutage spielen Computer eine immer größere Rolle im täglichen Leben und damit auch im Schulunterricht. Zwar hinkt Deutschland im internationalen Vergleich noch immer hinterher, doch werden auch unsere Schulen immer stärker mit PCs ausgestattet, zumal diese von Jahr zu Jahr immer preiswerter werden. Natürlich kann man die Computer auch sinnvoll und nicht nur zum Spielen nutzen, auch wenn das den meisten Spaß macht. Auf jeden Fall wollen viele Schüler auch in der Schule mehr mit ihm arbeiten. Natürlich gibt es auch Kritiker, die das nicht wollen. Etwa die Autorin, die meint, Schüler könnten sich diesen „zweifelhaften Luxus nicht leisten" (Z. 33).

1a Untersuche, ob es dem Verfasser gelungen ist, im Einleitungsteil (Text 7A) seine Gliederung (Text 6, S. 36f.) **inhaltlich** und **sprachlich** angemessen umzusetzen.
 b Überarbeite die Einleitung in deinem Heft oder formuliere sie neu.

Text 7B **Hauptteil B I, 1 und 2 (S. 36): Argumentationsblock für die Gegenthese**

Fehlertext!

> B) Für den Einsatz von Computern im Unterricht spricht zuerst einmal das Argument, dass auf diese Weise die Motivation in der Klasse unendlich gesteigert werden kann. Welcher Schüler oder welche Schülerin wüsste nicht aus eigener Erfahrung, dass trockene Aufgabenstellungen plötzlich riesigen Spaß machen, wenn man sie am Computer bearbeitet? Die Erklärung hierfür: Häufig nutzen Lehrer den PC dazu, den Unterricht abwechslungsreicher zu machen und die Schüler an selbstständiges Arbeiten zu gewöhnen. Sicher hat die Autorin recht, wenn sie sagt, man könne Texte auch im Buch und vieles andere besser direkt in der Natur beobachten (vgl. Z. 25–28). Obwohl ich meine, dass das gigantische Interesse, das die meisten Jugendlichen dem PC entgegenbringen, zudem dadurch unterstrichen wird, dass viele auch unaufgefordert ihre Hausaufgaben am PC schreiben und in Scharen in die Informatik-AG strömen. [...]

2a Prüfe, ob der ausformulierte Argumentationsblock (Text 7B) **inhaltlich** der Gliederung (Text 6) entspricht.
 b An welchen Stellen wird deutlich, dass die Schreiberin oder der Schreiber nicht eigene Gedanken formuliert, sondern **Gedanken eines anderen** wiedergibt? Welche sprachlichen oder stilistischen **Mittel der Distanzierung und Redewiedergabe** werden dazu verwendet?
 c Untersuche die **Gedankenführung** und deren **sprachliche Gestaltung** innerhalb des Argumentationsblocks. Diskutiere Verbesserungen.
 d **Übertreibungen** sind meist Folgen des Bemühens, Argumenten Nachdruck zu verleihen, sie mindern aber die Glaubwürdigkeit. Ersetze übertriebene Formulierungen.

Text 7C **Hauptteil B II, 1 und 2 (S. 36): Argumentationsblock für die Gegenthese**

Fehlertext!

> <u>Darüber hinaus</u> bieten besonders Laptops <u>trotz</u> der vorhandenen Gefahr der „Informationsüberflutung" (Z. 24) den Vorteil, online immer und überall Infos besorgen zu können. Ob bei einem Projekt, einer Partner- oder Gruppenarbeit: ✶ man weiß, wonach man sucht, kann man zum Beispiel aktuelle Informationen zu einem fernen Land aus dem Internet herunterladen ✶ fertiggestellte Teilergebnisse an eine Mitschülerin oder einen Mitschüler verschicken. ✶ ist ein rascheres und zielorientiertes Arbeiten garantiert, ✶ die ständige Lektüre veralteter Schulbuchtexte einem die letzte Motivation raubt. Es ist ✶ keineswegs

gleichgültig, mit welchem Medium man sich den Schulstoff erarbeitet. ✶ mag ein Skeptiker einwenden, werde das Abschreiben untereinander noch vereinfacht, ✶ das tut man nicht, ✶ man mit echtem Interesse bei der Sache ist. ✶ kann man schlussfolgern, dass vieles für den Gebrauch von Computern als Lernmittel spricht.

3a Will man stichhaltig argumentieren, sind **präzise sprachliche Verknüpfungen** besonders wichtig, um z. B. Schlussfolgerungen, Einschränkungen usw. kenntlich zu machen.
b Ordne und ergänze den Wortspeicher: Mit welchen Formulierungen leitet man Schlussfolgerungen, Abgrenzungen, Einschränkungen usw. ein?
c Ergänze in deinem Heft die Lücken in Text 7C. Häufig sind mehrere Lösungen möglich.

> allerdings / als Zwischenfazit / auch / besonders / da / dadurch / darüber hinaus / demgegenüber / dennoch / deshalb / doch / einerseits – andererseits / es / folglich / oder / obgleich / obwohl / schließlich / sofern / somit / weil / zum einen – zum anderen / zunächst / zwar / ...

4 Ergänze den fehlenden 3. Argumentationsblock (B III, 1 und 2, S. 37). Achte besonders an den Nahtstellen der Argumente auf eine „passende" inhaltliche und sprachliche Gestaltung.

Text 7D Drehpunkt

> *Obwohl es unbestreitbar gute Gründe für den schulischen Einsatz von PCs gibt, existieren dennoch berechtigte Zweifel daran, dass Unterricht am und mit dem Computer immer die bessere Lösung darstellt.*

5a Untersuche und bewerte die **sprachliche Gestaltung des Drehpunktes**.
b Formuliert eigenständige Versionen; vergleicht und beurteilt eure Ergebnisse.

6 Bei Erörterungen im Anschluss an einen Text sind **direkte** (wörtliche) oder **indirekte** bzw. **sinngemäße** („vgl.") **Zitate** notwendig.
a Wo wird in Text 7E nicht korrekt, also inhaltlich nicht richtig und formal nicht nach den gängigen Regeln der Zitiertechnik zitiert? (→ Sachlexikon Deutsch)
b Überprüfe und korrigiere auch den jeweils gewählten Modus:
  – Welche Regeln gelten für den korrekten Modusgebrauch?
  – Wo ist er richtig gewählt, wo nicht?

7a Wo und auf welche sprachliche Weise bemüht sich der Verfasser in Text 7E um **kritische Distanz** zu Positionen, die er zitiert?
b Stellt eine Liste mit typischen sprachlich-stilistischen Mitteln der Redewiedergabe zusammen und fügt jeweils Beispielsätze hinzu.

Text 7E Hauptteil (S. 37): Argumentationsblöcke für die These

Fehlertext!

Zunächst ist anzuführen, dass der schulische Einsatz von PCs unter Experten umstritten ist: Während eine Studie der OECD zu einem positiven Ergebnis kommt (vgl. S. 28), stellt das Wirtschaftsforschungsinstitut Ifo fest, „dass häufiges Arbeiten am Computer die Lese- und Rechenkompetenz von Schülern sogar verschlechtere". Lehrer bringen häufig nicht genügend Erfahrungen für den gezielten PC-Einsatz im Unterricht mit, gesteht zum Beispiel Dorothee M.: Viele müssen erst einmal an Fortbildungen teilnehmen (vgl. Text 5, Z. 9–11). Das können die meisten Schüler bestätigen. Anstatt rasch mit der Arbeit zu beginnen, wird häufig viel Zeit damit vertan, die Rechner erst einmal zum Laufen zu brin-

Dialektisches Erörtern im Anschluss an einen Text

gen. Also ist wenigstens ein Gerät immer defekt, und zwar das, vor dem man selbst gerade
sitzt. Außerdem sind praktisch alle Lehrer nur mit veralteter Software vertraut. Obwohl es
häufig zum Beispiel grafisch sehr viel anspruchsvollere und interessantere Programme gibt,
werden oft nur alte Versionen verwendet, die nur wenig Unterhaltungswert haben. Es fehlt
einfach, so der Medienpädagoge Ulrich L., an „sinnvollen Unterrichtskonzepten" (Text 5,
Z. 13ff.) und bestätigt damit die skeptische Haltung der Autorin. Diese übertreibt jedoch,
wenn sie die unbewiesene Behauptung aufstellt, mancher fordere, „jeden Erstklässler" mit
einem Laptop auszustatten. [...]

8a Beurteile inhaltlich und sprachlich die Stichhaltigkeit der Argumentation in Text 7E. Notiere Verbesserungsvorschläge.
  b Ergänze im Anschluss an Text 7E zwei weitere, inhaltlich steigernde Argumentationsblöcke, entweder mithilfe der Gliederung in Text 6 oder eigenständig.

Text 7F Schluss

Fehlertexte!

(1) Nach Erörterung von Pro und Kontra lässt sich Folgendes zusammenfassen: Für Computer – besonders für Laptops – in der Schule sprechen zweifellos vor allem die höhere Motivation der Schüler und die technischen Möglichkeiten, gegen sie vor allem die hohen Kosten.
Auch ich werde mir keinen Laptop leisten können und will es auch gar nicht, weil mir persönlich andere Dinge wichtiger sind als der Umgang mit Computern im Unterricht. Außerdem stimme ich der Feststellung zu, dass Computer kein „Allheilmittel" bei langweiligem Unterricht und schlechten Leistungen sind (vgl. Z. 35f.). Trotz einiger Vorteile, die ein PC bietet, kann auch viel schiefgehen (zum Beispiel bei einem Computerabsturz). Sport interessiert mich mehr. Und es ist ein riesiger Unterschied, ob man Basketball am Computer oder in der Wirklichkeit spielt.

(2) Fazit: PCs sind einfach zu teuer. Allerdings erscheint mir die Aussage, Computer seien in der Schule kein „Allheilmittel" und besonders Laptops ein „mehr als zweifelhafte[r] Luxus" (vgl. Z. 35f.; 33), zu einseitig. Die Autorin schenkt den technischen Vorzügen meiner Meinung nach zu wenig Beachtung und verfällt stellenweise in unsachliche Ironie. Natürlich muss man nicht alles nur noch am Computer erledigen, aber warum sollte man sich nicht wenigstens zeitweise, zum Beispiel bei Unterrichtsprojekten, Geräte ausleihen können, um damit gezielt zu arbeiten? In diesem Fall würde ein Klassensatz reichen und die Kosten wären für die Schule durch Sponsoren vielleicht zu bewältigen.

9a In welcher der beiden Versionen
  – wird eine der dialektisch erörterten Positionen **bestätigt** bzw. **widerlegt**,
  – werden beide Positionen zu einer **Synthese** geführt?
  – werden **neue Perspektiven** und **Lösungsansätze** eröffnet?
  b Welche Rolle spielt hierbei die **persönliche Sichtweise** des Erörternden?

10 Verfasse entsprechend deiner Überarbeitung und Ergänzung der fehlenden Erörterungsteile einen eigenen stimmigen Schluss.

11 Wechsle die Perspektive und formuliere nach Anfertigung einer entsprechenden Gliederung eine dialektische Erörterung, in der du – im Gegensatz zu Text 5 – für den verstärkten Einsatz von Computern im Unterricht argumentierst.

Das hast du in diesem Kapitel gelernt:

- Erörterungen schreiben
- ein Argumentationsgefüge überzeugend ausgestalten
- Modi korrekt und differenziert gebrauchen
- Zitiertechnik sicher verwenden
- Themen- und Problemstellungen erschließen und Lösungsansätze unter Berücksichtigung von Alternativen klären
- Stoffe strukturieren und eine lineare und dialektische Gliederung verfassen
- sich mit dem Informationsgehalt und den Argumenten eines Sachtextes auseinandersetzen und beides bei einer eigenen Erörterung berücksichtigen
- Fragen und Sachverhalte linear (steigernd), dialektisch, auch textbezogen erörtern
- Begriffe klären, Thesen formulieren sowie Argumente zuordnen und durch überzeugende Belege stützen
- folgerichtige Schlussfolgerungen formulieren
- Gedanken und Argumente verknüpfen (Satzverknüpfungen)
- sprachlich-stilistische Mittel der sachlichen Distanzierung und der Redewiedergabe berücksichtigen
- Zitate und Textbelege sammeln, ordnen und integrieren

Ideen und Projekte:

- **Sprachliche Mittel der Distanzierung:** Gib eine (politische) Rede mit unterschiedlichen Mitteln so wieder, dass deine Distanz zum Inhalt der Aussagen sprachlich deutlich wird; testet in Gruppen unterschiedliche Möglichkeiten.
- **Zitieren:** Nimm in einem Leserbrief Stellung zu einem Kommentar in einer Tageszeitung und teste die Wirkung unterschiedlicher Bezugnahmen auf den Ausgangstext: direkte oder indirekte Zitate, Integration von Zitaten in den eigenen Textfluss, in Klammern angefügte Zitate usw.
- **Argumente ausgestalten:** Wählt in der Klasse ein strittiges Thema und entwerft an der Tafel eine Gliederung zu einer linearen oder dialektischen Erörterung. Die Gliederungspunkte des Hauptteils werden auf Gruppen aufgeteilt, jede Gruppe gestaltet einen Argumentationsblock aus. Aus jeder Gruppe wird einer bestimmt, der sich an einer Verknüpfungsgruppe beteiligt, die die einzelnen Argumentationsblöcke zusammenfügt und verknüpft, während die anderen ihre Argumentationsblöcke präsentieren und diskutieren.

Reader zum Thema „Jugend heute: Streitfragen im Brennpunkt"
- Jede Gruppe wählt als Leitthema eine der folgenden Streitfragen oder einigt sich auf ein anderes strittiges Thema, das die Gruppe interessiert, z. B.: „Null-Promille-Grenze für Führerscheinneulinge?"; „Absenkung des Wahlalters auf 16 Jahre?" Usw.
- Macht euch sachkundig: Besorgt euch Informationen aus dem Internet, aus Bibliotheken usw., legt eine Stoffsammlung an und erstellt eine Gliederung.
- Einigt euch in der Klasse auf einen Minimal- und Maximalumfang der Erörterungen. Gestaltet arbeitsteilig Argumentationsblöcke aus, be- und überarbeitet diese in mehreren Durchgängen – auch mithilfe von Textverarbeitungsprogrammen.
- Diskutiert eure Ergebnisse in der Klasse und stellt nach Einarbeitung von Verbesserungsvorschlägen den Reader zusammen.

Erweitern · **Vertiefen** · Anwenden

TEXTGEBUNDEN ERÖRTERN

Grundwissen und Methode

Textgebunden erörtern

Beim textgebundenen Erörtern hast du grundsätzlich **zwei Möglichkeiten**, die Darstellung des Ausgangstextes als Grundlage deiner eigenen Erörterung zu gestalten:

A) Du **gibst** den Argumentationsgang **inhaltlich wieder**, entweder gerafft in der Reihenfolge des Gedankengangs oder geordnet nach thematischen Gesichtspunkten, die dir im Text wichtig erscheinen (vgl. Aufgabe 2).

B) **Zusätzlich** zur Darstellung des Argumentationsgangs **analysierst und beurteilst** du die „Machart" der Argumentation im vorgegebenen Text und die Funktionalität ihrer einzelnen Elemente (siehe Checkliste, S. 44). Dabei geht es um die folgenden Gesichtspunkte:
1) die Formulierung von Thema/Problem/Streitfrage,
2) den Aufbau der Argumentation,
3) die Überzeugungskraft der Argumentationsweise,
4) die Argumentationsstrategie
5) und den Schluss mit der Schlussfolgerung.

1. Schritt: den Text erschließen und analysieren

Text 1   **Willkommen in der Cyberschule** (2007)   INGA WOLF

Schule nur noch per Bildschirm, vom Bett aus, eine Handvoll Popcorn zwischen zwei Mathe-Aufgaben und im Hintergrund die Lieblingsmusik? Diese Vision ist in einigen US-Bundesstaaten bereits Wirklichkeit geworden.

Auch wenn es sich bei den paar tausend reinen Online-Lernern nur um eine unkonven-
5 tionelle Minderheit handelt, so nehmen sie doch das ihnen zustehende Recht wahr, das deutschen Schülern hierzulande durch die Schulpflicht verwehrt bleibt, nämlich in den eigenen vier Wänden unterrichtet zu werden. Meist sind es religiöse Gründe, die amerikanische Eltern davon abhalten, ihre Sprösslinge in staatliche Schulen zu schicken, aber seitdem Drogenkriminalität und sogar Schießereien regelmäßig in den Schlagzeilen
10 erscheinen, hat sich der Zulauf zu Online-Schulen erhöht. Daran kann auch die Kritik vieler Pädagogen nichts ändern, dass der Schulbesuch nicht nur aus Wissensvermittlung bestehe und der Unterricht per Internet die Jugendlichen vor den Bildschirmen vereinsamen lasse. Zudem widersprechen begeisterte Cyberschüler solchen Mäkeleien vehement. Besonders Introvertierte und jene, die sich wegen ihrer hamburgerbedingten Adi-
15 positas vor Mobbing fürchten müssten, betonen, in den Chatrooms mehr Freunde als je zuvor gefunden zu haben – auch wenn sie sich nicht sicher sein können, ob ihre virtuellen Freunde wirklich aus Fleisch und Blut sind. Und Paul aus Ohio verkündet stolz, dass er nun endlich seinen Highschool-Abschluss machen könne, ohne seinen Job aufgeben zu müssen. Ähnlich argumentiert die sechzehnjährige Glenda aus Pennsylvania, die sich
20 tagsüber um ihr Baby kümmern muss.

Auch von staatlicher Seite werden Cyberschulen besonders in dünn besiedelten Regionen gefördert. Internet statt Internat, Flatrate statt Vollpension, das erfreut Eltern wie Politiker. Und die unterrichtenden Lehrer müssen nach eigener Auskunft nicht mehr mit überfüllten Kursen kämpfen, sondern können ihre Schüler zeitlich variabel in Einzelge-

25 sprächen betreuen. Darüber hinaus loben die Schüler, dass sie die Unterrichtseinheiten selbstständig kombinieren können und sich zum Beispiel an einem Tag nur mit Naturwissenschaften und am nächsten nur mit Englisch beschäftigen können. Also nur positive Stimmen? Die konfliktfreie, flexible Cyberschule als Idealfall der individuellen Förderung von Minderheiten? Fast scheint es so, da auch bereits eine Universität in Florida
30 verstärkt Online-Seminare anbietet. Warum nur, so muss man dann fragen, springen einer Studie zufolge zwischen 30 und 50 % der Schüler vor Erreichen des Abschlusses ab? Selbst amerikanische Experten glauben jedenfalls nicht daran, dass virtuelles Lernen zum Regelfall werden wird, und verweisen auf Schulen, an denen die Schüler zwar online unterrichtet werden, sich aber hierzu in Klassenräumen treffen und gemeinsam Sport
35 betreiben oder Theater spielen – nicht virtuell, sondern in der Realität.
Wie altmodisch.

1 Klärt und definiert zunächst zentrale Begriffe und Aussagen; schaut in Lexika/im Internet nach.

2 Gib den Argumentationsgang von Text 1 inhaltlich wieder (siehe Sachinformation, Möglichkeit A): Übernimm dazu die strukturierte Darstellung der Argumentation in Text 1 in dein Heft und ergänze die fehlenden Angaben. Achtung: Lass in einer zusätzlichen Spalte neben der Grafik Platz für Randnotizen!

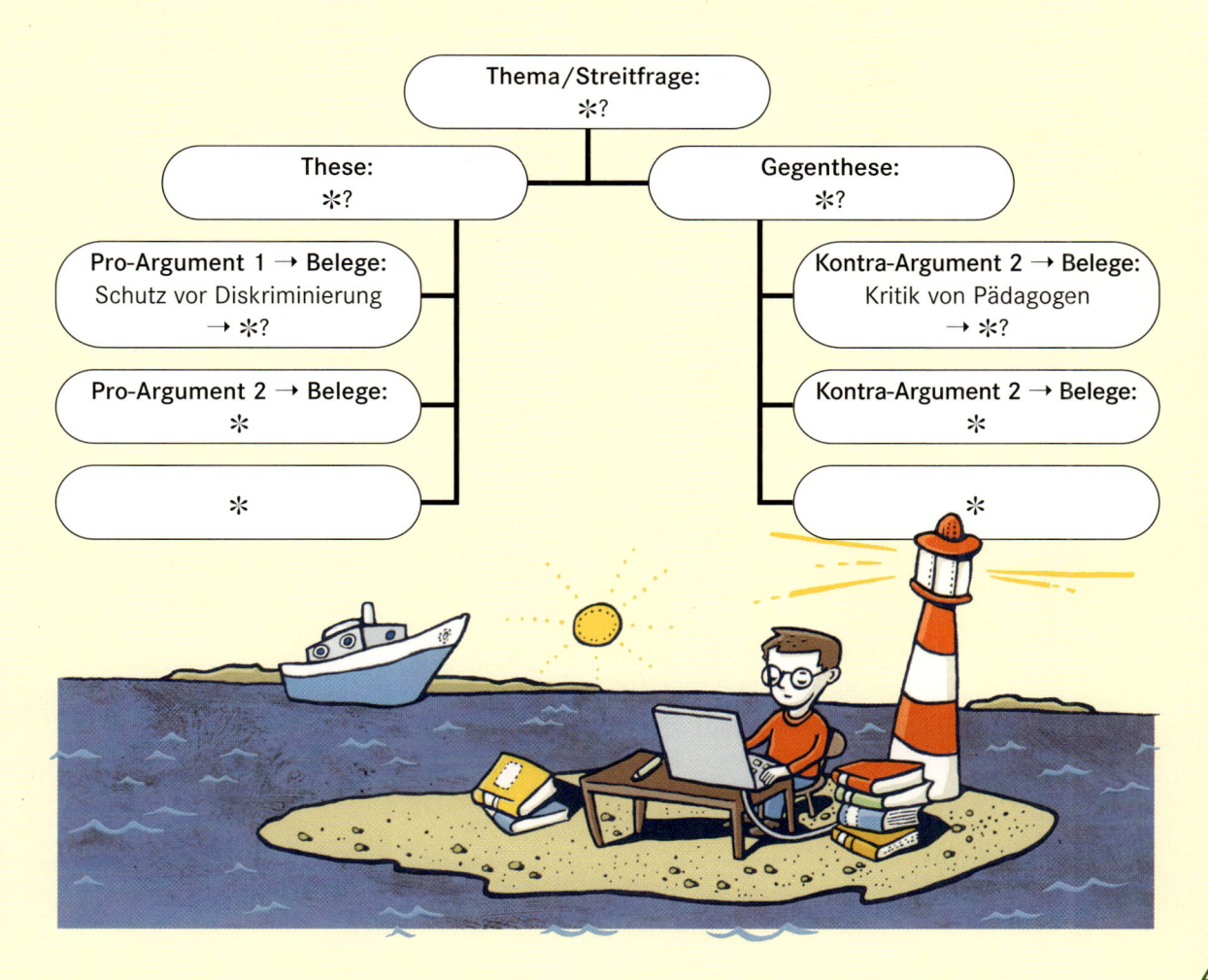

```
                    Thema/Streitfrage:
                           *?
           ┌───────────────┴───────────────┐
        These:                         Gegenthese:
          *?                               *?
           │                               │
  Pro-Argument 1 → Belege:        Kontra-Argument 2 → Belege:
  Schutz vor Diskriminierung           Kritik von Pädagogen
          → *?                              → *?
           │                               │
  Pro-Argument 2 → Belege:        Kontra-Argument 2 → Belege:
            *                               *
           │                               │
            *                               *
```

3 Analysiere die Argumentation nun einmal genauer (siehe Sachinformation, Möglichkeit B):
   – Kommentiere stichwortartig die Grafik (Aufgabe 2) in der parallelen Spalte anhand der Checkliste.
   – Beurteile jeweils die Wirkung: Wie überzeugend ist die Argumentation? Wodurch?
   – Fasse deine Arbeitsergebnisse zu Text 1 ausführlich schriftlich zusammen.

> **Checkliste: Textanalyse im Zusammenhang der textgebundenen Erörterung**
>
> 1) **Thema/Streitfrage:**
>   – Ist die **These des Autors** bzw. seine **Position zur Problemstellung** erkennbar? An welcher Stelle (z.B. bereits als Ausgangsbehauptung oder erst als Schlussfolgerung)?
>   – Knüpft der Autor an eine **spezifische Situation** bzw. **Problemlage** an?
>   – An welche **Adressaten** richtet sich der Autor?
>
> 2) **Aufbau der Argumentation:**
>   – Ist der **Aufbau der Argumentation** deutlich erkennbar und übersichtlich?
>   – Sind die Argumente **schlüssig** angeordnet?
>   – Sind die Argumente **innerhalb eines Abschnitts** bzw. **eines Argumentationsblocks** überzeugend und logisch gegliedert?
>
> 3) **Überzeugungskraft der Argumentationsweise:**
>   – Sind die Argumente **widerspruchsfrei** der These bzw. Gegenthese **zugeordnet**?
>   – Sind die Argumente **überzeugend entfaltet**? Welches **Gewicht**/welche „Stärke" kommt ihnen zu?
>   – Sind mögliche **Gegenargumente** berücksichtigt?
>   – Hat der Autor die **wesentlichen Gesichtspunkte** zur (Gegen-)These berücksichtigt?
>   – Besteht ein sinnvolles Verhältnis zwischen **Umfang** sowie rhetorischem Aufwand der Entfaltung und dem Gewicht der Argumente?
>   – Sind die Argumentationsblöcke durch **sprachliche Verknüpfungen** verbunden und klar gegliedert?
>   – Verwendet der Autor funktionale und korrekt wiedergegebene **Zitate**?
>   – Finden sich wirkungsvolle **rhetorische Mittel**?
>   – Verwendet der Autor unfaire Beeinflussungsstrategien wie **Manipulation** usw.?
>
> 4) **Argumentationsstrategie:** Beruft sich der Autor auf:
>   – nachprüfbare bzw. aktuelle **Sachverhalte** und **Fakten**?
>   – nachvollziehbare und verallgemeinerbare **Erfahrungen**?
>   – allgemein anerkannte und verbindliche **Grundsätze, Normen** oder **Wertvorstellungen**?
>   – passende **Analogien** und **Vergleiche**?
>   – eine anerkannte und kompetente **Autorität**?
>
> 5) **Schluss (Konklusion):**
>   – Greift der Autor am Schluss **das Thema/die Streitfrage** auf?
>   – Ist die Zusammenfassung **schlüssig** und eine notwendige bzw. plausible Konsequenz des Argumentationsgangs?

2. Schritt: Stoffsammlung und Gliederung

4 Lege eine **Stoffsammlung** an für eine Erörterung im Anschluss an die Textanalyse (s. Aufgabe 3). Orientiere dich am besten Schritt für Schritt an der folgenden Checkliste und mache dir zunächst Notizen zu den einzelnen Punkten.

> 1. Ideen für Einleitung: ✻
> 2. Überarbeiten und Vervollständigen der grafischen Darstellung der Argumentation: ✻
> 3. Ergänzen dieser grafischen Darstellung um zusätzliche eigene Pro- und Kontra-Argumente und Belege: ✻
> 4. Festlegen der eigenen Position: ✻
> 5. Ideen für den Schluss, z. B.: Kompromiss möglich?: ✻

3. Schritt: die Erörterung ausformulieren und überarbeiten

5a Schreibe nun eine vollständige dialektische Erörterung zu Text 1 im Anschluss an die Textanalyse (Aufgabe 3).
 b Verfasse zunächst eine passende Einleitung zu dem aus Analyse und Erörterung zusammengesetzten Gesamttext.
 c Welche Überleitung passt genau an die Nahtstelle zwischen Analyseteil (Aufgabe 3) und Erörterungsteil? Schreibe sie.
 d Mithilfe der Checkliste (S. 44) kannst du auch deine eigene Argumentation überprüfen und gegebenenfalls verbessern.

6 Alternativ zu der Erörterung entsprechend Aufgabe 5 kannst du auch eine **gestaltende Aufgabe** bearbeiten. Beachte dabei: An welche Adressaten richtest du dich? Was willst du mit deinen Ausführungen erreichen?
 a Du hast Text 1 in einer Tages- oder Wochenzeitung gelesen und schreibst einen **Leserbrief**, in dem du zu den Aussagen des Textes aufgrund deiner Erfahrungen als Schüler/-in und im Umgang mit dem PC Stellung nimmst.
 b Du bist Fachmann/-frau und hältst vor Lehrern eines Gymnasiums einen **Vortrag**, in dem es – in Auseinandersetzung mit Text 1 – um die Möglichkeiten und Probleme der geplanten Einrichtung eines Online-Lernsystems für die Schüler dieser Schule geht.

7 Beurteilt und überarbeitet eure textgebundenen Erörterungen (Analyse + Erörterung) in Tandems oder Schreibkonferenzen.

Erweitern · Vertiefen · Anwenden

RHETORISCH-STILISTISCHE MÖGLICHKEITEN: SATZBAU

Text 1 **Schädliche Medien? Eine Kritik an der Medienkritik**

Medienkritik ist nichts Neues. Bereits Plato kritisierte die Kunst im Allgemeinen. Er dachte, dass die Jugend insbesondere durch die Dichtkunst verdorben werde. Schon zu Beginn des 17. Jahrhunderts zeigt dann Cervantes' Roman *Don Quijote*, wie Menschen durch das Lesen von Romanen den Verstand verlieren können. Der Protagonist Don Quijote hat so viele Ritterromane gelesen, dass er in einer Traumwelt lebt. Er reitet in einer Rüstung in die Welt hinaus, denkt, dass er als Ritter gegen Ritter und Bösewichter kämpfen müsse, legt sich mit Windmühlen an und attackiert Reisende, die denken, dass man sich aus Spaß ja einmal auf die sonderbaren Ideen dieses Verrückten einlassen könne. Ohne Romane, so die Botschaft, wäre das nicht passiert.

Im 18. Jahrhundert wird das Lesen von Romanen vor allem von Vertretern kirchlicher Richtungen moniert. Kritisiert wird nun, dass den Menschen ihre natürliche Unschuld und Tugend abhanden komme.

Moderne Medienkritiker kritisieren mit ähnlichen Argumenten erst das Fernsehen und dann die neuen Medien. Am Fernsehen beanstanden sie unter Berufung auf wissenschaftliche Studien, dass es die Leute dumm und gewalttätig macht. Vor allem durch die Kombination von Bild und Ton und eine übergroße Informationsmenge werde vom Fernsehen eher die irrationale Seite des Menschen angesprochen. Die Kritiker behaupten, dass das Fernsehen wie eine Droge die Menschen süchtig und willenlos macht und dass sie am Ende, ähnlich wie Don Quijote, nicht mehr erkennen, wo die Welt der Einbildung endet und die Wirklichkeit beginnt. Die Medien ändern sich, die Argumente gegen ihre schädliche Wirkung bleiben erstaunlich ähnlich.

1a Wie beurteilst du Sprache, Gliederung und Inhalt von Text 1?
 b Analysiere den Satzbau. Wo wirkt er auf dich überzeugend und wo erscheint er dir eher problematisch?

2a Welche Haltung zum Fernsehen nimmt der Verfasser dieses Textes ein und wie begründet er sie?
 b Notiere dir Einwände gegen angreifbare Behauptungen im Text.
   Für wie überzeugend hältst du beispielsweise die Gleichsetzung von Lesen und Fernsehen?
 c Formuliere eine kritische Stellungnahme zu Text 1.

Text 2 Am Computer verbringen Schüler schon jetzt zu viel Zeit. Bis zu 8 Stunden hocken manche Teenager vor dem Monitor. Dass die Jugendlichen zu viele Bücher lesen, hört man selten. Dass sie ihre Hausaufgaben in der Fünfminutenpause erledigen, erlebt man dagegen oft. Ganze Nächte verbringen Jugendliche heute spielend vor dem Bildschirm. Am Schreibtisch arbeitend findet man sie dagegen selten. Die Folgen sind bekannt: Kommen die Schüler in die Schule, sind sie unausgeschlafen. Vielen gelingt es nur mit Mühe, ihre Augen offen zu halten, und manche liegen in der ersten Stunde mit dem Kopf auf dem Tisch und versuchen verzweifelt, den fehlenden Schlaf nachzuholen. Sie retten sich schlaftrunken über den Tag und sind für jeden langweiligen Lehrervortrag dankbar, der sie sanft vor sich hindämmern lässt. In der Nacht kommen sie dann wieder zu sich. In der Nacht wird nicht geschlafen, sondern gechattet, in der Nacht ist man nicht faul, sondern man schreibt. In der Nacht stört einen nicht das Gerede der Lehrer und der

Schweiß der Mitschüler in der Turnhalle. In der Nacht lebt man – im intimen Kontakt mit der Tastatur und in prickelnder Nähe zum Monitor.

3 Übertragt Text 2 mit einer Leerzeile unter jeder geschriebenen Zeile in eure Hefte und benennt in der Leerzeile die Satzglieder sowie am Rand die Satzfiguren (→ Sachlexikon Deutsch: rhetorische Figuren/Tropen). Arbeitet in Gruppen und beratet euch untereinander.

4 Stellt die Satzglieder so um, dass die Sätze weniger abwechslungsreich klingen (beispielsweise mit Frontstellung des Subjekts) und vergleicht die umgestellte Fassung mit Text 2: Wie verändert sich durch die Umstellungen die Textwirkung?

5 Verfasse eine Parodie auf die computerkritischen Aussagen in Text 2, indem du erklärst, dass Erwachsene heute zu viel Zeit vor dem Fernseher verbringen. Nutze die dir bekannten Satzfiguren, um die witzige oder polemische Wirkung deines Textes zu erhöhen.

6a Verfasse eine Drei-Minuten-Rede für die verstärkte Nutzung des PCs in der Schule. Nutze auch hier die Satzfiguren, um die Wirkungskraft deines Textes zu erhöhen.

b Sprich die Rede halblaut und überprüfe die Wirkung der Stilmittel. Markiere Betonungen, Stimmhöhe und Pausen. Nutze die folgenden Zeichen im Text:
– Unterstreichung (bei Betonung): *Es ist immer noch nicht möglich …*
– Pfeil nach oben oder unten (für die Stimmhöhe): *Es kann doch nicht ↑ wahr ↓ sein …*
– Schrägstrich (bei einer Pause): *Ich glaube, … / Nein, ich bin davon überzeugt, …*

c Trage die Rede wirkungsvoll vor der Klasse vor.

Text 3 **Rudern, Gespräche** BERTOLT BRECHT

Es ist Abend. Vorbei gleiten
Zwei Faltboote, darinnen
Zwei nackte junge Männer: Nebeneinander rudernd
Sprechen sie. Sprechend
5 Rudern sie nebeneinander

7 Beschreibe und kommentiere den Satzbau in Brechts Gedicht. Was fällt auf und welche Wirkung haben die Auffälligkeiten?

8 Verfasse eine Parodie des Brecht-Gedichts, indem du die Struktur der Satzglieder beibehältst und ein eigenes Gedicht schreibst. Beginne mit den folgenden Worten:
Es ist Unterricht. Vorbei …

„VERSUCH MIT MIR"

Manchmal habe ich so Sehnsucht[1] (1902) ROBERT WALSER

Liebe Mutter! Du fragst mich, wie es mir in meiner Stellung behagt? O ganz gut so weit. Die Arbeit ist eine leichte, die Leute sind höflich, der Chef ist streng, aber nicht ungerecht, was kann man mehr verlangen! Ich habe mich sehr rasch in mein Feld hineingearbeitet; der Buchhalter sagte mir es neulich, ich musste lachen. Saure und böse Stunden gibt es auch, aber die muss man nicht allzu schwernehmen. Wofür besitzt man Vergesslichkeit! Ich erinnere mich mit Vorliebe guter und schöner Stunden, lieber und wohlwollender Gesichter, so freue ich mich immer doppelt und zehnfach. Freude scheint mir das Wichtigste und Köstlichste und am meisten wert, dem Gedächtnis aufzubewahren. Was hindert mich denn, das Traurige so schnell als möglich zu vergessen? Ich habe gern recht viel Arbeit um mich herum. Sobald ich träge sein muss, werde ich missmutig und traurig. Dann denke ich und das Denken ohne Sinn und Zweck stimmt traurig. Schade, dass ich nicht mehr zu tun habe, ich wäre so gern ganz von der Arbeit in Anspruch genommen. Ich muss überhaupt beständig in Anspruch genommen sein, sonst fängt es an, in mir zu rebellieren. Du verstehst mich, nicht wahr? Ich habe gestern zum ersten Mal mein neues schwarzes Kleid getragen. Es stehe mir vortrefflich, sagen alle Leute. Ich war auch stolz darin und habe mich beinahe nicht mehr wie ein Commis betragen. Aber das läuft auf eins hinaus. Commis bin ich nun doch vorderhand und werde es wohl noch lange bleiben. Was schwatze ich da! Will ich denn etwas anderes sein? Ich begehre nicht hoch hinaus in der Welt, ich habe nicht die nötige Figur zu etwas Hohem. Ich bin so schüchtern, liebe Mutter, so rasch mutlos, nur die Arbeit lässt mich alles vergessen. Manchmal habe ich so Sehnsucht, wie soll ich es nur nennen? Dann ist mir nichts recht, dann mache ich nichts recht. Aber, liebe beste Mutter, das ist auch nur, wenn ich müßig sein muss. Man beschäftigt mich zu wenig. O ich fühle es so gut, dass im Müßiggang die Sünden lauern. Bist Du gesund, liebe Mutter? Ja, Du musst gesund sein, Du musst gesund bleiben. Du sollst sehen, wie viel Freude ich Dir noch mache. Wenn ich Dir nur tausend und tausendmal Freude machen kann! Wie schön Gott die Welt gemacht hat. Sieh, wenn ich mir Freude mache, mache ich sie zugleich Dir, Arbeit ist meine einzige rechte Freude, mit Arbeiten komme ich tüchtig vorwärts und mein Vorwärtskommen macht wieder Dir Freude. Leb wohl. Wenn ich etwas anderes als diese Worte wüsste, um Dich von meinem ehrlichen Bestreben zu überzeugen, ich würde nicht verfehlen, es anzuwenden. Aber ich weiß, Du hältst das Beste von mir. Du gute Mutter. Adieu, Adieu! Dein gehorsamer Sohn.

Der hilflose Knabe[2] (1930/31) BERTOLT BRECHT

Herr K. sprach über die Unart, erlittenes Unrecht stillschweigend in sich hineinzufressen, und erzählte folgende Geschichte: „Einen vor sich hin weinenden Jungen fragte ein Vorübergehender nach dem Grund seines Kummers. ‚Ich hatte zwei Groschen für das Kino beisammen', sagte der Knabe, ‚da kam ein Junge und riß mir einen aus der Hand', und er zeigte auf einen Jungen, der in einiger Entfernung zu sehen war. ‚Hast du denn nicht um Hilfe geschrien?' fragte der Mann. ‚Doch', sagte der Junge und schluchzte ein wenig stärker. ‚Hat dich niemand gehört?' fragte ihn der Mann weiter, ihn liebevoll streichelnd. ‚Nein', schluchzte der Junge. ‚Kannst du denn nicht lauter schreien?' fragte der Mann. ‚Nein', sagte der Junge und blickte ihn mit neuer Hoffnung an. Denn der Mann lächelte. ‚Dann gib auch den her', sagte er, nahm ihm den letzten Groschen aus der Hand und ging unbekümmert weiter."

---

[1] Fiktiver Brief eines jungen kaufmännischen Angestellten/ „Commis"; Originaltitel: „Ein Brief zum Besten" (1902)

[2] Der Text ist nicht der neuen Rechtschreibung angepasst.

Kurzprosa

Paul Cézanne: „Der Sohn des Künstlers", 1822

Jan Vermeer: „Mädchen mit der Perle", 1665

– **Interpretieren** bedeutet, „zwischen den Zeilen" zu lesen und einen **Text** zu **deuten**. Die „Schlüssel des Textverstehens" – wie Figurengestaltung, Rolle des Erzählers, sprachliche Gestaltungsmittel usw. – sind dabei eine wichtige Hilfe.
– **Interpretieren** kann auch so verstanden werden: mit sinnvollen **Fragen** an einen **Text** herangehen und passende, gute **Antworten** suchen und finden, also ein „**Interview**" führen mit dem Text und mit den Menschen, von denen im Text die Rede ist.

Interview mit dem Text/dem Bild – probiert das einmal aus:
– Bildet Vierergruppen. Ihr seid jeweils ein Team von Journalistinnen bzw. Journalisten, das sich vorgenommen hat, die drei jungen Männer und die Frau (Text 1 und 2, Bild 1 und 2) zu interviewen, um dadurch etwas herauszufinden über das Selbst- und Lebensgefühl junger Menschen, ihre bisherigen Erfahrungen und ihre Erwartungen an die Zukunft.
Eine der Interviewfragen könnte z. B. lauten: „Was denkst du: Wo bist du in einem Jahr, in welcher Situation? Welche Erwartungen und Wünsche, vielleicht auch: Welche Befürchtungen verbindest du mit diesem Zeitpunkt?"
– Formuliert in eurem Team fünf oder sechs Interviewfragen und entscheidet euch jeweils für eine der vier Figuren. Jeder schreibt nun ein Interview mit „seiner" Figur.
– Interpretieren als Interview: Den Antworten muss natürlich ein intensives Bemühen um das Textverstehen vorausgehen! Verständigt euch in der Gruppe über eure Ergebnisse, besprecht die Textangemessenheit der Interviews und überarbeitet eure Texte, wenn nötig.
– Präsentiert alle in der Klasse zustande gekommenen Interviews z. B. in szenischem Spiel oder auf einer Stellwand.

1. DAS ERZÄHLTE – DIE ERZÄHLWEISE – DIE SPRACHE: Wege der Texterschließung

Text 1 **Versuch mit mir** (1982)   Johanna Walser

Die Wolken öffnen sich wie Blütenblätter und der linde blaue Himmel, von dem man Milde erwartet, duftet hervor. Ein Busch ist so grün, dass er spricht und ich sein sanftes Zweigwippen auf der Schulter zu spüren vermeine; er könnte sagen: Du bist noch so jung. Und weil ich mich plötzlich selber so fühle, bin ich sehr froh. Ich habe eine Schwes-
5 ter, die nennen alle ein bisschen dumm, auch meine Freunde mögen sie nicht, denn sie muss sich stolz benehmen, weil sie fürchtet, gar nichts wert zu sein. In der Schule nennt man sie unbegabt und lächelt über sie. Wenn ich sie am Arm nehme und sage: Lass uns zwei doch unbegabt sein!, dann stößt sie mich weg und sagt, ich könne es ja sein, aber sie nicht. Wenn sie nur wüsste, dass es gar nicht so schlimm ist, unbegabt zu sein. So bin
10 ich's halt alleine. Ich bin so nachlässig geworden, dass ich mich nicht mehr darum bemühe, alle meine Lücken zu verdecken und mich gegen den Ansturm auf sie zu verteidigen. Früher habe ich es einmal den Leuten und mir sehr einfach machen wollen, ich war immer der, der ich glaubte, in ihren Augen zu sein. Mit ihren Reaktionen machte ich Versuche, spielte mal das, mal dies, und wenn sie wissend lächelten, dann probierte ich, die-
15 ses Spiel durchzuhalten. Das ging oft schlecht. Der Mund wollte nicht ewig freundlich lächeln, er lief mir zuckend, als bäume er sich, allerdings nach unten, davon.

1a Wie verstehst du den Titel der Erzählung von Johanna Walser? Welchen Zusammenhang des Titels mit der Geschichte kannst du erkennen?
 b Notiere in ein bis zwei Sätzen dein erstes Textverständnis: *Der Text sagt für mich aus / macht für mich deutlich / zeigt mir als Leser …*
2a Erläutere anhand der Grafik die zentralen Aspekte bei der Erschließung erzählender Texte.
 b Besprecht, welcher dieser Aspekte für die Analyse und das Verständnis des Textes von Johanna Walser besonders hilfreich ist.

Grafik 1

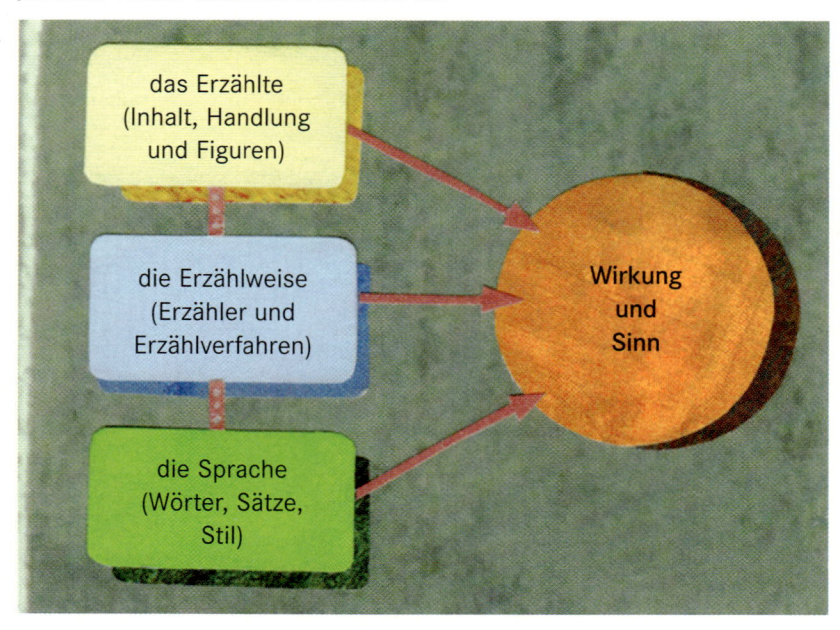

3 „Versuch mit mir" – untersuche genauer, wie sich der „Versuch" der Figur, die die Geschichte erzählt, entwickelt:
a Beschreibe den Aufbau des Textes; beachte dazu jeweils das Tempus und seine Funktion.
b Was ist das Besondere am Aufbau der Geschichte und wie wirkt dieser Aufbau auf dich?
c Erläutere die grafische Darstellung des typischen Aufbaus erzählender Texte in Grafik 2 und vergleiche die Darstellung mit dem Aufbau des Textes von Johanna Walser.

Grafik 2

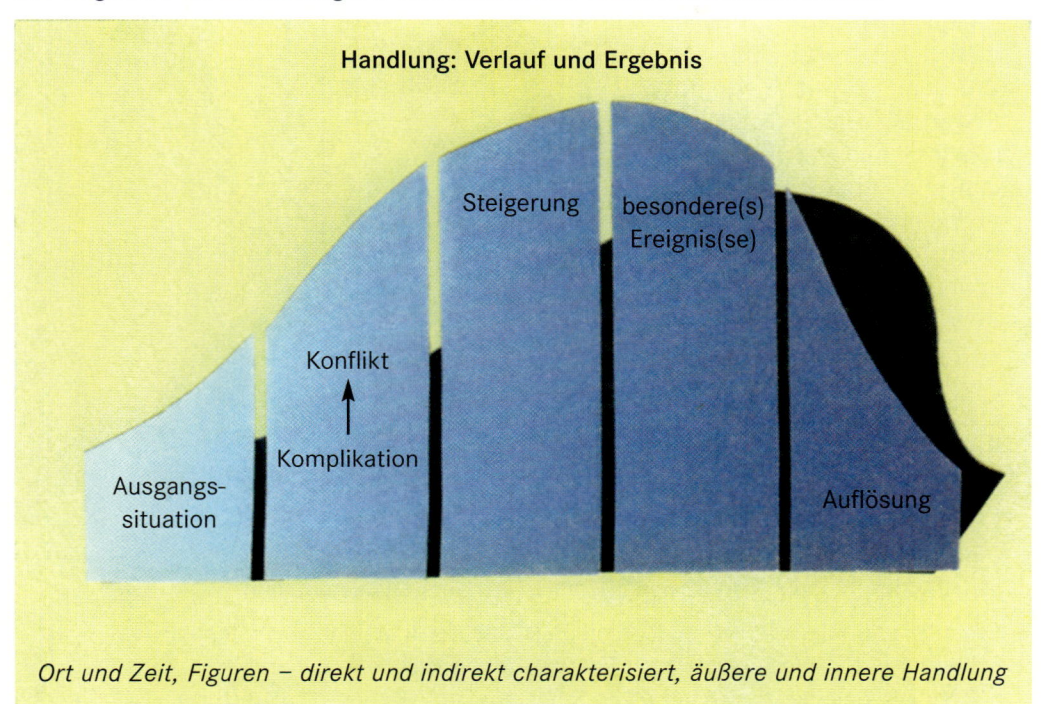

Handlung: Verlauf und Ergebnis

Ausgangssituation — Komplikation — Konflikt — Steigerung — besondere(s) Ereignis(se) — Auflösung

Ort und Zeit, Figuren – direkt und indirekt charakterisiert, äußere und innere Handlung

4a Beurteile, welche weiteren Gestaltungsmittel Wirkung und Sinn des Textes prägen:
   – Welche Bedeutung haben z. B. die unterschiedlichen Orte der Handlung für die Geschichte „Versuch mit mir"?
   – Und welche Wirkung haben Besonderheiten der sprachlichen Gestaltung?
b Fasse deine Ergebnisse (Aufgaben 1–4) zusammen und vergleiche sie mit deinen ersten Notizen:
   – Worin besteht eigentlich der „Versuch mit mir"?
   – Was lässt sich über Verlauf und Gelingen sagen?

5a Schreibe dem Erzähler (männlich/weiblich?) einen (autobiografischen) Brief, in dem du dein Verständnis der Geschichte darlegst und den „Versuch mit mir" aufgrund eigener Erfahrungen beurteilst.
   Oder: Die Schwester schreibt einige Zeit später einen Brief an den Erzähler, in dem sie ihre Sicht der Dinge darlegt.
b Besprecht eure Briefe und nutzt eure Analyseergebnisse als Basis für eine begründete Kritik.

Text 2 **Im Eissalon** (2000)   BOTHO STRAUß

[…] bescheiden, leicht den Kopf zur Seite geneigt, die Hand geöffnet wie eine Bettlerin, die offene Hand liegt auf dem Stuhl neben ihr, abgelegt auf dem freien Stuhl, sich ausweisende Innenfläche mit ausgestreckten Fingern, Angebot an eine andere Hand, die noch

Wege der Texterschließung

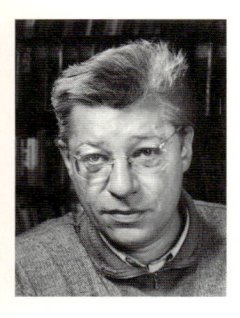

unterwegs, Angebot zur Versöhnung mit jedwedem, der sie übersah oder irgendwo stehen ließ ... kleiner runder Tisch im Eissalon ... Ah, sie *wieder* in ihrer Eisdiele! ... Neben dem Stuhl, auf dem sie sitzt, ein leerer, ein *freier*, auf dem ihre geöffnete Hand liegt. Sie sieht die Leute hereinkommen, sie verfolgt jeden, der eintritt, mit einem geringen lieben Lächeln, die Augen wenden sich nach seinem Gang, bis er vorüber ist, die flache Hand klopft mit den Knöcheln einmal, zweimal sacht, fast unmerklich, auf den Rand des Freien: jedweder möge hier Platz nehmen, sich zu ihr setzen, denn jedwedem gilt ihre Erwartung. Die meisten übersehen sie und gehen weiter, einige lächeln gering zurück und gehen weiter. Keinem sieht sie bitter nach. Kaum ist er vorbei, wenden sich die Augen wieder dem Eingang zu. Zu viele kommen, zu viel Ankunft, als dass ihr Zeit für Enttäuschung oder Nachsehen bliebe [...]

6 Die Zeichnung interpretiert den Text; besprecht, ob die Darstellung der Situation eurem eigenen ersten Textverständnis entspricht.

7a Um die für die Textwirkung bedeutsamen Mittel des Erzählers zu verstehen, solltet ihr euch dem Text zunächst mit szenischen Verfahren nähern:
 – Einer von euch setzt sich auf einen Stuhl, zwei andere richten die Figur ein (als Standbild oder Statue) – wie in Text 2 beschrieben.
 – Ein Vierter tritt als Helfer-Ich hinzu, stellt sich hinter die Figur (mit der Hand auf ihrer Schulter) und spricht aus, was die Figur entsprechend Text 2 gerade fühlt und denkt.
b Sprecht in der Klasse über Korrekturen, die sich aus eurer Sicht des Textes ergeben.
c Welche Sätze kamen in eurem Spiel gar nicht vor? Warum?

8a Wie geht es weiter? Spielt die (stumme) Szene „Die Frau auf dem Stuhl und die Leute" (Z. 7ff.), während ein daneben stehender Erzähler den Text Schritt für Schritt vorträgt.
b Was erfahren wir im Spiel über die Gedanken und Gefühle der Frau und der „Leute"? Wodurch erfahren wir es?

9 Analysiere den Text anhand der folgenden Grafik 3 genauer:
a Welche Aspekte der Grafiken 1 und 2 (S. 50/51) werden hier differenzierter beleuchtet und was ist jeweils unter den Einzelangaben der Grafik zu verstehen?
b Probiere aus, welche der genannten Erzählverfahren relevant sind, um die Wirkung und den Sinn der Geschichte von Botho Strauß genauer zu bestimmen und zu begründen.
c Erläutere, welcher Zusammenhang zwischen den Grafiken 1–3 und den „Schlüsseln des Textverstehens" (→ Sachlexikon Deutsch) besteht.

Kurzprosa

Grafik 3

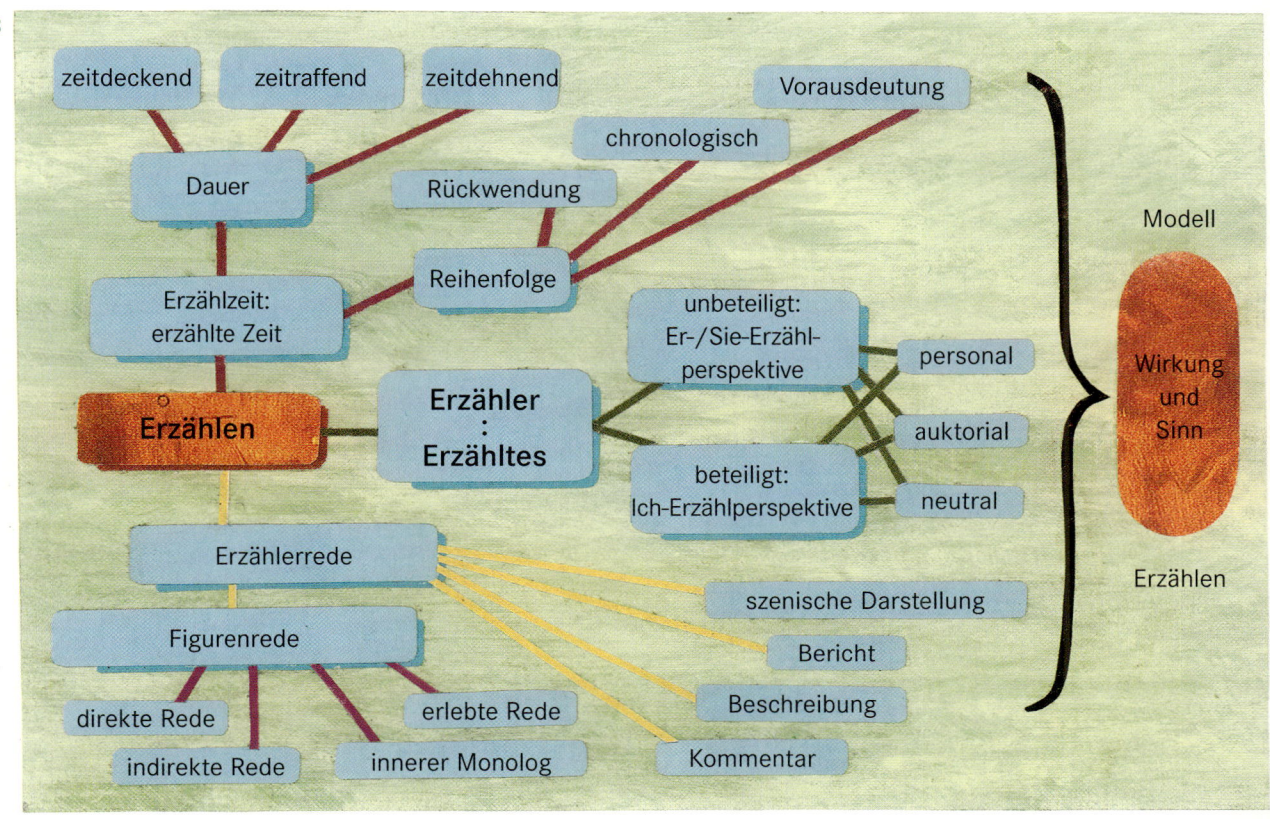

```
zeitdeckend    zeitraffend    zeitdehnend           Vorausdeutung
         \       |       /
          \      |      /              chronologisch
           Dauer                Rückwendung                           Modell
              \                      |
               \                 Reihenfolge
                \                    |              unbeteiligt:
          Erzählzeit:                |              Er-/Sie-Erzähl-      personal
          erzählte Zeit              |              perspektive                       Wirkung
                \                    |                                                und
                 Erzählen ——— Erzähler :                                 auktorial    Sinn
                              Erzähltes
                                                     beteiligt:
                                                     Ich-Erzählperspektive  neutral
                 |
                 Erzählerrede
                                                    szenische Darstellung              Erzählen
                 Figurenrede
                                                         Bericht

        direkte Rede          erlebte Rede          Beschreibung
        indirekte Rede        innerer Monolog       Kommentar
```

10 a Diskutiert: Wie beurteilt ihr als Leser das Verhalten der Frau und das des Erzählers?
Wie lenkt der Erzähler die Meinung des Lesers gegenüber der Frau?
b Inwieweit lässt sich im Zusammenhang mit dem Verhalten der Frau ähnlich wie in Text 1 von einem „Versuch mit mir" sprechen?
c Fasse die Ergebnisse deiner Untersuchung zur Rolle des Erzählers schriftlich zusammen.

Text 3 **Gehen, bleiben** (1998) Kurt Marti

Oder ich gehe, warum nicht, aber diskret: behutsam zöge ich die Wohnungstür hinter mir zu, schlösse ab, der Aufzug käme sogleich, unten in der Tiefgarage störte kein lästiger Grüßer, an Nachmittagen ist's still hier. Die alte Reisetasche schmisse ich auf den Rücksitz, vielleicht würde ich sie nicht benötigen, vielleicht doch. Pyjama, Zahnbürste
5 für alle Fälle. Und so führe ich los, aufs Geratewohl und doch nicht ganz aufs Geratewohl, tiefer hängenden Wolken entgegen, auf ergiebiger rasselnde Regengüsse hoffend, alpenwärts also, der Nachmittag könnte nicht dämmrig, nicht wolkenbrüchig genug werden, das löste, denke ich, freiere Gedanken aus, zu versuchen wär's, und in vollen Zügen könnte ich die Heiterkeit einer Trauer genießen, die keinen Trost mehr braucht, sodass
10 ich am Steuer leise zu summen, zu singen begönne. Dennoch würde ich aufmerksam bleiben, wie sich's für Fahrten durch regnerische Dämmerungen gehört, und führe wie immer mit Vorsicht. Unfälle sind mir zuwider, ein Selbstunfall – mit hundertzwanzig an einen Baum und ab so! – hat mich nie verlocken können, der Gedanke an ein Ende in Blech und Gestäng mir nie behagt. Unverdrossen führe ich deshalb einher. Dichter fiele
15 der Regen jetzt, Nacht bräche vorzeitig herein, nasse Lichter glänzten, Bergwände rückten enger zusammen: Wer weiß, bis wohin ich so noch führe, warum nicht weiter und

ziellos in ein Tal hinauf und über einen Pass vielleicht nach Süden – gesetzt den Fall, ich könnte mich dazu entschließen, jetzt aufzustehen, zu gehen und loszufahren. Noch ist der Entschluss nicht gefasst, fällt plötzlich schwerer als erwartet. Und mit der Dunkelheit im Zimmer, dem alten, uralten schon, wächst die Wahrscheinlichkeit, wieder und nochmals, dass ich bleibe.

11a Gib in einer knappen Inhaltsangabe (→ Sachlexikon Deutsch) die Geschichte wieder. Wie gehst du dabei mit dem Tempus und dem Modus der Verbformen um?
 b Inwieweit handelt es sich hier überhaupt um eine „Geschichte"? Und wie ist es zu verstehen, dass der Text unmittelbar mit einem „oder" beginnt?

12a Beschreibe entsprechend Grafik 3 die Erzählverfahren (Textbelege!), die die Wirkung des Textes auf dich bestimmen.
 b Notiere die Gemeinsamkeiten und Unterschiede gegenüber Text 1 und Text 2.
 c Welche Einstellung – Gedanken, Fantasien, Gefühle – hat der Erzähler im Text „Gehen, bleiben" gegenüber dem Geschehen? Nenne Textstellen.
 d Welche weiteren Gestaltungsmittel sind für die Erschließung des Textes bedeutsam?
 e Fasse deine Analyseergebnisse zusammen und formuliere, was der Text für dich aussagt.

13 Diskutiert: „Gehen, bleiben" – auch ein „Versuch mit mir"? Mit welchem Ausgang?

2. PHASEN DES TEXTVERSTEHENS: von der Analyse zur Interpretation

Text 4 **Die Wiese*** (1992)   BRIGITTE KRONAUER

„Ich kann den Kerl", flüsterte ungefragt aus ihrem ausgedehnten Körper heraus die Frau, die mir im Wartestübchen, anders ließ es sich nicht nennen, gegenübersaß, „kann ihn nicht mehr ertragen. Prahmt und röstet seit einer Stunde von seinen Krankheiten. Tausende hat man selbst, überall, oben, unten, vorn, hinten, vom Zeh bis zu den Haarspitzen, sehen Sie mich nur an, Übergewicht, ja verdammt noch mal, was esse ich denn, darf ja gar nichts essen, bin allergisch gegen jedes, Salz, Pfeffer, Muskat, Senf, absolut jedes Gewürz, da, wo alles wieder rauskommt, ist die Haut ganz wund, verätzt und verbrannt, können Sie sich denken, ein Hammer, hier den Vormittag und Mittag zu warten, Curry, Paprika, Fondor, nichts! Ich kann nicht mehr sitzen, nicht mehr sitzen, nicht mehr sitzen! Das ist nicht Fett, das ist Veranlagung, ist Krankheit. Im Alter, ist mir schon prophezeit, stecke ich im Rollstuhl, nichts hilft mehr, vier Fachkräfte helfen nicht, der Rücken: total kaputt, bewege mich zu wenig, spüle im Sitzen, daher das Fett, wie soll ich mich rühren mit diesen Gewichten an den Knochen ringsum? Dazu dieser Kerl. Wird blind werden, hat Zucker. Ich kenn' das ja, immerzu von seiner Krankheit, wenn nicht Krankheit, dann Kriegsgefangenschaft, mein Gott. Mein Gott, 1955 zurückgekehrt als einer der letzten, aus den russischen Steppen, schöne Gegend, kenn's auswendig, war Panzergrenadier, die wurden extra festgehalten. Na und! Was nutzt uns das heute! Rechnen Sie nach, wie lange das her ist! Dann wieder die Krankheit. Der Kerl macht mich krank. Fette Beine, fette Finger, fetter Nacken, fetter Hintern. Ich vergesse leicht, auch Menschen, alles. Es erbittert mich, es gefällt mir nicht, aber ich kann alles, auch Freunde, leicht abtun. Was vorbei ist, ist vorbei. Traurig! Fürchterlich! Warum sterben auch alle so schnell dahin.

* Der Text ist nicht der neuen Rechtschreibung angepasst.

Dagewesen und wegrasiert. Was war dann aber das Ganze wert? Da kann man doch gleich das Gedächtnis verlieren! Kein Finanzamt, keine Rentenversicherungsanstalt, kein Wahlzettel, kein Durchfall, keine Verstopfung. Ich selbst, was das Schönste wäre, im
₂₅ Ernst: möchte unsichtbar sein. Weg und verschwunden, von der Bildfläche federleicht weggeweht, ein Samenflöckchen, wie reizend, ein Hauch. Was für ein Glück: nicht da, nicht mehr da. Weg und vergessen, doch lebendig noch. Bin verrückt danach, Juniwiesen, hohe Gräser, kein Halm geschnitten, wie sie blühen und zittern und tun und machen und geschoben werden wie Wassermassen und plötzlich auch kreiseln, Inselchen,
₃₀ rundumgeschwenkt, im Spaß, im Wind, dieses Dunstige, schaumartig Leichte, ob die Sonne dafür sorgt, das Blühen, der Regen, ich weiß es nicht. Knäuelgras und Rohrglanzgras. Wollgras und Kammgras und Wiesenfuchsschwanz und gleichzeitig: alles egal, die Namen und wiederum: keine Namen, alles Wiese, schlägt gegen Waldränder, trüber Himmel am besten, vielleicht. Das ist mein Schönstes, das sehe ich an, da geht mir das
₃₅ Herz so sperrangelweit auf, und ich werde klein, immer winziger, dünn und mager und dürr und ein Faden und dann, dann bin ich nicht mehr da, da ist nur noch die Wiese, die hoch, so hoch wogende, schwankende, schaukelnde, wie schön beschwipst, von mir aber nichts, sie hat mich geschnappt, ist übergeschwappt, über mich gestülpt, und endlich bin ich das, was ich will. Erkennen Sie mich? Wie ich quassele und flüstere mit den Halmen
₄₀ aus der Fettwiese und der Fettweide und der Feuchtwiese heraus, nur quatsche und flüstre vor mich hin, vor mich hin."

Phase I des Textverstehens: erstes Textverständnis

1a Bereite Text 4 sorgfältig für das **Vorlesen** vor der Klasse vor.
   Beim Vortragen solltest du versuchen, in die Rolle der Sprecherin hineinzuschlüpfen und den Zuhörern ihre **Stimmung** durch **Sprechweise, Mimik und Gestik** zu vermitteln. Berücksichtige auch einen möglichen Wechsel der Stimmung.

 b Besprecht, ob ihr dem Vortrag eine gleichbleibende oder eine wechselnde Gestimmtheit der Sprecherin entnehmen könnt und ob die vermittelte Stimmung zum Text passt.

Von der Analyse zur Interpretation

c Welche Einstellung des Erzählers gegenüber der Protagonistin könnt ihr auf den ersten Blick erkennen?
d Formuliere in wenigen Sätzen aufgrund der ersten Annäherung an den Text dein erstes Textverständnis (Interpretationshypothese); nutze dazu die bisherigen vorläufigen Ergebnisse.

Phase II des Textverstehens: Textanalyse

2 Bei der genaueren Analyse des Textes arbeitet ihr am besten in Gruppen:
a Vergleicht euer vorläufiges Textverständnis und einigt euch auf eine gemeinsame **Interpretationshypothese**.
b Mit welchen „Schlüsseln des Textverstehens" (→ Sachlexikon Deutsch) lässt sich eure Interpretationshypothese bei diesem Text am besten überprüfen? Probiert geeignete Schlüssel aus und notiert stichwortartig eure Ergebnisse.

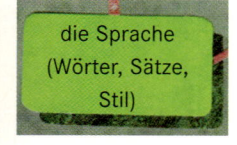

die Sprache (Wörter, Sätze, Stil)

3 Ein interessanter neuer Schlüssel ist die semantische Analyse des Textes (Bereich „Sprache" in Grafik 1, S. 50); probiert das Verfahren aus:
a Geht von der Sachinformation aus: Welches Ziel verfolgt die **„semantische Textanalyse"** und welche Wege geht sie?
b Erläutert anschließend, was die Darstellung in Grafik 4 (S. 57) deutlich machen will, und ergänzt fehlende Aspekte dieser Mindmap in eurem Heft.
c Markiert nun – in einer gescannten Fassung des Textes – die mit den dominanten Themen verbundenen Wörter oder Wendungen durch verschiedene Farben.
d Fasst das Ergebnis der Arbeit schriftlich zusammen und beurteilt, inwiefern das Verfahren der semantischen Analyse ein hilfreicher Schlüssel für die Analyse dieses Textes ist.
e Stellt eure Analyseergebnisse aus den Aufgaben 2 und 3 übersichtlich zusammen und präsentiert sie vergleichend vor der Klasse.

Grundwissen und Methode

Semantische Textanalyse

Die **semantische Analyse eines Textes** fasst den **Text als System** auf, dessen **Elemente**, also vor allem die Wörter und Sätze, in einem **Beziehungsgefüge** stehen (Textstruktur), das es zu untersuchen und zu bestimmen gilt; **Ziel** ist es, dadurch die **Sinnstruktur eines Textes** zu erfassen (Bereich „Sprache", vgl. Grafik 1, S. 50).

Du kannst dich dabei an den folgenden Gesichtspunkten orientieren:

(1) Die **Wörter** oder Wendungen eines Textes lassen sich oft einzelnen Themen zuordnen, z. B. „Knäuelgras", „Wollgras", „Kammgras" zum Thema „Wiese" – und „Wiese", „Waldränder", „Regen" zum Thema „Natur" (vgl. Grafik 4, S. 57).
(2) Die **Themen** werden durch **Bedeutungsmerkmale** gebildet, die in mehreren Wörtern des Textes **wiederkehren** („Wiese": **Denotationen** wie „Pflanzen", „Grünlandfläche" etc.; **Konnotationen** wie „frisch", „Frühling" etc.).
  – Einige Themen sind oft bestimmend für den Sinn eines Textes (**dominante Themen**).
  – Themen können auch in **Opposition** zueinander stehen; miteinander im Zusammenhang stehende Themen bilden **Themen-Gruppen**.
  – Die Themen lassen sich den **Figuren** der Handlung zuordnen.
(3) Die **Gliederung** des Textes ist durch die **Reihenfolge** bzw. den Wechsel der Themen bestimmt.
(4) Der **Sinn** und die **Wirkung** des Textes ergeben sich aus dem Zusammenhang der Themen und ihrer Abfolge.

Grafik 4

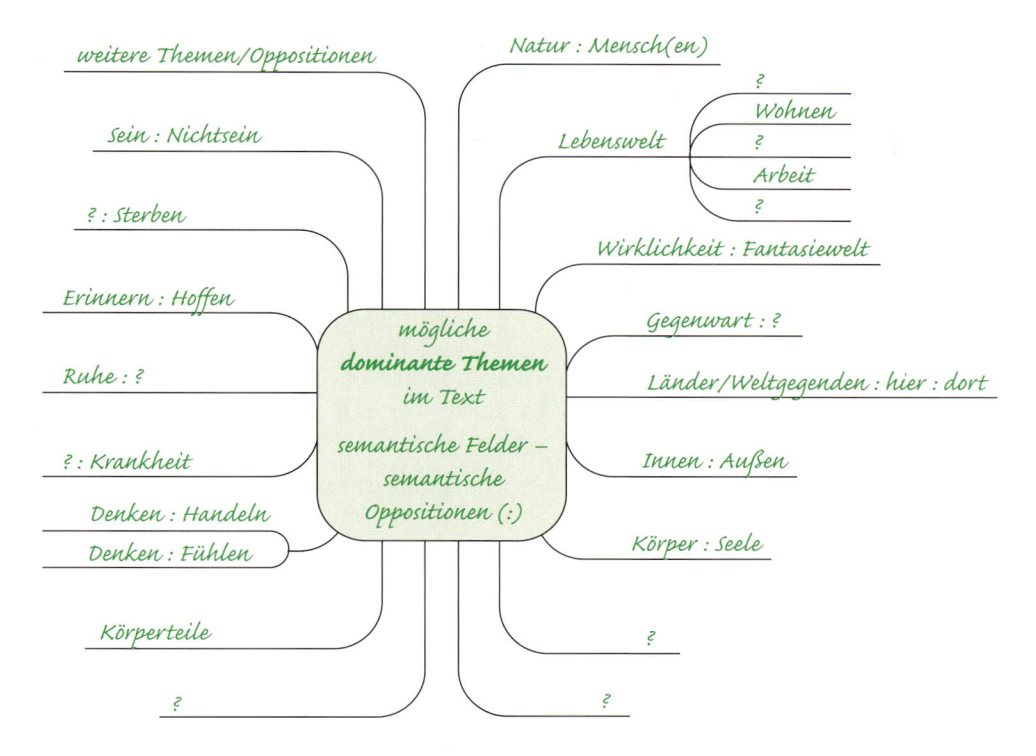

mögliche dominante Themen im Text — semantische Felder — semantische Oppositionen (:)

- weitere Themen/Oppositionen
- Sein : Nichtsein
- ? : Sterben
- Erinnern : Hoffen
- Ruhe : ?
- ? : Krankheit
- Denken : Handeln
- Denken : Fühlen
- Körperteile
- ?
- Natur : Mensch(en)
- Lebenswelt
  - ?
  - Wohnen
  - ?
  - Arbeit
  - ?
- Wirklichkeit : Fantasiewelt
- Gegenwart : ?
- Länder/Weltgegenden : hier : dort
- Innen : Außen
- Körper : Seele
- ?
- ?

4 Neben der semantischen Analyse kann auch die Analyse der **Syntax** und der **Redeweise** (**Redewendungen**) zu interessanten Ergebnissen führen (vgl. Grafik 1, S. 50, Bereich „Sprache"):

a Bestimme die **syntaktischen Besonderheiten** und **Eigenheiten der Redeweise**, die das Sprechen der Frau in den einzelnen Abschnitten des Textes kennzeichnen. Markiere in deiner gescannten Fassung die entsprechenden Textstellen durch Unterstreichungen.

b Diskutiert in der Gruppe: Auf welche Weise drückt sich in der **Syntax/Redeweise** der Frau ihre gesellschaftliche und individuelle Situation aus?

Phase III des Textverstehens: begründetes Textverständnis/Interpretation

5 In der dritten Phase kommt es darauf an, deine Analyseergebnisse für ein begründetes Textverständnis, also für eine Interpretation zu nutzen; am besten arbeitet ihr wieder in Gruppen:

a Geht am besten von eurer Interpretationshypothese (Aufgabe 2a, S. 56) aus und prüft, ob die Ergebnisse der Analyse eure Hypothese stützen oder ob die Analyse ein verändertes Textverständnis nahelegt.

b Notiert als euer Interpretationsergebnis die mögliche Aussage des Textes in einem oder zwei Sätzen und bereitet eine ausführliche Begründung vor, die ihr in der Klasse zur Diskussion stellen könnt.

c Formuliert einzeln oder in Zweiergruppen eure Interpretation aus und stellt sie dann in einer größeren Gruppe in einer Schreibkonferenz zur Diskussion.

3. BILDTEIL UND SACHTEIL: Parabeln interpretieren

Text 5 **Das Wiedersehen** (1930/31) BERTOLT BRECHT

Ein Mann, der Herrn K. lange nicht gesehen hatte, begrüßte ihn mit den Worten: „Sie haben sich gar nicht verändert." [...]

1a Wie könnte Herr K. reagieren? Was könnte er antworten? Beende die Geschichte durch ein bis zwei Sätze.
 b **Interpretationsgespräch:** Vergleicht eure Texte, besprecht Gemeinsamkeiten und Unterschiede und diskutiert mögliche Absichten, die der Verfasser mit dieser kurzen Geschichte verfolgen könnte.
2 Texte wie Brechts „Das Wiedersehen" werden zu den Parabeln bzw. den parabelähnlichen (parabolischen) Texten gezählt.
Erläutere unter Zuhilfenahme der folgenden Sachinformation, welche Merkmale einer Parabel in Text 5 auszumachen sind und welche nicht.

Grundwissen und Methode

Die **Parabel** (von griech. *parabolé* = Nebeneinanderstellung, Vergleich) ist eine kurze, lehrhafte Erzählung, die – meist provokativ – eine Wahrheit oder Erkenntnis (**Sachteil**) durch eine bildlich gemeinte Geschichte (**Bildteil**) vermitteln will. Die gemeinte Sache muss also vom Leser erschlossen werden. Er fragt sich: Worin gleichen (**Vergleichspunkt**) die erzählte Handlung und das Verhalten der Figuren der gemeinten Sache?

Bildteil (ausgeführt): Herr K. wird von einem Mann mit höflicher Floskel begrüßt. — Vergleichspunkt: Veränderung — Sachteil (angedeutet): Veränderung ist etwas Positives.

3a Den Originalschluss von Text 5 findest du auf Seite 256. Analysiere und interpretiere Herrn K.s Reaktion und formuliere in ein bis zwei Sätzen die Aussage des Textes.
 b Stellt eure Interpretationen in der Klasse zur Diskussion: Könnt ihr euch einigen oder ergeben sich unterschiedliche Interpretationsmöglichkeiten?
 c Beziet Position und nennt Gründe: Wie plausibel erscheint euch Herrn K.s Antwort und Verhalten?

Text 6 **Herr Keuner und die Flut*** (1930/31) BERTOLT BRECHT

Herr Keuner ging durch ein Tal, als er plötzlich bemerkte, daß seine Füße in Wasser gingen. Da erkannte er, daß sein Tal in Wirklichkeit ein Meeresarm war und daß die Zeit der Flut herannahte. Er blieb sofort stehen, um sich nach einem Kahn umzusehen, und solange er auf einen Kahn hoffte, blieb er stehen. Als aber kein Kahn in Sicht kam, gab er
5 diese Hoffnung auf und hoffte, daß das Wasser nicht mehr steigen möchte. Erst als ihm das Wasser bis ans Kinn ging, gab er auch diese Hoffnung auf und schwamm. Er hatte erkannt, daß er selber ein Kahn war.

* Der Text ist nicht der neuen Rechtschreibung angepasst.

4 Zeichnet – am besten auf Folie – in Zweiergruppen die Geschichte von Herrn Keuner und der Flut als Comic: Einer ist für die Zeichnung, der andere für den Text der Sprech- bzw. Gedankenblasen verantwortlich.
Formuliert vor der Präsentation in der Klasse gemeinsam einen treffenden Titel für euren Comic.

5 Ihr habt die Bildebene der Parabel gezeichnet. Jetzt geht es um die genauere Textanalyse, um die Sachebene erschließen zu können:
a Welche „Schlüssel des Textverstehens" könnten für diesen Text hilfreich sein? Haltet die Ergebnisse dieser Erschließung stichwortartig fest.
b Wer und was ist an der – äußeren und inneren – Handlung beteiligt? Welche Handlungsrollen nehmen die Aktanten ein? Orientiere dich dazu an der folgenden Sachinformation.
c Zur semantischen Textanalyse: Übertrage die Wörter und Wendungen, die die äußere und innere Handlung bezeichnen, in dein Heft und gruppiere sie nach semantischen Oppositionen (vgl. S. 56 f.) in Zweier- oder Dreiwortgruppen: Worum geht es in diesem Text?
d Welche mit der Analyse begründbare Aussage des Textes ergibt sich? Formuliere in ein bis zwei Sätzen die Erkenntnis, die sich aus der Parabel von Bertolt Brecht ziehen lässt (Sachebene).

> **Grundwissen und Methode**
>
> Die an der Handlung Beteiligten (die **Aktanten**) können bestimmte typische Rollen (**Handlungsrollen**) einnehmen, z. B. die Rollen des **Helden** (agierend) oder seines **Gegenspielers** (reagierend), des **Helfers** oder des **Schadensstifters** usw. Im Handlungsverlauf können die Figuren die Rollen wechseln.

6 Besprecht:
– Auf welche Situationen der Gegenwart lassen sich die Geschichten von Herrn K. (= Keuner) – „Das Wiedersehen", „Herr Keuner und die Flut" und „Der hilflose Knabe" (S. 48) – übertragen?
– Haltet ihr die jeweilige im Sachteil erkennbare Lehre für akzeptabel?

Text 7 **Der Steuermann** (1920)   Franz Kafka

„Bin ich nicht Steuermann?", rief ich. „Du?", fragte ein dunkler hochgewachsener Mann und strich sich mit der Hand über die Augen, als verscheuche er einen Traum. Ich war am Steuer gestanden in der dunklen Nacht, die schwach brennende Laterne über meinem Kopf, und nun war dieser Mann gekommen und wollte mich beiseiteschieben. Und
5 da ich nicht wich, setzte er mir den Fuß auf die Brust und trat mich langsam nieder, während ich noch immer an den Stäben des Steuerrades hing und beim Niederfallen es ganz herumriss. Da aber fasste es der Mann, brachte es in Ordnung, mich aber stieß er weg. Doch ich besann mich bald, lief zu der Luke, die in den Mannschaftsraum führte, und rief: „Mannschaft! Kameraden! Kommt schnell! Ein Fremder hat mich vom Steuer
10 vertrieben!" Langsam kamen sie, stiegen auf aus der Schiffstreppe, schwankende müde mächtige Gestalten. „Bin ich der Steuermann?", fragte ich. Sie nickten, aber Blicke hatten sie nur für den Fremden, im Halbkreis standen sie um ihn herum und, als er befehlend sagte: „Stört mich nicht", sammelten sie sich, nickten mir zu und zogen wieder die Schiffstreppe hinab. […]

7a Diskutiert unmittelbar nach der Lektüre die Meinungsäußerung: „Hauptsache, das Schiff fährt weiterhin auf Kurs!" Welches Meinungsbild ergibt sich bei euch?
b Formuliert – einzeln oder in Gruppen – euer erstes Textverständnis (Interpretationshypothese) und vergleicht eure Auffassungen miteinander.

8 Untersuche den Text, seine Ebenen und Strukturen genauer:
a Analysiere die Textebenen „das Erzählte", „die Erzählweise" und „die Sprache" (vgl. Grafik 1–3, S. 50, 51, 53).
b Welche Ergebnisse bringt eine semantische Textanalyse (vgl. S. 56f.)?
 – Bestimme die verschiedenen Handlungsrollen der Aktanten und deren Aktionen, indem du in einer gescannten Fassung des Textes verschiedenfarbige Markierungen vornimmst bzw. Notizen am Rand erstellst.
 – Untersuche die Textstruktur hinsichtlich der Themenfolge.
c Fasse die Ergebnisse deiner Analyse in einer tabellarischen Übersicht zusammen und formuliere den Sinn bzw. die Aussage, die sich für dich daraus ergibt; beziehe dich dabei auch auf deine Interpretationshypothese.
d Auf welche Erkenntnis läuft die Geschichte deiner Deutung entsprechend hinaus?
e Lest den Originalschluss der Kafka'schen Parabel (S. 256) und besprecht, inwieweit ihr möglicherweise eure Deutungen ergänzen oder korrigieren müsst.

9 Diskutiert:
a Ist die Geschichte zwischen dem Steuermann und dem „dunklen hochgewachsenen Mann" nicht nur ein Einzelfall, ist die Welt insgesamt so, wie Kafka sie parabolisch darstellt?
b Wie würde sich Bertolt Brechts Herr Keuner in einer Situation wie der des Steuermanns möglicherweise verhalten?

4. MEINE DEUTUNG BEGRÜNDEN: eine Interpretation schreiben

Text 8 **Die kleinen grünen Männer** (1972)   GÜNTER KUNERT

Sie sind in vielen utopischen Romanen[1] beschworen worden; ihr Ursprungsplanet, vorerlig als Saturn, manchmal als Mars bezeichnet, wird nun dem Vernehmen nach an den Rand unserer Milchstraße gerückt. Dort, wo die schärfsten Teleskope nichts mehr erkennen als schimmernde Flecken, Ballen von dunkler Materie[2] in Dimensionen, für die uns
5 das Vorstellungsvermögen fehlt, dort sollen sie leben, die kleinen grünen Männer, und von dort werden sie einst kommen, meint die Fama[3], um uns zu domestizieren[4].
Es heißt, was sie mit uns vorhaben, wisse niemand. Ihre Pläne seien unbekannt, ihre Ziele fern menschlicher Fantasie. Eine der Spekulationen: Sie neiden uns unsere lichte Welt, den hellen Himmel, die geordneten Verhältnisse, da fröhlich singend man zur Ar-
10 beit schreitet, da am Abend man aus dem Fenster blickt und, zufrieden vom Tagwerk, ins große Verdämmern.
Gewiss: Über den Zeitpunkt der Invasion besteht umfassende Unklarheit. Manche wiegen sich in der Hoffnung, unser Jahrtausend jedenfalls werde von den kleinen grünen

1) **utopischer Roman:** Roman über eine (noch) nicht existierende Zeit (Staat, Gesellschaft)
2) **dunkle Materie:** Masse, die keine messbare Strahlung aussendet und deshalb nicht direkt beobachtbar ist
3) **Fama** (lat.): Gerede der Leute, Sage, Gerücht
4) **domestizieren:** von lat. *domus*: Haus, *domesticus*: zum Haus gehörig: zu (ihren) „Haustieren" erziehen, zähmen

Männern frei bleiben; andere wieder sind fest überzeugt, dass die zarten grünen Finger
der aus unzählbaren Raketenschiffen Steigenden eines Morgens und noch in diesem
Jahrhundert an unsere irdische Tür pochen werden. Ein ganz leichtes, kaum vernehmbares Geräusch soll es sein. Doch dem, der es hört, werde das Herz stehen bleiben, meinen
jene, die davon reden, selber Unwissende, die das Ausmaß der schrecklichen Wahrheit
nicht kennen.

Sie ahnen ja nicht, dass die Landung bereits stattgefunden hat. Das Klopfen ist längst
verhallt.

Die Schläfer haben sich röchelnd einmal in ihren warmen Betten herumgedreht und
nicht gespürt, wie die kleinen grünen Männer mit einem kleinen grünen Lächeln auf
den Gesichtern in sie einschlüpften: Mittels spezieller Instrumente, von denen sich unsere Universitätsweisheit absolut nichts träumen lässt, begaben sie sich durch die dicken
schnarchenden Nasen, durch quallige Ohrmuscheln, bleckende Zahnreihen in die dumpf
dämmernde Spezies selbst. Dort hausen sie heute.

Wie Panzer fahren sie uns über die Straßen und Treppen, rammen uns gegeneinander.
Wenn wir einander leiden machen, uns hassvoll zugrunde richten, treten, stoßen, würgen und töten, verspüren sie der Lust Verwandtes.

Hinter deinen Augen, nachdem du mich verraten, sah ich das kleine grüne Freudenfeuer
flackern, das da tief drinnen einer angezündet hatte.

1 **Phase I des Textverstehens:** Vielleicht hast du noch keine „utopischen Romane" gelesen, aber du kennst vielleicht Filme, die von Weltraumwesen handeln, die der Erde einen Besuch abstatten.

a Erzähle in wenigen Sätzen deren Handlung und vergleiche
   – die Wesen des Romans, der Erzählung oder des Films mit den „kleinen grünen Männern" in der Geschichte von Günter Kunert;
   – Zweck, Ablauf und Ausgang der Invasion, wie du sie in einem Buch gelesen oder in einem Film gesehen hast, mit Zweck, Ablauf und Ausgang der Kunert'schen Invasion in Text 8.

b Formuliere so knapp wie möglich dein erstes Textverständnis und den Vergleich mit deinen Lese- bzw. Filmerfahrungen.

2 **Phase II des Textverstehens:**

a Handelt es sich bei Kunerts „Die kleinen grünen Männer" um einen kurzen Erzähltext (Kurzprosa) oder um eine Parabel als besondere Form der Kurzprosa?

b Analysiere den Text nach den dir bekannten Verfahren und fasse in übersichtlicher Form deine wichtigsten Untersuchungsergebnisse zusammen.

Tipp
– Arbeite mit einer gescannten Fassung des Textes, an deren breitem (!) Rand du markieren, unterstreichen, notieren kannst.
– Notiere auf einem zweispaltigen Blatt links deine Beobachtungen im Text (Analyse), rechts deren Bedeutung/Funktion für die Interpretation.

3 **Phase III des Textverstehens:**

a Welche Aussage des Textes ergibt sich aufgrund deiner Analyseergebnisse?
   – Gehe von deiner Interpretationshypothese aus und formuliere die Aussage des Textes, die sich für dich ergibt, in ein bis zwei Sätzen aus.
   – Notiere auf der Basis deiner Analyse stichwortartig die entscheidenden Gründe, die dich zu dieser Aussage geführt haben.

b Bevor du nun selbst einen Interpretationsaufsatz schreibst, nimm den folgenden Schüleraufsatz kritisch unter die Lupe und schreibe zunächst die Stellen heraus, in denen sich Abweichungen von deinem Verständnis der Geschichte ergeben.

Eine Interpretation schreiben

Text 9

Günter Kunerts 1972 erschienene Geschichte handelt von der Invasion „kleiner grüner Männer" aus dem Universum auf der Erde. Ihr Eindringen ist in „vielen utopischen Romanen" beschrieben worden, aber nur wenige Menschen haben ernstlich daran geglaubt. Die kleinen grünen Männer sind jedoch schon „längst" da (Z. 20 f.). Sogar „ich" (Z. 28 ff.) und „du" und „wir" kommen in der Geschichte vor, weil unsere Probleme miteinander letztlich auf die Wirkung der grünen Männer zurückgehen. Die Geschichte ist eine Parabel und diese Wesen sind wahrscheinlich als ein Bild für das Böse in den Menschen zu verstehen.

Zu Beginn der Erzählung wird der neueste Stand des Wissens über die kleinen grünen Männer berichtet („Rand unserer Milchstraße", „Ballen von dunkler Materie"), aber den Menschen fehlt das richtige „Vorstellungsvermögen" und alles Wissen gilt nur „dem Vernehmen nach". Das Ziel der grünen Männer ist eigentlich unbekannt, andererseits wird gesagt, sie würden kommen, „um uns zu domestizieren" (Z. 6), also zu zähmen.

Das ist die Ausgangssituation der Geschichte. Plötzlich (Z. 8 ff.) wird dann von „unserer lichten Welt" und von „fröhlichen" und „zufriedenen" Menschen geredet und dass die kleinen grünen Männer uns das „neiden" würden. In Wirklichkeit führt der Weg der Menschen „ins große Verdämmern" (Z. 10 f.), also in einen Betäubungszustand.

Dann kommt es zu Konflikten unter den Menschen „über den Zeitpunkt der Invasion". Die einen denken, dass die kleinen grünen Männer wenn überhaupt, dann im nächsten Jahrtausend kommen. Sie machen sich aber etwas vor. Die anderen machen einen anderen Fehler und erzählen gruselige Geschichten von „unzählbaren Raketenschiffen" und „zarten grünen Fingern", die demnächst morgens „an unsere irdische Tür pochen". Die „schreckliche Wahrheit" ist viel schlimmer, da die Landung schon stattgefunden „hat" (Z. 20).

Das besondere Ereignis der Geschichte wird nachträglich geschildert. Ich finde, es ist grotesk, wie die menschliche „Spezies" beschrieben wird. Die Menschen waren röchelnde „Schläfer" mit „dicken schnarchenden Nasen", „qualligen Ohrmuscheln", in die die Grünen eindringen konnten. Zuerst habe ich gedacht, dass sie vielleicht sympathisch sind, da sie ein „Lächeln auf den Gesichtern" haben, aber ich denke, ein „kleines grünes" Lächeln ist doch böse.

Dann spielt die Handlung in der Gegenwart: „Dort [im Inneren der Menschen] hausen sie heute." (Z. 27) Als Leser habe ich eigentlich eine positive Auflösung der Geschichte erwartet, aber das „Hausen" ist sicherlich negativ gemeint. Bisher kamen die Menschen immer in der dritten Person vor, jetzt aber heißt es „wir" und „uns". Die kleinen grünen Männer stecken in unseren menschlichen Körpern, vielleicht sind sie unsere Seelen und sie „fahren" und „rammen" uns, und zwar „gegeneinander" (Z. 28). Das ist so etwas wie eine Besessenheit, die die Menschen aggressiv macht, und sie merken es nicht. Die grünen Männchen spüren dabei etwas Ähnliches wie „Lust" (Z. 30).

Das wird im letzten Satz des Textes deutlich, wo es wieder eine sehr überraschende Wendung gibt. Da tritt einer auf, der „ich" sagt, wahrscheinlich der Ich-Erzähler. Der hat gesehen, dass die kleinen grünen Männer in den Seelen der Menschen hocken und dass ihn jemand, den er mit „du" anspricht, „verraten" hat. Vielleicht ist das seine Freundin oder sein Freund, aber das weiß man nicht. Er hat nämlich „hinter deinen Augen" die Lust am Zerstören gesehen („das kleine grüne Freudenfeuer", Z. 31).

> *Insgesamt zeigt die Parabel von den kleinen grünen Männern, dass die Menschen*
> 50 *eigentlich schon lange oder überhaupt aggressiv sind und dass sie daran sogar*
> *Spaß haben. Die kleinen grünen Männer von einem anderen Stern sind nur ein*
> *Bild dafür. Mir hat die Geschichte gut gefallen, weil sie immer wieder interessante Wendepunkte hat, aber ich finde es problematisch, dass die Menschen darin*
> *nur schlecht wegkommen.*

4 Untersuche den Interpretationsaufsatz (Text 9) genauer:
a Welchem Aufbau folgt diese Interpretation? Verfasse eine Gliederung, die diesem Text zugrunde liegt.
b Besprecht gemeinsam, inwieweit ihr dem Aufbau und der Interpretation (Analyse und Deutung) zustimmt: Was ist gelungen, was ist zu verändern, zu ergänzen, zu korrigieren?
c Auf welche Weise werden Behauptungen belegt? Beschreibe die Zitierweise (→ Sachlexikon Deutsch). An welchen Stellen kann die Art des Zitierens noch verbessert werden?

5 Verfasse eine Gliederung als Ergebnis deiner eigenen Analyse und Interpretation. Orientiere dich dabei an der folgenden Sachinformation.

Eine Interpretation zu einem Erzähltext schreiben

Wer eine Interpretation schreibt, hat den Text bereits analysiert und interpretiert und schreibt als Ergebnis der eigenen Beschäftigung mit dem Text für einen (fiktiven) Leser überzeugend argumentierend auf, wie die eigene Deutung des Textes mit den Analyseergebnissen zu begründen ist.
Für die Gliederung kannst du dich an folgenden Hinweisen orientieren:

Die Einleitung ist zu verstehen als „Boden", auf dem der Aufsatz aufgebaut wird; deshalb bieten sich dafür folgende Gesichtspunkte an:
– knappe Angaben über Autor, Titel, Erscheinungsjahr des Textes, evtl. Kurzhinweis auf Biografie, Gattung oder literarische Epoche (Entfaltung im Hauptteil),
– knappe Angaben zur Erzählsituation und zum Verhältnis von Erzähler und Leser (Präzisierung im Hauptteil),
– komprimierte Zusammenfassung der Geschichte in wenigen Sätzen sowie Interpretationshypothese als Grundidee der Interpretation in einem Satz.

Der Hauptteil folgt einem „roten Faden"; dabei gehst du entweder von der Interpretationshypothese aus und stellst dar, ob bzw. inwiefern die Analyseergebnisse sie bestätigen oder sie als nur bedingt oder gar nicht haltbar erscheinen lassen; oder du stellst im Hauptteil die wesentlichen Analyseergebnisse dar und entwickelst daraus die Interpretation des Textes.

Die Gliederung kann sich an folgenden Gesichtspunkten orientieren:
– am spezifischen Aufbau bzw. an der Reihenfolge der Abschnitte der Geschichte,
– an der Handlungsgrundstruktur: Ausgangssituation, Komplikation etc.
– am wechselnden Umgang des Erzählers mit dem Leser
– oder – anspruchsvoller – entsprechend der semantischen Analyse: Hauptthemen/Unterthemen/Reihenfolge der Themen.

Grundwissen und Methode

Eine Interpretation schreiben

Grundwissen und Methode

Der Schluss fasst zusammen, rundet ab oder weitet den Blick auf einen größeren Zusammenhang. Dabei kannst du vor allem folgende Möglichkeiten nutzen:
- eine Schlussfolgerung aus den im Hauptteil dargelegten Interpretationsgedanken ziehen und die Deutung zusammenfassen und zuspitzen;
- das Interpretationsergebnis knapp in weitere Zusammenhänge einordnen (z. B. Gesamtwerk des Autors, Gattung, Epoche);
- evtl. auf persönliche Reaktionen, auf persönliches Betroffensein durch Handlungsgang oder Thematik oder auf die mögliche Aktualität des Textes hinweisen.

6a Schreibe nun selbst deinen Interpretationsaufsatz, entweder zu Günter Kunerts „Die kleinen grünen Männer" oder zu einem der anderen Texte in diesem Kapitel. Orientiere dich an den Hinweisen in der Sachinformation.

b Besprecht eure Aufsätze in einer Schreibkonferenz und überarbeitet sie. Überprüft dabei auch die sprachliche Form eurer Texte (Rechtschreibung/Zeichensetzung, Grammatik/Satzbau, Ausdruck/Stil).

Das hast du in diesem Kapitel gelernt:

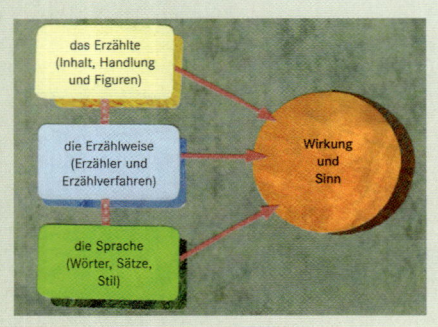

- Aspekte des Themas „Identitätsfindung in moderner Kurzprosa" textbezogen darstellen
- (kurze) Erzähltexte analysieren und interpretieren
- die drei Ebenen einer Erzählung als Basis der Analyse befragen: das Erzählte (Inhalt/Handlung und Figuren) – die Erzählweise (Erzähler und Erzählverfahren) – die Sprache (Wörter, Sätze, Stil)

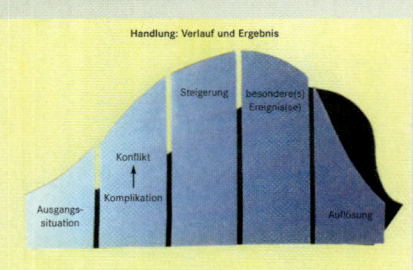

- den typischen Aufbau einer Geschichte kennen und für die Interpretation nutzen: Ausgangssituation – Komplikation – Steigerung / besonderes Ereignis – Auflösung

Ort und Zeit, Figuren – direkt und indirekt charakterisiert, äußere und innere Handlung

- die bekannten „Schlüssel des Textverstehens" textgerecht und sicher verwenden
- den „Schlüssel der semantischen Textanalyse" kennenlernen und nutzen können: dominante Themen im Text, semantische Felder – semantische Oppositionen
- die typischen Merkmale einer Parabel bzw. des parabolischen Erzählens benennen
- Parabeln text- und sachgerecht interpretieren
- einen kriteriengestützten Interpretationsaufsatz zu einem Erzähltext schreiben

Ideen und Projekte:

– Ihr könnt eure Fähigkeiten **szenischen und gestaltenden Interpretierens** weiter ausbilden; lasst euch dazu von den folgenden Möglichkeiten anregen:
  - Johanna Walser (Text 1): „Ein sanftes Zweigwippen auf meiner Schulter." Schreibe das Gedicht, das die Erzählerin des Textes von Johanna Walser in der Situation schreibt, in der sie sich am Beginn der Geschichte befindet.
  - Botho Strauß (Text 2): Schreibe die Szene „Drei (junge) Frauen in der Eisdiele" oder „Drei (junge) Männer in der Eisdiele". Zunächst sitzen alle drei einsam an verschiedenen Tischen, dann kommen sie auf irgendeine Weise ins Gespräch. Spielt die Szene.
  - Kurt Marti (Text 3): Schreibe einen Kurzprosa-Text mit vielleicht 20–30 Zeilen Umfang. Der Protagonist ist (anders als bei Kurt Marti) ein junger Mensch.
  - Brigitte Kronauer (Text 4): Übernimm die Rolle der Frau zur Vorbereitung einer Aufführung des Monologs. Wie muss der Text gesprochen werden? Wie sieht die Szene „Wartestübchen" aus? Welche Musik kann die Handlung begleiten oder unterbrechen? Wer sollte außerdem an der Aufführung beteiligt sein? Usw.
  - Bertolt Brecht (Text 6): Bereite die Geschichte als Pantomime vor.
  - Bertolt Brecht und Franz Kafka (Text, S. 48 und S. 59, Text 7): Kurze Zeit nach der Handlung der beiden Parabeln begegnet der „hilflose Junge" dem „Steuermann"; sie kommen ins Gespräch und sprechen darüber, wie sie sich in Zukunft in Situationen verhalten könnten, in denen sie (zunächst) ohnmächtig sind gegenüber Mächtigeren. Schreibe das Gespräch auf.
  - Günter Kunert (Text 8): „Die kleinen roten Männer. Eine Science-Fiction-Kurzgeschichte." Schreibe diese Geschichte – eine Parabel?
– Schreibe einen autobiografischen Text zum Thema „Versuch mit mir". Du kannst deinen Text zur Diskussion stellen, musst es aber nicht, sondern kannst ihn auch als ganz persönliche Auseinandersetzung mit deinen Lebenserfahrungen verstehen.
– Bereitet eine Veranstaltung vor, in der ihr eure eigenen Texte zusammen mit den Texten der Autoren des Kapitels einem Publikum (Eltern, Mitschülern, ...) durch Vortrag oder szenisch präsentiert. Interessante Ideen für eine gelungene „Performance" sind gefragt!
  - Lasst euch einen fantasie- und wirkungsvollen Gesamttitel für die Veranstaltung einfallen.
  - Bezieht je ein Interview zu den Texten der Startseiten sowie Bild 1 und Bild 2 (S. 48/49) mit ein.
    Die Interviews können szenisch präsentiert werden.
– Informiere dich über die Biografie eine der Autorinnen bzw. einen der Autoren Johanna Walser, Botho Strauß, Kurt Marti, Brigitte Kronauer, Günter Kunert; lies weitere Kurzprosa-Texte aus ihrer Feder und bereite ein ca. zehnminütiges Referat vor. Alle fünf Autoren sollten berücksichtigt werden.

Erweitern · Vertiefen · Anwenden

WAS BILDER ERZÄHLEN: KREATIVES SCHREIBEN

1a Wähle eines der Fotos aus.
 b Beschreibe, was du auf dem von dir ausgewählten Foto siehst.
 c Überlege, was dich an diesem Foto reizt, eine Geschichte zu schreiben.
   Vielleicht eine Liebesgeschichte, eine Kriminalgeschichte, ein Märchen, eine Science-Fiction-Geschichte, eine Schelmengeschichte, eine Kurzgeschichte oder eine ganz andere Erzählung?

Foto 1

Foto 2

2 Schreibe zu dem von dir gewählten Foto die Erzählung, für die du dich entschieden hast.
 Vergewissere dich (Grafik 3, S. 53), welche Möglichkeiten du bei der Gestaltung hast, und nutze die folgende Checkliste:
  – Reizt die **Handlung** zum Lesen? Ist sie für den Leser z. B. lebensnah, „packend", ... oder stattdessen z. B. komisch?
  – Gibt es einen durchdachten **Aufbau**, dem der Leser problemlos folgen kann?

Foto 3

- Wie werden die **Figuren** charakterisiert? Sind sie „lebendig", sind ihre **Motive** erkennbar, sind sie authentisch? Sind zur Gestaltung Möglichkeiten der **Figuren-** und der **Erzählerrede** genutzt worden?
- Sind **Stilmittel** genutzt, die zur Geschichte und der beabsichtigten Wirkung passen?
- Ist die **sprachliche Gestaltung** dem Inhalt und der beabsichtigten Wirkung angemessen: Ist z. B. die Wortwahl präzise und abwechslungsreich, variiert der Satzbau genügend und ist die Sprache in Rechtschreibung und Grammatik korrekt?

3a Besprecht eure Ergebnisse – am besten in einer Schreibkonferenz – und nutzt dazu auch die Checkliste aus Aufgabe 2.
 b Überarbeite nach den Hinweisen der Schreibkonferenz deinen Erzähltext.

4 Wählt gemeinsam eine Möglichkeit aus, eure Texte wirkungsvoll zu präsentieren. Ihr könnt z. B.:
- eure Erzählungen in Gruppen gegenseitig vorlesen, eine Erzählung auswählen, die der ganzen Klasse vorgelesen wird, und so eine kleine literarische Lesung eurer Texte in der Klasse veranstalten;
- eure Erzählungen mit dem Computer schreiben, gestalten und einen kleinen Band mit den Erzählungen eurer Klasse für interessierte Leser zusammenstellen.

5 Im folgenden Text entsteht durch die sprachliche Gestaltung ein sehr anschauliches Bild. Kannst du dir vorstellen, wie ein Foto aussehen müsste, das die dargestellte Situation und die Person zeigt, die im Text charakterisierend beschrieben wird?
- Sammelt eure Eindrücke und Ideen in einem Brainstorming.
- Vielleicht könnt ihr das Bild, das durch den Text in euch entsteht, sogar zeichnen oder eine Fotocollage erstellen, die zu diesem Text passt.

Text 1 **Die Merowinger oder Die totale Familie** (Auszug)   HEIMITO VON DODERER

Die Aufwärterin war inzwischen mit Horns sehr reichlichem Frühstück erschienen, das er stets hier in seiner Privat-Ordination einzunehmen pflegte, daheim nach dem Aufstehen sich mit einer geschwinden Tasse schwarzen Kaffees begnügend. Horns eigentliches Frühstück aber war ein gewaltiger Akt, fast möchte man sagen, eine Art lärmender Auftritt, mit verschiedenen Stadien der Nahrungsaufnahme, dem Schlappen des Haferbreis, dem Schluppen der sehr flüssig servierten Eier, dem zügigen und profunden Schlürfen des dunklen Tees, dem pastosen[1] Aufstreichen von Butter und Marmelade, dem kräftigen Einhieb eines gesunden Gebisses in solchermaßen vorbereitete Brote. Bei alledem gab er eine derartige Fülle der Schnauf- und Pieplaute von sich, dass diese rundum aus ihm zu quellen schienen, wie die Blumen aus einer Vase. Der Blick aus dem brotlaibartigen Antlitz und durch die goldenen Brillen blieb dabei meist in die eröffnete Fernsicht gerichtet. Zeitweise allerdings hantierte er auf dem geräumigen Frühstückstablette wie auf einem Schaltbrett, zog heran, schob zurück, griff nach mehr, schöpfte aus, stellte ab. Es war eben im Ganzen eine sehr beträchtliche Aktion, was sich da vollzog.

Der Professor frühstückte heute besonders energisch. In ihm hatte sich die Absicht bereits durchgesetzt, jetzt sogleich bei dem Doktor Döblinger, insbesondere aber bei dem Oberlehrer Zilek vorzusprechen: unverzüglich. Er schob sein reichlich beschicktes Portefeuille unter dramatischem Schnaufen in die Brusttasche des weißen Ärztemantels – dies sozusagen amtliche Kleid schien ihm geeigneter, um Eindruck zu machen – und stieg hinab.

1) **pastosen:** dick aufgetragen

6 Stell dir eine andere Alltagshandlung vor – zum Beispiel Geschirr spülen oder einen Fahrradreifen flicken – und formuliere dazu einen Text, der bei den Lesern ein ebenso plastisches Bild entstehen lässt wie der Text Doderers.

Erweitern · Vertiefen · Anwenden

PARODIE UND SATIRE: SCHREIBIMPULSE

Text 1   1996 erhielt der Schriftsteller Robert Gernhardt von der „Frankfurter Allgemeinen Zeitung" die Anfrage, ob er zum bevorstehenden 200. Geburtstag von Heinrich Heine einen Text schreiben könne.

Zögern   ROBERT GERNHARDT

Ich weiß nicht, was soll das bedeuten,
Dass ich so unschlüssig bin.
Ein Urteil aus Urschülerzeiten,
Das will mir nicht aus dem Sinn.

5 „Der Heine? Ein Blender, kein Dichter.
Ein Journalist, kein Poet.
Nie schluchzt er, nie singt er, stets spricht er.
Ein Feuerwerk. Kein Komet."

Der Heine scheint's nicht zu bringen,
10 Hat sich da der Schüler gesagt.
Das hat mit seinem Singen
Der Studienrat Kraus gemacht.

1 Schreibe einige Stichworte zu folgenden Fragen auf.
– Welche Haltung zu Heine beschreibt Gernhardt?
– Wie begründet er sie? Was z. B. hat der „Studienrat Kraus" denn „gemacht"?
– Wie passen die Überschrift und das Gedicht zusammen?

Text 2   HEINRICH HEINE

Heinrich Heine
(1797 – 1856)

Ich weiß nicht, was soll es bedeuten,
Dass ich so traurig bin;
Ein Märchen aus alten Zeiten,
Das kommt mir nicht aus dem Sinn.

5 Die Luft ist kühl und es dunkelt,
Und ruhig fließt der Rhein;
Der Gipfel des Berges funkelt
Im Abendsonnenschein.

Die schönste Jungfrau sitzet
10 Dort oben wunderbar;
Ihr goldnes Geschmeide blitzt,
Sie kämmt ihr goldenes Haar.

Sie kämmt es mit goldenem Kamme
Und singt ein Lied dabei;
15 Das hat eine wundersame,
Gewaltige Melodei.

Den Schiffer im kleinen Schiffe
Ergreift es mit wildem Weh;
Er schaut nicht die Felsenriffe,
20 Er schaut nur hinauf in die Höh.

Ich glaube, die Wellen verschlingen
Am Ende Schiffer und Kahn;
Und das hat mit ihrem Singen
Die Lorelei getan.

2a Teilt die Klasse in zwei Gruppen. Die eine Gruppe analysiert das Gedicht „Zögern", die andere das Gedicht von der Lorelei. Orientiert euch dabei an den folgenden Gesichtspunkten:
– lyrisches Ich
– Thema des Gedichts

Kurzprosa

- Wortwahl, Satzbau, Zeichensetzung und sprachliche Auffälligkeiten
- Reimschema und Strophenform
- Metrum und Rhythmus

b Jede Gruppe bereitet einen kurzen Vortrag vor und präsentiert die Ergebnisse: Was könnt ihr hinsichtlich der Ähnlichkeiten bzw. der Unterschiede der beiden Texte feststellen?

c Erläutert jeweils die Wirkung der beiden Gedichte und entscheidet, ob beide Gedichte für sich allein zu verstehen sind oder das eine nicht ohne das andere.

3a Zeige mithilfe der Sachinformation, welche Merkmale einer Parodie sich in Text 1 finden lassen.

b Erkläre, warum sehr häufig gerade Lieder, Gedichte und Sprichwörter parodiert werden.

Grundwissen und Methode

Parodie (grch. *parodía* = Gegengesang): Ein Text wie „Zögern", der sich über einen anderen Text lustig macht, indem er **die Form**, zum Beispiel die Strophen, das Reimschema oder einzelne Formulierungen, **nachahmt** bzw. **beibehält**, ihr aber **andere Inhalte** unterlegt, nennt man „Parodie".
Die Parodie muss, damit sie als Parodie wirken kann, so gestaltet sein, dass das **Original** erkannt wird.
Parodien können nicht nur eine **humorvolle Wirkung** anstreben, sondern **auch eine kritische Haltung** deutlich machen und sind in diesem Fall mit der Satire verwandt.

4a Schreibe selbst eine Parodie; wähle dazu eine der folgenden Gedichtstrophen aus (Texte 3 u. 4).

b Suche dir anschließend in der Klasse einen Partner, der ein anderes Gedicht parodiert hat als du. Tragt euch gegenseitig eure Parodien vor und besprecht, was gut und was weniger gut gelungen ist.

c Überarbeite nun noch einmal deine Parodie.

Text 3 AUGUST VON PLATEN

Wie rafft' ich mich auf in der Nacht, in der Nacht,
Und fühlte mich fürder¹ gezogen,
Die Gassen verließ ich, vom Wächter bewacht,
Durchwandelte sacht
5 In der Nacht, in der Nacht,
Das Tor mit dem gotischen Bogen.

Der Mühlbach rauschte durch felsigen Schacht,
Ich lehnte mich über die Brücke,
Tief unter mir nahm ich der Wogen in acht,
10 Die wallten so sacht
In der Nacht, in der Nacht,
Doch wallte nicht eine zurücke.

¹) **fürder:** weiter

Caspar David Friedrich: „Frau am Fenster", 1822

Text 4 **Sehnsucht**   JOSEPH VON EICHENDORFF

Es schienen so golden die Sterne,
Am Fenster ich einsam stand
Und hörte aus weiter Ferne
Ein Posthorn im stillen Land.
5 Das Herz mir im Leibe entbrennte;
Da hab ich mir heimlich gedacht:
Ach, wer da mitreisen könnte
In der prächtigen Sommernacht!
[…]

Erweitern · Vertiefen · Anwenden

5 Suche dir einen weiteren geeigneten Text und schreibe dazu eine Parodie. Veranstaltet mit euren Parodien eine kleine Lesung in der Klasse.

Text 5 **Entwicklung der Menschheit** Erich Kästner

Einst haben die Kerls auf den Bäumen gehockt,
behaart und mit böser Visage.
Dann hat man sie aus dem Urwald gelockt
und die Welt asphaltiert und aufgestockt,
5 bis zur 30. Etage.

Da saßen sie nun den Flöhen entflohn
in zentralgeheizten Räumen.
Da sitzen sie nun am Telefon.
Und es herrscht noch derselbe Ton
10 wie seinerzeit auf den Bäumen.

Sie hören weit. Sie sehen fern.
Sie sind mit dem Weltall in Fühlung.
Sie putzen die Zähne. Sie atmen modern.
Die Erde ist ein gebildeter Stern,
15 mit sehr viel Wasserspülung.
[...]
So haben sie mit dem Kopf und dem Mund
den Fortschritt der Menschheit geschaffen.
Doch davon mal abgesehn und
bei Lichte betrachtet, sind sie im Grund
20 noch immer die alten Affen.

6 a Gib mit eigenen Worten wieder, wovon Text 5 handelt.
 b Vergleiche die Überschrift mit dem letzten Satz der letzten Strophe. Welche Aussage des Textes kannst du erschließen?
 c Untersuche Text 5 daraufhin, mit welchen Mitteln die Aussage des Textes vorbereitet und gestützt wird; betrachte dazu vor allem die Wortwahl.
 d Diskutiert, ob die Aussage des Textes eurer eigenen Position zur „Entwicklung der Menschheit" entspricht.

Text 6 **Sinn und Wesen der Satire** (Auszug) Erich Kästner

[...] Dem Satiriker ist es verhasst, erwachsenen Menschen Zucker in die Augen und auf die Windeln zu streuen. Dann schon lieber Pfeffer! Es ist ihm ein Herzensbedürfnis, an den Fehlern, Schwächen und Lastern der Menschen und ihrer eingetragenen Vereine – also an der Gesellschaft, dem Staat, den Parteien, der Kirche, den Armeen, den Berufsver-
5 bänden, den Fußballklubs und so weiter – Kritik zu üben. [...] Seine Methode lautet: Übertriebene Darstellung negativer Tatsachen mit mehr oder weniger künstlerischen Mitteln zu einem mehr oder weniger außerkünstlerischen Zweck. Und zwar nur im Hinblick auf den Menschen und dessen Verbände, von der Ein-Ehe bis zum Weltstaat. [...]

7a Was kennzeichnet Erich Kästner zufolge die Satire? Gib Text 6 mit eigenen Worten wieder.
 b Entspricht sein Gedicht „Entwicklung der Menschheit" den in Text 6 genannten Kriterien? Tauscht eure Argumente aus.

8a Veranstaltet ein kurzes Brainstorming, worüber ihr euch in Bezug „auf den Menschen und dessen Verbände" am meisten ärgert. Sonntagsreden von Politikern? Die Hausordnung eurer Schule? Das Verbot, in die Disco zu gehen, wenn man noch nicht 16 ist?
 b Wähle nun eines der von euch genannten Ärgernisse aus und benutze es als Anlass, eine Satire zu schreiben. Gehe dabei schrittweise vor:
 – Trage Material über dein Thema zusammen.
 – Schreibe einen ersten Textentwurf.
 – Überarbeite ihn und achte besonders auf die in Text 6 angeführten Stilmittel der Satire; nutze auch die in der folgenden Sachinformation genannten Mittel satirischen Schreibens.
 c Lest euch eure Satiren in kleinen Arbeitsgruppen gegenseitig vor. Beratet, wie ihr Formulierungen noch zuspitzen oder witziger gestalten könnt.

Eine Satire schreiben

Wer eine Satire schreibt (lat. *satura* = Allerlei, buntes Gemenge – lat. *satura lanx* = mit Früchten gefüllte Opferschale), sollte sich **in der Sache**, über die er schreibt, **auskennen** und sich klarmachen, **was genau** er mit seiner Satire **verspotten, kritisieren** will („ich will kritisieren, dass …").
Auch die **Leser** der Satire müssen erkennen bzw. wissen, welche Sache oder welche Situation satirisch „aufs Korn genommen" wird, damit sie den gemeinten Spott oder die gemeinte Kritik erkennen können.
Mittel satirischen Schreibens sind vor allem:
– Ironie, Sarkasmus, „bitterer" Humor
– Übertreibungen, auch Untertreibungen
– klare, überspitzte Bewertungen
– Zusammenfügen von Aussagen, die eigentlich nicht zusammenpassen
– Wortspiele
– … usw.

Grundwissen und Methode

Text 7 Rechenaufgaben   Kurt Tucholsky

1 Untersuchungsrichter lässt 1 im Verdacht des Judentums stehenden Kaufmann 11 Wochen in Haft sitzen. In welcher Zeit avanciert der Richter zum Landgerichtspräsidenten?

1 Kaiser kostet monatlich 50.000 Mark Arbeitslosenunterstützung. Was kosten 2 Kaiser auf dem Thron einer Republik im Alter von 8 Jahren? (Berechne dasselbe mit der deutschen Republik – Gleichung mit einer Unbekannten!)

1 deutscher Richter sperrt in 1 Tage 1 Kommunisten ein. Wie viele deutsche Richter sperren alle deutschen Kommunisten in wie vielen Tagen ein –?

1 Kronprinz hat 1 uneheliches Kind. (Es handelt sich hier um eine theoretische Aufgabe.) Wie viele Kronprinzen sind nötig, um die Mongolei zu bevölkern, wenn der dortige Sittlichkeitskoeffizient mit 218 angenommen wird?

9a Die „Rechenaufgaben" hat Tucholsky in den Jahren 1924–1926 geschrieben. Teilt euch in vier Arbeitsgruppen und recherchiert zu jeder Rechenaufgabe, worauf sie anspielt. Konzentriert eure Recherche auf die Revolution in Deutschland von 1919 und die Anfangsjahre der Weimarer Republik und hier insbesondere auf die Rolle der SPD und die der Justiz.
 b Vergleicht eure Ergebnisse in der Klasse und wertet eure Ergebnisse gemeinsam aus.
10 Entscheide mithilfe der Kriterien, die Erich Kästner in Text 6 nennt, ob diese „Rechenaufgaben" Satiren sind.
11 Informiert euch über den Lebenslauf von Kurt Tucholsky und klärt im Klassengespräch, welche Zusammenhänge zwischen Text 7, seiner Entstehungszeit und den Lebensumständen des Autors ihr erkennt.

SECHZEHN SEIN

Welche Erwartungen bzw. Assoziationen wecken die Titel dieser Romane, welche die Buchcover?

Welcher der Romane hat dein Interesse geweckt, welcher eher nicht? Nenne Gründe.

– Welche thematischen Gemeinsamkeiten der folgenden Klappentexte stellst du fest?
– Vergleiche die Klappentexte mit deinen Erwartungen bzw. Assoziationen: Welche Gemeinsamkeiten und welche Unterschiede ergeben sich?

Romane lesen und verstehen

„Sechzehnjähriger verschwand am Geburtstag spurlos" lautet die Schlagzeile. Erst ist es nur einer, dann sind es fünf und es werden immer mehr. Wie einen Krimi erzählt Birgit Vanderbeke diese so skurrile wie fantastische Geschichte. Ihr Herz schlägt auf der Seite der Ausreißer, der Spott gilt Medien, Erziehungsberechtig-
5 ten und der Enge des Gedankens. „Sweet Sixteen" ist eine hinreißende Komödie und ein Aufruf zu eigenem Leben.

Wie jedes Jahr verbringt Michael den Sommer mit seinen Eltern am Atlantik. Doch diesmal gibt es eine Veränderung: Ins Nachbarhaus zieht die verführerische Mrs. Mertz mit ihrer zwanzigjährigen Tochter Zina ein. Die Offenheit der beiden Frauen fasziniert nicht nur Michael. Augenblicklich verliebt er sich in die schöne Zina und ist ihren Kaprizen[1]
5 hilflos ausgeliefert. Als er jedoch seine romantischen Gefühle grausam verraten sieht, bricht für Michael die unschuldige Welt seiner Kindheit zusammen. – In Anlehnung an Iwan Turgenjews Novelle „Erste Liebe" erzählt Charles Simmons mit psychologischem Feingefühl und einer ganz eigenen Leichtigkeit vom Schmerz des Erwachsenwerdens.

Aufgewachsen in dem trostlosen, spießbürgerlichen Neubauviertel Neue Vahr Süd – mit Anschluss an die Autobahn –, steht Frank Lehmann zum ersten Mal in seinem Leben vor einem echten Problem: Er hat schlicht und einfach vergessen, den Wehrdienst zu verweigern. Und während er nun in der Kaserne Strammstehen und bedingungslosen Gehor-
5 sam lernen soll, proben seine Freunde schon einmal die proletarische Weltrevolution. Und es kommt noch schlimmer, denn der Auszug von zu Hause in eine chaotische Wohngemeinschaft stellt Frank vor existenzielle Fragen wie: Wer macht den Abwasch? Und: Wer darf eigentlich Sibille küssen?

1) **Kaprizen:** Launen

– Was lässt sich den Klappentexten über den Erzähler und die Erzählweise entnehmen?
– Welche dieser Erzählweisen reizt dich am meisten und warum?

Informiere dich über die Autoren Charles Simmons, Birgit Vanderbeke und Sven Regener und über deren Werk. Stell dein Ergebnis in einem Kurzreferat in der Klasse vor.

1. „... VERLIEBTE ICH MICH UND MEIN VATER ERTRANK." – Die Steuerung des Lesers

Text 1 **Salzwasser** (1998; Romananfang)   Charles Simmons

Die Sandbank

Im Sommer 1963 verliebte ich mich und mein Vater ertrank.
Eine halbe Meile vor der Küste bildete sich Ende Juni im Lauf einer Woche eine Sandbank. Wir konnten sie nicht sehen, aber wir wussten, dass sie da war, denn die Wellen brachen sich dort. Jeden Tag bei Ebbe warteten wir darauf, dass sie aus dem Wasser
5 auftauchen würde. So weit draußen hatte sich noch nie eine Sandbank gebildet und wir fragten uns, ob sie halten würde. Wenn ja, dann wäre das Wasser im Uferbereich geschützt und ruhiger. Wir könnten unser Boot, die Angela, auf der Höhe des Hauses verankern, statt wie sonst in Johns Bay auf der anderen Seite von Bone Point. Auch das Schwimmen würde anders sein, wie in einer Bucht, und mit dem Wellenreiten wäre es vorbei.
10 Vater und ich angelten vor der Küste nach Kingfischen, Wittlingen, Blaubarschen und Seebarschen. Die Seebarsche kämpften am besten und sie schmeckten auch am besten. Wir zogen auch jede Menge Sandhaie raus, aber sie waren klein; nutzlose Dinger, die wir ins Meer zurückwarfen. Manchmal legten wir große Haken für richtige Haie aus. Zum Auswerfen waren die zu schwer. Wir befestigten ein Stück Makrelenfleisch daran und
15 ich schwamm hinaus und versenkte sie. Das haben wir schon gemacht, als ich noch klein war, doch damals paddelte ich mit meinem Schwimmreifen hinaus, ließ den Haken sinken und Vater zog mich an einem Seil wieder herein. Meine Mutter sah das nicht gern, auch wenn wir es nur bei ruhiger See taten. [...]

1 Textsignalen nachspüren:
a Welche Informationen erhält der Leser über Ort und Zeit der Handlung und über die beteiligten Figuren? Worüber erhält er die meisten Informationen?
b Welche Themen werden im ersten Satz angerissen? Wie wirkt der erste Satz?
c Wie könnte es deiner Meinung nach zu den im ersten Satz genannten Ereignissen gekommen sein?
d Durch welche weiteren Textsignale steuert der Erzähler die Erwartungen des Lesers?
e Fasse deine Ergebnisse zusammen: Welche Erwartungen weckt der Romananfang?

Text 2 **Neue Vahr Süd** (2004; Romananfang)   Sven Regener

1. Harry

Am letzten Tag, bevor er zur Bundeswehr musste, war Frank Lehmann in keiner guten Stimmung. Es war der 30. Juni, ein Montag, und er hatte nichts zu tun, es gab nicht einmal irgendwelche Scheinaktivitäten, in die er sich hätte stürzen können, um seine Gedanken von der unausweichlichen Tatsache abzulenken, dass er sich am nächsten Tag
5 in der Niedersachsen-Kaserne in Dörverden/Barme einzufinden hatte, um dort seinen Dienst als Soldat zu beginnen. Das schöne Wetter machte die Sache nicht besser, im Gegenteil, hätte es wenigstens geregnet, dann hätte er vielleicht zu Hause in seinem Zimmer bleiben können, wäre mit einem Buch und einer Tasse Tee auf seinem Bett liegen geblieben und hätte den Tag vergammelt, aber das ging bei schönem Wetter nicht.
10 Genau das impfen sie einem als kleinem Kind schon ein, dachte er, als er am Vormittag in seinem alten Opel Kadett sinnlos durch Bremen fuhr, dass man bei schönem Wetter

auf keinen Fall zu Hause bleiben darf, das kriegt man nie wieder raus, dachte er, als er sich ein bisschen am Osterdeich ans Weserufer setzte und darauf wartete, dass ein Bockschiff vorbeikäme, dem er hinterherschauen konnte, [...].

2 Text 2 ist der Anfang des Romans „Neue Vahr Süd":
a Bestimme Ort und Zeit der Handlung; hole nötigenfalls weitere Informationen zum Handlungsort ein.
b Was erfährt man über die Hauptfigur Frank Lehmann?
c Untersuche die Besonderheiten der sprachlichen Gestaltung des Textes. Achte vor allem auf Wortwahl und Stilebene. Welche Erwartungen werden dadurch beim Leser geweckt?
d Wie werden die Erwartungen des Lesers durch diesen Romananfang gesteuert?

Text 3 **Sweet sixteen** (2005; Romananfang)   BIRGIT VANDERBEKE

Der erste, der verschwand, war Markus Heuser, genannt Meks.
Die Angelegenheit wurde daher später offiziell als das „Heuser-Phänomen" bekannt. Andere sprachen von „Meksomanie".
Seinerzeit war sie nichts als eine Meldung, die scheinbar über den Lahn-Dill-Kreis nicht
5 hinauskam.
„Sechzehnjähriger verschwand am Geburtstag spurlos."
Was war passiert?
Der Junge war am Morgen aufgestanden, die Eltern hatten ihm gratuliert, der Tisch war gedeckt gewesen, die traditionelle Gummibärchentorte aus Meks' ersten Jahren hatte
10 inzwischen eine Menge Kerzen mehr drauf, Meks verzog wie immer in den letzten Jahren das Gesicht, als er die Torte sah, und weder seine Mutter noch sein Vater hätten sagen können, ob es ein gerührt-ironisches oder ein leicht verächtliches Lächeln war, womit Meks auf den Tisch, die Torte und die Geschenke reagierte und überhaupt eigentlich auf fast alles seit einiger Zeit.
15 Meks pustete die Kerzen aus, wischte sich die Elternküsse unauffällig von der Backe, aß ein Stück Buttercremetorte, packte die CD aus und sagte, wär nicht nötig gewesen, aber geil.
Seine Mutter sagte, aber Markus.
Sein Vater sagte, dafür sind wir inzwischen doch etwas zu alt.
Ist ja gut, sagte Meks, ich muss dann. Mathe.
20 Er nahm seinen Rucksack und verschwand.
Kann ein bisschen später werden, war das Letzte, was seine Eltern von ihm hörten.
Ungefähr das berichteten sie, als sie sein Verschwinden bei der Polizei meldeten. Da hatten sie bereits in Erfahrung gebracht, dass Meks in der Schule gewesen war. Im Bus nach Hause hatte ihn niemand gesehen. Bei Freunden war er auch nicht gewesen. [...]

3a Vergleiche den ersten Satz von Text 3 mit den ersten Sätzen von Text 1 und 2. Welche Gemeinsamkeiten oder Unterschiede kannst du feststellen?
b Welche Informationen erhält der Leser in Text 3 über die sich entwickelnde Handlung?
c Was erfährt man über die Hauptfigur und deren Beziehung zu den Eltern? Inwiefern steuern diese Informationen den Leser?
d Untersuche die sprachlichen Besonderheiten dieses Textes. Achte z. B. auf die Syntax und ihre Wirkung.
e Schreibe eine kurze Fortsetzung des Textes, indem du den spezifischen Tonfall in Wortwahl und Syntax nachahmst.
f Wie wird der Leser durch diesen Romananfang gesteuert? Vergleiche diesen Romananfang mit den beiden anderen Romananfängen (Texte 1 und 2).

Die Erzählweise

ERZÄHLUNG: Ebenen

- Erzähler und Erzählverfahren: die Erzählweise
- Handlung und Figuren: das erzählte Geschehen
- Wörter, Sätze, Stil: die Sprache

→ Entfaltungen: von der Ausgangssituation zur Auflösung → Wirkung und Sinn

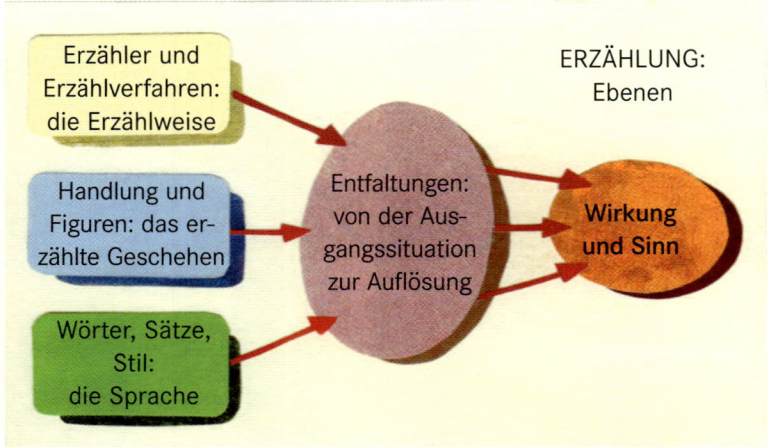

4 Fasse deine Ergebnisse anhand der Grafik zusammen:
a Wodurch können Romananfänge den Leser in seinem Leseverhalten steuern? Ordne deine Ergebnisse jeweils begründet den drei „Hauptschlüsseln" der Analyse zu: die Erzählweise – das Erzählte – die Sprache.
b Welche Erwartungen zu möglichen Entfaltungen der Ausgangssituationen lassen sich jeweils begründet formulieren?
c Besprecht: Lässt sich bereits etwas über die Wirkung und den Sinn bzw. die Aussage des jeweiligen Romans sagen?

5 Wie unterscheidet sich der Anfang eines Romans (z. B. Texte 1–3) vom Anfang anderer erzählender Texte – z. B. vom Anfang einer Parabel oder Kurzgeschichte?

2. ERZÄHLER UND ERZÄHLVERFAHREN: die Erzählweise

Erzähler und Erzählverfahren: die Erzählweise

2.1 „Ich sah deutlich, dass er sie mochte ..." – Die Erzählsituation

Text 4 **Salzwasser** (Auszug)   CHARLES SIMMONS

> Michael verbringt die Sommerferien mit seinen Eltern wie jedes Jahr im Sommerhaus seines verstorbenen Großvaters am Strand. Das Gästehaus haben sie an die geheimnisvolle Mrs. Mertz und deren schöne Tochter Zina vermietet, in die sich Michael spontan verliebt.

Die Mertzens
Am Nachmittag kam Vater aus der Stadt zurück und am Morgen darauf gingen wir zur Bucht hinüber – Bone Point ist etwa eine Meile breit –, um zu sehen, wie die Angela den Sturm überstanden hatte. Sie ist ein sieben Meter langer Segler mit einem einssiebziger Kiel, Großsegel und Fock und einer winzigen Kajüte, in der zwei Personen gebückt Platz
5 finden oder liegen können, sofern sie, wie Vater sich ausdrückte, einander zugetan sind. Sie lag tief im Wasser. Die Plane hatte sich gelöst und Regen eingelassen. Wir schöpften sie aus und lüfteten die Segel, während wir um den Point herum ins offene Meer steuerten. Das Wasser glich einem grünen Becken mit bewegter Oberfläche. Der Wind war kühl, der Himmel blassblau, nur ein paar Wolkenbäusche flogen dahin. Von der Sandbank
10 keine Spur. An der Stelle, wo wir sie vermuteten, ließen wir den Anker bis auf dreieinhalb Meter hinunter.
„Zwei Faden tief", sagte Vater. „Wer ist denn das?" Er deutete Richtung Strand.
Zina und Sonya kamen zu uns herangeschwommen.
„Zina Mertz."
15 „Woran siehst du das?"
„An ihrem Hund."
„Wir sollten ihnen entgegenfahren", sagte Vater. „Der Hund dreht schon um."
„Zina ist eine sehr gute Schwimmerin."
„Woher weißt du das?"

20 „Bin gestern mit ihr geschwommen. Sie ist sehr nett."

Das amüsierte Vater und er bedachte mich mit seinem breiten Lächeln. Das war das Äußerste an Spott, das er mich je spüren ließ.

Sie brauchte ewig, um uns zu erreichen. Im grünen Wasser mit den Lichtreflexen, die auf ihrem Gesicht spielten, war sie noch schöner. Vater streckte die Hand aus, um ihr zu hel-
25 fen, aber sie zog sich selbst an Bord.

Er fragte, wie es ihr im Gästehaus gefiele. Sie hoffe, antwortete sie, er habe nichts dagegen, dass sie sich eine Dunkelkammer eingerichtet hätte. Großvater Michael hätte dort selbst eine gehabt, erwiderte Vater. „Er war ein leidenschaftlicher Fotograf, ohne jedes Talent. Jedes seiner Bilder ein Schuss ins Schwarze. Wir haben ganze Schachteln davon.
30 Sie sind Profi?"

Zina bejahte und erzählte, nächsten Winter werde sie mit Kollegen zusammen eine Ausstellung in New York machen. Jetzt hätte sie sich für eine Weile zurückgezogen, um sich neu zu orientieren. „Ich möchte eine Zeit lang so wenig wie möglich sehen. Das hier ist der ideale Ort dazu." Sie zeigte aufs Wasser. „Nichts als Wasser und Himmel." Sie zeigte
35 zum Strand. „Wasser, Himmel und Sand. Selbst mit Tag und Nacht multipliziert ergibt das erst sechs Dinge, die man betrachten kann. Ich reinige meinen Kopf."

„Klingt nach französischer Fremdenlegion", sagte Vater.

Ich sah deutlich, dass er sie mochte, denn wenn er jemanden nicht mochte, lächelte er und schwieg. Es war offenkundig, dass auch sie ihn mochte.

1 Setze Text 4 in Beziehung zum Romananfang (Text 1):
– Was ist bereits passiert?
– Wie werden die Themen, die im ersten Satz des Anfangs bereits anklingen, weitergeführt?
– Wie und wohin wird der Leser in seinem Leseinteresse weiterhin gesteuert?

2a Was fühlt bzw. denkt der Ich-Erzähler in Text 4?
– Ergänze den Text oder schreibe ihn um, indem du die innere Handlung (Gedanken, Gefühle) verstärkst.
– Vergleiche das Ergebnis mit der Wirkung des Ausgangstextes.

b Versetze dich in die Gefühle und Gedanken aller drei Figuren:
– Schreibe den Text bzw. einen Teil des Textes aus der Sicht eines auktorialen Erzählers um und vergleiche die Wirkung mit dem Originaltext.
– Besprich, welche **Erzählsituation** – auktorial, personal, neutral – dich bei diesem Roman am meisten zum Weiterlesen reizen würde.

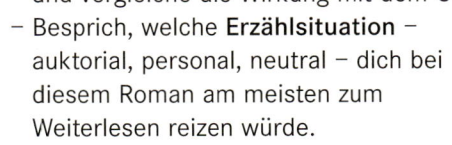

Die Erzählweise

3a Erkläre die unterschiedlichen Erzählsituationen anhand der Abbildung (S. 77).
 b Welche der folgenden Aussagen sind richtig? Begründe deine Antwort:
   A) Der Erzähler eines epischen Textes entspricht dem lyrischen Ich eines Gedichts.
   B) Erzähler und Autor eines epischen Textes sind identisch.
   C) Der Erzähler ist ein vom Autor erfundenes Element der Erzählung.

4 Ergänze die Halbsätze zur Analyse der Rolle des Erzählers zu korrekten Aussagen:
   – Das Bestimmen von Innen-/Außenperspektive …
   – Das Bestimmen der Erzählsituation …
   – Den Erzähler kann man mit einem Kameraobjektiv vergleichen, …

> … hilft dabei, den Erzähler zu charakterisieren und seine Rolle zu verstehen. – … sagt etwas darüber aus, wie viel Distanz der Erzähler zum Erzählten hat. – … durch das das Geschehen eine ganz bestimmte Prägung erhält.

2.2 „Ich bin jetzt älter als Vater …" – Die Zeitgestaltung

1 Eng verknüpft mit der Erzählsituation ist die Frage, wie der Erzähler seine Geschichte arrangiert, d. h. in welche zeitliche Beziehung er die Ereignisse der Handlung stellt.
 a Wie alt könnte der Erzähler zum Zeitpunkt des erzählten Geschehens sein? Begründe deine Antwort.
 b Erzählt der Ich-Erzähler in Text 4 als erzählendes oder als erlebendes Ich? Erläutere an einzelnen Textstellen mithilfe der Sachinformation, woran man erkennen kann, um welchen Ich-Erzähler es sich handelt und welche Wirkung das auf die Steuerung der Lesererwartungen hat.
 c „Im Sommer 1963 verliebte ich mich und mein Vater ertrank." Diskutiert, ob der Erzähler damit die Spannung reduziert oder erhöht.
 d Erkläre die letzten Sätze des Romanschlusses (Text 5):
   Welche Wirkung hat die Tatsache, dass der Leser erst in den letzten Sätzen des Romans erfährt, wie alt der Erzähler zum Zeitpunkt des Erzählens ist?

Grundwissen und Methode

Erlebendes Ich: Der Ich-Erzähler erlebt das Geschehen als handelnde Figur: geringe zeitliche Distanz, sichere Vorausdeutungen sind nicht möglich, Nähe zum personalen Erzähler.

Erzählendes Ich: Der Ich-Erzähler erzählt aus der Erinnerung: große zeitliche Distanz, sichere Vorausdeutungen sind möglich, Nähe zum auktorialen Erzähler.

Text 5 **Salzwasser** (Schluss) CHARLES SIMMONS

Im Laufe der Jahre habe ich festgestellt, dass ich Mutter sehr viel ähnlicher bin als Vater. Mutter, Melissa und ich standen auf der einen Seite der Liebe, da, wo es wehtut. Vater, Mrs. Mertz und Hillyer standen auf der anderen. Zina dachte wahrscheinlich, sie gehöre auch auf diese Seite, aber da irrte sie.
5 Ich bin jetzt älter als Vater bei seinem Tod. Warum ich mich immer noch fühle wie ein Kind, weiß ich nicht.

2 In welcher **Reihenfolge** wird erzählt?
   Prüfe an den Auszügen aus dem Roman „Salzwasser" (Texte 1, 4 und 5),
   – ob das Geschehen chronologisch oder eher in veränderter Reihenfolge erzählt wird
   – und inwiefern Rückblenden und Vorausdeutungen eine Rolle spielen.
   Orientiere dich dazu an der folgenden Sachinformation.

3 In welchem Verhältnis stehen in diesem Roman **Erzählzeit** und **erzählte Zeit**? Nutze zur Beantwortung die Sachinformation.

> **Zeitgestaltung**
>
> **Erzählzeit, erzählte Zeit:** Als *Erzählzeit* bezeichnet man die Zeit, die im Laufe des Erzählens/Lesens vergeht, und als *erzählte Zeit* den Zeitumfang, über den sich die erzählte Handlung erstreckt.
>
> Setzt man Erzählzeit und erzählte Zeit ins Verhältnis, kann man zwischen **Zeitraffung** (Erzählzeit kürzer als erzählte Zeit), **Zeitdehnung** (Erzählzeit länger als erzählte Zeit) und **Zeitdeckung** (Erzählzeit etwa gleich der erzählten Zeit) unterscheiden.
>
> **Reihenfolge der erzählten Begebenheiten:** Die Wirkung des Erzählten wird auch dadurch bestimmt, ob chronologisch, also in der Reihenfolge der geschehenen Handlung, oder in veränderter oder ungeordnet wirkender Reihenfolge erzählt wird.
>
> Das Mittel der **Rückwendung** bzw. **Rückblende (Analepse)** kann der Erzähler nutzen, um z. B. Erinnerungen aus der Vergangenheit in das als Gegenwart angenommene Geschehen einzubeziehen oder offengelassene Fragen rückblickend zu klären. Das Mittel der **Vorausdeutung (Prolepse)** kann er nutzen, wenn er z. B. aus zeitlichem Abstand erzählt und vorwegnehmend den Leser zum Mitwisser zukünftiger Ereignisse macht.

Grundwissen und Methode

4a Fasse deine Ergebnisse zusammen: Was lässt sich über die Zeitgestaltung des Romans „Salzwasser" festhalten?

b Welche Wirkung hat diese Gestaltung auf den Leser? Du kannst die Wirkung besonders gut feststellen, wenn du die Zeitgestaltung in einem Textausschnitt änderst und den veränderten Text mit dem Original vergleichst.

3. HANDLUNG UND FIGUREN: das erzählte Geschehen

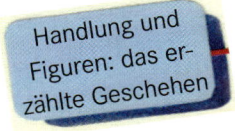

Handlung und Figuren: das erzählte Geschehen

3.1 „Bone Point war ein besonderer Ort." – Das Setting der Romanwelt

1 Dem Roman „Salzwasser" ist eine Skizze vorangestellt, die den Handlungsort zeigt.

a Erläutere und kommentiere diese Skizze mithilfe der Fragen:
 – Wo genau liegen das Sommer- und das Gästehaus auf Bone Point, wo befindet sich die „Angela", wenn sie vor Anker liegt, und wo ist die in Text 1 beschriebene Sandbank anzusiedeln?
 – Lassen sich mit Blick auf die mögliche Handlung Folgerungen aus der Lage der Handlungsorte ziehen?

b Erläutere die mögliche Funktion der Skizze für das erzählte Geschehen. Besprecht, ob ihr diese Skizze für notwendig, hilfreich oder überflüssig haltet.

2 Erläutere anhand von Text 6, welche Bedeutung das Setting eines Romans für die Steuerung bzw. für die Erwartungen der Leser hat.

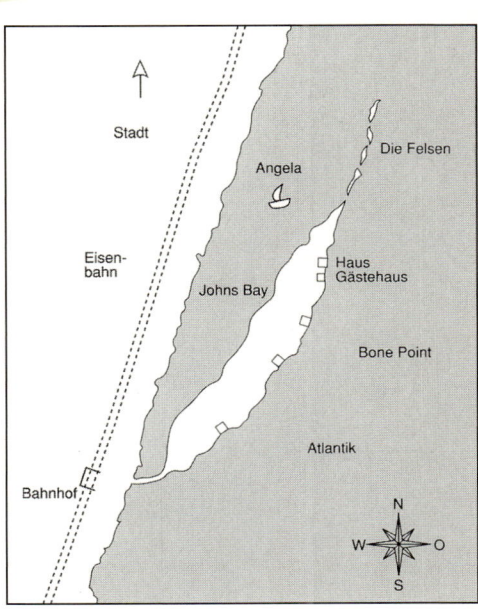

Das erzählte Geschehen

Text 6   Auf den ersten Blick sieht es so aus, als wäre die Welt des Romans, der Ort und das historische Umfeld, in der die Geschichte spielt, nur eine Kulisse, die mit dem Verlauf der Geschichte kaum etwas zu tun hat. Doch auch die Romanwelt, in der die Handlung angesiedelt wird, also das Setting, steuert die Erwartungen und Wahrnehmungen des Lesers.
⁵ Unsere Erwartungen von Verhaltensmöglichkeiten, Denkweisen und Motiven der handelnden Figuren, von möglichen Konflikten und von möglichen oder von unmöglichen Lösungen werden immer auch davon abhängen, in welcher Situation eine Figur handelt. Eine Liebesgeschichte kann am Meer spielen, sie kann auch in der Stadt spielen. Spielt eine Liebesgeschichte am Meer, assoziieren wir eher eine Sommeraffäre. Konflikte, die
¹⁰ man hier erwartet, betreffen zum Beispiel das Verhältnis zu Mitreisenden, zu Freunden zu Hause oder die Frage, ob die Liebe den Strandurlaub übersteht. Lässt man die Geschichte in der städtischen Alltagswelt der Figuren spielen, z. B. als Beziehung zwischen zwei Teenagern an einer Stuttgarter Innenstadtschule, liegt es nahe, andere Konflikte zu erwarten. Probleme mit der Clique oder mit den Eltern zum Beispiel.
¹⁵ Drastischer fallen die Unterschiede noch ins Gewicht, wenn man große historische, geografische oder kulturelle Differenzen berücksichtigt – wenn die Geschichte beispielsweise nicht im Jahr 2007 an einem Stuttgarter Gymnasium spielt, sondern 1963 an der amerikanischen Ostküste oder gar an einem mittelalterlichen Hof in Frankreich oder vor 200 Jahren in Chile zwischen einem Spanier und einer Indiofrau.

3   Der Erzähler setzt bewusst Mittel ein, um den Ort des Geschehens auszugestalten und eine anschauliche, kennzeichnende Atmosphäre entstehen zu lassen, in der die Figuren agieren und in der sich die Handlung entfaltet.

a   Welche Informationen kannst du Text 7 über den Handlungsort entnehmen, welche Assoziationen löst die Raumgestaltung aus?
– Was assoziierst du mit einer Halbinsel im Meer? Wie kann man die Halbinsel beschreiben?
– Welche Besonderheiten weist das Haus im Vergleich zu einer Wohnung in der Stadt auf? Und welche Vorstellungen weckt die Darstellung?

b   Erkläre anhand von Text 8, welche Bedeutung dem Meer als Handlungsraum zukommt.

Text 7   **Salzwasser** (Auszug)   CHARLES SIMMONS

Bone Point war ein besonderer Ort. Im Ersten Weltkrieg wurde er von der Regierung für militärische Zwecke genutzt und im Zweiten Weltkrieg wieder. Danach wurde er zum Naturschutzgebiet erklärt. 1946 gab es nur ein paar Häuser dort. Wenn man eines davon besaß, dann konnte man es, so lautete die Vereinbarung mit der Regierung, die nächsten
⁵ 45 Jahre behalten, bis 1991. Neue Häuser durften nicht gebaut werden. Vater und Mutter übernahmen unser Haus 1948, im selben Jahr, in dem ich geboren wurde und Mutters Vater starb. Er hatte das Haus in den frühen dreißiger Jahren gebaut und auch meine Mutter hatte dort immer ihre Sommerferien verbracht. […]
Das Erdgeschoss bestand ganz aus Fenstern und Glastüren und hatte an allen vier Seiten
¹⁰ eine Veranda. […] Die Möbel stammten noch aus Großvaters Zeit, alles war riesig. Da gab es zum Beispiel das Rattansofa im Wohnzimmer, auf dem Vater an einem Ende liegen und lesen konnte, während ich am anderen lag, und unsere Beine trafen sich bloß von den Knien abwärts. In meinem Schlafzimmer war trotz meines großen Doppelbetts noch jede Menge Platz. […] Jedes Jahr im September, wenn wir zurück in die Stadt zogen,
¹⁵ mussten wir uns wieder umgewöhnen, denn dort war mein Bett normal groß.

Text 8 **Salzwasser** (Auszug) CHARLES SIMMONS

> Kurz bevor Michael Zina zum ersten Mal sieht, kommt es für ihn und seinen Vater zu einer gefährlichen Situation im Wasser.

„Hast du Lust rauszuschwimmen?", fragte Vater.
Es war, als hätte er meine Gedanken gelesen.
„Wir haben Ebbe", sagte er. „Wir können auf der Sandbank ausruhen. Auf dem Rückweg wird die hereinkommende Flut uns mitnehmen. Was meinst du?"
5 Wir waren beide gute Schwimmer. Vater kraulte, ich bevorzugte Rückenschwimmen. Das ist zwar langsamer, aber ich schaute gern in den Himmel, wenn ich schwamm. Gibt es etwas Schöneres, als mit dem Körper im Wasser und mit dem Geist im Himmel zu sein? Wenn wir gemeinsam schwammen, war Vater mir meist voraus, dann wendete er, tauchte, blieb unter Wasser, kam wieder hoch und tollte herum, bis ich aufgeholt hatte. [...]
10 Diesmal sollte er das besser lassen, fand ich. Wir hatten eine Strecke von einer halben Meile ins offene Meer vor uns und er verschwendete bloß seine Energie. Als wir etwa zweihundert Meter geschwommen waren, wusste ich, dass wir uns verschätzt hatten. Wir waren zu schnell gewesen. Die Ebbe hatte ihren Tiefststand noch nicht erreicht, wie Vater vermutet hatte. Die Strömung ging noch hinaus und zog uns auf die Sandbank
15 zu. Jeden Tag verschoben sich die Gezeiten um eine Stunde. Heute waren wir um zwölf Uhr losgeschwommen und ich erinnerte mich, dass gestern um diese Zeit Ebbe gewesen war. Also würde der Tiefststand heute erst eine Stunde später erreicht sein. Das sagte ich Vater.
„Ist schon in Ordnung. Wir können ja auf der Sandbank warten, bevor wir zurück-
20 schwimmen." [...]
Als wir die Sandbank erreichten, war das Wasser dort tiefer, als wir gedacht hatten. Vater konnte mit dem Mund über Wasser stehen, ich aber nicht. [...]
„Wir können uns nicht ausruhen", sagte er, „Wir müssen zurück. Du darfst nicht in Panik geraten, verstehst du?" [...]
25 Es war nicht leicht. [...] Die Frage war bloß, wer zuerst ermüdete – die Ebbe oder wir. [...] Wir brauchten fünfundzwanzig Minuten für den Rückweg; der Hinweg hatte nur zehn Minuten gedauert. Vater und ich lagen lange Zeit erschöpft am Strand.

4 Fasse deine bisherigen Ergebnisse deutend zusammen:
– Welche Wirkung hat es, dass der Roman auf einer Halbinsel und nicht auf dem Festland spielt?
– Besprecht, welche Bedeutung für euch die Insel im Vergleich zum Leben in der Stadt hat.
– Welche symbolische Rolle spielt das Meer für die Handlung?
– Diskutiert: Wieso spielen sich wesentliche Teile der Handlung auf dem Boot ab?

5 Eine erste Annäherung zwischen Zina, Michael und seinem Vater findet auf dem Boot, der „Angela", statt. Lies unter diesem Aspekt noch einmal Text 4, S. 76f.:
a Welches Beziehungsgeflecht wird sich vermutlich zwischen den drei Figuren entwickeln? Belege deine Vermutungen mit dem Text.
b Warum findet diese Begegnung auf dem Boot statt und nicht an Land? Was sagt das über das Verhältnis der drei Figuren zu den übrigen Figuren des Textes aus?
c Gestalte Text 4 durch Kommentare, Metaphern, Adjektive usw. atmosphärisch aus und berücksichtige dabei das sich anbahnende Dreiecksverhältnis zwischen Zina, Michael und seinem Vater. Orientiere dich an der folgenden Sachinformation.

Das erzählte Geschehen

Grundwissen und Methode

Raumgestaltung

Untersucht man das **Setting eines Romans**, also die äußeren Gegebenheiten, in denen sich die Figuren bewegen und in die das Geschehen gestellt ist, erhält man weitere wichtige Details für eine Interpretation des Gelesenen. Neben den **konkreten, geografischen** Gegebenheiten (**Handlungsort**) ist die **atmosphärische** Untermalung von Bedeutung (**Raumgestaltung**), so können z. B. Witterungsverhältnisse Seelenzustände spiegeln oder der Raum kann im Zusammenspiel mit der Figurengestaltung eine tiefere sinnbildliche Bedeutung haben, z. B. als Ort der Einsamkeit, der Leere, des Unglücks, des Konflikts usw. Somit kann bereits die Raumgestaltung Einstellungen und Verhalten der Figuren charakterisieren (**Raumsemantik**), die in diesem Raum leben und handeln.

Text 9 Salzwasser (Auszug) CHARLES SIMMONS

Zina erzählte, sie sei in New York geboren. Das fand sie gut, denn es sei „halb europäisch". Sie ging nur ein Jahr aufs College, weil sie zunächst meinte, Philosophin werden zu wollen, doch es stellte sich heraus, dass sie mehr an Dingen als an Ideen interessiert war. Bone Point gefiel ihr, weil sie dort keine Schuhe zu tragen brauchte. Ihre Eltern lebten
5 seit sechs Jahren getrennt, waren aber noch immer verheiratet. Mr. Mertz arbeitete im Export-Importgeschäft und reiste viel. Zina hatte nicht vor, so schnell zu heiraten. Falls überhaupt, und falls sie jemals Kinder haben würde, dann bestimmt nicht vor dreißig. Sie hatte mehr Freunde als Freundinnen, aber das wollte sie ändern, „denn von Frauen kann man mehr lernen, Männer reden immer nur über sich selbst". Sie wisse, dass sie
10 anziehend auf Männer wirke, aber das liege an ihrer Unabhängigkeit. „Männer mögen unabhängige Frauen. Die wird man leichter wieder los, wenn es so weit ist."

6a **Historischer Hintergrund:** Der Roman spielt im Sommer 1963 an der amerikanischen Ostküste. Sammle Informationen über die 60er Jahre in Amerika. Achte dabei besonders auf Moralvorstellungen und Regeln des gesellschaftlichen Lebens, die z. B. Ehe und Familie betreffen.
b Analysiere Text 9: Inwiefern entspricht Zina diesen Vorstellungen der erzählten Zeit (nicht)?
c Besprecht, inwiefern auch der historische Hintergrund zum Setting des Romans gehört.
d Diskutiert, ob die Handlung auch heute spielen könnte. Was spricht dafür, was dagegen?
7 Charles Simmons hat seinen Roman „Salzwasser" in Anlehnung an Turgenjews Novelle „Erste Liebe" verfasst. Einige von euch könnten sich über diese Novelle informieren, sie mit Simmons' Roman vergleichen und der Klasse die Ergebnisse vorstellen.

3.2 „Zina war, selbst kopfunter betrachtet, schön" – Die Figurengestaltung

1 Lege einen Lesezettel zur Figur der Zina an. Markiere dazu in einer Kopie von Text 10 wichtige Textstellen und schreibe die Ergebnisse heraus.
 – Untersuche, was man über Zinas Äußeres, über ihr Wesen bzw. ihren Charakter erfährt.
 – Beziehe auch Zinas Eltern mit ein: Woher kommen sie? Was sind sie von Beruf?
 – Welche weiteren Informationen findest du im Text über Zina? Ordne die Informationen am besten unter Oberbegriffen in eine Tabelle an.

Text 10 Salzwasser (Auszug) CHARLES SIMMONS

Die beiden Mieter, die gerade erst eingezogen waren, blieben bei uns. Mrs. Mertz war in Mutters Alter. Ihre Tochter Zina war, selbst kopfunter betrachtet, schön. Augen und Haa-

re waren braun, die Haut hatte einen helleren Braunton und ihre Lippen waren purpurrot. Sie sahen aus wie geschnitzt. Ständig umarmte und streichelte sie ihren Hund, so
5 als sei er in Gefahr gewesen und nicht wir. Dann berührte sie meine Wange, nur so aus Neugierde, wie mir schien. Ich verliebte mich kopfunter in Zina. [...]
Ich saß immer noch auf der Veranda, als Zina und ihr Hund auf dem Kamm der Düne erschienen. Sie trug einen hellen Frotteebademantel und sah sehr schön aus mit ihrem kurzen, vollen, glänzend braunen Haar – die Art, von der Vater immer sagte, da stecke
10 jede Menge Butter und Eier drin –, mit den großen braunen Augen, die selbst beim Lächeln ernst blieben, den hohen Backenknochen und makellos weißen Zähnen. Auch hatte sie diesen Blick, der einem sagte, dass man etwas Besonderes sei, wenn sie einen mochte. [...]
„[...] Wie heißt du?"
15 „Michael, nach meinem Großvater. Er starb, als ich geboren wurde."
„Und wie heißt dein Vater?"
„Peter."
„Dann bist du Michael Petrowitsch." Sie legte den Finger unter mein Kinn und drehte mich ins Profil. „Aber ich werde dich Mischa nennen. Ich heiße Zinaida Alexandrowna,
20 weil mein Vater Alexander heißt. Aber du kannst mich Zina nennen. Ich bin nicht so förmlich. Und das hier ist Sonya. [...] Wie alt bist du?"
„Sechzehn." Ich war fünfzehn.
„Ich bin erwachsen und du bist minderjährig. Aber für dein Alter bist du ganz schön vernünftig. Ich werde dich entsprechend behandeln."
25 „Wie erwachsen bist du denn?"
„Ich bin einundzwanzig", antwortete sie. Später erfuhr ich, dass sie zwanzig war.

2a Charakterisiere die Beziehung zwischen Zina und Michael.
 b Wie könnte sich das Verhältnis zwischen Zina und Michael weiterentwickeln? Diskutiert in der Klasse – gestützt auf Textbelege –, was dafür und was dagegen spricht, dass sich auch Zina in Michael verliebt.
 c Beurteile, ob dir Zina eher sympathisch oder eher unsympathisch ist, und kläre, durch welche Aspekte der Figurengestaltung deine Sym- bzw. Antipathie besonders gesteuert wird.

Text 11 **Salzwasser** (Auszug)   CHARLES SIMMONS

> Die erste ausführlichere Begegnung von Zina, Michael und dessen Vater findet auf dem Segelboot statt (Text 4, S. 76f.). Nachdem Zina aufs Boot geklettert ist, erzählt sie von sich:

„Mein Vater ist in Deutschland geboren", sagte sie. „Er ist dort aufgewachsen, aber er ist Amerikaner. Nach dem Krieg ist er mit seinen Eltern hierher gekommen. Sein Vater, mein Großvater, war ein berühmter Naturwissenschaftler. Haben Sie schon mal von Victor Mertz gehört? Es gibt auch eine Stadt in Alabama, die Mertz heißt."
5 Ich wusste, was Vater jetzt sagen würde. „Michael ist in Deutschland geboren. Ende der vierziger Jahre hatte ich dort geschäftlich zu tun. Wir kamen zurück, als mein Schwiegervater starb. Ich nehme an, Michael könnte die deutsche Staatsbürgerschaft beantragen."
„Keine Chance", sagte ich.
„Mischa ist total amerikanisch", sagte Zina.
10 „Warum nennen Sie ihn dann Mischa?"
„Das ist mein Lieblingsname und er ist jetzt einer meiner Lieblinge. Und Sie, Sie sind sogar noch amerikanischer."
„Das klingt nicht gerade wie ein Kompliment", sagte Vater.

Das erzählte Geschehen

„Wir haben keinen Einfluss auf das, was wir sind. Und bei Mischa meine ich nur, dass er
15 einfacher zu verstehen ist als ein europäischer Junge. Stört dich das, Mischa?"
„Allenfalls das mit dem Jungen."
„Europäische *Männer*."
„Und woher stammt der Rest von Ihnen?", erkundigte sich Vater. „Abgesehen von der
deutschen Komponente."
20 „Der Rest ist russisch", sagte sie und erklärte, dass die Eltern ihrer Mutter Russland nach
der Revolution verlassen und sich der russischen Kolonie in Paris angeschlossen hätten.
„Dort kam meine Mutter zur Welt. Genau genommen ist sie eine Prinzessin."
„Und Sie?", fragte Vater.
„Ich auch", sagte sie und ließ sich ins Wasser gleiten.

3a Ergänze den Lesezettel zu Zina (S. 82) mit den Ergebnissen aus der Untersuchung von Text 11:
– Untersuche vor allem die Gesprächsführung in diesem Textausschnitt: Wer dominiert das Gespräch, worum geht es?
– Erkläre, welche Rolle Michael in dieser Passage spielt.
b Stelle das Verhältnis der drei Figuren zueinander grafisch dar und erläutere deine Darstellung.

4a Beurteile Zinas Verhältnis zu Männern; ziehe dazu auch die vorhergehenden Textauszüge hinzu.
b Stelle begründete Vermutungen darüber an, wie sich das Verhältnis zwischen Zina, Michael und seinem Vater entwickeln wird. Welche Textsignale deuten darauf hin?
c Welche Rolle spielt Zina für das Verhältnis zwischen Michael und seinem Vater?

5 Fasse zusammen, welche Erkenntnisse du bisher über Zina gewonnen hast, und schreibe eine Charakteristik. Nutze dazu die Tipps am Rand und die Sachinformation.

6 Welche Hinweise zum Verständnis des Romans liefert die Analyse der Figurengestaltung?

Tipps zur Charakterisierung:
– **äußere Erscheinung:** Geschlecht, Alter, Körperbau, Aussehen, Kleidung
– **soziale Situation:** Beruf, soziale Beziehungen, gesellschaftliche Stellung
– **Verhalten:** Gewohnheiten und Eigenarten, Verhaltens- und Handlungsweisen
– **Einstellungen und Motive:** Interessen, Denkweisen, Gefühle, gesellschaftliche Positionen
– **Sprache:** Wortwahl, kennzeichnende sprachliche Wendungen, Sprechweisen, Sprachebene
– **gesellschaftliche Prägung:** gesellschaftlicher Einfluss auf Verhalten und Einstellungen
– …

Grundwissen und Methode

Figurengestaltung

Unter **Figurengestaltung** versteht man **die vom Autor bzw. seinem Erzähler verwendeten Mittel**, um eine Figur lebendig werden zu lassen und damit die Leser in ihren Erwartungen, Einschätzungen und Sympathien – bewusst oder unbewusst – zu steuern.
Die Figuren können sehr differenziert oder sehr knapp, eher verschlossener (rätselhaft) oder offener (klar charakterisierbar) gestaltet sein (**Figurenkonzeption**).
Aufschlussreich für das Verständnis ihrer Rolle und ihres Charakters können ihr Anteil am erzählten Geschehen und ihr Verhältnis zueinander sein (**Figurenkonstellation**):
– Zum einen spielen die Figuren im Verhältnis zueinander **soziale Rollen** (als Vater oder als Tochter, als Richter oder Angeklagter, als Liebhaber, Angestellter usw.);
– zum anderen spielen sie als Handelnde (Aktanten) auch **Rollen in der Geschichte** (als Auftraggeber, der eine Aufgabe stellt, oder als Protagonist, der handelnd mit der Erfüllung der Aufgabe betraut ist, als Gegenspieler des Guten, als Helfer des Gegenspielers).
Weitere Möglichkeiten der Figurengestaltung sind vor allem die **Figurenrede** (direkt/indirekt/erlebte Rede usw.) oder die **Redeweise einer Figur**.

4. WÖRTER, SÄTZE, STIL: die Sprache

Text 12 **Salzwasser** (Auszug) CHARLES SIMMONS

> Nachdem Michael herausgefunden hat, dass sich zwischen Zina und seinem Vater eine Liebesbeziehung entwickelt hat, kommt es zwischen Zina und Michael zu einer gegenseitigen Erpressung: Zina schläft mit Michael, um den Ehebruch mit dem Vater geheim zu halten. Doch bei einem nächtlichen Segelausflug Michaels mit seinem Vater nehmen die Ereignisse einen dramatischen Verlauf.

„Jeder erzählt mir, wie man mit Dingen fertig wird. Also wirst du vielleicht auch damit fertig werden. Ich habe heute Nachmittag mit Zina in diesem Boot hier geschlafen. Auf der Liege ist ein Fleck, der es beweist. Überzeuge dich selbst."
Vater belegte das Großsegel, sodass das Boot im Wind stand[1], und erhob sich. Zuerst dachte ich, er würde tatsächlich nachsehen. Dann dachte ich, er würde mich schlagen. Er wirkte riesengroß. Ich riss das Steuerruder herum. Der Großbaum schwang über Deck, langsam zunächst, dann schneller. Vater versuchte, sich zu ducken, aber der Baum schlug ihm gegen den Kopf, sodass er rückwärts über Bord ging und verschwand. Die Angela hielt in scharfem Bogen auf die Felsen zu. Ich hatte die Kontrolle über das Boot verloren und wäre beinahe gekentert. Indem ich die Pinne fahren ließ und nach dem Ende des Großbaums griff, konnte ich die Angela in den Wind drehen und sie wieder stabilisieren. Ich musste zurück an die Stelle, an der er über Bord gegangen war. Nach Südost und Nordwest kreuzend beschrieb ich eine Acht. Bei der letzten Halse rammte ich die Felsen und riss Backbord ein Leck in die Angela. Wasser strömte herein und sie sank bis zum Schandeck. Im Mondlicht sahen manche Schaumkronen wie Vater aus, dann wieder nicht. […] Richtung Norden schwimmend fand ich eine Stelle, wo ich an Land kam. Die Angela, die halb unter Wasser träge schaukelnd in die See hinausgezogen wurde, glich einem kaputten Spielzeug. An der Wasseroberfläche war nichts zu sehen außer Schaumkronen. Ich wartete, bis keine Hoffnung mehr bestand. Dann zog ich meine Segelschuhe aus und machte mich Richtung Strand auf. Der Drei-Kant-Felsen lag unmittelbar vor mir. […] Die Wellen auf der Atlantikseite spritzten bis zu mir herauf. Wahrscheinlich habe ich geweint. Tränen und Salzwasser schmecken gleich. Den ganzen Weg bis zum Haus rannte ich. […] Alle standen da, um die Einzelheiten zu erfahren. Mutter rieb mir mit einem feuchten Handtuch das Blut von der Stirn. Als ich erzählte, wie der Großbaum über Deck geschwungen war, blickte ich zu Zina auf. Die anderen hörten einfach zu. Ihr aber konnte ich direkt in die Augen schauen und sie schaute in meine und sie wusste es.

[1] **im Wind stehen:** D. h., das Boot macht keine Fahrt, sondern steht.

1 Die **Handlung** steuert auf eine Katastrophe zu:
a Erkläre in eigenen Worten den Unglückshergang. Die Skizze zu Beginn des Romans (S. 79) kann dir dabei behilflich sein.
b Beschreibe das Verhältnis zwischen Michael und seinem Vater. Wie wird es in Text 12 räumlich dargestellt? Achte darauf, wo sich die Figuren auf dem Boot befinden.
c Warum spielt sich dieser letzte Konflikt zwischen Vater und Sohn auf dem Boot ab? Begründe deine Einschätzung.
d Wie wird der Konflikt zwischen Vater und Sohn gelöst? Welche anderen Möglichkeiten hätte es geben können?

Die Interpretation

2a Untersuche, wie der Konflikt atmosphärisch gestaltet ist.
   Bilde dazu zunächst Wortfelder zu den Begriffen „Boot/Navigation", „Wasser" und „Gefühle".
 b Untersuche nun die **Wortwahl** des Textes. Achte dabei besonders auf die Verben und Adjektive. Was fällt dir auf?
 c Welche Wirkung hat die **Syntax** auf den Leser? Schreibe Z. 16–22 um, indem du den Satzbau veränderst (Satzgliedstellung/Parataxe – Hypotaxe), und vergleiche die Wirkung mit dem Originaltext.
 d Warum läuft Michael auf dem Weg an Land ausgerechnet am „Drei-Kant-Felsen" (Z. 20) vorbei?

3a Analysiere die **stilistische Darstellung** des Geschehens: Wird deiner Meinung nach eher nüchtern berichtet oder anschaulich erzählt? Begründe deine Auffassungen mit Textbelegen.
 b Schreibe einen Paralleltext, der das Geschehen stilistisch auf ganz andere Weise darstellt als das Original. Vergleiche die unterschiedliche Wirkung.

4a Was ist mit „es", dem letzten Wort des Textes, gemeint?
 b Erörtert in der Klasse, ob es sich bei dem Ereignis um einen Unfall oder um Mord bzw. Totschlag handelt. Welche möglichen Motive hätte Michael für die Tat?
 c Wie werden die **Motive** „Liebe" und „Tod", die schon im ersten Satz des Romans genannt werden, am Schluss zusammengeführt?
 d Erläutere – auf der Grundlage deiner Kenntnis des Romans – den **Titel des Romans** und überlege, ob du einen anderen Titel vorschlagen würdest.

5. VON DER ANALYSE ZUR DEUTUNG: die Interpretation

1 Du hast wichtige methodische Mittel der Romananalyse kennengelernt. Ziel der Analyse ist die Deutung des Textes, die Interpretation.
   – Welche weiteren Aspekte könnten bei diesem Roman zur Deutung beitragen?
     Orientiere dich dazu auch im → Sachlexikon Deutsch: Roman.
   – Probiere gegebenenfalls weitere Mittel der Textanalyse aus und ergänze deine Analysen, soweit es dir für eine Gesamtdeutung des Romans sinnvoll erscheint.

Grundwissen und Methode

Eine **Interpretation** (Deutung) eines Textes beruht auf Analyseergebnissen. Dabei kann der Interpret von einer vorläufigen Deutung (Interpretationshypothese) ausgehen und sie durch eine genaue Textanalyse bestätigen, ergänzen oder korrigieren.
Er kann aber auch die Analyseergebnisse vergleichend betrachten und eine Deutung als Resümee der Analyse formulieren.
Die Textinterpretation kann sich als **textimmanente Interpretation** auf eine Analyse von Inhalt und Gestaltung des Texts beschränken. Sie kann darüber hinaus aber auch zeitgeschichtliche bzw. politische Hintergründe, die Biografie des Autors oder psychologisches und soziologisches Wissen einbeziehen.
Ziel einer Romaninterpretation kann es also sein, **verschiedene Bedeutungsebenen** zu entschlüsseln. Ein Roman kann z. B. einerseits eine zwischenmenschliche Beziehung gestalten, er kann aber zugleich z. B. eine kritische Stellungnahme zu politischen Verhältnissen der Zeit sein, in der er spielt und oder geschrieben wurde.

2 „Charles Simmons, geboren 1924, war lange Zeit Literaturredakteur und lebt in New York und auf Long Island. ‚Salzwasser' ist sein fünfter Roman, er wurde nach seinem Erscheinen von der Kritik begeistert gefeiert." Untersuche, inwiefern dir Hinweise auf den biografischen Hintergrund bei der Interpretation weiterhelfen.
a Besprecht, welchen Nutzen der Schlüssel „biografischer Hintergrund" für die Deutung eines literarischen Textes haben kann.
b Informiere dich, z. B. im Internet, näher über den Autor des Romans und prüfe, ob und inwiefern diese Informationen zum Verständnis des Romans beitragen können.

3a Stell abschließend deine Ergebnisse der Analyse – in einer Tabelle, auf Plakaten oder Folien – zusammen.
b Markiere Ergebnisse, die für die Gesamtinterpretation des Romans zusammenpassen bzw. unterschiedliche Interpretationsrichtungen zulassen. Nutze dazu auch die Sachinformation.

4 Wähle einen der drei Vorschläge aus:
(1) Schreibe einen (fiktiven) Brief an den Autor, indem du deine Meinung zu dem Roman äußerst und eventuell Fragen stellst, die offengeblieben sind. Ihr könnt diese Briefe anschließend austauschen und ein Klassenkamerad antwortet aus der Sicht des Autors.
(2) Schreibe eine Rezension des Romans.
(3) Der Ich-Erzähler hat die Geschichte als Erwachsener erzählt und sich dabei in die Ereignisse seiner Jugend hineinversetzt. Verfasse ein fiktives Interview mit dem Ich-Erzähler, in dem er sich zur Bedeutung der Ereignisse für sein späteres Leben und zu seinen Motiven äußert, das Geschehen als Erwachsener neu zu erzählen.

Das hast du in diesem Kapitel gelernt:

- literarische Texte erschließen
- gattungsspezifische Gestaltungsmittel des Romans erkennen und anwenden
- Darstellung der Handlungsfunktion der Figuren untersuchen
- Raum- und Zeitgestaltung deuten
- Erzähltechnik und sprachliche Gestaltungsmittel analysieren
- mit Sprache und Literatur gestaltend arbeiten

Ideen und Projekte:

- Entwerft ein Filmplakat für den Roman „Salzwasser"; ihr könnt dazu auch in konkurrierenden Gruppen arbeiten.
- Setzt einen der in diesem Kapitel vorgestellten Romananfänge (S. 74–75) filmisch um; geht dazu davon aus, dass die gedrehte Szene auch die erste Szene des Films sein soll.
- Vergleicht einen Roman, den ihr im Unterricht besprochen habt, und dessen Verfilmung.
- Organisiert in eurer Schule ein „Bookcrossing". Informiert euch zunächst – z. B. im Internet – darüber, wie „Bookcrossing" funktioniert.
- Erstellt eine Liste der zehn beliebtesten Romane in eurer Klasse. Entwerft dazu vorher ein einheitliches und leistungsfähiges Bewertungssystem.
- Informiert euch über das literarische Leben in Deutschland (z. B. Buchmesse) und untersucht den Einfluss, den Verlage auf den Bestsellermarkt ausüben.
- Ladet einen Autor zu einer Lesung oder einem Werkstattgespräch an eure Schule ein oder veranstaltet ein Literaturcafé.
- Schreibt in der Klasse einen Fortsetzungsroman oder weitet das Projekt auf mehrere Klassen oder die ganze Schule aus.

EINE LITERARISCHE CHARAKTERISTIK SCHREIBEN

Text 1 **Buddenbrooks** (sechster Teil, 4. Kapitel)   Thomas Mann

Herr Permaneder

Es klingelte am Windfang und, ihrer neuen Gewohnheit gemäß, erschien Frau Grünlich auf dem Treppenabsatz, um über das weißlackierte Geländer hinweg auf die Diele hinabzulugen. Kaum aber war drunten geöffnet worden, als sie sich mit einem jähen Ruck noch weiter hinabbeugte, dann zurückprallte, dann mit der einen Hand ihr Taschentuch
5 vor den Mund drückte, mit der anderen ihre Röcke zusammenfasste und in etwas gebückter Haltung nach oben eilte ... Auf der Treppe zur zweiten Etage begegnete ihr Mamsell Jungmann, der sie mit ersterbender Stimme etwas zuflüsterte, worauf Ida vor freudigem Schreck etwas Polnisches antwortete, das klang wie: „Meiboschekochhanne!" – Zur selben Zeit saß die Konsulin Buddenbrook im Landschaftszimmer und häkelte mit
10 zwei großen hölzernen Nadeln einen Schal, eine Decke oder etwas Ähnliches. Es war elf Uhr vormittags.

Plötzlich kam das Folgmädchen durch die Säulenhalle, pochte an die Glastür und überbrachte der Konsulin watschelnden Schrittes eine Visitenkarte. Die Konsulin nahm die Karte, rückte ihre Brille zurecht, denn sie trug bei der Handarbeit eine Brille, und las.
15 Dann blickte sie wieder zu dem roten Gesichte des Mädchens empor, las abermals und sah aufs Neue das Mädchen an. Schließlich sagte sie freundlich, aber bestimmt:
„Was soll dies, Liebe? Was bedeutet dies, du?"
Auf der Karte stand gedruckt: „X. Noppe & Comp." X. Noppe aber sowohl wie das &-Zeichen waren mit einem Blaustift stark durchgestrichen, sodass nur das „Comp." übrig blieb.
20 „Je, Fru Kunsel", sagte das Mädchen, „doar wier 'n Herr, öäwer hei red nich dütsch un is ook goar tau snacksch ..."
„Bitte den Herrn", sagte die Konsulin, denn sie begriff nun, dass es die „Comp." sei, die Einlass begehrte. Das Mädchen ging. Gleich darauf öffnete es die Glastür aufs Neue und ließ eine untersetzte Gestalt eintreten, die im schattigen Hintergrunde des Zimmers
25 einen Augenblick stehen blieb und etwas Langgezogenes verlauten ließ, das klang wie: „Hab die Ähre ..."
„Guten Morgen!", sagte die Konsulin. „Wollen Sie nicht näher treten?" Dabei stützte sie sich leicht mit der Hand auf das Sofapolster und erhob sich ein wenig, denn sie wusste noch nicht, ob es angezeigt sei, sich ganz zu erheben ...
30 „I bin so frei ...", antwortete der Herr wiederum mit einer gemütlich singenden und gedehnten Betonung, indem er, höflich gebückt, zwei Schritte vorwärts tat, worauf er abermals stehen blieb und sich suchend umblickte: sei es nun nach einer Sitzgelegenheit oder nach einem Aufbewahrungsort für Hut und Stock, denn beides, auch den Stock, dessen klauenartig gebogene Hornkrücke gut und gern anderthalb Fuß maß, hatte er mit ins
35 Zimmer gebracht.

Es war ein Mann von vierzig Jahren. Kurzgliedrig und beleibt, trug er einen weit offen stehenden Rock aus braunem Loden, eine helle und geblümte Weste, die in weicher Wölbung seinen Bauch bedeckte und auf der eine goldene Uhrkette mit einem wahren Bukett, einer ganzen Sammlung von Anhängseln aus Horn, Knochen, Silber und Korallen
40 prangte –, ein Beinkleid ferner von unbestimmter graugrüner Farbe, welches zu kurz war und aus ungewöhnlich steifem Stoff gearbeitet schien, denn seine Ränder umstanden unten kreisförmig und faltenlos die Schäfte der kurzen und breiten Stiefel. – Der hellblonde, spärliche, fransenartig den Mund überhängende Schnurrbart gab dem kugel-

runden Kopfe mit seiner gedrungenen Nase und seinem ziemlich dünnen und unfrisierten Haar etwas Seehundsartiges. Die „Fliege", die der fremde Herr zwischen Kinn und Unterlippe trug, stand im Gegensatze zum Schnurrbart ein wenig borstig empor. Die Wangen waren außerordentlich dick, fett, aufgetrieben und gleichsam hinaufgeschoben zu den Augen, die sie zu zwei ganz schmalen hellblauen Ritzen zusammenpressten und in deren Winkeln sie Fältchen bildeten. Dies gab dem solcherart verquollenen Gesicht einen Mischausdruck von Ergrimmtheit und biederer, unbeholfener, rührender Gutmütigkeit. Unterhalb des kleinen Kinnes lief eine steile Linie in die schmale weiße Halsbinde hinein – die Linie eines kropfartigen Halses, der keine Vatermörder[1] geduldet haben würde. Untergesicht und Hals, Hinterkopf und Nacken, Wangen und Nase, alles ging ein wenig formlos und gepolstert ineinander über ... Die ganze Gesichtshaut war infolge aller dieser Schwellungen über die Gebühr straff gespannt und zeigte an einzelnen Stellen, wie am Ansatz der Ohrläppchen und zu beiden Seiten der Nase, eine spröde Rötung. In der einen seiner kurzen, weißen und fetten Hände hielt der Herr seinen Stock, in der anderen ein grünes Tirolerhütchen, geschmückt mit einem Gamsbart.

Die Konsulin hatte die Brille abgenommen und stützte sich noch immer in halb stehender Haltung auf das Sofapolster. „Wie kann ich Ihnen dienen?", sagte sie höflich, aber bestimmt. Da legte der Herr mit einer entschlossenen Bewegung Hut und Stock auf den Deckel des Harmoniums, rieb sich dann befriedigt die frei gewordenen Hände, blickte die Konsulin treuherzig aus seinen hellen verquollenen Äuglein an und sagte:

„I bitt die gnädige Frau um Verzeihung von wegen dem Kartl; i hob kei onderes zur Hond k'habt. Mei Name ist Permaneder; Alois Permaneder aus München. Vielleicht hat die gnädige Frau schon von der Frau Tochter meinen Namen k'hert – "

Dies alles sagte er laut und mit ziemlich grober Betonung, in seinem knorrigen Dialekt voller plötzlicher Zusammenziehungen, aber mit einem vertraulichen Blinzeln seiner Augenritzen, welches andeutete: ‚Wir verstehen uns schon ...'

Die Konsulin hatte sich nun völlig erhoben und trat mit seitwärts geneigtem Kopfe und ausgestreckten Händen auf ihn zu ...

„Herr Permaneder! Sie sind es? Gewiss hat meine Tochter uns von Ihnen erzählt. Ich weiß, wie sehr Sie dazu beigetragen haben, ihr den Aufenthalt in München angenehm und unterhaltend zu machen ... – Und Sie sind in unsere Stadt verschlagen worden?"

„Geltn S', da schaun S'!", sagte Herr Permaneder, indem er sich bei der Konsulin in einem Lehnsessel niederließ, auf den sie mit vornehmer Bewegung gedeutet hatte, und begann, mit beiden Händen behaglich seine kurzen und runden Oberschenkel zu reiben ...

„Wie beliebt?", fragte die Konsulin ...

„Geltn S', da spitzen S'!", antwortete Herr Permaneder, indem er aufhörte, seine Knie zu reiben.

„Nett!", sagte die Konsulin verständnislos und lehnte sich, die Hände im Schoß, mit erheuchelter Befriedigung zurück. Aber Herr Permaneder merkte das; er beugte sich vor, beschrieb, Gott weiß warum, mit der Hand Kreise in der Luft und sagte mit großer Kraftanstrengung:

„Da tun sich die gnädige Frau halt ... wundern!"

„Ja, ja, mein lieber Herr Permaneder, „das ist wahr!", erwiderte die Konsulin freudig, und nachdem dies erledigt war, trat eine Pause ein. Um aber diese Pause aufzufüllen, sagte Herr Permaneder mit einem ächzenden Seufzer: „Es ist halt a Kreiz!"

[1] **Vatermörder:** hoher, steifer Kragen

Erweitern · **Vertiefen** · Anwenden

„Hm ... wie beliebt?", fragte die Konsulin, indem sie ihre hellen Augen ein wenig beiseite gleiten ließ ...
„A Kreiz is!", wiederholte Herr Permaneder außerordentlich laut und grob.
„Nett", sagte die Konsulin begütigend; und somit war auch dieser Punkt abgetan. [...]

1a Untersucht anhand von einzelnen Beispielen, **was** der Erzähler über Herrn Permaneder schreibt **und wie** er seine Figur gestaltet.
b Besprecht, welche **Wirkung** dadurch beim Leser entsteht und wie der Autor den Leser in der Wahrnehmung und Wertung der Figur beeinflusst.
2 Bestimme die Erzählsituation und erläutere, welche Auswirkungen sich daraus für die Figurengestaltung ergeben.
3 Lies den Text noch einmal gründlich, notiere auf einem **Lesezettel** stichwortartig, was du über Herrn Permaneder erfährst, und interpretiere deine Beobachtungen:
a Übertrage dazu die folgende Tabelle in dein Heft und ergänze stichwortartig alle Informationen, die du direkt oder indirekt über diese Figur erhältst.
b Kommentiere und deute deine Ergebnisse in der letzten Spalte. Die nachfolgende Sachinformation kann dir dabei helfen.

Vorarbeiten:
– Eine literarische **Figur wird von einem Autor erschaffen** und durch Erzählform, Erzählsituation, Erzählperspektive und sprachliche Gestaltung in ihrer **Wirkung bestimmt**.
– Gehe deshalb **detektivisch** mit dem Text um und halte alle Informationen über die Figur systematisch fest, aus denen später ein Gesamtbild der Figur entstehen wird.

– Äußere Erscheinung, körperliche Merkmale
– Ausdruck, Sprache
– Lebenswelt, soziale Beziehungen
– Verhalten, Einstellungen
– Verhalten der Umwelt gegenüber der Figur

Fundstelle	Information	Charakterisierung direkt oder indirekt	Kommentar/Deutung (Interpretation)
Z. 3–6	Frau G. sieht Herrn P., prallt zurück, drückt Taschentuch vor Mund, rennt nach oben	indirekt	Frau G. scheint entsetzt zu sein oder hat Angst – Grund nicht klar; zu erwarten: Herr P. als unerwarteter, erschreckender Gast

Grundwissen und Methode

Direkte und indirekte Charakterisierung

Werden einer Figur ausdrücklich bestimmte Merkmale zugeschrieben, spricht man von **direkter Charakterisierung**. Dies kann durch Aussagen der Figur selbst (Selbstcharakteristik), Aussagen anderer Figuren (Fremdcharakteristik) oder Erzählerkommentare geschehen. Bei der **indirekten Charakterisierung** muss der Leser Merkmale erschließen, also „zwischen den Zeilen" lesen.
Merkmale können nicht isoliert, sondern müssen **im Zusammenspiel** gedeutet werden; z. B. könnte man aus der Tatsache, dass jemand beim Anblick einer Figur „zurückprallt", schließen, dass die Figur Überraschung auslöst oder als Bedrohung empfunden wird.

4 Nun kommt es darauf an, die gesammelten Informationen zu einem Gesamtbild zusammenzufügen. Folgende Fragen können dir dabei helfen:
– Wird die Figur insgesamt positiv, vielleicht sogar als Vorbild oder eher negativ dargestellt?
– Ist die Figur als individueller oder als typischer Charakter einer Gruppe dargestellt (z. B. als Vertreter einer Berufsgruppe, einer sozialen Schicht, einer Religion usw.)?
– Zu welchen Merkmalbereichen erhältst du viele bzw. nur wenige oder gar keine Angaben?

– Welche inneren bzw. äußeren Konflikte werden hervorgehoben?
– Wird im Laufe des Textes eine Wandlung oder Entwicklung der Figur deutlich?

5a Wähle zunächst eine Figur aus (Permaneder oder die Konsulin). Entscheide anhand deines Lesezettels (Aufgabe 3) und deiner Arbeitsergebnisse, welche Schwerpunkte/Gliederungsmöglichkeiten die Arbeitsergebnisse erkennen lassen und welches Gesamtbild der Figur entsteht.

b Orientiere dich an der Sachinformation und erstelle eine Gliederung für den Hauptteil.

Aufbau einer literarischen Charakteristik

- Die (kurze) **Einleitung** enthält z. B. Angaben zu der Textvorlage, Hinweise auf die Bedeutung bzw. Funktion der Figur oder einen Gesamteindruck.
- Der **Hauptteil** stellt Informationen über eine Figur in einem logischen Zusammenhang dar und fügt sie zu einem Gesamtbild zusammen.
- Der **Schluss** fasst die Ergebnisse zusammen bzw. formuliert den Haupteindruck, den man von der Figur gewonnen hat.

Im Hauptteil sind z. B. folgende Gliederungsmöglichkeiten sinnvoll:
– wie eine Kamera **von außen** (äußere Merkmale) **nach innen** (Wesensmerkmale) auf die Figur zufahren, ohne dabei aber schematisch vom Äußeren auf das Innere zu schließen;
– von einem besonders **auffälligen Merkmal** bzw. Verhalten **zur** gesamten **Persönlichkeitsstruktur** übergehen;
– die Darstellung **in der Familie beginnen** und **nach außen** (z. B. Arbeitswelt) ausweiten;
– die **chronologische Entwicklung** einer Figur, z. B. vom Kind zum Erwachsenen, zeigen.

- **Tempus einer Charakteristik** ist das Präsens, die Figur wird dadurch „präsent".
- Die **sprachliche Gestaltung** sollte sachlich und möglichst objektiv sein und kann auch Mittel der sprachlichen Distanzierung (z. B. indirekte Rede) nutzen.
- Wichtige Aussagen sollten durch **Textverweise und Zitate** belegt werden, damit die Charakteristik nachvollziehbar ist und den Leser überzeugen kann.

Grundwissen und Methode

6a Legt einen **Bewertungsbogen für die literarische Charakteristik** an; am besten orientiert ihr euch an der folgenden Checkliste und ergänzt oder verändert sie gegebenenfalls.

I. **Inhaltliche Gestaltung**
  1. Zentrale Aspekte der Figurengestaltung sind benannt.
  2. Die beobachteten Merkmale sind überzeugend gedeutet.
  3. Die Beobachtungen sind zu einem anschaulichen und textgemäßen Gesamtbild der Figur zusammengefasst.

II. **Formale Gestaltung**
  1. Die Charakteristik ist logisch bzw. schlüssig gegliedert.
  2. Sie ist durchgängig im Präsens geschrieben (Perfekt bei zeitlich Zurückliegendem).
  3. Es sind Textbelege zur Stützung herangezogen, die – soweit möglich – in den Text integriert und sachlich korrekt zitiert sind.

III. **Sprachliche Gestaltung**
  1. Die Wortwahl ist sachlich und präzise.
  2. Die logische Verbindung der Einzelaspekte und die Folgerichtigkeit der Gedanken (Satzbau und Satzverknüpfungen) sind gelungen.
  3. Sprachliche Fehler sind vermieden worden und die äußere Form ist ansprechend.

b Schreibe nun eine ausformulierte Charakteristik und überprüfe deinen Text anhand des Bewertungsbogens in einer **Schreibkonferenz**.

Erweitern · Vertiefen · **Anwenden**

EINEN ROMANANFANG INTERPRETIEREN

Text 1   **Rot** (Romananfang)   UWE TIMM

Ich schwebe. Von hier oben habe ich einen guten Überblick, kann die ganze Kreuzung sehen, die Straße, die Bürgersteige. Unten liege ich. Der Verkehr steht. Die meisten Autofahrer sind ausgestiegen. Neugierige haben sich versammelt, einige stehen um mich herum, jemand hält meinen Kopf, sehr behutsam, eine Frau, sie kniet neben mir. Ein
5 Auto ist in die Fensterscheibe eines Uhrengeschäfts gefahren, die Marke kann ich von hier oben nicht erkennen, bin aber in Automarken auch nicht sonderlich bewandert. Eine große Schaufensterscheibe, die wie eine glitzernde Wolke aufflog und jetzt am Boden liegt, bruchstückhaft spiegeln sich Häuser, Bäume, Wolken, Menschen, Himmel, von hier oben ein großes Puzzle, aber alles in Schwarzweiß. Seltsamerweise gibt es keine
10 Farbe, seltsam auch das, der da unten spürt keinen Schmerz. Er hält die Augen offen. Ich höre Stimmen, die nach einem Krankenwagen rufen, Neugierige, die nach dem Hergang fragen, jemand sagt: Er ist bei Rot über die Straße gelaufen. Ein anderer sagt: Der Fahrer wollte noch ausweichen.
Der Fahrer sitzt auf dem Kantstein, er hält den Kopf in beiden Händen, er zittert, zittert
15 am ganzen Leib, während ich daliege, ruhig, kein Schmerz, sonderbar, aber die Gedanken flitzen hin und her, und alles, was ich denke, spricht eine innere Stimme deutlich aus. Das ist gut, denn das Reden gehört zu meinem Beruf. Meine Tasche liegt drei, vier Meter entfernt von mir auf der Straße und natürlich ist sie aufgesprungen, eine alte Ledertasche. Das kleine Päckchen mit dem Sprengstoff ist herausgeflogen, auch die Zet-
20 tel, Karteikarten, die Blätter mit den Notizen, niemand kümmert sich darum, sie wehen über die Fahrbahn. Und ich denke, hoffentlich sind sie vorsichtig. Will auch sagen: Vorsicht, das ist Sprengstoff. Aber es gelingt mir nicht. Das Sprechen macht mir Mühe, große Mühe, gerade dieses Wort, sonderbar, da ich es leicht denken und hören kann. Also nichts sagen. Schweigen. In Ihrem Leben ist der Teufel los. Was einem so alles durch den
25 Kopf geht. Wir bringen Ihr Unternehmen auf Vordermann durch privates Coaching. Wenn man jetzt die Augen schließen könnte, denke ich, es wäre der Frieden. Und noch etwas, ich höre Charlie Parker spielen, sehr deutlich, den Einsatz seines Solos in *Confirmation*.

1a Notiert eure Assoziationen zum Titel „Rot" und vergleicht sie in der Klasse.
 b Welche Rolle spielt die Farbe Rot deiner Meinung nach in diesem Roman? Welche Erwartungen hast du an einen Roman mit diesem Titel?
 c Suche nach Textsignalen, die darauf hindeuten, in welchen Bedeutungszusammenhang die Farbe Rot im Laufe des Romans gerückt werden könnte.

2a Wie wird das Interesse des Lesers geweckt?
 b Beschreibe die Situation des Ich-Erzählers und beurteile, ob er eher sympathisch oder unsympathisch wirkt.
 c In welcher Weise steuert dieser Romananfang die Wahrnehmung des Lesers?

3 Erschließe Text 1 durch eine genauere Analyse. Du kannst dich dazu dazu am Drei-Phasen-Modell zur eigenständigen Texterschließung (→ Sachlexikon Deutsch) orientieren.
 a Formuliere dazu zunächst dein erstes Textverständnis (Interpretationshypothese).
 b Probiere die „Schlüssel des Textverstehens" aus (→ Sachlexikon Deutsch: Roman): Welche erweisen sich als besonders geeignet, um dein vorläufiges Textverständnis zu überprüfen?
 c Notiere deine Untersuchungsergebnisse und entscheide, ob du deine Interpretationshypothese verändern oder konkretisieren musst.

Romane lesen und verstehen

Eine Romaninterpretation schreiben

Bevor du eine Interpretation niederschreibst, musst du den Text gründlich analysiert und die Ergebnisse interpretiert haben. In der **Interpretation** formulierst du, welche **Wirkung** der Text für dich hat bzw. welche **Aussage** er enthält oder welche **Funktion** oder Bedeutung er im Ganzen eines größeren Textzusammenhangs, z. B. eines Romans, hat.
Eine **schriftliche Interpretation** ist somit eine Argumentation, in der du deine Interpretation des Textes darstellst und überzeugend begründest.
Dazu bieten sich zwei Vorgehensweisen des Aufbaus an:
– Du formulierst dein Interpretationsergebnis und begründest anschließend mit deinen Analyseergebnissen, warum du zu diesem Ergebnis gelangt bist (z. B. Zeit- und Raumgestaltung, Figurengestaltung, sprachliche Gestaltungsmittel usw.).
– Du beginnst mit deinen Analyseergebnissen zu Inhalt und Gestaltung des Textes, deutest deine Ergebnisse und fasst sie als Ergebnis in einer Interpretation des Textes zusammen.

Grundwissen und Methode

4 In der Schülerarbeit in Text 2 wurde der Schlüssel „sprachliche Gestaltungsmittel" genutzt.
a Welche Aspekte einer schriftlichen Interpretation enthält die Schülerarbeit bereits, welche müssten noch ausgestaltet werden? Orientiere dich am Text und an der Sachinformation.
b Welche Elemente einer Argumentation kannst du feststellen? Überzeugt die Argumentation?
c Überprüfe, ob die Beobachtungen zur sprachlichen Gestaltung zutreffend und die Ergebnisse ausreichend begründet sind.
d Ergänze weitere Beobachtungen zur Sprache und ergänze die Ausführungen in Text 2 an geeigneter Stelle.

Wörter, Sätze, Stil: die Sprache

Text 2

Der Anfang eines epischen Textes zeigt dem Leser etwas von den spezifischen Mitteln des Erzählens, mit denen er in die fiktive Welt des Romans eingeführt wird. Timm beginnt seinen Roman „Rot" mit einer entscheidenden Situation im Leben des Ich-Erzählers, nämlich mit dessen Tod, und stellt damit sofort eine
5 ungewöhnliche Chronologie des Textes her.
Auffällig ist dabei die Syntax des Textes. Der Autor beginnt mit mehreren, kurzen Parataxen, z. B. „Unten liege ich. Der Verkehr steht. Die meisten Autofahrer sind ausgestiegen." (Z. 2 f.). Das wirkt nicht besonders flüssig, sondern eher abgehackt. Auch wenn hypotaktische Sätze verwendet werden, zeigt sich dieselbe
10 Wirkung, denn die Nebensätze könnten auch anstatt durch ein Komma durch einen Punkt abgetrennt werden, ohne dass sich der Sinn verändert, z. B. „Neugierige haben sich versammelt, einige stehen um mich herum, jemand hält meinen Kopf, sehr behutsam, eine Frau, sie kniet neben mir." (Z. 3 f.).
Diese Sätze wurden vom Autor gewählt, da sie in knapper Form viel Information
15 vermitteln können. Sie wirken zudem nüchtern, obwohl ein dramatisches Ereignis geschildert wird, und erinnern an einen Unfallbericht. Die Situation wird also ohne Beteiligung von Gefühlen dargestellt. Dem Leser wird eine gewisse Distanz zum Geschehen vermittelt, sie steht in Spannung zur Neugier, die durch die ungewöhnliche Perspektive entsteht, aus der heraus der Ich-Erzähler spricht.

5 Schreibe eine eigene Interpretation zu Text 1. Nutzt Schreibkonferenzen zur Überarbeitung.

YVONNE, DIE BURGUNDERPRINZESSIN

WITOLD GOMBROWICZ:
„Yvonne, die Burgunderprinzessin"
(Iwona, Ksiezniczka Burgunda)
Schauspiel in 4 Akten

Personen
YVONNE
KÖNIG IGNAZ
KÖNIGIN MARGARETHE
PRINZ PHILIPP, THRONFOLGER
KAMMERHERR
ISA, EINE HOFDAME
CYRYLL, EIN FREUND DES PRINZEN
ZYPRIAN
DIE TANTEN YVONNES
INNOZENZ, EIN HÖFLING
VALENTIN, EIN DIENER
WÜRDENTRÄGER, HOFSTAAT, BETTLER

Witold Gombrowicz
1904–1969

Diese Fotos hat der Dramaturg des Theaters gesammelt und dem Arbeitsmaterial für Regie und Schauspieler beigefügt.

Welche Informationen gibt er damit über das Stück?

Betrachtet die beiden Fotografien und notiert eure Assoziationen.

| Militär | Zeremonie | ... |
| Zwang | | ... |

Vom Text zur Aufführung

„Theater macht Sprache sichtbar. Es spricht mit mehreren Sprachen, es ist polyfon[1], es flüstert, es schreit, es kann alle Saiten eines Textes anschlagen, es übersetzt Sprache in Körper, Gesten, in das Unausgesprochene, in das Verschwiegene, in Bewegung, in Pausen, in einen Blick, aus dem der Augenblick entsteht. Es übersetzt das Kopftheater des Lesens in ein Theater für Köpfe, es leiht dem Text den Herzschlag des Schauspielers. Doch vor der Sprache des Regisseurs muss die Sprache des Autors stehen, der Respekt vor dem Geschriebenen, vielleicht sogar ein Hauch von Demut.
Regie beginnt für mich mit dem Lesen, mit Lektüre, Regie beginnt mit einer Reise zwischen die Zeilen, einer Reise an die Satzenden. [...]
Theater beginnt für mich mit einer Verunsicherung. Regie ist Übersetzung. Sie übersetzt aus einer fremden Sprache und für jedes Wort gibt es eine Unendlichkeit an Möglichkeiten [...]."

Andrea Breth (deutsche Theaterregisseurin, geboren 1952)

1) **polyfon:** vielstimmig

Die Regisseurin Andrea Breth beschreibt hier das Verhältnis von Dramentext und Aufführung und die Arbeit des Regisseurs. Entnehmt dem Text die wichtigen Schlüsselbegriffe und ergänzt in eurem Heft mithilfe dieser Begriffe und weiterer Pfeile das Schema zur Kommunikationsstruktur des Dramas.

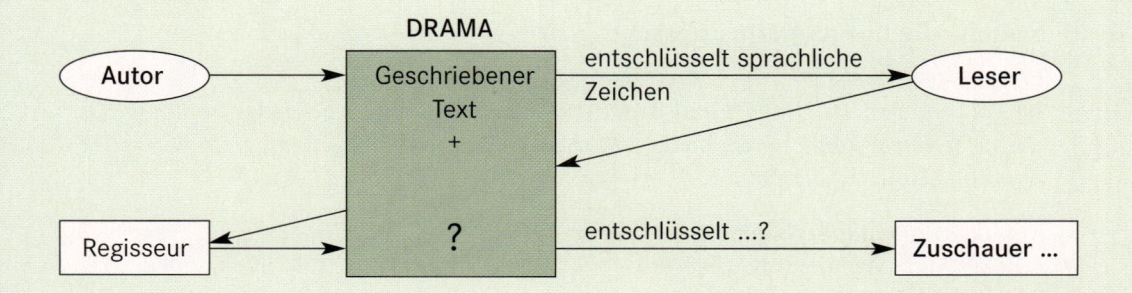

```
                        DRAMA
   ┌───────┐        ┌───────────┐   entschlüsselt sprachliche   ┌────────┐
   │ Autor │───────▶│Geschrieb. │──────── Zeichen ─────────────▶│ Leser  │
   └───────┘        │   Text    │◀──────────────────────────────└────────┘
                    │     +     │
   ┌───────────┐    │     ?     │   entschlüsselt ...?           ┌────────────┐
   │ Regisseur │───▶│           │──────────────────────────────▶│ Zuschauer… │
   └───────────┘    └───────────┘                                └────────────┘
```

Dramenlektüre heißt also: mögliche Aufführungen mitdenken. Diskutiert, welche Konsequenzen das für die Dramenlektüre in der Schule hat.

1. DER HOF TRITT AUF: Installation der Grundsituation

Das Theater in T.... hat Gombrowicz', „Yvonne, die Burgunderprinzessin" auf den Spielplan gesetzt. Bevor die Schauspieler zu proben beginnen, arbeiten der Dramaturg, der Regisseur, der Bühnenbildner, der Kostümbildner und der Maskenbildner mit dem Text, um daraus Anhaltspunkte für die Inszenierung zu gewinnen.
Stellt euch vor, ihr seid an diesem Theater beschäftigt und übernehmt nach und nach die verschiedenen Funktionen, die an einer Inszenierung beteiligt sind. Folgen wir also dem Gang der Inszenierung.

> **Berufe am Theater: Dramaturg/-in**
> (griech. *drama* = Handlung; *dramatourgein* = dramatisch darstellen)
> In der Antike war der Stückeschreiber auch der Spielleiter bei der Aufführung.
> Heute ist der **Dramaturg ein künstlerisch-wissenschaftlicher Mitarbeiter,** der meist eine literatur- und theaterwissenschaftliche Ausbildung hat. Er ist beteiligt an der Auswahl des Stücks, verhandelt mit dem Verlag über die Rechte, stellt Regie und Bühne Zusatzmaterial zur Verfügung und hat die Verantwortung für das Programmheft.
> Der **Produktionsdramaturg begleitet die Inszenierung** wissenschaftlich und kreativ-künstlerisch und kümmert sich um die Öffentlichkeitsarbeit.

Text 1   **Yvonne, die Burgunderprinzessin** (Auszug)   WITOLD GOMBROWICZ

Erster Akt
Im Park. Bäume. Im Hintergrund Bänke, ein festliches Publikum. Trompetenklänge. Die Bühne betreten: König Ignaz, Königin Margarethe, Prinz Philipp, der Kammerherr, Cyryll, Zyprian, Damen und Herren.

KÖNIGIN: Ein wundervoller Sonnenuntergang.
5   KAMMERHERR: Wundervoll, Majestät!
KÖNIGIN: Ein solcher Anblick bessert den Menschen.
KAMMERHERR: Bessert ihn, ohne Zweifel.
KÖNIG: Und abends gönnen wir uns eine Partie Bridge.
KAMMERHERR: In Majestät vereinigen sich fürwahr ein Majestät eigenes Schönheitsge-
10   fühl mit der Majestät angeborenen Neigung zum Bridge-Spiel.
Ein Bettler nähert sich.
    Was willst du Mensch?
BETTLER: Eine milde Gabe.

KÖNIG: Kammerherr, gib ihm fünf Groschen! Das Volk soll wissen, dass wir seine Sorgen
15   teilen.
KÖNIGIN: Gib ihm zehn. *Mit dem Gesicht zum Sonnenuntergang* – bei diesem Sonnenuntergang!
DAMEN: Aaa!
KÖNIG: Ach was, gib ihm fünfzehn! Er soll wissen, wer sein Herr ist!
20 HERREN: Aaaa!
BETTLER: Gott, der Allerhöchste, preise den Allergnädigsten König und der Allergnädigste König preise den Allerhöchsten Gott.
Geht, ein Bettlerlied singend, ab.
KÖNIG: Gehen wir, dass wir nicht zu spät zum Abendessen kommen, denn wir müssen
25   noch durch den ganzen Park spazieren, um an diesem unserem Nationalfeiertag zu
zeigen, wie brüderlich wir uns unserem Volk verbunden fühlen.
Alle außer dem Prinzen gehen weiter.

1 Untersuche Text und Nebentext:
a Welche Informationen
   – erhalten wir über Ort und Zeit?
   – erhält der Bühnenbildner über die Ausgestaltung der
     Szene für den ersten Akt?
   – erhält der Regisseur über das Verhältnis zwischen dem
     Hof und dem Volk, dem Hofstaat und dem Königspaar?
b Was für eine Familienkonstellation deutet sich an?

> Theater als **Zeichensystem**:
> **die Aktion:**
> Choreografie, Mimik, Gestik
> **die Szene:**
> Ausstattung, Licht, Ton
> **die Sprache:**
> das gesprochene Wort, die
> Stimme, Gesang etc.

2 Entwerft in Gruppen eine kurze Vorszene, in der auf der Ebene der **Aktion**, also mit nicht
   sprachlichen Mitteln, die Grundsituation deutlich wird. Nutzt dazu auch die folgende Choreografieskizze.
   – Die ganze Klasse dient als Schauspielerensemble. Jede Gruppe inszeniert mit dem gesamten „Ensemble" ihre Vorszene.
   – Nach jeder Szene notiert jeder Mitspieler, was er getan und welche Empfindung er dabei gehabt hat.
   – Besprecht anschließend die verschiedenen Lösungen.

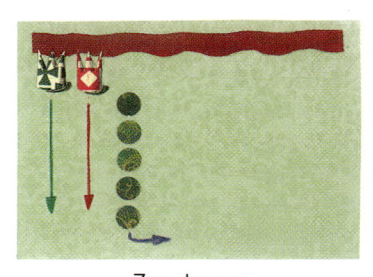

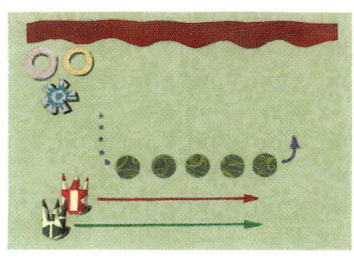

| Zuschauer | Zuschauer | Zuschauer |

König   Höflinge   Cyryll und Zyprian
Königin   Prinz

3 Diskutiert, wie euch nach Erarbeitung der Ausgangssituation das Theaterstück gefällt und
   welche Erwartungen es weckt.

97

2. DER PRINZ UND DAS MÄDCHEN: Figuren werden lebendig

2.1 „Prinz, sind Sie krank?" – Eine Rollenbiografie entwickeln

Inzwischen sind die Rollen besetzt und der Darsteller des Prinzen beschäftigt sich mit seiner Figur. Er will herausfinden, wie er die Figur anlegen kann.

Text 2 **Yvonne, die Burgunderprinzessin** (Auszug)   Witold Gombrowicz

> Der Prinz ist mit seinen Freunden Cyryll und Zyprian zurückgeblieben. Isa, eine hübsche Hofdame tritt auf.

Isa: Guten Tag! Prinz, was treiben Sie in dieser Einsamkeit?
Prinz: Was ich muss. Mein Vater erquickt durch seinen Anblick die Untertanen, ich mache durch den meinen die Untertaninnen träumen. Und warum sind Sie nicht beim Gefolge der Königin?
5 Isa: Ich habe mich verspätet. Ich war spazieren. Doch ich eile schon.
Prinz: Sie eilen schon. Wohin?
Isa: Sie sind zerstreut, Prinz? Warum diese Melancholie in Ihrer Stimme, Prinz? Freuen Sie sich nicht Ihres Lebens, Prinz? Ich tue nichts als das.
Prinz: Auch ich tue nichts anderes. Eben deshalb ...
10 Alle: Was?
Prinz: Hm ... *sieht sie alle an*
Alle: Was ist?
Prinz: Nichts.
Isa: Nichts. Prinz, sind Sie krank?
15 Cyryll: Erkältet?
Zyprian: Migräne?
Prinz: Nein, im Gegenteil. Etwas packt mich! Reißt mich mit! Ich sage euch, in mir brodelt etwas!
Zyprian: *sieht sich um* Oh, eine ziemlich hübsche Blondine. Nicht schlecht ... nicht
20 schlecht ...
Prinz: Eine Blondine? Hättest du gesagt, eine Brünette, es wäre genau dasselbe. *Sieht sich um, bedrückt* Bäume über Bäume ... Ich wünschte, es geschähe etwas.

1 In welchem Zustand ist der Prinz?
Schreibe alle Wörter oder Satzfetzen heraus, die Aufschluss über den Seelenzustand des Prinzen geben, und wähle die drei dir am wichtigsten erscheinenden aus.

2 Erkundet in szenischem Spiel, wie sich der Seelenzustand des Prinzen in Haltungen, Gestik, Mimik, Stimme umsetzen lässt. Einer sollte die Rolle des Spielleiters übernehmen:
a Macht zuerst einige Aufwärmübungen, in denen ihr verschiedene Körperhaltungen, Geh- und Sprechweisen erkundet, zunächst auf Zuruf des Spielleiters, dann nach eigenem Impuls.
b Anschließend friert ihr die Bewegung ein (freeze): Auf ein Zeichen des Spielleiters erstarren alle Spielerinnen und Spieler in der Bewegung. In jeder Freeze-Phase wählt der Spielleiter einige Spieler aus. Sie bleiben erstarrt. Die anderen treten heran und beschreiben und interpretieren, was sie sehen.

3 Probiert nun die folgenden szenischen Verfahren aus:
a **Im Garten der lebenden Statuen** (Wachsfigurenkabinett):
  – Jeder Spieler entwickelt für sich eine kleine Choreografie (Bewegungsfolge), die den Prinzen charakterisiert.
  – Teilt nun die Klasse in zwei Großgruppen. Gruppe 1 verteilt sich im Klassenzimmer oder im Flur oder auf dem Schulhof und erstarrt als Prinzenstatue. Die andere Hälfte bildet kleine Besuchergruppen, die sich über die Statuen unterhalten.
  – Bei Annäherung einer Besuchergruppe führt die Statue ihre Choreografie vor und erstarrt wieder.
b **Die Spieluhr:**
  – Jeder Spieler sucht sich einen Satz oder Teilsatz aus, den er mit seiner Bewegungsfolge interpretieren möchte.
  – Die Spieler verteilen sich im Raum. Die Besucher schalten mit Knopfdruck die „Spieluhr" an. Der Spieler führt dann seine Choreografie vor und spricht den Satz.
4 Schreibe in der Figur des Prinzen eine erste **Rollenbiografie**: „Zehn Sätze über mich." Als Vorübung könnt ihr **hot chair** („heißer Stuhl") spielen; wenn ihr unsicher seid, seht im → Sachlexikon Deutsch nach.

2.2 Wie ein schweigendes Mädchen spricht – Figurencharakterisierung

1 In den folgenden Textausschnitten lest ihr den ersten Auftritt der Hauptfigur. Mit welchen Mitteln signalisiert der Autor, was für eine Figur Yvonne sein soll?

Text 3 **Yvonne, die Burgunderprinzessin** (Auszug)   WITOLD GOMBROWICZ

> Der Prinz, seine Freunde und Isa stehen also im Park beisammen, als Yvonne und ihre zwei Tanten kommen.

ERSTE TANTE: Setzen wir uns hier auf die Bank. Mein Kind, siehst du diese jungen Leute?
Yvonne schweigt.
ERSTE TANTE: So lächle doch, lächle, mein Kind.
Yvonne schweigt.
5 ZWEITE TANTE: Warum so unbeholfen? Warum lächelst du so ungeschickt, mein Kind?
Yvonne schweigt.
ZWEITE TANTE: Du hattest gestern wieder kein Glück. Heute hast du kein Glück, morgen wirst du auch wieder kein Glück haben. Warum bist du so wenig anziehend, meine Liebe? Warum hast du überhaupt kein Sex-Appeal? Niemand will dich auch nur ansehen. Eine wahre Strafe Gottes ist das mit dir!
ERSTE TANTE: Wir haben unsere gesamten Ersparnisse hingegeben, um dir dieses Blumenkleid anfertigen zu lassen. Du kannst uns keine Vorwürfe machen.

> Die drei jungen Männer machen sich über Yvonne lustig, versuchen sie durch provozierende Handlungen aus der Reserve zu locken. Schließlich hat der Prinz die Idee, direkt mit den Tanten und schließlich mit Yvonne zu sprechen.

PRINZ: *zu Yvonne* Denn wissen Sie, wenn man Sie sieht, hat man Lust ..., Sie zu etwas zu gebrauchen. Sie an die Leine zu nehmen zum Beispiel und zu treiben oder Sie zum
15 Milchausfahren zu benützen oder Sie nachzuäffen. Sie verbreiten Nervosität, verste-

Figuren werden lebendig

hen Sie, Sie sind wie ein rotes Tuch, Sie provozieren. Ha! Es gibt Personen, die wie geschaffen sind, alles aus dem Gleichgewicht zu bringen, aufzureizen, zu erregen und einen verrückt zu machen. Es gibt solche Personen und jeder hat die seine. Ha! Wie Sie da sitzen, wie Sie mit diesen Fingern spielen, wie Sie mit diesen Beinchen bau-
20 meln! Das ist beispiellos! Wunderbar! Verblüffend! Wie machen Sie das nur?
Yvonne schweigt.
PRINZ: Oh, wie Sie schweigen! Wie Sie schweigen! Und dabei sehen Sie aus, als wären Sie beleidigt. Sie sehen so großartig aus – wie eine stolze Königin! Sie sind so mürrisch, so übelgelaunt – ach, dieser Stolz und diese Launen! Nein, ich werde verrückt!
25 Für jeden gibt es ein Wesen, das ihn wahnsinnig macht. Und Sie sind das meine! Cyryll-Zyprian!
Cyryll und Zyprian treten heran.
Erlaubt, dass ich euch dieser beleidigten Königin, dieser stolzen Anämie vorstelle! Seht, wie sie die Lippen bewegt. Sie würde gerne etwas Boshaftes sagen, aber es fällt ihr
30 gerade nichts ein.
ISA: *tritt heran* Was für dummes Zeug! Lasst sie! Es wird langsam geschmacklos.
PRINZ: *scharf* Glauben Sie, es sei je geschmackvoll gewesen!
ZYPRIAN: Gestatten, dass ich mich vorstelle – Graf Ungegoren.
CYRYLL: Ha,ha,ha, Baron Blutleer. Der Witz ist zwar etwas … aber in diesem Fall …
35 ISA: Genug, genug – lasst sie, die Arme.
PRINZ: Arme? Na, na, nicht so scharf! Nicht so scharf! – Denn ich könnte sie vielleicht heiraten.
CYRYLL UND ZYPRIAN: Ha, ha, ha!
[…]
40 PRINZ: Genug! Ich werde sie heiraten! […]

Gestaltendes Interpretieren
Auch **durch eine eigene Gestaltung** kann ein literarischer **Text interpretiert** werden: Die Gestaltung kann z. B. eine **Leerstelle** durch einen **(inneren) Monolog** füllen, eine **Zwischenszene** ergänzen, die **Befindlichkeit einer Figur** in einem **Brief** an einen Außenstehenden darstellen, eine **weitere Figur** in die Handlung **einfügen** usw.
Maßstab der Gestaltung und der Bewertung **ist der Ausgangstext**, dem jede Gestaltung gerecht werden muss.

2 Gestalte dein Textverständnis durch einen inneren Monolog Yvonnes:
a Wähle eine geeignete Stelle in Text 3 und notiere zunächst in Stichworten, was Yvonne durch den Kopf gehen könnte.
b Überprüfe anhand aller bisherigen Informationen über Yvonne, ob deine Stichworte der Figur und der Situation gerecht werden.
c Schreibe nun den inneren Monolog und stelle ihn in der Klasse oder in einer Schreibkonferenz zur Diskussion.
d Deine Gestaltung ist gegenüber dem Ausgangstext „rechenschaftspflichtig": Ergänze zu deinem inneren Monolog einen zweiten Teil, in dem du begründest, warum du den Monolog gerade so gestaltet hast.

Besetzung für Yvonne gesucht: Wer eignet sich am besten?

Fritzi Haberlandt    Katharina Thalbach    Johanna Wokalek    Sandra Hüller

3 Für die Rolle der Yvonne muss das Theater eine Gastschauspielerin verpflichten. In der Kartei sind diese vier Fotos (S. 100).
   – Der Regisseur und sein Dramaturg überlegen sich anhand dieser Szene (Text 3), wie sie sich die Figur der Yvonne vorstellen und welche Schauspielerin sie zum Vorsprechen einladen. Führt dieses Gespräch z. B. als Schreibgespräch.
   – Oder: Der Regisseur schreibt dem Intendanten eine E-Mail, in der er ihm erklärt, warum er möchte, dass Schauspielerin XY diese Rolle spielt.

4 Wie würdet ihr die Rolle der Isa besetzen? Begründet eure Ideen.

Text 4 **Yvonne, die Burgunderprinzessin** (Auszug)   Witold Gombrowicz

> Der Hofstaat kommt von seinem Rundgang zurück und der Prinz kündigt ihnen seine Verlobung mit Yvonne an.

Prinz: Majestät gestatten, meine Verlobte.
König: Was?
Isa: Ein Scherz!
König: Ha,ha,ha! Ein Streich! Ein Witz! Ich sehe, mein Sohn, du hast auch meine Vor-
5 liebe, anderen Streiche zu spielen, geerbt. [...]
Königin: *mit Missbehagen* Philipp ...
Prinz: Das ist kein Streich.
Königin: Wieso? Kein Streich? Worum handelt es sich dann?
Prinz: Um meine Verlobung!
10 König: Was?
Die Höflinge weichen betroffen auseinander.
Königin: Vor allem bitte ich mir Takt aus! *Zu Yvonne* Vielleicht wollen Sie sich einstweilen jenen Baum betrachten. *Zum Prinzen* Philipp, in welche Situation bringst du sie? In welche Situation bringst du uns? In welche Situation bringst du dich? *Zum*
15 *König* Ignaz, nur ruhig!
Prinz: Majestäten, ich sehe in Ihren Augen Entrüstung darüber, dass ich, der königliche Sohn, auch nur für einen Augenblick meine Person mit dieser Person in Verbindung bringen konnte.
König: Gut gesagt!
20 Prinz: Wenn ich mich jedoch mit ihr verlobt habe, dann nicht aus Armut, sondern aus Überfluss – folglich steht es mir frei und es gibt für mich nichts Beleidigendes dabei.
König: Aus Überfluss?
Prinz: Ja! Ich bin reich genug, um mich sogar mit dem ausgesprochenen Elend selbst zu verloben. Warum sollte mir nur eine Hübsche gefallen? Warum keine Hässliche? Wo
25 steht das geschrieben? Ist das ein Gesetz? Ein Gesetz, dem ich gehorchen müsste? Bin ich ein Sklave oder ein freier Mann?

5 Wie erklärst du dir die Wirkung Yvonnes auf den Prinzen?
a Untersuche den Text auf Hinweise über seine Motivation und ergänze die Rollenbiografie des Prinzen (S. 99, Aufgabe 4).
b Befrage den Text auf Hinweise über Yvonne: äußere Erscheinung, Verhalten, ...

Text 5 **Yvonne, die Burgunderprinzessin** (Auszug) Witold Gombrowicz

> Am Schluss des 1. Aktes stellt der Prinz Yvonne offiziell seinen Eltern vor:

König: [...] Ah, da ist ... na!
Die Höflinge, die die ganze Zeit, hinter Bäumen versteckt, zugeschaut haben, nähern sich. Trompetentöne
Prinz: Majestät! Ich stelle ihnen meine Verlobte vor!
5 Kammerherr: *halblaut* Verbeugen ... Verbeugen Sie sich mein Fräulein ... Verbeugen.
Yvonne tut nichts.
Kammerherr: Verbeugen, verbeugen ...
Prinz: *flüsternd* Verbeugen!
Königin: *halblaut* Nun, nun ... *verbeugt sich leicht, um es Yvonne zu verstehen zu geben.*
10 Nun, nun ...
Der König verbeugt sich leicht – wie die Königin.
Yvonne tut nichts.
Prinz: *etwas aus der Fassung – zu Yvonne* Das ist der König, mein Vater, Seine Majestät, und das ist meine Mutter, Ihre Majestät ... Verbeugen, verbeugen.
15 *Yvonne tut nichts.*
Königin: *eilig* Philipp, wir sind gerührt ... Was für ein süßes Geschöpf. *Küsst sie* Mein Kind, wir werden dir Vater und Mutter sein. Der evangelische Geist unseres Sohnes hat uns Freude bereitet. Wir respektieren seine Wahl. Philipp, man muss immer nach oben, nie nach unten streben!
20 Kammerherr: *gibt den Höflingen ein Zeichen* Aaa!
Hof: Aaa!
König: *verdutzt* Ja, ja ... So ist das ... natürlich.
Königin: *eilig* Und nun bring sie fort und lass ein Appartement für sie vorbereiten. *Großmütig* Auf dass es ihr an nichts fehle.
25 Kammerherr: *gibt den Höflingen mit der Hand ein Zeichen* Aaa!
Hof: Aaa!
Prinz, Yvonne, Cyryll und der Hof treten ab.

6 Welche Wirkung hat Yvonne auf den Hofstaat? Welche auf das Königspaar?
a Spielt diese Szene und klärt, wie sich die Beteiligten fühlen müssen.
b Erfinde einen Dialog, in dem Mitglieder des Hofstaats oder das Königspaar sich über Yvonne unterhalten. Achte darauf, dass deine Gestaltung genau zu den Figuren und zur Situation passt.

7 Der erste Akt ist hier noch nicht ganz zu Ende. König, Königin und Kammerherr sagen jeweils noch etwas. Was könnten sie sagen? Formuliere für jede der drei Figuren noch eine abschließende Äußerung zum eben Erlebten, die die Gefühle der Figur deutlich werden lässt.
König: „Das ... das ist ja ..."

8 Im gesamten ersten Akt hat Yvonne kein Wort gesprochen.
a Wie erfährt der Leser etwas über sie?
b Überprüfe, ob in den Texten 3–5 alle in der Sachinformation (S. 103) erwähnten Techniken der Figurencharakterisierung genutzt werden.
c Stellt alle Informationen über Yvonne übersichtlich auf einem Plakat zusammen.

Techniken der Figurencharakterisierung

Figuren im Drama sind **keine realen Personen** und müssen innerhalb der **Welt des Theaterstücks** betrachtet werden. Die Charakterisierung der Figuren kann entsprechend auf unterschiedliche Weise erfolgen:

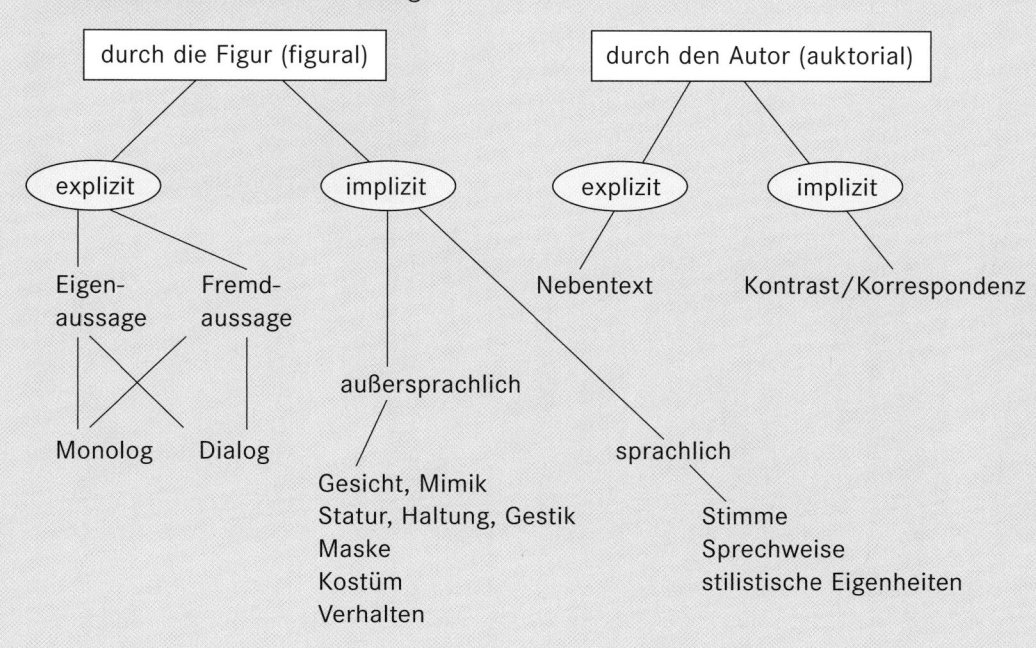

```
        durch die Figur (figural)              durch den Autor (auktorial)
           /            \                          /              \
       explizit       implizit                 explizit         implizit
         / \             |                        |                |
    Eigen-  Fremd-       |                    Nebentext      Kontrast/Korrespondenz
   aussage  aussage      |
      X                  |
   Monolog  Dialog   außersprachlich
                         |
                     sprachlich
```

außersprachlich:
Gesicht, Mimik
Statur, Haltung, Gestik
Maske
Kostüm
Verhalten

sprachlich:
Stimme
Sprechweise
stilistische Eigenheiten

Beispiel 1: Die Pfeillinie auktorial → implizit → Kontrast/Korrespondenz bedeutet: Charakterzüge einer Figur werden deutlich durch implizite (inbegriffene, nicht ausdrücklich genannte) Angaben des Autors durch den **Kontrast** (Gegensatz, z. B. Yvonne und Isa) oder die **Korrespondenz** (Übereinstimmung/Entsprechung, z. B. Prinz und Isa) von Figuren.

Beispiel 2: Prinz (*zu seinen Freunden*): „Ich sage euch, in mir brodelt etwas!" Hier wird charakterisiert durch die Figur → explizit (die Figur spricht) → Eigenaussage (die Figur sagt ausdrücklich etwas über sich selbst) → Dialog (spricht mit Freunden).

Grundwissen und Methode

9a Benenne in den folgenden beiden Beispielen die jeweilige Technik der Figurencharakterisierung:
   (1) PRINZ: *bedrückt* ... Bäume über Bäume ...
   (2) ZWEITE TANTE: Warum so unbeholfen? Warum lächelst du so ungeschickt, mein Kind?
 b Stellt einander – am besten in Gruppen – ähnliche Aufgaben und stellt die Ergebnisse übersichtlich zusammen: Wie werden die Figuren jeweils charakterisiert und welches Bild entsteht dadurch von ihnen?

Kostüm und Maske

10 Die Aufführung ist eine Art Übersetzung in ein anderes Zeichensystem, sagt die Regisseurin Andrea Breth. Besprecht,
   – welche Funktion Kostüm und Maske dabei für die Figurencharakteristik haben.
   – welche Rolle der Dramentext spielt, wenn Maskenbildner und Kostümbildner einen ersten Entwurf für Yvonne zeichnen.

Figuren werden lebendig

> **Berufe am Theater: Maskenbildner/-in**
> **Maskenbildner/-in** ist ein handwerklich-künstlerischer Beruf am Theater. Voraussetzung ist oft eine Frisörlehre.
> Der Maskenbildner erlernt seinen Beruf am Theater. Er arbeitet mit Schminke, mit plastischem Material zur Veränderung von Gesichtszügen (z. B. ein anderes Kinn modellieren). Er macht Perücken, Bärte etc.

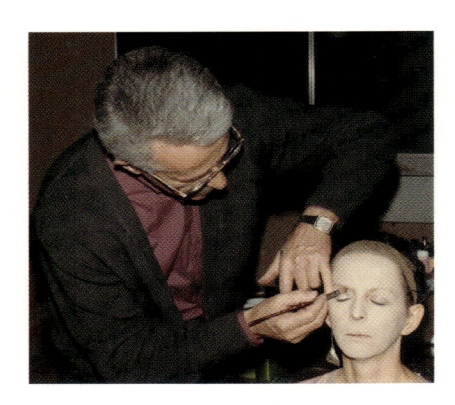

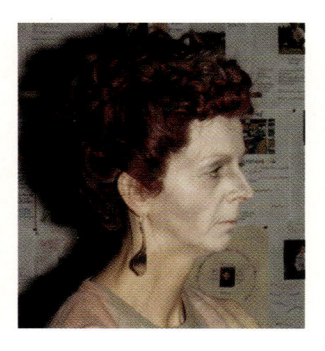

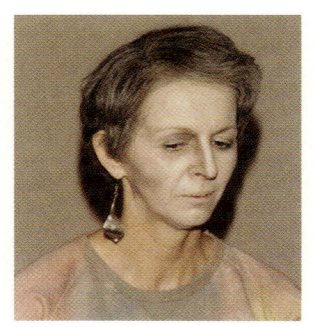

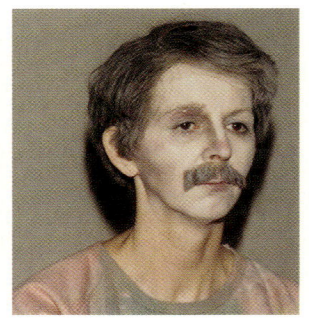

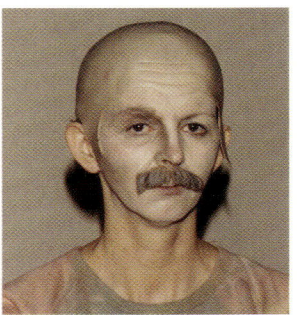

11 Du bist Mitarbeiterin oder Mitarbeiter in den Theaterwerkstätten:
a Entscheide dich für die Schneiderei oder die Maske und fertige einen Entwurf für Yvonne an.
b Hängt eure Entwürfe zum Figurenplakat (vgl. S. 102, Aufgabe 8c) und besprecht sie.

2.3 Was die Figur so denkt – Subtexte

Zur Vorbereitung auf ihre Rollen haben sich die Schauspieler am Rand Notizen gemacht, um ihre Figur mit Innenleben auszustatten, damit sie die Figur auf der Bühne *verkörpern* können. Man nennt das **Subtext**.

Grundwissen und Methode

Im Subtext werden die **verborgenen Gefühle, Gedanken, Absichten und Motive** einer Figur **ausgesprochen**. Deshalb musst du sehr genau auf **Textsignale in den Dialogen** achten: Was sagt die Figur? Wie sagt sie es? Welche Rückschlüsse kannst du daraus ziehen? Was fühlt die Figur? Sagt sie etwas anderes als sie denkt? Wie reagiert sie auf den Gesprächspartner? Was hat sie also verstanden? Woran knüpft sie an? Achte auch auf den **Nebentext**: Auch hier gibt der Autor Hinweise auf Unausgesprochenes, Verborgenes.

1 Bildet zu jeder wichtigen Figur (außer Yvonne) eine Gruppe, untersucht deren sprachliche Äußerungen und die Nebentexte und entwerft passende Subtexte.

2 Mithilfe der Subtexte setzen sich die Schauspieler auf der Probebühne mit der Figur der Yvonne auseinander. Wie wirkt sie, welche Reaktionen ruft sie hervor?
 – Um der Einfachheit willen wird Yvonne von einem Stuhl repräsentiert.
 – Wählt in der Gruppe die Person aus, die als Schauspieler auf die Bühne geschickt wird. Sie spielt mit dem Stuhl und spricht ihren Subtext frei improvisierend.
 Beispiel: *Prinz: Die Frau macht mich rasend ... Dieses bemitleidenswerte Getue ...*

3 Am Ende dieser Probe stellen die Schauspieler die Ausgangskonstellation in einem Standbild dar: Der Stuhl ist Yvonne. Nach und nach treten der Prinz, die Königin, der König, der Kammerherr und so weiter hinzu.
Achtet dabei auf Haltung, Mimik, Gestik, Nähe, Ferne, Status (oben/unten) etc.

4 Im ganzen Stück spricht Yvonne nur die folgenden Sätze (im II. Akt). Entnehmt Text 6 Informationen zu Yvonnes Charakter. Ergänzt das Figurenplakat (vgl. S. 104, Aufgabe 11b).

Text 6 **Yvonne, die Burgunderprinzessin** (Auszüge)   WITOLD GOMBROWICZ

> Als der Prinz und sein Freund Cyryll mit allen Mitteln versuchen, Yvonne zum Sprechen zu bringen, sagt sie schließlich auf die Vermutung, sie sei beleidigt:

YVONNE: *leise, gezwungen* Ich bin gar nicht beleidigt. Bitte lassen Sie mich.

> Auf die Frage des Prinzen: „Warum sind Sie der Sündenbock oder besser die Sündenziege?"

YVONNE: *leise* Es ist immer dasselbe. Ein Kreis. [...]
Jeder ist immer gleich, alles ist immer ... so ist es immer.

> Und auf die Frage, ob sie bete und an Gott glaube, antwortet sie:

YVONNE: *verächtlich* Gewiss.

5 Der Dramaturg bittet die Schauspieler, für das Programmheft einen Beitrag zu schreiben. Die Darstellerin der Yvonne entschließt sich, einen Subtext in Form eines „**stream of consciousness**" zu schreiben: Was Yvonne durch den Kopf geht, als sie zu Beginn des 2. Aktes für das Hofleben eingekleidet und geschminkt wird.
Schreibe diesen Beitrag für das Programmheft. Du kannst auch eine andere Figur wählen.

6 Die **Exposition** – Rückblick und Ausblick:
Am Ende des 1. Aktes sind alle Personen bekannt, die Grundkonstellationen sind deutlich, die Handlung ist in Gang gesetzt. Formuliere eine Hypothese:
– Worum geht es deiner Meinung nach in diesem Theaterstück? Welche Probleme sind in der Exposition angerissen, welche Lösungsansätze sind angedeutet?
– Und wie geht es eurer Meinung nach weiter?
Entwerft in Partner- oder Gruppenarbeit ein Handlungsgerüst für die weiteren drei Akte.

Stream of consciousness: unvermittelte, assoziative Folge von Bildern und Gedanken

3. ZUG UM ZUG: Dialoganalyse durch szenische Verfahren

Text 7 **Yvonne, die Burgunderprinzessin**   WITOLD GOMBROWICZ

Ausschnitt aus dem 3. Akt

> Den König erinnert Yvonne an eine Näherin, die er und der Kammerherr in ihrer Jugend auf dem Kanapee „malträtiert" haben und die danach Selbstmord begangen hat „von der Brücke ins Wasser ..." In das Gespräch zwischen König und Kammerherr platzt die Königin:

KÖNIGIN: Gratuliere! Großartig hast du sie aufgemuntert. Du hast ihr prächtig Mut gemacht! Das arme Ding atmet ja kaum noch! Hat dich eine wilde Hummel gestochen, Ignaz? Du hast alles verdorben!
KÖNIG: Teufel, Teufel! Komm mir nicht zu nahe!
5 KÖNIGIN: Was ist mit dir los? Warum soll ich dir nicht zu nahe kommen?

Dialoganalyse durch szenische Verfahren

KÖNIG: Warum? Warum? Immer – warum? Darf ich keine Wünsche mehr haben? Stehe ich unter Kuratel[1]? Bin ich nicht mehr Herr im eigenen Haus? Muss ich für alles Erklärungen abgeben? Warum siehst du mich so an? Warum staunst du mich so an? Na was? Wie? Warum ich sie angeschrien habe? Weil sie mich an etwas erinnert!

KAMMERHERR: Das ist nicht der Rede wert! Wozu darüber sprechen, Majestät!

KÖNIG: Sie erinnert mich an etwas, aber an etwas, das mit dir zusammenhängt, mit dir, meine Liebe!

KÖNIGIN: Mit mir?

KÖNIG: Ha, ha, ha, was schaust du so? Teufel, Teufel, Margarethe, zugegeben, ich habe mich gehen lassen, aber stell dir vor, wie eigenartig, ich kann diesen armen Vogel nicht ansehen, ohne dass mir sofort etwas über dich in den Sinn käme. Ich wollte es nicht sagen, weil es ein wenig peinlich ist, aber wenn du mich danach fragst, will ich aufrichtig sein. Es ist doch so, dass uns eine Person an eine andere Person erinnern kann, jedoch, um es so auszudrücken, im Zustand des Negligées. Und wenn ich diese Zimperliese sehe, wie sie sich bewegt ..., wie sie herumtrödelt, herumkramt ... dann, verstehst du, ist das wie ein Schmatzen in einem ... das mich sofort an etwas von dir erinnert, das sich mir sofort aufdrängt wie eine ... wie deine ... schmuddelige Kleidung ...

KÖNIGIN: Sie erinnert dich an meine ... was? Schmuddelige Kleidung?

KÖNIG: Es ist genau das, woran du jetzt denkst! Sag mir, woran du jetzt denkst, und es wird sich zeigen, ob wir an dasselbe denken. Sag es mir ins Ohr.

KÖNIGIN: Ignaz! Wovon sprichst du?

KÖNIG: So also ist das, meine Dame! Also auch wir haben unsere Geheimnisse!

KÖNIGIN: Du vergisst dich!

KÖNIG: Im Gegenteil, ich erinnere mich! Ich erinnere mich! Ich werde mich an alles erinnern! Nur zu! Mama!

Geht heftig hinaus

KÖNIGIN: Was hat das zu bedeuten? [...]

1) **Kuratel:** veraltet für Pflegschaft, Vormundschaft

1 Analysiert den Dialog in Text 7 mithilfe des szenischen Verfahrens des „Schachbrettspiels". Macht euch dazu zunächst die Regeln in Text 8 klar.

> **Szenische Dialoganalyse**
> Die **vorherrschende Textform** im Drama ist der **Dialog**, in den nahezu alle Informationen über die Figuren und ihre Handlungen eingeschrieben sind: Die Figuren fragen, fordern auf, bezweifeln, verheimlichen etc. Jede dieser Sprechhandlungen zielt auf eine Reaktion des Kommunikationspartners.
> Die Analyse kann nicht nur analytisch, sondern auch **gestaltend** durch **szenische Verfahren** durchgeführt werden. Die „**Sprechhandlung**" wird dann **in tatsächliches Handeln eines Spielers übersetzt.**

Text 8 Das „Schachbrettspiel"

Grundregel:
– Auf einem Feld von drei mal drei Feldern bewegen sich zwei Spielfiguren. Sie werden von den Spielern gestellt und gesetzt.
– Wie beim Schachspiel kann immer nur abwechselnd ein „Zug" gemacht werden: ein Schritt in ein anderes Feld oder eine Geste – jeder Zug kann mit oder ohne Redeanteil sein; den Redetext sprechen die Spieler außerhalb des Feldes.
– Nach jedem Zug erstarrt die Figur bis sie wieder am Zug ist.
– Jeder Zug zeigt eine Etappe der inneren Entwicklung der Figur.

Vorbereitung:
– Bildet Gruppen mit mindestens vier Schülern: zwei Spielfiguren und zwei Spieler.
– Legt zu Beginn fest, wie viele Züge maximal pro Figur erlaubt sind.
– Räumt alle Möbel zur Seite und markiert mit Klebeband das Spielfeld.

– Legt fest, an welcher Seite des Feldes sich der Zuschauerraum befindet, damit die Spieler sich daran orientieren können.

Arbeit am Text:
– Klärt mithilfe genauer Textanalyse die Entwicklung des inneren Geschehens für jede der beiden Figuren. Welche Sprechhandlung wird getätigt? Was löst die Reaktion aus? Dabei hilft euch, wenn ihr an die vier Seiten einer Nachricht denkt (→ Sachlexikon Deutsch: Kommunikation).
– Reduziert nun den Text auf seine wesentlichsten Aussagen, um zu klären, welche Züge zwingend gemacht werden müssen.

1 Königin: Großartig!
2 König: ...
1 Königin: Warum nicht?
2 König: Bin ich nicht mehr Herr ...
1 Königin: ...

Proben und Durchführung:
– Entscheidet, aus welcher Ausgangsposition ihr starten wollt: Diagonale = größte Spannung, mittlere Felder links und rechts = ?, zugewandt – abgewandt – ?
– Probiert aus, welche Gesten, mimischen Elemente das innere Geschehen nach außen transponieren könnten. Sprecht über Nähe und Ferne, Status, über Intensität und Größe der Bewegung etc.
– Übt ein paar Mal den Verlauf der Spielzüge.

– Die Gruppen präsentieren ihre Lösungen (geübte Spieler können die Figuren auch selbst bewegen).
– Ein Schüler kontrolliert, ob die Höchstzahl der Züge eingehalten ist, die Zuschauer machen sich Notizen zu jedem Zug. Bewegung? Wirkung?
– Besprecht die Lösung jeder Gruppe und überlegt, welche Spielzüge den Dialog am besten interpretiert haben.

4. „AN EINER GRÄTE ERSTICKT" – Ist die Katastrophe die Lösung?

Als Vorspann zur Veröffentlichung von „Yvonne" in der Zeitschrift „Skamander" setzte Witold Gombrowicz eine kurze Inhaltsangabe des Stücks.

Text 9 Auszug aus der Inhaltsangabe zum 3. Akt WITOLD GOMBROWICZ

Die Anwesenheit Yvonnes am Hofe verursacht sonderbare Verwirrungen. Die Verlobung des Prinzen löst Spott und Klatsch aus. Yvonnes Schweigen, Wildheit, Passivität bringen die Königsfamilie in eine schwierige Lage. Yvonnes natürliche Unzulänglichkeiten entfesseln gefährliche Ideenverbindungen, denn jeder findet darin so etwas wie eine Spie-

Ist die Katastrophe die Lösung?

⁵ gelung von Unvollkommenheiten der eigenen Person und auch der anderen. [...] Absurde Verdächtigungen kommen auf. Die Dummheit und der Unsinn greifen um sich. [...]

1a Fasse in eigenen Worten zusammen, welche Funktion Gombrowicz Yvonne zugedacht hat.
 b Text 7 (S. 105f.) ist ein Auszug aus dem 3. Akt. Könnt ihr Gombrowicz' Aussage bestätigen?
2 Vor den Proben der letzten Szene liest der Regisseur den Schauspielern diesen Text vor. Diskutiert in der Rolle der Schauspieler, was für Gombrowicz selbst das Entscheidende an diesem Akt ist.

Text 10 **Inhaltsangabe: 4. Akt** WITOLD GOMBROWICZ

Der König, der Kammerherr, die Königin, der Prinz versuchen jeder auf eigene Faust, Yvonne zu töten. Doch sie direkt zu töten, übersteigt ihre Kräfte: Der Akt erscheint zu dumm, zu absurd, kein formeller Grund rechtfertigt das, die Konventionen sprechen dagegen.
⁵ Die Bestialität, die Wildheit, die Dummheit und der Unsinn wachsen unaufhörlich. Auf den Rat des Kammerdieners beschließen sie, den Mord zu organisieren und zugleich den Anschein der Majestät, der Eleganz, der Überlegenheit zu wahren. Es wird ein Mord von oben sein und nicht mehr von unten. Das Unternehmen gelingt. Die Königsfamilie kommt wieder zur Ruhe.

Text 11 **Yvonne, die Burgunderprinzessin** (Schluss) WITOLD GOMBROWICZ

KÖNIG: *steht auf und zeigt drohend auf Yvonne*
 Sie hat sich verschluckt! Sie hat sich verschluckt! An einer Gräte! Die Gräte steckt ihr im Hals! Die Gräte, sage ich! Nun!!!
⁵ *Yvonne verschluckt sich.*
 Gäste bestürzt, fahren hoch Hilfe! Wasser! Auf den Rücken klopfen!
KÖNIGIN: *bestürzt* Hilfe!
GÄSTE: Ach, die Unglückliche! Was für ein Unglück!
¹⁰ Eine Katastrophe! Eine Leiche! Sie ist gestorben! Stören wir nicht länger.
 Sie gehen hinaus und geben den Blick auf Yvonnes Körper frei.
PRINZ: Gestorben?
¹⁵ KAMMERHERR: An einer Gräte erstickt.
PRINZ: Ach, an einer Gräte. Tatsächlich, es scheint, sie ist gestorben. *Schweigen*
KÖNIGIN: *nervös, als sei sie etwas beschämt* Ignaz, man wird an die
²⁰ Trauer denken müssen.
 Du hast keinen schwarzen Anzug.
 Du bist dick geworden, deine Anzüge sind dir zu eng. [...]
KAMMERHERR: [...] *Kniet nieder*
²⁵ KÖNIG: Ah, richtig ... *Kniet nieder* Er hat recht. Man muss niederknien. *Alle außer dem Prinzen knien nieder.* Das hätte man eigentlich sofort tun müssen.
PRINZ: Verzeihung. Wieso?

KAMMERHERR: Was? *Der Prinz verstummt.* Ich bitte Sie, niederzuknien.
KÖNIGIN: Knie nieder, Philipp. Man muss niederknien, mein Sohn. Das gehört sich so.
KÖNIG: Schneller! Du kannst nicht allein stehen bleiben, wenn wir alle knien.
[...]

3 Was tut der Prinz? Ergänze die letzte Regieanweisung.
Am besten spielt ihr die letzten sieben Zeilen in verschiedenen Versionen und befragt den Darsteller des Prinzen, wie er sich jeweils fühlt.

4 Betrachtet die Szenenbilder zweier Inszenierungen (S. 108): Welche Ähnlichkeiten und Unterschiede könnt ihr erkennen? Was erzählen die Bilder über das jeweilige Regiekonzept?

5 Schau zurück auf den 1. Akt und die Exposition: An welchen Elementen kannst du die Entwicklung zu diesem Ende schon erkennen?

6 Diskutiert die These: Die Katastrophe ist die Lösung!
Zur Vorbereitung solltet ihr euch über Formen des Dramas informieren. Anhaltspunkte findet ihr in der folgenden Sachinformation.

Formen des Dramas

Tragödie (Trauerspiel): Drama, das einen **tragischen Konflikt** oder ein tragisches Geschehen zum Gegenstand hat. Der Konflikt ist für den Helden **ausweglos**. Die Ausweglosigkeit entsteht oft durch den Zusammenprall zweier Wertesysteme, die beide berechtigt sind, durch den Konflikt zwischen einer gesellschaftlichen Pflicht und einer persönlichen Neigung oder zwei widerstreitenden Tendenzen in der Figur selbst. Wie auch immer sie sich entscheidet, es gibt **keine Lösung**. Die Tragödie endet mit der **Katastrophe**, meist mit dem Tod des Protagonisten.

Komödie (Lustspiel): Drama, dessen Handlungsverlauf wesentlich durch **komische Situationen** bestimmt ist. Häufig ist ein Konflikt gestaltet, der vermeintliche Werte entlarvt, menschliche Schwächen bloßlegt und dessen Lösung zum Lachen anregt.

Tragikomödie: Mischform zwischen Tragödie und Komödie, in der sich tragische und komische Elemente verbinden und wechselseitig durchdringen. Beim Zuschauer soll Lachen und Entsetzen zugleich erzeugt werden.

Besondere Formen sind z. B.:
Die Groteske: Form der Tragikomödie. Scheinbar ohne Logik wird die Wirklichkeit komisch überzeichnet. Die Groteske ist vor allem in Zeiten politischen und gesellschaftlichen Umbruchs beliebt.

Das Absurde Theater: dem Grotesken nahestehende Dramenform, die vor allem in den 1950er Jahren, der Nachkriegszeit, die Sinnentleerung und Widersinnigkeit der Welt bzw. des menschlichen Alltags thematisiert und in Sprache und Handlung mit Mitteln des Banalen, Absurden, aber auch mit Satire und Ironie spielt.

Grundwissen und Methode

5. KONTEXTE: das Programmheft

1 Die Dramaturgie sammelt Texte und Bilder für das Programmheft, die das Verständnis des Zuschauers für das Stück und die Inszenierung fördern.
– Bildet Dramaturgie-Gruppen und nutzt als Planungshilfe die folgende Sachinformation.
– Sichtet bei der Erarbeitung zunächst die folgenden Materialien zum biografischen Kontext und besprecht, was ins Programmheft aufgenommen werden soll. Begründet eure Entscheidung. Bilder findet ihr verstreut in diesem Kapitel.

Grundwissen und Methode

Das **Programmheft** wird **von der Dramaturgie gestaltet**. Es enthält meist
– den **Besetzungszettel** mit folgenden Angaben: Titel, Autor, Besitzer der Aufführungsrechte, Premierendatum, Dauer der Aufführung, Zeitpunkt der Pause und Mitwirkende.
– eine **Inhaltsangabe, Anmerkungen zur Inszenierung, Illustrationen/Probenfotos**.
Oft eröffnet das Programmheft **Kontexte**, es stellt die Aufführung in einen Bezugsrahmen:
– Der **biografische Kontext** beleuchtet das Stück vom Autor her.
– Der **historische Kontext** stellt das Stück in die Zeit seiner Entstehung.
– Der **soziokulturelle Kontext** sucht Bezüge zu Kultur und Gesellschaft heute.
– Der **ästhetische Kontext** trägt Aspekte der künstlerischen Gestaltung bei.

Text 12A **Kurzbiografie: Witold Gombrowicz**

4.8.1904	geboren als Sohn eines Gutsbesitzers
1910	Unterricht bei Privatlehrern
1915	Umzug nach Warschau
1916–22	kath. Gymnasium St. Stanislaw Kostka in Warschau
1923–26	Jurastudium
1926/27	Aufenthalt in Paris, schreibt erste Erzählungen.
1928	„Gerichtsapplikant" in Warschau. Schreibt (teilweise im Gerichtssaal) weitere Erzählungen.
1933	Erste Veröffentlichung: Erzählungen „Aus der Zeit der Unreife"
1934	Beendet seine juristische Laufbahn, wird Schriftsteller.
1937	Roman „**Ferdydurke**" veröffentlicht.
1938	Drama „**Yvonne, die Burgunderprinzessin**" (geschrieben 1935) wird in der Zeitschrift „Skamander" veröffentlicht und von der Kritik ignoriert.
1939	Gombrowicz nimmt an der Jungfernfahrt eines polnischen Ozeandampfers nach Argentinien teil.
1.9.1939	Einmarsch der Deutschen in Polen. Gombrowicz bleibt in Argentinien. Seine Werke werden verboten. Nach dem Ende des 2. Weltkriegs wird Polen kommunistisch und Gombrowicz bleibt bis 1963 in Argentinien. Sein Werk bleibt in Polen eher unbeachtet.
1947	Drama „**Die Trauung**" beendet.
1950	Roman „**Transatlantik**" beendet; beide Werke 1953 in Polen veröffentlicht.
1957	Im Zuge der „Tauwetterperiode" werden alle seine Werke in Polen veröffentlicht. Großer Erfolg. Erste Erfolge auch in Frankreich.
1958	Uraufführung „**Yvonne, die Burgunderprinzessin**" im Theater Crico in Warschau. Der S. Fischer Verlag übernimmt die deutschen Theaterrechte. Zunehmend Interesse von Verlegern in weiteren Ländern.
Mai 1958	Mit Ende des „Tauwetters" werden Gombrowicz' Werke in Polen wieder verboten.
1963	Aufenthalt auf Einladung der Ford-Foundation für ein Jahr in Westberlin
1964	Gombrowicz zieht an die Côte d'Azur. Uraufführung des Dramas „**Die Trauung**"
1965	Premiere von „**Yvonne, die Burgunderprinzessin**" in Paris
1967	Internationaler Verlegerpreis
24.7.1969	Gombrowicz stirbt in Vence.

Text 12B **Eine Art Testament** (Auszüge)   Witold Gombrowicz

Können Sie mir Ihr Leben erzählen in Verbindung mit Ihrem Werk?
„Ich kenne weder mein Leben noch mein Werk. Ich schleppe die Vergangenheit hinter mir her wie einen nebelhaften Kometenschweif und was mein Werk anbelangt, so weiß ich auch nicht viel, sehr wenig nur. […]
5 Zuerst über meine Familie, das hat seine Bedeutung. Ich stamme aus einer adligen Familie, die vier Jahrhunderte hindurch Besitzungen in Samogitien hatte, unweit von Wilna und Kowno. Diese meine Familie war etwas besser hinsichtlich des Besitzstandes, der Ämter, Verschwägerungen als der durchschnittliche polnische Adel, doch gehörte sie nicht zur Aristokratie. Ohne ein
10 Graf zu sein, hatte ich eine gewisse Anzahl von gräflichen Tanten, doch die Gräfinnen waren auch nicht von der besten Sorte, sie waren so lala.
Im Jahre 1863 konfiszierte der russische Zar die Güter Lenogiry, Mingaylów und Wysoki Dwór meines Großvaters Onufry Gombrowicz wegen dessen angeblicher Teilnahme am polnischen Aufstand. […]
15 Mein Vater war nicht nur Gutsbesitzer, er arbeitete auch in der Industrie […].
So also waren wir in jener proustischen Epoche, am Beginn des Jahrhunderts, eine entwurzelte Familie in einer nicht sehr klaren gesellschaftlichen Situation zwischen Litauen und Kongresspolen, zwischen Dorf und Industrie, zwischen der sogenannten besseren und der mittleren Schicht. Dies ist nun das erste von diesen ‚Zwischen', die sich im wei-
20 teren Verlauf rings um mich vermehren werden bis zu dem Grade, dass sie beinahe zu meinem Wohnort werden, zu meiner eigentlichen Heimat. […]
Der Sport, meine Mutter in absurde Diskussionen zu ziehen, war eine der ersten meiner künstlerischen (und dialektischen) Initiationen. […]
Von ihr her kommt mein Kult der Wirklichkeit. Ich halte mich für einen extremen Realis-
25 ten. Eine der Hauptaufgaben meines Schreibens ist, durch die Unwirklichkeit hindurch zur Wirklichkeit zu dringen […].
Der Kult des Absurden: Wirklichkeit – Unwirklichkeit, Niederes – Höheres, Herrschaft – Gesinde, hat sich schon damals meiner bemächtigt. […]"
Zu seinem Theaterstück „Yvonne, die Burgunderprinzessin" sagt er: „[…] ich neige zu der
30 Annahme, dass ich irgendein Pech habe, dank dem das, was in meinen Werken am einfachsten, deutlichsten ist, auf eine möglichst fantastische Art aufgenommen wird, und heute noch passiert es mir, Rezensionen über *Yvonne* zu lesen, in denen die Rede davon ist, dass dies eine politische Satire auf das kommunistische Regime in Polen sei, dass Yvonne Polen selbst sei, oder auch die Freiheit, oder dass dies „eine Satire auf die Monar-
35 chie" sei. Uff! Doch sei's drum, etwas anderes scheint mir wert, unterstrichen zu werden. Erstens, dass *Yvonne* mehr von der Biologie herstammt als von der Soziologie. Zweitens, dass sie von jener meiner Weglosigkeit herstammt, wo mich eine unbegrenzte Beliebigkeit der Gestalt befallen hat, der menschlichen Gestalt, ihre Liederlichkeit, ihre Ausbündigkeit. Noch immer also war dies in mir … ich war darin … […]".
40 […] „Ich hatte beschlossen, für das Theater eine Technik zu verwenden, die ich mir in den Erzählungen erarbeitet hatte, die Möglichkeit, ein abstraktes und manchmal absurdes Thema auszuspinnen, ein wenig wie ein musikalisches Thema. Unter meiner Feder entstand eine giftige Absurdität, die mit den damals geschriebenen Stücken keine Ähnlichkeit aufwies." […]

2a Besprecht: Welche Aspekte sollten über die biografischen Bezüge hinaus einen Platz in eurem Programmheft finden: der historische, der soziokulturelle oder der ästhetische Kontext?

b Recherchiert in Bibliotheken und im Internet nach entsprechenden Materialien, sichtet sie und entscheidet über die Verwendung in eurem Programmheft. Für den ästhetischen Kontext könnt ihr auch die Sachinformation zu Formen des Dramas (S. 109) nutzen!
c Denkt bei der weiteren Gestaltung auch an ein Titelblatt und an Druckformate.
d Diskutiert eure fertigen Programmhefte. Ihr könnt sie auch in der Schule präsentieren.

Yvonne, die Burgunderprinzessin
WITOLD GOMBROWICZ

Yvonne — Silvia Schwab
König Ignaz — Philipp Bauer
Königin Margarethe — Johanna Feger
Prinz Philipp — Marius Martini

Regie — Andreas Fast
Bühne / Kostüme — Susanne Schwers
Dramaturgie — Corinna Elster
Maske — Franziska Krille

6. NACH DER PREMIERE: die Theaterkritik

1a Zeichne die Argumentationsstruktur des Textes nach. Worüber spricht die Theaterkritikerin?
b Hat der Kritikerin die Aufführung gefallen? Suche Textsignale, die darüber Auskunft geben.

Text 13   „Yvonne" im Wunderland   DOROTHEE HAMMERSTEIN

Yvonne stirbt schöner. So schön ist Yvonne, Prinzessin von Burgund, vielleicht noch nie gestorben wie jetzt im Théatre de la Colline. Von Majestät eigenhändig erdrosselt und nicht wie sonst immer jämmerlich an einer Gräte erstickt. Und in welchem Rahmen erst. Sie selbst hat nichts davon, aber wir. König Ignaz' Palast, gestaltet von „Goury", sieht aus,
5 als hätte ihn, wenn nicht Velàzquez, so doch mindestens Delacroix entworfen, um dem Geist Shakespeares gerecht zu werden. Tiefe Schatten, in denen sich Schurken verbergen mögen, pathetische Helden und schöne Frauen, ein Ort für vibrierendes Melodram und großes Schicksal. Ab und zu, kommt uns vor, sehen wir den Prinzen Hamlet samt Freund Horatio vorbeikommen, Gertrude, Claudius und sogar Polonius. Posaunenfanfaren und
10 Meeresrauschen. Helsingör auf den Klippen.
Der Boden, auf dem der Hof seine Ballette ausführt, ist ein blauweißes Schachbrett. Jeder hat da seinen Platz, hier ein Grüppchen und da eines, und nur der Hofmarschall tanzt unter dem Druck seiner Pflichten aus der Reihe. Rösselsprung. Als Letzte kommt natürlich die Königin, geblähten Rocks, starr wie eine Spielkarten-Dame, aber behände
15 gleitend, wie von fremder Hand vorangeschoben (Bulle Ogier). Großer Aufzug, aber – nichts dahinter. Das ist ganz famos, denn genauso hat Witold Gombrowicz 1938 sein Stück, das wohl doch näher bei Jarry ist als bei Ionesco, gearbeitet: Die Hohlformen von Shakespeare und drinnen lauter närrische Wichte.
Geziert, dressiert, so liebt der Herrscher seinen Hof, so der Hof sich selbst. Und nun aber
20 Yvonne, die Fremde, die nichts tut und nichts sagt und dadurch alle durcheinanderbringt, den Prinzen, ein wonniges Wuschelköpfchen (Marc Citti), zuerst. Gewöhnlich

wird sie als Trampel gezeigt, hier ist sie überhaupt nicht hässlich oder gar unförmig, sie ist nur beunruhigend anders, gewissermaßen als einzig Normale unter den Kunstmenschen. Zart, mit einer Knabenfrisur à la Jean Seberg, ganz in Weiß, zieht Aline LeBerre suchenden Schritts ihre eigenen Kreise. Wer ist sie? Was hat sie zu bedeuten? Das weiß keiner. Sie flößt Angst ein, deswegen muss sie am Ende sterben. Uns scheint sie aber viel eher liebenswert und da hat der Regisseur wahrscheinlich einen Fehler gemacht. Indem er Yvonne mit dem Geheimnis und der Sehnsucht einer kleinen Meerjungfrau ausstattet, indem er in ihre Subjektivität einzudringen versucht, öffnet er der Sentimentalität die Tür. Das kann nicht richtig sein, egal, ob man das Stück als trauriges Märchen, als freche Posse oder als Vexierbild eines Lebensgefühls auffasst.

Yves Beaunesne ist ein junger Regisseur, der schnell Karriere gemacht hat, und es berührt sympathisch, dass er den Apparat nicht nur beherrscht wie ein Alter, sondern immer noch von ihm beherrscht wird wie ein Junger. Immer noch scheint er ganz vernarrt ins neue Riesenspielzeug, dem er eine Wunderwirkung nach der anderen entlockt. Aber während er sich so selbst verzaubert, überlässt er die Schauspieler etwas zu sehr ihren Neigungen, Erfahrungen und Instinkten und das lassen sich die nicht zweimal sagen, sie spielen, was das Zeug hält. Und den fortschreitenden Verfall der behaupteten Noblesse, das Sichtbarwerden der Vulgarität bei den Chargen der Macht, spielt leider allein Bulle Ogier nuanciert. Die von Yvonne ausgelöste Panik ist letztlich weniger unheimlich als schlicht komisch. Und all die wunderschönen Seifenblasen, die Yves Beaunesne so einfallsreich steigen lässt – bevor sie uns treffen, sind sie schon geplatzt. […]

2 Schreibe selbst eine Kritik. Da du das Stück nicht gesehen, sondern nur gelesen hast, kannst du natürlich nur eine Kritik als Leser verfassen. Diskutiert eure Ergebnisse.

Das hast du in diesem Kapitel gelernt:

- das Theater als Zeichensystem erkennen
- dramatische Texte erschließen: die Exposition als Einführung in Grundsituation, Figuren, Konflikt; Figurencharakterisierung im Drama; die dramatische Interaktion aus dem Dialog herausarbeiten; Textsignale erkennen und weiterdenken
- Methoden gestaltenden Interpretierens und Schreibens und szenische Verfahren anwenden: Statuenpark, Spieluhr, „Schachbrettspiel", Subtexte schreiben, Rollenbiografie verfassen, stream of consciousness schreiben, eine gestaltende Interpretation verfassen
- das Werk im Kontext betrachten
- Berufe am Theater und ihr Beitrag zum Drama: Regie, Dramaturgie, Bühne, Ausstattung
- eine Theaterkritik erarbeiten und eine Leserkritik schreiben

Ideen und Projekte:

- Gombrowicz war ein Bewunderer Shakespeares. Als Vorbild für dieses Stück gilt „Hamlet". Präsentiere das Drama von Shakespeare und erläutere die Verbindungslinien zu „Yvonne".
- Die Figur des Prinzen hat große Ähnlichkeit mit dem Prinzen in „Leonce und Lena" von Georg Büchner. Untersucht – arbeitsteilig – die Szenenfolge auf diese Ähnlichkeit.
- Der Grundkonflikt: ein gesellschaftlich hochstehender junger Mann und ein Mädchen aus einfacheren Verhältnissen ist oft Thema im Drama: z. B. in Lessings „Emilia Galotti" oder in Schillers „Kabale und Liebe" (vgl. S. 114ff.). In einem Projekt könnt ihr die drei Dramen vergleichen, vor allem die drei Protagonistinnen: Emilia, Luise und Yvonne.
- Regisseur und Bühnenbildner entwerfen die Ausstattung. Aber wer macht sie? Besucht die Werkstätten in eurem Theater.

Erweitern · **Vertiefen** · Anwenden

DIE INTERPRETATION EINER DRAMENSZENE SCHREIBEN

Text 1 **Kabale und Liebe**   Friedrich Schiller

IV. Akt, siebente Szene (Auszug)

LADY: [...]
(Sehr freundlich und ihre Hand ergreifend.) Es bleibt dabei, ich will dein Glück machen, Liebe – Nichts, nichts als die süße, frühe verfliegende Träumerei. *(Luisen auf die Wange klopfend.)* Meine Sophie heiratet. Du sollst ihre Stelle haben – Sechzehn Jahr! Es kann nicht von Dauer sein.

LUISE *(küsst ihr ehrerbietig die Hand)*: Ich danke für diese Gnade, Mylady, als *wenn* ich sie annehmen dürfte.

LADY *(in Entrüstung zurückfallend)*: Man sehe die große Dame! – Sonst wissen sich Jungfern *Ihrer* Herkunft noch glücklich, wenn sie Herrschaften finden – wo will denn *Sie* hinaus, meine Kostbare? Sind diese Finger zur Arbeit zu niedlich? Ist es Ihr bisschen Gesicht, worauf Sie so trotzig tut?

LUISE: Mein Gesicht, gnädige Frau, gehört mir so wenig, als meine Herkunft.

LADY: Oder glaubt Sie vielleicht, das werde nimmer ein Ende nehmen? – Armes Geschöpf, wer dir das in den Kopf setzte – mag er sein, wer er will – er hat euch beide zum Besten gehabt. Diese Wangen sind nicht im Feuer vergoldet. Was dir dein Spiegel für massiv und ewig verkauft, ist nur ein dünner angeflogener Goldschaum, der deinem Anbeter über kurz oder lang in der Hand bleiben muss – Was werden wir *dann* machen?

LUISE: Den Anbeter bedauern, Mylady, der einen *Demant* kaufte, weil er *in Gold* schien gefasst zu sein.

LADY *(ohne darauf achten zu wollen)*: Ein Mädchen von Ihren Jahren hat immer zween Spiegel zugleich, den wahren und ihren Bewunderer – Die gefällige Geschmeidigkeit des Letztern macht die raue Offenherzigkeit des Erstern wieder gut. Der eine rügt eine hässliche Blatternarbe. Weit gefehlt, sagt der andere, es ist ein Grübchen der Grazien. Ihr guten Kinder

---

Die Handlung bis IV., 7: Ferdinand von Walter, Sohn des adligen Präsidenten am Hofe des Herzogs, und Luise, 16-jährige Tochter des Stadtmusikanten Miller, lieben sich. Die riskante Liebe über die Standesgrenzen hinweg schmeichelt zwar Luises aufstiegsverliebter Mutter, Luises Vater hält eine Zukunft dieser Liebe aber für völlig unrealistisch und befürchtet, dass Ferdinand seine Tochter letztlich fallen lassen wird und sie so „zur Hure" macht. Auch Ferdinands Vater ist strikt gegen eine Heirat mit Luise. Er will Ferdinand stattdessen mit Lady Milford, der Mätresse des Herzogs, verheiraten, um damit seinen Einfluss am Hof zu stärken. Ferdinand lehnt dieses Ansinnen entrüstet ab und beteuert seine unzerstörbare Liebe zu Luise. Doch sein Vater startet, auf eine Idee seines Sekretärs Wurm hin, der ebenfalls Interesse an Luise hat, eine hinterhältige Intrige: Luises Eltern werden verhaftet, Luise wird zu einem Liebesbrief an den Hofmarschall von Kalb erpresst, da andernfalls die Hinrichtung der Eltern bevorstehe. Sie muss einen Eid schwören, dass sie diesen Brief freiwillig geschrieben hat. Der Brief wird Ferdinand zugespielt und weckt ungläubiges Entsetzen, Zorn und Eifersucht. Zugleich müht sich Lady Milford ihrerseits weiterhin um die Zuneigung Ferdinands und bestellt Luise zu sich, um eine Klärung in ihrem Sinne herbeizuführen ...

glaubt *jenem* nur, was euch *dieser* gesagt hat, hüpft von einem zum andern, bis ihr zuletzt die Aussagen beider verwechselt. – Warum begafft Sie mich so?

LUISE: Verzeihen Sie, gnädige Frau – Ich war soeben im Begriff, diesen prächtig blitzenden Rubin zu beweinen, der es nicht wissen muss, dass seine Besitzerin so scharf wider Eitelkeit eifert.

LADY *(errötend)*: Keinen Seitensprung, Lose! – Wenn es nicht die Promessen Ihrer Gestalt sind, was in der Welt könnte Sie abhalten, einen Stand zu erwählen, der der einzige ist, wo Sie Manieren und Welt lernen kann, der einzige ist, wo Sie sich Ihrer bürgerlichen Vorurteile entledigen kann?

LUISE: Auch meiner bürgerlichen Unschuld, Mylady?

LADY: Läppischer Einwurf! Der ausgelassenste Bube ist zu verzagt, uns etwas Beschimpfendes zuzumuten, wenn wir ihm nicht selbst ermunternd entgegengehn. Zeige Sie, wer Sie ist. Gebe Sie sich Ehre und Würde und ich sage Ihrer Jugend für alle Versuchung gut.

LUISE: Erlauben Sie, gnädige Frau, dass ich mich unterstehe, daran zu zweifeln. Die Paläste gewisser Damen sind oft die Freistätten der frechsten Ergötzlichkeit. Wer sollte der Tochter des armen Geigers den Heldenmut zutrauen, den Heldenmut, mitten in die Pest sich zu werfen und doch dabei vor der Vergiftung zu schaudern? Wer sollte sich träumen lassen, dass Lady Milford ihrem Gewissen einen ewigen Skorpion halte, dass sie Geldsummen aufwende, um den Vorteil zu haben, jeden Augenblick schamrot zu werden? – Ich bin offenherzig, gnädige Frau – Würde Sie mein Anblick ergötzen, wenn Sie einem Vergnügen entgegengingen? Würden Sie ihn ertragen, wenn Sie zurückkämen? – – O besser! besser! Sie lassen Himmelsstriche uns trennen – Sie lassen Meere zwischen uns fließen! – Sehen Sie sich wohl für, Mylady – Stunden der Nüchternheit, Augenblicke der *Erschöpfung* könnten sich melden – Schlangen der Reue könnten Ihren Busen anfallen, und *nun* – welche Folter für Sie, im Gesicht Ihres Dienstmädchens die *heitre Ruhe* zu lesen, womit die Unschuld ein reines Herz zu belohnen pflegt. *(Sie tritt einen Schritt zurück.)* Noch einmal, gnädige Frau. Ich bitte sehr um Vergebung.

LADY *(in großer innrer Bewegung herumgehend)*: Unerträglich, dass sie *mir* das sagt! Unerträglicher, dass sie recht hat! *(Zu Luisen tretend und ihr starr in die Augen sehend.)* Mädchen, du wirst mich nicht überlisten. So warm sprechen *Meinungen* nicht. Hinter diesen Maximen lauert ein feurigeres Interesse, das dir *meine* Dienste besonders abscheulich malt – das dein Gespräch so erhitzte – das ich *(drohend)* entdecken muss.

LUISE *(gelassen und edel)*: Und *wenn* Sie es nun entdeckten? Und wenn Ihr verächtlicher Fersenstoß den beleidigten Wurm aufweckte, dem sein Schöpfer gegen Misshandlung noch einen Stachel gab? – Ich fürchte Ihre Rache nicht, Lady – Die arme Sünderin auf dem berüchtigten Henkerstuhl lacht zum Weltuntergang. Mein Elend ist so hoch gestiegen, dass selbst Aufrichtigkeit es nicht mehr vergrößern kann. *(Nach einer Pause sehr ernsthaft.)* Sie wollen mich aus dem Staub meiner Herkunft reißen. Ich will sie nicht zergliedern, diese verdächtige Gnade. Ich will nur fragen, was Mylady bewegen konnte, mich für die Törin zu halten, die über ihre Herkunft errötet? Was sie berechtigen konnte, sich zur Schöpferin meines Glücks aufzuwerfen, ehe sie noch wusste, ob ich mein Glück auch von *ihren* Händen empfangen wollte? – Ich hatte meinen ewigen Anspruch auf die Freuden der Welt zerrissen. Ich hatte dem Glück seine Übereilung vergeben – Warum mahnen Sie mich aufs Neu an dieselbe? – Wenn selbst die Gottheit dem Blick der Erschaffenen ihre Strahlen verbirgt, dass nicht ihr oberster Seraph vor seiner Verfinsterung zurückschaue – warum wollen Menschen so grausam-barmherzig sein? – Wie kommt es, Mylady, dass Ihr gepriesenes Glück das *Elend* so gern um Neid und Bewunderung anbettelt? – Hat Ihre Wonne die Verzweiflung so nötig zur Folie? – O lieber! So gönnen Sie mir doch eine Blindheit, die mich allein noch mit meinem barbarischen Los versöhnt – Fühlt sich doch das Insekt in einem Tropfen Wassers so selig, als wär es ein Himmelreich, so froh und so selig, bis man ihm von einem Weltmeer erzählt, worin Flotten und Walfische spielen! – – – Aber *glücklich* wollen Sie mich ja wissen? *(Nach einer Pause plötzlich zur Lady hintretend und mit Überraschung fragend:)* Sind Sie glücklich, Mylady? *(Diese verlässt sie schnell und betroffen, Luise folgt ihr und hält ihr die Hand vor den Busen.)* Hat dieses Herz auch die lachende Gestalt Ihres Standes? Und wenn wir jetzt Brust gegen Brust und Schicksal gegen Schicksal auswechseln sollten – und wenn ich in kindlicher Unschuld – und wenn ich auf Ihr Gewissen – und wenn ich als meine Mutter Sie fragte – würden Sie mir wohl zu dem Tausche raten?

Lady *(heftig bewegt in das Sofa sich werfend)*: Unerhört! Unbegreiflich! Nein, Mädchen! Nein! Diese Größe hast du nicht auf die Welt gebracht und für einen *Vater* ist sie zu jugendlich. Lüge mir nicht. Ich höre einen *andern* Lehrer –

Luise *(fein und scharf ihr in die Augen sehend)*: Es sollte mich doch wundern, Mylady, wenn Sie *jetzt* erst auf diesen Lehrer fielen, und doch *vorhin* schon eine Kondition für mich wussten.

Lady *(springt auf)*: Es ist nicht auszuhalten! – Ja denn! weil ich dir doch nicht entwischen kann. Ich kenn ihn – weiß alles – weiß mehr, als ich wissen mag. *(Plötzlich hält sie inne, darauf mit einer Heftigkeit, die nach und nach bis beinahe zum Toben steigt.)* Aber wag es, Unglückliche – wag es, ihn jetzt noch zu lieben oder von ihm geliebt zu werden – Was sage ich? – Wag es, an ihn zu denken oder einer von *seinen* Gedanken zu sein – Ich bin *mächtig*, Unglückliche – *fürchterlich* – so wahr Gott lebt! Du bist verloren!

Luise *(standhaft)*: Ohne Rettung, Mylady, sobald Sie ihn zwingen, dass er Sie *lieben* muss.

Lady: Ich verstehe dich – aber er *soll* mich nicht lieben. Ich will über diese schimpfliche Leidenschaft siegen, mein Herz unterdrücken und das deinige zermalmen – Felsen und Abgründe will ich zwischen euch werfen; eine Furie will ich mitten durch euren Himmel gehn; mein Name soll eure Küsse, wie ein Gespenst Verbrecher auseinanderscheuchen; deine junge blühende Gestalt unter seiner Umarmung welk wie eine Mumie zusammenfallen – Ich kann nicht mit ihm glücklich werden – aber *du* sollst es auch nicht werden – Wisse das, Elende! Seligkeit zerstören ist auch Seligkeit.

Luise: Eine Seligkeit, um die man Sie schon gebracht hat, Mylady. Lästern Sie Ihr eigenes Herz nicht. Sie sind nicht fähig, das auszuüben, was Sie so drohend auf mich herabschwören. Sie sind nicht fähig, ein Geschöpf zu quälen, das Ihnen nichts zuleide getan, als dass es empfunden hat wie Sie – Aber ich liebe Sie um dieser Wallung willen, Mylady.

Lady *(die sich jetzt gefasst hat)*: Wo bin ich? Wo war ich? Was hab ich merken lassen? *Wen* hab ich's merken lassen? – O Luise, edle, große, göttliche Seele! Vergib's einer Rasenden – Ich will dir kein Haar kränken, mein Kind. Wünsche! Fordre! Ich will dich auf den Händen tragen, deine Freundin, deine Schwester will ich sein – Du bist arm – Sieh! *(Einige Brillanten herunternehmend.)* Ich will diesen Schmuck verkaufen – meine Garderobe, Pferd und Wagen verkaufen – *Dein* sei alles, aber entsag ihm!

Luise *(tritt zurück voll Befremdung)*: Spottet sie einer Verzweifelnden oder sollte sie an der barbarischen Tat im Ernst keinen Anteil gehabt haben? – Ha! So könnt ich mir ja noch den Schein einer Heldin geben und meine Ohnmacht zu einem Verdienst auf-

Vom Text zur Aufführung

putzen. *(Sie steht eine Weile gedankenvoll, dann tritt sie näher zur Lady, fasst ihre Hand und sieht sie starr und bedeutend an.)* Nehmen Sie ihn denn hin, Mylady! – *Freiwillig* tret ich Ihnen ab den Mann, den man mit Haken der Hölle von meinem blutenden
140 Herzen riss. – – Vielleicht wissen Sie es selbst nicht, Mylady, aber *Sie* haben den Himmel zweier Liebenden geschleift, voneinander gezerrt zwei Herzen, die *Gott* aneinanderband; zerschmettert ein Geschöpf, das ihm *nah*eging wie Sie, das er zur Freude schuf wie Sie, das ihn gepriesen hat wie Sie und ihn nun nimmermehr preisen wird – Lady! Ins Ohr des Allwissenden schreit auch der letzte Krampf des zertretenen Wurms
145 – Es wird ihm nicht gleichgültig sein, wenn man Seelen in seinen Händen mordet! Jetzt ist er *Ihnen*! Jetzt, Mylady, nehmen Sie ihn hin! Rennen Sie in seine Arme! Reißen Sie ihn zum Altar – Nur vergessen Sie nicht, dass zwischen Ihren Brautkuss das *Gespenst* einer *Selbstmörderin* stürzen wird – Gott wird barmherzig sein – Ich kann mir nicht anders helfen! *(Sie stürzt hinaus.)*

Hanna Eichel als Luise und Hilke Altefrohne als Lady in der Inszenierung am Maxim Gorki Theater in Berlin, 2007

1a Erläutere kurz den Textzusammenhang und die Bedeutung, die diese Szene für die beiden Dialogpartner jeweils hat.
 b Welche der beiden Figuren erscheint überlegen? Begründe deine Einschätzung.
 c Diskutiert, welche Wirkung Luises Auftreten auf die Lady hat, und tauscht begründete Vermutungen zum weiteren Handlungsverlauf aus.

2 Analysiert – am besten in Gruppen – den Verlauf des Gesprächs genauer:
a Orientiert euch zunächst an den Hinweisen zur Analyse der Figuren und der Figurenrede in der folgenden Übersicht (rechte Seite) und haltet eure Analyseergebnisse in Stichworten fest.
b Entwerft in Anlehnung an die Hinweise zu Aufbau und Gliederung – in der Übersicht links – eine eigene Gliederung und füllt sie mit Stichworten zur Interpretation der Dramenszene.

Erweitern · **Vertiefen** · Anwenden

**Interpretation einer Dramenszene –
Aufbau und mögliche Gliederung:**
- Einleitung:
  - Autorin/Autor – Drama – Szene (Situation) – zentrales Thema der Szene
  - Einordnung in den dramatischen Handlungszusammenhang
- Analyse Inhalt:
  - knappe Inhaltsangabe
  - inhaltliche Analyse: Gliederung der Szene, Themen und Themenwechsel, Dialogschritte und Ergebnis (Durchsetzung einer Position, Kompromiss, offenes Ende)
- Analyse Figuren/Figurenrede:
- Interpretation:
  - Verknüpfung der Einzelergebnisse zu größeren Zusammenhängen
  - Deutung der Ergebnisse: Aussage der Szene, Funktion für Handlungsentwicklung und Figurencharakteristik
- Schluss:
  - knappe Abrundung z. B. durch Zusammenfassung der Interpretatonsergebnisse
  - durch Ausblick auf die weitere (benannte oder erwartete) Entwicklung
  - knappe wertende Stellungnahme zu einem zentralen Aspekt

Analyse Figuren/Figurenrede:
Das Drama ist gesprochene Handlung. Das Gesprochene charakterisiert die Figuren und treibt die Handlung voran. Deshalb ist besonders die Figurenrede zu analysieren.
Du kannst dir folgende Fragen stellen:
- Wie sprechen die Figuren und warum so? Was geht in ihnen vor (Subtext)?
  - Syntax (Satzzeichen), Wortwahl, Sprachstil (z. B. pathetisch, sachlich, erörternd?)
  - Redeanteile, Symmetrie der Kommunikation?
  - Gesprächsform/Redeweise: Smalltalk/Diskussion/Streitgespräch?
- Wer sagt was zu wem mit welcher Absicht und mit welcher Wirkung?
  - Konstellation
  - Einstellungen/Motive, Interessen/Ziele?
  - Gesprächsanteile und Gesprächsverhalten: Offenheit/Verschweigen, Dominanz/Unterlegenheit, Respekt/Missachtung?
- Wie werden die Figuren charakterisiert?
  - auktorial, figural?
  - Kontrast? Korrespondenz?
  - Protagonist, Antagonist?
- Welche Rolle spielen Raum und Zeit?
  - Rückblenden?
  - Vorausdeutungen?

3 Überprüft anhand eurer eigenen Ergebnisse, was im Hauptteil der folgenden Schülerarbeit gelungen und was noch zu verbessern ist.
a Welche Aspekte hat der Schüler berücksichtigt, welche fehlen noch?
b Sind die Aussagen zum Text und seiner Gestaltung mit Textbelegen (direkte und indirekte Zitate) gestützt? Ist die Zitierweise korrekt?
c Ist die Sprache, die der Schreiber verwendet, angemessen?

Text 2 Interpretation einer Dramenszene: Hauptteil aus einer Schülerarbeit

Die Lady lässt Luise ihre Überlegenheit spüren: sie klopft ihr gönnerhaft auf die Wange – Schiller verlangt dies ausdrücklich im Nebentext – und bezeichnet Luises Liebe als „frühe verfliegende Träumerei" (Z. 4f.). sie kann sich einfach nicht vorstellen, dass man im Alter von 16 Jahren ernsthaft lieben kann. Dann
5 *lockt sie Luise mit dem Aufstieg in die bessere Gesellschaft „Meine Sophie heiratet. Du sollst ihre Stelle haben" (Z. 6f.), doch diese lehnt alles ab und ist stolz auf ihre bürgerliche Herkunft. Da sie sich der Liebe Ferdinands sicher ist, wirkt Luise sehr gelassen, wenn nicht sogar überheblich. Die Lady redet und redet, Luise antwortet mit knappen, schlagfertigen Sätzen. Die Lady wettert gegen die Eitelkeit, um*
10 *Luise zu treffen, diese antwortet aber: „Ich war soeben im Begriff, diesen prächtig blitzenden Rubin zu beweinen, der es nicht wissen muss, dass seine Besitzerin so scharf wider Eitelkeit eifert." (Z. 44ff.). Die Lady errötet und ist verunsichert. Ihr letzter Versuch zielt auf Luises Stand ab. sie denkt, dass ein bürgerliches Mäd-*

chen gern in adligen Kreisen verkehren will. Jetzt dreht Luise auf. Sie übernimmt die Wortführerschaft und macht die Lady fertig. „Die Paläste gewisser Damen sind oft die Freistätten der frechsten Ergötzlichkeit." Und „O besser! Besser! Sie lassen Himmelsstriche uns trennen – sie lassen Meere zwischen uns fließen!" und schließlich „welche Folter für sie, im Gesicht ihres Dienstmädchens die heitere Ruhe zu lesen, womit die Unschuld ein reines Herz zu belohnen pflegt." (Z. 64ff.) Die Lady ist jetzt ziemlich erregt. Schiller schreibt im Nebentext „in großer innerer Bewegung herumgehend" und zwei Zeilen später „Zu Luise tretend, und ihr starr ins Auge sehend" und schließlich „drohend". Luise lässt sich aber nicht beeindrucken. „Gelassen und edel" und „sehr ernsthaft" sagt sie der Lady, dass sie stolz auf ihre Herkunft ist und dass die Lady sich aus ihrem Leben heraushalten soll („Was sie berechtigen konnte, sich zur Schöpferin meines Glückes aufzuwerfen, ehe sie noch wusste, ob ich mein Glück auch von ihren Händen empfangen wollte?" (Z. 83ff.). Dann fragt sie die Lady noch, ob sie glücklich sei und erst jetzt rückt die Lady damit heraus, dass es um Ferdinand geht: „Ich höre einen andern Lehrer" (Z. 105). Luise bleibt kühl: „Es sollte mich doch wundern, Lady, wenn Sie jetzt erst auf diesen Lehrer fielen, [...]." (Z. 106f.).

Im letzten Drittel der Szene streiten die beiden Frauen nun um den Mann, den sie beide lieben. Die Lady tobt und bedroht Luise „Ich bin mächtig, Unglückliche – fürchterlich – So wahr Gott lebt! Du bist verloren!" Jetzt, so glaubt die Lady und auch der Zuschauer denkt es, wird Luise klein beigeben und auf Ferdinand verzichten. Aber Luise sagt etwas Komisches: „Ohne Rettung, Mylady, sobald Sie ihn zwingen, dass er Sie lieben muss." (Z. 115) Wenn ich es recht verstehe, dann sagt Luise hier, dass das Schlimmste für sie wäre, wenn Ferdinand sie nicht mehr lieben dürfte und dass das sozusagen ihr Tod wäre. Die Lady versteht das sofort. In diesem Abschnitt des Streitgesprächs sind übrigens die Redeanteile der beiden Protagonisten ungefähr gleich lang. Es geht also einfach hin und her. Die Lady kapiert also jetzt, dass sie keine Chance hat und wie ein trotziges Kind, das ein schönes Spielzeug bei einer anderen sieht und es kaputtmacht, damit niemand damit spielen kann, sagt sie: „Ich kann nicht mit ihm glücklich werden – aber du sollst es auch nicht werden –" (Z. 121f.).

Interessant ist, dass Luise diese starken Gefühle der Lady versteht und die Lady damit sehr beeindruckt: „Luise, edle, große, göttliche Seele!" (Z. 129), aber sie versteht immer noch nicht, dass sie Luise mit gar nichts umstimmen kann, nicht einmal mit Bestechung („Dein sei alles, aber entsag ihm!", Z. 133). Luise hat das letzte Wort in der Szene, ein sehr langes Wort (16 Zeilen!!). Und zwar hat sie da einen großen Auftritt („So könnt ich mir ja noch den Schein einer Heldin geben" Z. 135f.). Großartig spricht sie „Nehmen Sie ihn denn hin, Mylady", schildert dann in glühenden Worten, wie die Lady dadurch „den Himmel zweier Liebender geschleift" hat und kündigt an, dass sie als „das Gespenst einer Selbstmörderin" immer zwischen ihr und Ferdinand stehen wird. Dann stürzt sie hinaus, sagt Schiller. Ein großer Abgang.

4 Schreibe für den Schüler eine Beurteilung seines Aufsatzes. Erkläre ihm, was gut gelungen, was weniger gut gelungen ist.

5 Überarbeite den Schülertext oder verfasse eine eigene Interpretation der Dramenszene. Denke dabei auch an eine Einleitung und einen zusammenfassenden Schluss.

LIEBE IM WANDEL DER ZEITEN

Wie er wolle geküsset sein

Nirgends hin als auf den Mund;
Da sinkt's in des Herzens Grund;
Nicht zu frei, nicht zu gezwungen,
Nicht mit gar zu fauler Zungen.

5 Nicht zu wenig, nicht zu viel;
Beides wird sonst Kinderspiel;
Nicht zu laut und nicht zu leise:
Bei dem Maß ist rechte Weise.

Nicht zu nahe, nicht zu weit:
10 Dies macht Kummer, jenes Leid;
Nicht zu trucken, nicht zu feuchte,
Wie Adonis Venus reichte.

Paul Fleming (1609–1640)

Nicht zu harte, nicht zu weich,
Bald zugleich, bald nicht zugleich,
15 Nicht zu langsam, nicht zu schne[ll],
Nicht ohn Unterscheid der Stelle.

Halb gebissen, halb gehaucht,
Halb die Lippen eingetaucht,
Nicht ohn Unterscheid der Zeiten,
20 Mehr alleine denn bei Leuten.

Küsse nun ein jedermann,
Wie er weiß, will, soll und kann;
Ich nur und die Liebste wissen,
Wie wir uns recht sollen küsse[n].

– Wie gefällt euch das Gedicht?
– Zu welchem Anlass könnte man dieses Gedicht vortragen – mit welchem Ziel bzw. mit welcher Wirkung?

Ganymed (Auszug)
Johann Wolfgang von Goethe (1749–1832)

Wie im Morgenrot
Du rings mich anglühst,
Frühling, Geliebter!
Mit tausendfacher Liebeswonne
5 Sich an mein Herz drängt
Deiner ewigen Wärme
Heilig Gefühl,
Unendliche Schöne!
[...]

– Wem gesteht der Sprecher hier seine Liebe?
– Welche Gefühle, die hier in Inhalt und Form des Sprechens thematisiert werden, entsprechen eurer Vorstellung von Liebe und welche nicht?

Gustav Klimt: „Der Kuss", 1907/1908

Gedichte im Barock und im Sturm und Drang

In der Zeit des Barock (17./Anfang 18. Jh.) wird angesichts von Hungersnöten, Tod und Zerstörung das Bewusstsein der Vergänglichkeit zum prägenden Gefühl. Daraus erwachsen aber auch gieriger Lebenshunger und das Streben nach Genuss. Die Spannung zwischen Lebenslust und Jenseitshoffnung bestimmt die Themen von Literatur und Malerei. Wichtiger Impulsgeber im Bereich der Literatur ist Martin Opitz; in seinem *Buch von der Deutschen Poeterey* (1624) entwirft er feste Regeln für eine Dichtkunst, die sich von Vorbildern der Antike löst und – orientiert an den natürlichen Wortbetonungen – eine der deutschen Sprache gemäße Metrik einhält: für Opitz ein streng alternierendes Versmaß (Jambus, Trochäus), wobei der Alexandriner (sechshebiger Jambus mit Zäsur) ihm besonders geeignet scheint.

Martin Opitz (1597–1639)

Im Zeitalter der Aufklärung (vor allem in der 2. Hälfte des 18. Jh.s) entsteht die Protestbewegung des **Sturm und Drang** (ca. 1770–1785). Die jungen, auch politisch revoltierenden Dichter wenden sich gegen die Orientierung an starren, lebensfeindlichen Regeln und setzen dagegen das Leitbild des selbstbewussten, ungebundenen Kraftgenies; sie wenden sich gegen die als literarische Bevormundung empfundenen starren literarischen Regeln, wie sie nach Opitz und später vor allem von Gottsched formuliert wurden, und setzen eine gefühlsbestimmte, unmittelbare, Regeln sprengende Erlebnisdichtung dagegen.

- Welche Merkmale der beiden literarischen Epochen, um die es in diesem Kapitel gehen wird, kannst du den beiden Textauszügen bereits entnehmen?
- Versucht aufgrund eurer bisherigen Informationen eine begründete Zuordnung der beiden Gedichte: Welches gehört in die Zeit des Sturm und Drang, welches eher in die Zeit des Barock?

1. LIEBE ZWISCHEN SINNLICHKEIT, VERSTAND UND GLAUBE: Lyrik im Barock

1.1 „Ach Liebste, lass uns eilen" – Poetik des Barock

Text 1 MARTIN OPITZ (1597–1639)

Ach Liebste, lass uns eilen,
Wir haben Zeit[1]:
Es schadet das Verweilen
Uns beiderseit.

5 Der schönen Schönheit Gaben
Fliehn Fuß für Fuß,
Dass alles, was wir haben,
Verschwinden muss.

Der Wangen Zier[2] verbleichet,
10 Das Haar wird greis[3],
Der Äuglein Feuer weichet,
Die Flamm wird Eis.

Das Mündlein von Korallen
Wird ungestalt.
15 Die Händ als Schnee verfallen,
Und du wirst alt.

Drumb lass uns jetzt genießen
Der Jugend Frucht,
Eh dann wir folgen müssen
20 Der Jahre Flucht.

Wo[4] du dich selber liebest,
So liebe mich,
Gib mir, dass, wann du gibest,
Verlier auch ich.

1) **Zeit:** günstiger Augenblick
2) **Wangen Zier:** gerötete Wange
3) **greis:** grau
4) **Wo:** falls

1a Ein Liebesgedicht? Vergleicht eure ersten Eindrücke.
b Klärt gemeinsam Formulierungen, die euch schwer- oder unverständlich sind.
c Welche sprachlichen Besonderheiten fallen euch in dem Gedicht auf?
d „Übertrage" das Gedicht als Prosatext in heutiges Deutsch. Vergleiche den neuen Text mit dem Gedicht.

2 Untersuche das Gedicht genauer:
a Welche Vergleiche und Metaphern findest du im Gedicht? Wie beeinflussen diese Bilder die Wirkung und den Sinn?
b Versuche selbst, die Eigenschaften eines Menschen (eines Stars zum Beispiel) mit Bildern (Metaphern und Vergleichen) zu veranschaulichen. Vielleicht kannst du daraus sogar ein eigenes Gedicht machen!
c Was steht im Vordergrund des Gedichts: die Appellfunktion, die Selbstaussage, der Beziehungsaspekt oder der Sachaspekt? (→ Sachlexikon Deutsch: Lyrik) Begründe deine Einschätzung.
d Analysiere, mit welchen Mitteln der Sprecher die im Vordergrund stehende Funktion seiner Aussage zu stützen versucht.

3 In welchem Ton ist das Gedicht am besten vorzutragen? Probiere verschiedene Möglichkeiten in halblauter Lektüre aus (ernst, tragisch, humorvoll, dramatisch, traurig usw.) und bereite dich darauf vor, das Gedicht laut vor der Klasse vorzutragen.

4 Informiere dich in der folgenden Sachinformation und in Text 2 und fasse schriftlich zusammen, inwiefern das Gedicht typische Motive der Zeit aufnimmt.

Barock (17./Anfang 18. Jh.)

Gedichte im Barock und im Sturm und Drang

Rhetorische Dichtung und Emblematik

Bis zur Mitte des 18. Jahrhunderts dient Dichtung – vorherrschend ist die Lyrik – vor allem der **rhetorisch-geistvollen Unterhaltung** oder der witzigen Provokation. Es geht dabei nicht um den Ausdruck tiefer Gefühle oder individueller Erfahrungen, sondern um die **intelligente Variation und Ausgestaltung vertrauter und schematisierter Themen und Formen** (z. B. Sonett oder Tagelied).

Ein wesentliches Gestaltungsmittel ist die **Verwendung von Emblemen,** von Sinnbildern mit festgelegter Bedeutung. Ein **Emblem** (altgriech. *émblema*: eingefügtes Stück, ursprünglich Metallverzierung) setzt sich aus drei Teilen zusammen:
– Die **Überschrift** (Inscriptio, Motto) gibt den Titel, das Thema an.
– Das **Bild** (Pictura, Icon) zeigt – meist als Holzschnitt oder Kupferstich – eine dazu passende Darstellung, z. B. einen Gegenstand oder ein Lebewesen, eine Szene aus der Mythologie, der Bibel oder der Natur.
– Die **Unterschrift** (Subscriptio) erläutert – meist als knappes Sinngedicht (Epigramm) – die Bedeutung des Bildes.

Die Dichter des Barock verwenden solche z. T. willkürlich festgelegten, oft in umfangreichen Emblembüchern gesammelten Bilder nicht, um damit besonders originell zu sein, sondern sie bedienen sich ganz im Gegenteil aus diesem Vorrat, um **Verständlichkeit und Akzeptanz ihrer Texte** entsprechend den Erwartungen ihrer Leser zu erhöhen.

Beispiel: Der Vers „Mich deucht: Ihr Herz ist wie die Lorbeer-Blätter/Die nicht berührt ein starker Donner-Keil." aus einem Gedicht von **Sibylla Schwarz** (1621–1683) greift ein Emblem aus den Emblembüchern der Zeit unter dem **Motto** „Unantastbare Tugend" auf; als Bild wird ein Lorbeerbaum gezeigt, um den herum Blitze zucken. **Unterschrift** (in lat. Sprache): „Wie die schöne Tugend unverletzt bleibt vom Übel, so unverletzt bleibt auch der Lorbeerbaum."

Grundwissen und Methode

Text 2 Barockes Lebensgefühl

Mit dem Begriff *Barock* (wahrscheinlich von portug. *barocco*: unregelmäßige, schiefrunde Perle) bezeichnet man eine kulturgeschichtliche Epoche, deren Schwerpunkt im 17. Jahrhundert liegt. In dieser Epoche entstehen die Werke herausragender Musiker (Bach, Händel, Vivaldi), Maler (Caravaggio, Rubens, Vermeer, Rembrandt), Schriftsteller (Shakespeare,
5 Cervantes, Corneille, Racine und Molière) und Meisterwerke der Architektur (Petersdom in Rom, Schlösser in Versailles bei Paris und Nymphenburg in München). Zum Glanz des höfischen Lebens gehörten die Künste, das Theater und die Musik.

Die Kehrseite von Pracht und Luxus war eine notleidende Bevölkerung, zerrieben von den Glaubens- und Machtkämpfen der Zeit. Besonders das letzte Jahrzehnt des Drei-
10 ßigjährigen Krieges stand im Zeichen von Raubzügen, Plünderungen und Seuchen, die Deutschland verwüsteten und große Landesteile entvölkerten. Angesichts von Massensterben, Hungersnöten, Verfolgung und Zerstörung überrascht es nicht, dass die Todesangst und das Bewusstsein der Vergänglichkeit (lat. *vanitas mundi*: Vergeblichkeit alles Irdischen) zu den prägenden Gefühlen dieser Zeit wurden. Aus dieser Erfahrung
15 erwuchsen aber auch gieriger Lebenshunger und das Streben nach Genuss. Diese Spannung zwischen Weltbejahung, Lebenslust und Daseinsfreude (lat. *carpe diem*: nutze/genieße den Tag) auf der einen Seite, Jenseitshoffnung und Erlösungssehnsucht (lat. *memento mori*: gedenke, dass du sterben musst) auf der anderen Seite, werden zu bestimmenden Themen der Literatur und Malerei des Barock.

Lyrik im Barock

20 Die Herleitung des Namens aus der Form einer schief gerundeten Perle ist darin begründet, dass das Unregelmäßige, das Schiefe, als wesentliches Gestaltungselement der barocken Kunst erscheint.
25 Augenfällig wird das an der Ausschmückung barocker Bauwerke (und Bilderrahmen), wo die unregelmäßige Form leicht wiederzuerkennen ist. In der Dichtkunst sind es vor allem z. T. verwegene Vergleiche (Embleme), die den Eindruck des Unregelmäßigen und Gewagten erwecken. Der Eindruck des Schiefen ist allerdings nicht – wie in der modernen Kunst – als Signal für einen
35 schwer zu vermittelnden tieferen Sinn zu verstehen, sondern eher wie der überbordende Schmuck eines Bilderrahmens, als Ornament, als Schmuck.

Juan Valdés Leal: Vanitas (1672)

Hans Ulrich Franck: Memento mori

5a Erkläre anhand der Hintergrundinformationen in Text 2, warum im Barock so gerne standardisierte Formen für Verse (Alexandriner) und für ganze Gedichte (Sonett) gestaltet wurden.
b Probiert in eigenen Schreibversuchen aus und besprecht, wie ein Gedicht gestaltet sein könnte, das das Lebensgefühl der heutigen Zeit ausdrückt.

M. Opitz

Barock (17./Anfang 18. Jh.)

Gedichte im Barock und im Sturm und Drang

Text 3 Das Sechste Lied. Philipp von Zesen (1619–1689)

Halt, du schöner Morgenstern,
Bleibe fern!
Und du, güldne Nachtlaterne,
Halt der weißen Pferde Lauf
5 Itzund¹ auf!
Steht ein wenig still, ihr Sterne!

Gönne mir die süße Ruh,
Sonne du,
Lass uns doch der Liebe pflegen,²
10 Lass den kühlen Reif und Tau
Auf der Au
Noch ein wenig meinetwegen³!

Ist doch meine Liebste mir
Sonn und Zier,
15 Die mich itzund in den Armen,
In den zarten Armen weiß,
Die mein Preis⁴
Und mich also lässt erwarmen.

Und du, wunderschönes Licht,
20 Die ich nicht
Nach der Gnüge⁵ kann beschreiben,
Lass den hellen Augenschein
Bei mir sein,
Bis der Tag die Nacht wird treiben.

25 Wie hat mich dein roter Mund
Doch verwundt!
Das zweifache Schild mich zwinget,
Das vor deinem Herzen steht
Aufgebläht,
30 Da der Lilien Pracht aufspringet.

Ach, entschlage⁶ dich ja nicht,
Schönes Licht,
Dieser Lust in deiner Jugend,
Brauche deiner Lieblichkeit
35 Und der Zeit,
Schadt es doch nicht deiner Tugend.

Lass uns immer freudig sein!
Nacht und Wein
Reizen uns itzund zum Lieben.
40 Dann wenn Liebe, Wein und Nacht
Uns anlacht,
Kann uns Langmut⁷ nicht betrüben.

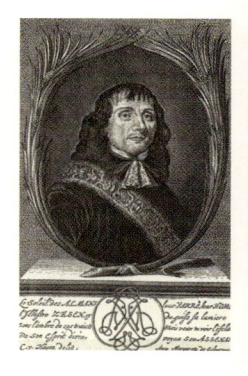

1) **itzund:** jetzt
2) **der Liebe pflegen:** die Liebe genießen, sich der Liebe hingeben
3) **meinetwegen:** nicht: „wenn es unbedingt sein muss", sondern: für mich; mir zuliebe
4) **mein Preis:** nicht: „mein Preisschild", sondern die im Gedicht angepriesene geliebte Frau
5) **nach der Gnüge:** ausreichend
6) **sich entschlagen:** auf etwas verzichten
7) **Langmut:** hier: nicht „Geduld", sondern Schwermut

6a Fasse kurz zusammen: Wer spricht hier mit wem (Achtung: Es gibt mehrere Adressaten!) und welche Anliegen werden dabei vorgetragen?
  b Woran erkennt man, dass es sich hier um ein Tagelied (siehe Sachinformation S. 126) handelt?

Sturm und Drang (ca. 1770–1785)

Lyrik im Barock

Grundwissen und Methode

Das Tagelied

Das Tagelied gestaltet ein klassisches Motiv aus der mittelalterlichen Minnelyrik. Dargestellt wird der Moment des Abschieds zweier Liebenden, die, ohne miteinander verheiratet zu sein, eine Nacht miteinander verbracht haben und bei Tagesanbruch voneinander scheiden müssen. Häufig wird das Tagelied als Wechselgesang von Mann und Frau gestaltet.

7 In V. 25ff. wählt der Sprecher emblematische Formulierungen, durch die die Liebe mit einer kriegerischen Handlung verglichen wird und die weibliche Brust mit einem doppelten Schild. Welche dieser Bilder findest du heute noch passend und welche weniger?

8 Nutze Text 2 und die Sachinformationen für eine kritische Stellungnahme zur These: „Der Sprecher drückt durch diese Bilder eine innere Verletztheit aus."

9a Bereite einen Vortrag des Gedichts vor. Berücksichtige dabei,
 – dass der Sprecher im Gedicht sehr unterschiedliche sprachliche Handlungen realisiert;
 – ob das Metrum gleichmäßig oder an bestimmten Stellen gestört ist;
 – welche Stellen langsam und welche schnell zu lesen und welche Wörter besonders herauszuheben sind;
 – an welchen Stellen sich die Stimme hebt und wo sie sich senkt.

b Achtet als Zuhörer beim Vortrag darauf, ob die Stimmführung euren Erwartungen entspricht. Diskutiert eure Eindrücke.

Text 4 Neostoizismus, Epikurëismus und christliche Tugend im 17. Jahrhundert

(A) Der **Neostoizismus** ist eine Denkrichtung, die vor allem durch eine antike Denkschule, die Stoa, angeregt ist. Im Mittelpunkt steht das Ideal von der Beständigkeit und der Stabilität des Ich. Das Ich erscheint dabei als ruhender Pol in einer krisengeschüttelten Zeit, in der nicht nur die politische Ordnung, sondern auch die Autorität Gottes und der
5 Kirche zunehmend in Zweifel gezogen werden. Wenn man sich auf nichts mehr richtig verlassen kann, dann kann man, so die Idee, zumindest vom Einzelnen erwarten, dass er sich beherrscht und so zum zuverlässigen Mitmenschen wird.
(B) Die dem Neostoizismus in einiger Hinsicht genau entgegenstehende sinnenfreundliche Grundhaltung wird als **Epikurëismus** bezeichnet. In loser Anlehnung an die Gedan-
10 ken des antiken Philosophen Epikur versteht man darunter im modernen Sprachgebrauch eine Haltung, die die unbedenkliche Sinnenfreude über die verstandesgesteuerte Selbstbeherrschung stellt. Ähnlich wie der Neostoizismus erscheint auch der Epikurëismus als Reaktion auf die großen Krisen der Zeit. Wenn man nichts mehr genau weiß, so die Vorstellung, dann weiß man doch, dass man sinnliche Bedürfnisse hat, die auf
15 Befriedigung drängen.
(C) Neben den genannten Positionen behauptet sich als dritte Reaktion auf die Krisenerfahrungen des 17. Jahrhunderts eine neu akzentuierte **Vorstellung von christlicher Tugend**. Für die Vertreter dieser Position erscheinen Neostoizismus und Epikurëismus als zwei Seiten desselben Irrwegs. Überall sieht man, so die Idee, welches Unheil die teils
20 lüsternen und teils rational orientierten Menschen anrichten. Weder der Verstand des Einzelnen noch seine Sinnlichkeit können demnach als Orientierung für gutes Handeln dienen. Das Ziel ist also nicht die stoische Selbstbeherrschung, sondern die demütige Zurücknahme und das Vertrauen in die Gnade Gottes.

Gedichte im Barock und im Sturm und Drang

10 a Welche der drei genannten Haltungen kannst du in Text 3 wiederfinden?
  b Welche der Positionen scheint dir angesichts der Krisen unserer Tage heute am überzeugendsten? Notiere dir Gründe und diskutiert eure Positionen.

1.2 „… ist nur ein falscher Wahn" – Barockgedichte interpretieren

Text 5 Vergänglichkeit der Schönheit   CHRISTIAN HOFFMANN VON HOFFMANNSWALDAU (1616–1679)

Es wird der bleiche Tod mit seiner kalten Hand
Dir endlich mit der Zeit um deine Brüste streichen,
Der liebliche Korall der Lippen wird verbleichen,
Der Schultern warmer Schnee wird werden kalter Sand;

5 Der Augen süßer Blitz, die Kräfte deiner Hand,
Für welchen solches fällt, die werden zeitlich weichen.
Das Haar, das itzund kann des Goldes Glanz erreichen,
Tilgt endlich Tag und Jahr als ein gemeines Band.

Der wohlgesetzte Fuß, die lieblichen Gebärden,
10 Die werden teils zu Staub, teils nichts und nichtig werden,
Denn opfert keiner mehr der Gottheit deiner Pracht.

Dies und noch mehr als dies muss endlich untergehen.
Dein Herze kann allein zu aller Zeit bestehen,
Dieweil es die Natur aus Diamant gemacht.

1 Bereite dich auf einen Vortrag des Gedichts vor. Probiere dabei vor allem aus, in welchem Ton das Gedicht sinnvoll vorzutragen ist (schaurig? heiter? ernst? drängend? …). Kläre dazu, wer hier mit wem worüber spricht.

2 a Bestimme das Versmaß (→ Sachlexikon Deutsch).
  b Beispiel: „Der Schultern warmer Schnee wird werden kalter Sand" (Text 5, V. 4):
  – An welcher Stelle des Verses findest du einen deutlichen Einschnitt (Zäsur)? Ist das bei allen Versen so?
  – Inwiefern passt dieser Einschnitt zum Inhalt des Verses? Nutze die folgende Sachinformation und prüfe auch hier, ob die Beobachtung für alle Verse gilt.

> **Antithetik** bezeichnet die Gegensätzlichkeit von Vorstellungen und entspricht besonders dem auf Spannung angelegten Lebensgefühl der Barockzeit. Typische Gegensatzpaare in der Literatur des 17. Jahrhunderts sind: Nacht – Tag, Tod – Liebe, Jammertal – Himmelssaal, Diesseits – Jenseits; und in der Malerei: dunkel – hell, unten – oben, Welt – Himmel.

Grundwissen und Methode

3 Bei Text 5 handelt es sich um ein Sonett. Schreibe selbst eine Sachinformation zu dieser Gedichtform. Berücksichtige bei der Bestimmung das Versmaß, die Kadenz (betontes oder unbetontes Versende), die Strophenform und das Reimschema.
Gehe von Text 5 aus und ergänze entsprechend den folgenden Anfang in deinem Heft.

> *Das Sonett (von ital. „sonetto": Klinggedicht) kommt von Italien über Frankreich nach Deutschland und gehört im 17. Jahrhundert zu den beliebtesten Gedichtformen. Für die kunstvolle Gestaltung des barocken Sonetts gelten feste Regeln: …*

Sturm und Drang (ca. 1770–1785)

Lyrik im Barock

4 Untersuche die Bilder des Gedichts in Text 5 (→ Sachlexikon Deutsch):
a Welche Metaphern und Vergleiche benutzt der Sprecher? Welche Wirkung haben sie?
b Welche Bilder lassen sich als Embleme bezeichnen? Was wird damit ausgedrückt?
c Im letzten Vers wird von der „diamantenen" Härte des Herzens gesprochen. Was könnte dies bedeuten?

Bild: Sammelbezeichnung für Formen bildhaften Sprechens, also z. B. für Vergleich, Metapher, Symbol, Allegorie, Chiffre, Emblem

5a Fasse deine Analyseergebnisse zusammen und nutze sie zur Interpretation des Textes: Was sagt der Text aus und wie kannst du die von dir bestimmte Textaussage begründen?
b Entscheide auf der Grundlage deiner Ergebnisse, ob der Sprecher in Hoffmannswaldaus Gedicht eher als Neostoiker auftritt oder eher als Vertreter des Epikureïsmus (vgl. Text 4).

Text 6 **Überschrift an dem Tempel der Sterblichkeit** ANDREAS GRYPHIUS (1616–1664)

Ihr irrt, indem ihr lebt: die ganz verschränkte Bahn
Lässt keinen richtig gehn. Dies, was ihr wünscht zu finden
Ist Irrtum; Irrtum ist's, der euch den Sinn kann binden.
Was euer Herz ansteckt, ist nur ein falscher Wahn.

5 Schaut, Arme, was ihr sucht. Warum so viel getan?
Um dies, was Fleisch und Schweiß und Blut und Gut und Sünden
Und Fall und Weh nicht hält; wie plötzlich muss verschwinden,
Was diesen, der es hat, setzt in des Todes Kahn.

Ihr irrt, indem ihr schlaft, ihr irrt, indem ihr wachet,
10 Ihr irrt, indem ihr traurt, ihr irrt, indem ihr lachet,
Indem ihr dies verhöhnt und das für köstlich acht.

Indem ihr Freund als Feind und Feind als Freunde setzet,
Indem ihr Lust verwerft und Weh vor Wollust schätzet,
Bis der gefund'ne Tod euch frei vom Irren macht.

6 Analyse und Interpretation des Gedichts:
a Analysiere das Gedicht mit den bekannten „Schlüsseln des Textverstehens" (→ Sachlexikon Deutsch), am besten beginnst du mit einer ersten Interpretationshypothese:
Der Text sagt für mich aus … / vermittelt folgende Botschaft …
b Berücksichtige bei der Analyse auch folgende Hinweise:
 – Mit welchen rhetorischen Mitteln unterstreicht der Sprecher seine Aussagen? Achte auf die Bildersprache (Embleme), Wortwahl, Satzbau (u. a. Parallelismus, Chiasmus), Klangmittel (Alliteration, Assonanz), lautliche Regelmäßigkeiten (Takt, Kadenz, Reim).
 – Handelt es sich bei diesem Gedicht – nach Maßgabe deiner Sachinformation (vgl. Aufgabe 3) – um ein Sonett? Begründe deine Antwort.
c Interpretiere das Gedicht auf der Basis deiner Analyse:
 – Halte deine Eindrücke geordnet – z. B. in einer Tabelle – fest, indem du links die Textmerkmale notierst und rechts die Bedeutung bzw. die jeweilige Wirkung.
 – Stelle fest, welche Bedeutungs- oder Wirkungsschwerpunkte sich ergeben.
 – Prüfe, ob die Interpretationshypothese dadurch gestützt wird oder verändert werden muss.
 – Formuliere dann die Aussage des Textes, die sich für dich aus deiner Analyse ergibt.

Barock (17./Anfang 18. Jh.)

7 Verfasse eine Zwei-Minuten-Rede als kritische Antwort auf die Botschaft des Gedichts. Schlüpfe dabei entweder in die Rolle eines Neostoikers oder in die Rolle eines Epikuräers.

8 Fasse die Ergebnisse deiner Arbeit an Texten des Barock zusammen:
– Was hast du dabei über die Zeit des Barock gelernt?
– Was weißt du über die Poetik des Barock?
– Welche Kenntnisse hast du über Liebesgedichte in der Zeit des Barock?

2. LIEBESLYRIK ALS ERLEBNISLYRIK: Sturm und Drang

2.1 „… Und küssen wollt' ich sie" – Auf dem Weg zum Sturm und Drang

Text 7 **Der Kuss** CHRISTIAN FELIX WEIßE (1726–1804)

Ich war bei Chloen ganz allein,
Und küssen wollt' ich sie;
Jedoch sie sprach, sie würde schrein,
Es sei vergebne Müh.

5 Ich wagt' es doch, und küsste sie,
Trotz ihrer Gegenwehr.
Und schrie sie nicht? Jawohl, sie schrie, –
Doch lange hinterher.

> „Chloe": Figur aus dem antiken Hirtenroman „Daphnis und Chloe": ein liebes und unschuldig-naives Mädchen, das auf eine Insel verschlagen wird, wo sie zusammen mit dem schönen Jungen Daphnis ein glückliches Leben als Hirtin führt. Erst langsam entdecken sie, dass sie sich lieben. Durch die Hilfe von Halbgöttern finden beide zu ihren Eltern zurück und können heiraten.

Marc Chagall: „Daphnis und Chloe", 1961

1 Verhält sich der Sprecher des Gedichts in der Situation richtig? Diskutiert eure Einschätzung und besprecht euer Textverständnis.
2a Wie wirkt das Gedicht auf dich: eher wie eine Beichte, wie ein Witz oder wie eine schwärmerische Erinnerung? Wodurch wird dieser Eindruck hervorgerufen?
b Bereite dich auf den Vortrag des Gedichts vor. Welcher Ton ist dem Gedicht angemessen und wo lässt sich durch Pausen die Wirkung verstärken?
3 Inwiefern ist das Gedicht ein typisches Rokoko-Gedicht im Sinne von Text 8 (S. 130), inwiefern eher nicht? Begründe deine Einschätzung.

C. F. WEIßE

Sturm und Drang

Text 8 Auf dem Weg zum Sturm und Drang: Rokoko und Empfindsamkeit

Zwischen dem Ende der Barocklyrik und der Epoche, die man heute „Sturm und Drang" nennt, liegen ungefähr 100 Jahre. Während dieser Zeit, in der sich in den deutschen Ländern absolutistische Kleinstaaten stabilisieren, entstehen zunächst Gedichte im Stile des Rokoko. Die Gedichte setzen die Tendenz zur rhetorischen Dichtung fort, zeichnen sich
5 jedoch durch eine größere Leichtigkeit des Tones aus und dadurch, dass hier nicht mehr so genau auf die Geschlossenheit standardisierter Formen geachtet wird.
Ein neuer Ton in der Lyrik erklingt dann seit Mitte des 18. Jahrhunderts – innerhalb der literarischen Epoche der Aufklärung – mit der sich entwickelnden sentimentalen Dichtung der Empfindsamkeit. Diese Gedichte zielen stärker als früher darauf, authentische
10 Erfahrungen und intime Gefühle in Sprache umzusetzen. Die lyrische Form dient jetzt nicht mehr primär der Unterhaltung oder als Schmuck für eine weltanschauliche Stellungnahme, sondern als Möglichkeit, die Einzigartigkeit und Besonderheit tiefer individueller Erfahrungen durch eine neue und unbekannte Sprechweise zu erklären und zu illustrieren.

Text 9 Frühlingsliebe   Johann Heinrich Voß (1751–1826)

Die Lerche sang, die Sonne schien,
Es färbte sich die Wiese grün,
Und braungeschwollne Keime
Verschönten Büsch' und Bäume:

5 Da pflückt' ich am bedornten See
Zum Strauß ihr, unter spätem Schnee,
Blau, rot und weißen Güldenklee.
Das Mägdlein nahm des Busens Zier,
Und nickte freundlich Dank dafür.

10 Nur einzeln grünten noch im Hain
Die Buchen und die jungen Main;
Und Kresse wankt' in hellen
Umblümten Wiesenquellen:
Auf kühlem Moose, weich und prall,
15 Am Buchbaum, horchten wir dem Schall
Des Quelles und der Nachtigall.
Sie pflückte Moos, wo wir geruht,
Und kränzte sich den Schäferhut.

Wir gingen atmend, Arm in Arm,
20 Am Frühlingsabend, still und warm,
Im Schatten grüner Schlehen
Uns Veilchen zu erspähen:
Rot schien der Himmel und das Meer;
Auf einmal strahlte, groß und hehr,
25 Der liebe volle Mond daher.
Das Mägdlein stand und ging und stand,
Und drückte sprachlos mir die Hand.

Rotwangig, leicht gekleidet saß
Sie neben mir auf Klee und Gras,
30 Wo ringsum helle Blüten
Der Apfelbäume glühten:
Ich schwieg; das Zittern meiner Hand
Und mein betränter Blick gestand
Dem Mägdlein, was mein Herz empfand.

35 Sie schwieg, und aller Wonn' erguss
Durchströmt' uns beid' im ersten Kuss.

4a Fasse zusammen, was hier geschieht und was man über den Ort des Geschehens erfährt. Vergleiche das Gedicht in dieser Hinsicht mit Text 7.
 b Vergleiche die Haltung des Sprechers – seine Wünsche, seine Moral, seinen Charakter – mit dem Sprecher in Text 7.
 c Welche sprachlichen Mittel sind für deinen Eindruck vom Sprecher bestimmend? Beachte neben der Wortwahl auch die klanglichen Mittel (Alliteration, Reim usw.).
 5 Begründe, ob das Gedicht eher der Empfindsamkeit oder eher dem Rokoko zugerechnet werden kann; orientiere dich dazu an Text 8.

| M. Opitz | P. v. Zesen | C. H. v. Hoffmannswaldau | A. Gryphius |

Barock (17./Anfang 18. Jh.)

2.2 „Folg' deinem Feuer!" – Sturm und Drang als Aufbruch

Text 10 **Forderung nach einer neuen Art der Dichtung** JOHANN GOTTFRIED HERDER (1744–1803)

Freilich sind unsre Seelen heutzutage durch lange Generationen und Erziehung von Jugend auf anders gebildet. Wir sehen und fühlen kaum mehr, sondern denken und grübeln nur; wir dichten nicht über und in der lebendigen Welt, im Sturm und Zusammenstrom solcher Gegenstände, solcher Empfindungen, sondern erkünsteln uns entweder
5 Thema oder Art, das Thema zu behandeln, oder gar beides – und haben uns das schon so lange, so oft, so von früh auf erkünstelt, dass uns freilich jetzt kaum eine freie Ausbildung mehr glücken würde, denn wie kann ein Lahmer gehen?

1a Gegen welche Form der Dichtung wendet sich Herder und mit welchen Argumenten stützt er seine Haltung?
b Formuliere den Text um als Appell an die jungen Dichter seiner Zeit.

> Johann Gottfried Herder (1744–1803) setzte sich kritisch mit der Dichtkunst seiner Zeit (Aufklärung) auseinander, die strenge Regeln z. B. Reim, Aufbau u. a. vorschrieb. Er stellte ein wichtiges Bindeglied zwischen dem Zeitalter der Aufklärung und dem Sturm und Drang dar.

Text 11 **Sturm und Drang**

Das 18. Jahrhundert gilt als *Zeitalter der Aufklärung*; gekennzeichnet war diese Epoche durch den Glauben an die Vernunft und die Mündigkeit des Individuums. Die Forderung nach geistiger und politischer Selbstbestimmung führte zur Kritik an Autoritäten und Institutionen. Die überlieferte Religion wurde dabei ebenso hinterfragt wie die Ständegesellschaft. Gesellschaftlicher Fortschritt sollte in erster Linie durch die Verbesserung
5 des Einzelnen gelingen. Deshalb gewann die Erziehung zu Moral, Tugend, Toleranz und Humanität an Bedeutung.
Die Philosophen und Literaten der Aufklärung kamen überwiegend aus dem Stand des Bürgertums und richteten sich vielfach gegen den Absolutismus, eine Regierungsform, in
10 der alle Gewalt unbeschränkt in der Hand des Machthabers lag. Besonders die Laster und die Maßlosigkeit von Adel und Klerus waren Zielscheibe der Kritik. Innerhalb des *Zeitalters der Aufklärung*, genauer in der zweiten Hälfte des 18. Jahrhunderts, entstand die Bewegung des *Sturm und Drang* (ca. 1770–1785).
Was ist Sturm und Drang? Zunächst einmal handelt es sich um eine kurze Epoche der
15 deutschen Literatur, die ca. 1770 mit Gesprächen zwischen Herder und Goethe begann und die ca. 1785 bereits ihr Ende fand. Die Vertreter des Sturm und Drang verstanden sich selbst als Neuerer, die sich radikal von den literarischen Konventionen der Zeit abzusetzen suchten. Die Bezeichnung „Sturm und Drang" wurde den Vertretern dieser Richtung erst später zugeschrieben. Sie ist angeregt durch
20 ein Theaterstück gleichen Namens. In den 70er Jahren des 18. Jahrhunderts sprach man eher von „jungen Dichtern", „Genies", von „Originaldichtern" oder von der „Goethe-Sekte".
Maßgeblich angestoßen wurde die Richtung durch Philosophen wie Herder, Lavater und d'Holbach. Diese waren einerseits den zentralen Gedan-
25 ken der Aufklärung verpflichtet, vor allem mit der Begründung und Forderung der Selbstbestimmung des Menschen. Diese Denker wandten sich aber auch kritisch gegen die ihrer Ansicht nach zu einseitige rationalistische Tendenz der Aufklärung, gegen die Auffassung also, dass die Selbstbestimmung des Menschen vor allem mit den Mitteln des Verstandes verwirklicht werden könne.
30 Diese philosophische Position wurde von den Dichtern des Sturm und Drang in zwei Richtungen weiterverfolgt: Zum einen wandten sie sich gegen die so empfundene litera-

Sturm und Drang

rische Bevormundung durch starre literarische Regeln, wie sie in der Folge von Opitz vor allem von Gottsched formuliert wurden. Gegen die rhetorische Dichtung, die vom Barock noch bis in die Mitte des 18. Jahrhunderts reichte, setzte man die Erlebnisdichtung. Zum anderen zogen die Dichter aus den aufklärungskritischen Tendenzen der neueren Philosophie auch politische Konsequenzen. Während die Barockdichter vor dem Hintergrund einer politischen Unordnung sich nach Halt und Festigkeit sehnten, revoltierten die Stürmer und Dränger gegen die Missstände und besonders gegen die Unfreiheit in den absolutistisch regierten Fürstentümern. Sie wollten Missstände nicht nur reformieren, sondern tatkräftig für Menschenrechte und politische Freiheiten kämpfen. Modellhafte „Kraftkerle" als Vorbild für diese Haltung suchten die Stürmer und Dränger häufig in der älteren deutschen bzw. nordischen Geschichte und Mythologie.

Trotz einer erheblichen literarischen und kulturgeschichtlichen Wirkung dieser Richtung ist die Zahl der Texte, die sich eindeutig dem Sturm und Drang zurechnen lassen, recht überschaubar. Insbesondere die lyrische Produktion der zu dieser Richtung gezählten Autoren erscheint schmal. Neben Schubart und den Dichtern des Göttinger Hains (eines Freundeskreises junger Dichter mit ähnlichen poetischen Idealen, deren Gedichte jedoch weitgehend noch traditionellen Mustern folgen) war es vor allem der junge Goethe, der sich mit einer guten Handvoll Gedichte deutlich von der literarischen Tradition absetzte und einen neuen Ton anschlug.

2a Kennst du Menschen, die in der Gegenwart oder in der jüngeren Vergangenheit mit ihrer Kunst gegen Unfreiheit und Unterdrückung anzukämpfen versuchen? Diskutiert über den Sinn oder Unsinn solcher Versuche.

b Diskutiert an Beispielen, inwiefern sich der Protest dieser Künstler mit den Idealen der Stürmer und Dränger vergleichen lässt.

3 Fasse zusammen, in welcher Hinsicht sich die Lebensumstände und -einstellungen und die Vorstellungen von Dichtung in der Zeit zwischen Barock und Sturm und Drang verändert haben.

Text 12 Der Geniegedanke im Sturm und Drang

HEINRICH LEOPOLD WAGNER (1747–1779)

– Du, der du in dir einen Funken von Genie fühlst, was brauchst du dich mit Poetiken verschanzen [...]? Folg' deinem Feuer, du kommst weiter damit als mit Regeln.

JOHANN KASPAR LAVATER (1741–1801)

– Wo Wirkung, Kraft, Tat, Gedanke, Empfindung ist, die von Menschen nicht gelernt und nicht gelehrt werden kann, da ist Genie! Genie, das allererkennbarste und unbeschreiblichste Ding, fühlbar, wo es ist, und unbeschreiblich wie die Liebe.

– Wer bemerkt, wahrnimmt, schaut, empfindet, denkt, spricht, handelt, bildet, dichtet, singt, schafft, vergleicht, sondert, vereinigt, folgert, ahndet, gibt, nimmt – als wenn's ihm ein Genius, ein unsichtbares Wesen höherer Art diktiert oder angegeben hätte, der hat Genie; als wenn er selbst ein Wesen höherer Art wäre –, ist Genie.

GOTTFRIED VON JACQUIN

– [...] denn nicht hoher Verstand allein; nicht Imagination allein; nicht beide zusammen machen Genie – Liebe! Liebe! – ist die Seele des Genies.

Wagner

Lavater

| M. OPITZ | P. V. ZESEN | C. H. V. HOFFMANNSWALDAU | A. GRYPHIUS |

Barock (17./Anfang 18. Jh.)

4a Bereite eine Zwei-Minuten-Rede vor, in der du deinen Mitschülern mit Beispielen erklärst, was du selbst unter den Begriffen „genial" und „Genie" verstehst.
 b Vergleiche deine Auffassung vom Begriff „genial" mit der Bestimmung des „Genies" in den Textauszügen (Text 12).
 c Formuliere eine begründete Stellungnahme zur Definition des Genies bei Lavater (Text 12).

Text 13 **Thesen zum Verhältnis von Gefühl und Verstand**
JOHANN GEORG HAMANN (1730–1788)

– Das Herz schlägt früher als der Kopf denkt – ein guter Wille ist brauchbarer als eine noch so reine Vernunft.
– Ein Herz ohne Leidenschaft, ohne Affekte ist ein Kopf ohne Begriffe, ohne Mark.

5 Veranstaltet eine **Debatte** zur These: „Das Gefühl ist wichtiger als der Verstand."
 Geht dabei am besten folgenderweise vor:
a Sammelt Argumente (mit Beispielen) für und gegen diese These, ordnet sie anschließend an einer Pinnwand.
b Bildet zur These Pro- und Kontragruppen mit jeweils vier Mitgliedern; eure persönliche Meinung ist bei der Einteilung unwesentlich; wer nicht mitdebattiert, gehört später zur Jury.
c Überlegt in den Gruppen als Vorübung der Debatte, mit welchen Gegenargumenten man bei jedem Argument rechnen müsste; im Kreis herum lasst ihr einen Schüler ein Argument sagen und der nächste formuliert dazu eine Erwiderung.
d Führt anschließend die Debatte nach der folgenden Spielregel, die sich an den offiziellen Debattierwettbewerben orientiert, in der Klasse durch.

> **Die Debatte besteht aus drei Runden:**
> – **Eröffnungsrunde**: Jeweils zwei Debattanten der Pro- und der Kontragruppe stehen oder sitzen sich gegenüber und haben für ihre Eröffnungsrede, in der sie ihren Standpunkt klarmachen, maximal zwei Minuten Zeit; abwechselnd reden Pro und Kontra, Pro beginnt.
> – **Freie Aussprache**: Die Debattanten tauschen ihre Meinungen argumentativ in freier Diskussion aus; dafür haben sie je nach Vereinbarung maximal 12 Minuten Zeit.
> – **Schlussrunde**: In umgekehrter Reihenfolge (der Schlussredner der Eröffnungsrunde beginnt usw.) haben die Redner jeweils 1 Minute Zeit, ihren Standpunkt wiederholend zu bekräftigen – oder zu ändern, was keineswegs ein Zeichen von Schwäche sein muss!
> Eine **Jury** bewertet wie in den offiziellen Debattierwettbewerben
> – **Sachkenntnis**: Sind Redner oder Rednerin in der Sache kompetent?
> – **Ausdrucksvermögen**: Haben sie sich sprachlich präzise, klar und wirkungsvoll ausgedrückt?
> – **Gesprächsfähigkeit**: Haben Rednerin oder Redner genau zugehört, sind sie auf Vorredner eingegangen und haben sie sich fair verhalten?
> – **Überzeugungskraft**: Haben die Redner ihre Position überzeugend begründet und belegt?

Sturm und Drang

2.3 „Und lieben, Götter, welch ein Glück!": Eine Gedichtinterpretation schreiben

Text 14 **Mailied** Johann Wolfgang von Goethe (1749–1832)

Wie herrlich leuchtet
Mir die Natur!
Wie glänzt die Sonne!
Wie lacht die Flur!

5 Es dringen Blüten
Aus jedem Zweig
Und tausend Stimmen
Aus dem Gesträuch

Und Freud und Wonne
10 Aus jeder Brust.
O Erd', o Sonne,
O Glück, o Lust,

O Lieb', o Liebe,
So golden schön
15 Wie Morgenwolken
Auf jenen Höhn,

Du segnest herrlich
Das frische Feld,
Im Blütendampfe
20 Die volle Welt!

O Mädchen, Mädchen,
Wie lieb' ich dich!
Wie blickt dein Auge,
Wie liebst du mich!

25 So liebt die Lerche
Gesang und Luft,
Und Morgenblumen
Den Himmelsduft,

Wie ich dich liebe
30 Mit warmem Blut,
Die du mir Jugend
Und Freud' und Mut

Zu neuen Liedern
Und Tänzen gibst.
35 Sei ewig glücklich,
Wie du mich liebst!

1a Bereite dich darauf vor, das Gedicht bzw. das „Lied" vorzutragen. Berücksichtige dabei
 – die Stimmung des lyrischen Ichs (angedeutet u. a. in der Wortwahl und der Zeichensetzung);
 – das Metrum und den Takt (inkl. Kadenz) und die redestrukturierende Funktion des Reims;
 – das Tempo (bestimmt u.a. von Satzbaumuster, Wiederholungen und Strophenform).
b Einige tragen das Gedicht vor; diskutiert anschließend jeweils mit Belegen aus dem Text die Angemessenheit des Vortrags.
c Halte als ersten Schritt der Interpretation stichwortartig schriftlich fest, wie das Gedicht vorgetragen werden sollte und warum gerade so (Textbelege).

Grundwissen und Methode

Goethes Sesenheimer Gedichte

Im Jahre 1771 studierte Goethe zeitweise in Straßburg. Auf einem Ausflug nach Sesenheim lernt er Friederike Brion kennen. Die beiden verlieben sich ineinander, die Beziehung hält allerdings nur ungefähr ein Jahr. Danach geht Goethe, der sein Studium beendet hat, nach Frankfurt zurück, während Friederike zurückbleibt und nach der Erfahrung mit Goethe keine weiteren Beziehungen mehr eingehen wird. Die Liebe zu Friederike Brion bildet für Goethe eine wesentliche Inspiration für die sogenannten Sesenheimer Gedichte (u. a. „Mailied", „Willkommen und Abschied", „Heideröschen"). Während man die Gedichte einerseits besser versteht, wenn man diesen biografischen Hintergrund mit berücksichtigt, so sollte man sich andererseits davor hüten, die Interpretation mit dem Hinweis auf den biografischen Hintergrund schon für beendet zu halten. Zu fragen ist z. B. auch, inwiefern diese Liebeserfahrung für Goethe eine Voraussetzung und ein Mittel darstellte, um seine Ideen von guter Dichtung glaubwürdig umzusetzen.

Gedichte im Barock und im Sturm und Drang

2 Analysiere das Verhältnis des lyrischen Ichs zur Natur; halte auch hier Ergebnisse und wichtige Belegstellen schriftlich fest:
a Welche Eigenschaften hat die Natur und in welchem Verhältnis zur Natur sieht sich der Sprecher?
b Im Gedicht wird der Eindruck der Natürlichkeit und des Unkonventionellen der Sprechweise durch kunstvolle Gestaltung hergestellt. Notiere, mit welchen sprachlichen Gestaltungsmitteln (Wortwahl, Satzbau, lyrische Stilmittel) dieser Eindruck erzeugt wird.
c In welchem Zusammenhang stehen Naturdarstellung und die Vorstellung von der Liebe in Goethes Gedicht? Berücksichtige dabei auch den Aufbau des Gedichts.
d Nutze die folgende Sachinformation für weitere Ergänzungen deiner Ergebnisse.

Goethe und Friederike

Hof in Sesenheim, auf dem Goethe Friederike Brion kennenlernte

Grundwissen und Methode

Mit dem Sturm und Drang entstehen Gedichte, die als **Erlebnislyrik** bezeichnet werden. Junge Autoren, herausragend vor allem der junge Goethe, gestalten **subjektive Empfindungen und Erlebnisse** und verstehen ihre Gedichte als selbstbewussten **Ausdruck ihrer unverwechselbaren Individualität**. Oft wird der Eindruck des Natürlichen bzw. des Unkonventionellen durch kunstvolle Gestaltung erzeugt, manchmal wird der Text aber auch, so wissen wir vor allem von Goethe, aus einer besonderen Stimmung heraus in einem Guss niedergeschrieben, ohne dass er anschließend noch formal korrigiert, sprachlich geglättet oder inhaltlich verändert wird.
Erlebnislyrik nutzt vor allem die **Natur als Mittel zur Darstellung des Gefühlszustandes** des lyrischen Ichs. Natur – z.B. eine heitere Landschaft, eine duftende Sommerwiese, aber auch Nebel, Sturm oder eisiger Wind – drückt unmittelbar die Stimmung des Sprechers aus und wird so zu einem **Spiegel der Seele**.

| C. F. Weiße | J. H. Voß | J. G. Herder | H. L. Wagner | J. K. Lavater | J. G. Hamann | J. W. v. Goethe |

Sturm und Drang (ca. 1770–1785)

3 Mit welchen Eigenschaften präsentiert sich der Sprecher des Gedichts (Text 14)? Erstelle zur klaren Benennung eine dreispaltige Tabelle.
   – Notiere in der linken Spalte die für diese Frage relevanten Stellen im Gedicht.
   – Notiere in der mittleren Spalte in eigenen Worten, was der Sprecher hier sprachlich tut (z. B. loben, klagen, jubeln, beschreiben) und wie er es tut.
   – Notiere in der rechten Spalte, welche Charaktereigenschaften und welche Stimmung du dem Sprecher auf der Grundlage der Befunde in der mittleren Spalte zuschreibst.
4 Prüfe, welche „Schlüssel des Textverstehens" (→ Sachlexikon Deutsch) für diesen Text zusätzlich ergiebig sein könnten; nutze sie zu weiteren Analyse.
5 Stelle deine Ergebnisse der Textanalyse geordnet zusammen und verwende sie für eine schriftliche Interpretation des Gedichts. Beachte dazu die weiteren Hinweise der Sachinformation.

Grundwissen und Methode

Interpretieren

Bei der Interpretation kommt es darauf an, die **Analyseergebnisse** zu **verknüpfen**, zu **deuten** und eine **Aussage des Textes** zu formulieren.

Es gibt zu einem literarischen Text einerseits nie nur die eine, „richtige" Interpretation, andererseits ist eine Interpretation nur dann angemessen, wenn sie mit überzeugenden Analyseergebnissen gestützt werden kann.

Weg 1: Du kannst, bevor du den Text genauer analysierst, ein erstes Textverständnis als **Interpretationshypothese** formulieren; die Interpretationshypothese soll sich abstrahierend auf den Sinn des ganzen Textes beziehen. Es geht gewissermaßen um den Wald und nicht um die vielen Bäume.

Deine **Analyse** wird anschließend zu einer Bestätigung oder Korrektur der Hypothese oder zu einer gänzlich neuen Interpretation führen. Bedenke: Die Interpretation ist eine Argumentation, deshalb gilt: keine Behauptung ohne Argumente – aber auch: keine Aussage über Auffälligkeiten des Gedichts ohne Bezug zur zentralen Hypothese. Und: Alle Aussagen über Einzelaspekte sind durch Verweise auf den Text zu belegen.

Weg 2: Du beginnst mit der Darstellung deiner Analyseergebnisse und ermittelst als Schlussfolgerung deiner Deutung, die – mögliche – Aussage des Textes.

Dabei kannst du so vorgehen:
– Stelle anhand deiner Analyseergebnisse fest, wo es Entsprechungen gibt, die in eine Richtung weisen (z. B. zahlreiche Enjambements → lyrisches Ich, das sich nicht an vorgeschriebene Grenzen hält → Freiheit und Selbstbestimmung, …).
– Prüfe, ob sich auch andere Analyseergebnisse zu dieser Deutungsrichtung fügen lassen (z. B. rhetorische Fragen → keine Antwort erwartet, Selbstsicherheit).
   Probiere im Zweifel mehrere Deutungsrichtungen aus, wenn sich Widersprüche zu deinen Analyseergebnissen ergeben.
– Formuliere nun eine Aussage des Textes, die du ins Zentrum einer Mindmap schreibst; die Arme der Mindmap sind deine Analyseergebnisse, die zu einer Begründung der Textaussage geeignet sind.

Nun bist du gut vorbereitet, eine schriftliche Interpretation des Textes zu verfassen.

Text 15 Willkommen und Abschied (neuere Fassung)   Johann Wolfgang von Goethe (1749–1832)

Es schlug mein Herz; geschwind zu Pferde!
Es war getan fast eh gedacht;
Der Abend wiegte schon die Erde,
Und an den Bergen hing die Nacht:
5 Schon stand im Nebelkleid die Eiche
Ein aufgetürmter Riese da,
Wo Finsternis aus dem Gesträuche
Mit hundert schwarzen Augen sah.

Der Mond von einem Wolkenhügel
10 Sah kläglich aus dem Duft hervor,
Die Winde schwangen leise Flügel,
Umsausten schauerlich mein Ohr;
Die Nacht schuf tausend Ungeheuer,
Doch frisch und fröhlich war mein Mut:
15 In meinen Adern welches Feuer!
In meinem Herzen welche Glut!

Dich sah ich, und die milde Freude
Floss von dem süßen Blick auf mich;
Ganz war mein Herz an deiner Seite
20 Und jeder Atemzug für dich.
Ein rosenfarbnes Frühlingswetter
Umgab das liebliche Gesicht,
Und Zärtlichkeit für mich – ihr Götter!
Ich hofft es, ich verdient es nicht!

25 Doch ach schon mit der Morgensonne
Verengt der Abschied mir das Herz:
In deinen Küssen welche Wonne!
In deinem Auge welcher Schmerz!
Ich ging, du standst und sahst zur Erden
30 Und sahst mir nach mit nassem Blick:
Und doch, welch Glück, geliebt zu werden!
Und lieben, Götter, welch ein Glück!

6a Analysiere das Gedicht und bereite eine schriftliche Interpretation vor. Orientiere dich an der Sachinformation (S. 136).

b Tauscht eure Analyseergebnisse und Interpretationsideen aus und ergänzt eure Notizen mit Hinweisen, die ihr durch den Austausch bekommen habt.

7 Du kannst nun deine schriftliche Interpretation des Gedichts entwerfen und niederschreiben. Du kannst aber auch Goethes „Willkommen und Abschied" mit dem Barockgedicht „Das Sechste Lied" von Philipp von Zesen (Text 3, S. 125) vergleichen. Orientiere dich dazu an der folgenden Sachinformation (S. 138).

Grundwissen und Methode

Gedichte vergleichen

Ein **Gedichtvergleich** setzt die **Interpretation** zweier Gedichte voraus und basiert darauf, dass **lohnende Aspekte eines Vergleichs** erkannt werden – z. B. inhaltliche Variation eines Themas, jeweils typische Gestaltungsmittel, Stimmungen/Wirkungen oder konträre Aussagen –, sofern diese Aspekte nicht durch die Aufgabenstellung vorgegeben sind.
Je nach Aufgabenstellung ergeben sich unterschiedliche **Aufbaumöglichkeiten**:
1) **Einleitung:** Basisinformationen über Autoren, Titel, Thematik, evtl. Zeit/Epoche; zusätzlich: erstes Textverständnis als Interpretationshypothese
2) **Hauptteil:**
   A) Erschließung und Deutung der Gedichte erfolgen getrennt, ein anschließender Vergleich stellt für diese Texte relevante Vergleichspunkte heraus (diachron).
   B) Es werden wichtige Erschließungsaspekte – wie z. B. Thema, Menschen- oder Naturbild, Aufbau, Sprache, Motiv – direkt parallel gegenübergestellt (synchron).
   C) Es steht, wenn die Aufgabe entsprechend gestellt ist, einer der Texte im Zentrum und wird umfassend erschlossen und gedeutet; der andere Text wird lediglich als Kontrastfolie hinsichtlich einzelner vergleichbarer Aspekte dem Ausgangstext gegenübergestellt.
3) **Schluss:** Zusammenfassung und Akzentuierung des Entscheidenden – je nach Akzentsetzung der Aufgabenstellung; möglich auch: reflektierender Rückgriff auf das erste Textverständnis.

8 Schreiben beginnt nicht mit der Niederschrift und sie endet auch nicht damit: Beginne mit einer Stoffsammlung und beende den Schreibprozess nach der wiederholten Überarbeitung deines Textes, also erst, nachdem du dich vergewissert hast, dass dein Text auch für den Leser vollkommen verständlich und überzeugend ist und dass er keine sprachlichen Fehler mehr enthält.

9a Stelle abstrahierend zusammen: Was hast du bei der Erarbeitung der Texte zum Sturm und Drang erfahren über
– die Lebensumstände zur Zeit des Sturm und Drang und das Lebensgefühl der Stürmer und Dränger?
– die Vorstellungen der Stürmer und Dränger von Literatur bzw. von Gedichten?
– die Liebeslyrik in der Zeit des Sturm und Drang?
b Vergleiche deine Ergebnisse mit den Ergebnissen zum Barock (Aufgabe 8, S. 129): Worin siehst du die wesentlichen Unterschiede, worin mögliche Gemeinsamkeiten?

Das hast du in diesem Kapitel gelernt:

- Gedichte gestaltend vortragen, die Vortragsweise begründen und den Vortrag zur Gewinnung und Überprüfung von Interpretationshypothesen nutzen
- die Mehrdeutigkeit von Gedichten erkennen, diese auf die Wirkungsabsicht hin befragen und den Sinn vor dem Hintergrund poetischer Ideale der Epoche verstehen
- typische Merkmale von Barockgedichten (rhetorische Dichtung, Emblematik, Antithetik, Versform, Strophenform usw.) und ihre Funktion benennen
- Eigenschaften des Sonetts erkennen und den Sinn dieser Form reflektieren
- Barockgedichte als Antwort auf die Krisenerfahrungen des 17. Jahrhunderts verstehen
- erkennen, dass es im 17. Jahrhundert nicht eine einzige vorherrschende Haltung zu Fragen der weltlichen oder geistlichen Orientierung gab und dass die Gedichte der Zeit auch als Beitrag zur Auseinandersetzung um philosophische Positionen zu lesen sind
- erkennen, wie sich der Mentalitätswandel zwischen der Mitte des 17. Jahrhunderts und der zweiten Hälfte des 18. Jahrhunderts in den Gedichten des Sturm und Drang niederschlägt
- den Einfluss von Tendenzen der Aufklärung auf das Menschenbild und die poetischen Ideale der Stürmer und Dränger kennen und als Einfluss bei der Interpretation nutzen können
- den Eindruck des Natürlichen in den Gedichten des Sturm und Drang als rhetorisches Konstrukt erkennen und analysieren können
- Gedichte sachgerecht analysieren und interpretieren
- eine schriftliche Interpretation eines Gedichts verfassen und überarbeiten

Ideen und Projekte:

- Recherchiert zum geschichtlichen **Hintergrund des Barock**. Hier einige Anregungen:
  - der Dreißigjährige Krieg
  - der geistesgeschichtliche Hintergrund (z. B. Gegenreformation, Philosophie Hobbes')
  - die Kunstgeschichte (Malerei, Musik, Architektur)
- Informiert euch über **Johann Sebastian Bach**.
  - Hört euch gemeinsam die Matthäus-Passion an und erörtert gemeinsam mit einem Musiklehrer die Frage, welche typisch barocken Merkmale sich hier finden.
  - Studiert gemeinsam den Text dieser Passion und vergleicht diesen Text mit den Informationen über den Barock, die ihr in diesem Kapitel kennengelernt habt.
- Recherchiert zu den Lebensläufen einzelner **Vertreter des Sturm und Drang**. Vergleicht beispielsweise die Karriere Goethes mit der von Jakob Michael Reinhold Lenz, Gottfried August Bürger, Friedrich Schiller, Christian Friedrich Daniel Schubart.
- Sucht Informationen über den Sänger **Rio Reiser** und die Band „Ton, Steine, Scherben" und vergleicht seine Ideale und die Umsetzung mit dem Schicksal von **Christian Friedrich Daniel Schubart**.
- Informiert euch über **Goethes spätere Vorstellungen von guter Kunst und Literatur**. Nutzt diese Informationen, um ein Streitgespräch zwischen dem jungen und dem alten Goethe zu veranstalten. Mögliche Themen wären z. B.: „Die Freiheit des Einzelnen im Verhältnis zur politischen Ordnung" oder „Die Bedeutung der Dichtung für die Befreiung der Menschen" oder „Liebe und Leidenschaft".
- Liebesgedichte gab und gibt es in jeder Zeit: Stellt eine **Auswahl von Liebesgedichten im Wandel der Zeiten** zusammen. Euer persönlicher Gedichtband kann sich orientieren
  - an typischen Themen und Formen der jeweiligen Epoche
  - oder an eurem persönlichen Geschmack: „Liebesgedichte, die uns gefallen."

Erweitern · Vertiefen · Anwenden

PROSA DES STURM UND DRANG: "DIE LEIDEN DES JUNGEN WERTHER"

Text 1 **Die Leiden des jungen Werther** (Einleitung) JOHANN WOLFGANG VON GOETHE

Was ich von der Geschichte des armen Werther nur habe auffinden können, habe ich mit Fleiß gesammelt und lege es euch hier vor und weiß, dass ihr mir's danken werdet. Ihr könnt seinem Geist und seinem Charakter eure Bewunderung und Liebe, seinem Schicksal eure Tränen nicht versagen.
5 Und du, gute Seele, die du eben den Drang fühlst wie er, schöpfe Trost aus seinem Leiden und lass das Büchlein dein Freund sein, wenn du aus Geschick oder eigener Schuld keinen nähern finden kannst. [...]

1a Notiere einige Stichworte zu deinen spontanen Eindrücken von Text 1.
b Tauscht eure Eindrücke im Klassengespräch aus.

2 Text 1 ist die Einleitung zu Goethes Briefroman „Die Leiden des jungen Werther". Ein Briefroman besteht ganz oder überwiegend aus erdichteten Briefen. Dazu können – wie in diesem Fall – Einleitung und Nachwort eines angeblichen Herausgebers treten.
a Wer wendet sich in der Einleitung an den Leser und wie lässt sich die Haltung dieses Ich-Erzählers gegenüber Werther charakterisieren, wie gegenüber dem Leser?
b Was fällt euch zum Wortschatz auf?

Text 2 **Die Leiden des jungen Werther** (Brief vom 10. Mai) JOHANN WOLFGANG VON GOETHE

Am 10. Mai

Eine wunderbare Heiterkeit hat meine ganze Seele eingenommen, gleich den süßen Frühlingsmorgen, die ich mit ganzem Herzen genieße. Ich bin allein und freue mich meines Lebens in dieser Gegend, die für solche Seelen geschaffen ist wie die meine. Ich bin so glücklich, mein Bester, so ganz in dem Gefühle von ruhigem Dasein versunken,
5 dass meine Kunst darunter leidet. Ich könnte jetzt nicht zeichnen, nicht einen Strich, und bin nie ein größerer Maler gewesen als in diesen Augenblicken. Wenn das liebe Tal um mich dampft und die hohe Sonne an der Oberfläche der undurchdringlichen Finsternis meines Waldes ruht und nur einzelne Strahlen sich in das innere Heiligtum stehlen, ich dann im hohen Grase am fallenden Bache liege und näher an der Erde tausend mannig-
10 faltige Gräschen mir merkwürdig werden; wenn ich das Wimmeln der kleinen Welt zwischen Halmen, die unzähligen, unergründlichen Gestalten der Würmchen, der Mückchen näher an meinem Herzen fühle und fühle die Gegenwart des Allmächtigen, der uns nach seinem Bilde schuf, das Wehen des Allliebenden, der uns in ewiger Wonne schwebend trägt und erhält; mein Freund! wenn's dann um meine Augen dämmert und die
15 Welt um mich her und der Himmel ganz in meiner Seele ruhn wie die Gestalt einer Geliebten – dann sehne ich mich oft und denke: Ach könntest du das wieder ausdrücken, könntest du dem Papiere das einhauchen, was so voll, so warm in dir lebt, dass es würde der Spiegel deiner Seele, wie deine Seele ist der Spiegel des unendlichen Gottes! – Mein Freund – Aber ich gehe darüber zugrunde, ich erliege unter der Gewalt der Herrlichkeit
20 dieser Erscheinungen.

Gedichte im Barock und im Sturm und Drang

3a Was teilt der in der Einleitung angekündigte Werther in diesem Brief vom 10. Mai mit?
 b Halte in Stichworten fest, welche Vorstellungen du dir von Werther machst. Begründe deine Überlegungen mit Beobachtungen zur Sprache des Textes und den Informationen, die der Schreiber zu seiner Person gibt.

4 Untersuche den Brief vom 10. Mai (Text 2) genauer:
– Welchen semantischen Bereichen lässt sich Werthers Wortschatz zuordnen (→ Sachlexikon Deutsch: semantische Textanalyse)? Ordne ihn in Gruppen. Welche Themen schneidet Werther an?
– Welche Wörter kommen gehäuft vor? Zähle einzelne nach.
– Untersuche den Satzbau und die Satzschlusszeichen.

5 Goethes Briefroman „Die Leiden des jungen Werther" ist einer der wichtigsten Texte des Sturm und Drang. Welche Elemente dieser Epoche findest du im Brief vom 10. Mai? Orientiere dich an Text 11 auf S. 131f.

Text 3 **Die Leiden des jungen Werther** (Auszug: Brief vom 24. Dezember 1771)
JOHANN WOLFGANG VON GOETHE

[...]
Was mich am meisten neckt, sind die fatalen bürgerlichen Verhältnisse. Zwar weiß ich so gut als einer, wie nötig der Unterschied der Stände[1] ist, wie viel Vorteile er mir selbst verschafft: nur soll er mir nicht eben ge-
5 rade im Wege stehen, wo ich noch ein wenig Freude, einen Schimmer von Glück auf dieser Erde genießen könnte. Ich lernte neulich auf dem Spaziergange ein Fräulein B.. kennen, ein liebenswürdiges Geschöpf, das sehr viel Natur mitten in dem steifen Leben erhalten hat. Wir gefielen uns in unserem Gespräche und da wir schieden, bat ich sie um Erlaub-
10 nis, sie bei sich sehen zu dürfen. Sie gestattete mir das mit so vieler Freimütigkeit, dass ich den schicklichen[2] Augenblick kaum erwarten konnte, zu ihr zu gehen. Sie ist nicht von hier und wohnt bei einer Tante im Hause. Die Physiognomie[3] der Alten gefiel mir nicht. Ich bezeigte viel Aufmerksamkeit, mein Gespräch war meist an sie gewandt und in minder als einer halben
15 Stunde hatte ich so ziemlich weg, was mir das Fräulein nachher selbst gestand: dass die liebe Tante in ihrem Alter Mangel von allem, kein anständiges Vermögen, keinen Geist und keine Stütze hat als die Reihe ihrer Vorfahren, keinen Schirm als den Stand, in den sie sich verpalisadiert[4], und kein Ergetzen, als von ihrem Stockwerk herab über die bürgerlichen Häupter wegzusehen. [...]

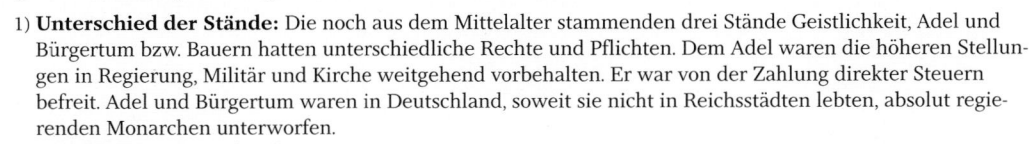

Charlotte Buff

1) **Unterschied der Stände:** Die noch aus dem Mittelalter stammenden drei Stände Geistlichkeit, Adel und Bürgertum bzw. Bauern hatten unterschiedliche Rechte und Pflichten. Dem Adel waren die höheren Stellungen in Regierung, Militär und Kirche weitgehend vorbehalten. Er war von der Zahlung direkter Steuern befreit. Adel und Bürgertum waren in Deutschland, soweit sie nicht in Reichsstädten lebten, absolut regierenden Monarchen unterworfen.
2) **schicklich:** wie es sich gehört
3) **Physiognomie:** äußere Erscheinung, besonders Gesichtsausdruck
4) **verpalisadiert:** verbarrikadiert

6a Welche Situation beschreibt Werther in Text 3?
 b Was stört Werther an den „fatalen bürgerlichen Verhältnissen"?
 c Was sagt der Text über ihn selbst aus? Ergänze deine Ergebnisse zu Aufgabe 3b.

Erweitern · Vertiefen · Anwenden

Text 4 **Die Leiden des jungen Werther** (Brief vom 3. September)
JOHANN WOLFGANG VON GOETHE

Am 3. September.

Ich begreife manchmal nicht, wie sie ein anderer lieb haben kann, lieb haben darf, da ich sie so ganz allein, so innig, so voll liebe, nichts anders kenne, noch weiß, noch habe als sie!

Text 5 **Die Leiden des jungen Werther** (Brief vom 6. September)
JOHANN WOLFGANG VON GOETHE

Am 6. September.

Es hat schwer gehalten, bis ich mich entschloss, meinen blauen einfachen Frack, in dem ich mit Lotten zum ersten Male tanzte, abzulegen, er ward aber zuletzt gar unscheinbar. Auch habe ich mir einen machen lassen ganz wie den vorigen, Kragen und Aufschlag
5 und auch wieder so gelbe Weste und Beinkleider dazu.
Ganz will es doch die Wirkung nicht tun. Ich weiß nicht – Ich denke, mit der Zeit soll mir der auch lieber werden.

7a Vergleiche die Daten der beiden kurzen Briefe (Texte 4 und 5) mit dem Datum von Text 3: Welche Informationen zur Zwischenzeit fehlen dir, damit du die Texte verstehen kannst? Stelle dazu Fragen zusammen.
b Welche deiner Fragen beantwortet Text 6, welche bleiben zunächst offen?

Text 6 Bei einem Ball auf dem Lande hat Werther eine junge Frau, Lotte, kennengelernt und sich leidenschaftlich in sie verliebt. Lotte jedoch versteht es, Werther auf Distanz zu halten. Später lernt er auch Lottes Verlobten, Albert, kennen, zu dem er ein äußerlich freundschaftliches Verhältnis entwickelt, das jedoch durch unterschiedliche Ansichten
5 zu vielen Fragen immer wieder getrübt wird, zum Beispiel zu der Frage, ob Selbstmord legitim sei, was Werther bejaht, Albert aber verneint.

8 Gib mit eigenen Worten wieder, was Werther Lotte in seinem letzten Brief (Text 7) mitteilt.

Text 7 **Die Leiden des jungen Werther** (letzter Brief)   JOHANN WOLFGANG VON GOETHE

[...]
Hier, Lotte! Ich schaudre nicht, den kalten, schrecklichen Kelch zu fassen, aus dem ich den Taumel des Todes trinken soll! Du reichtest mir ihn und ich zage nicht. All! all! So sind alle Wünsche und Hoffnungen meines Lebens erfüllt! So kalt, so starr an der eher-
5 nen Pforte des Todes anzuklopfen.
Dass ich des Glückes hätte teilhaftig werden können, für dich zu sterben! Lotte, für dich mich hinzugeben! Ich wollte mutig, ich wollte freudig sterben, wenn ich dir die Ruhe, die Wonne deines Lebens wiederschaffen könnte. Aber ach! das ward nur wenigen Edeln gegeben, ihr Blut für die Ihrigen zu vergie-
10 ßen und durch ihren Tod ein neues, hundertfältiges Leben ihren Freunden anzufachen. In diesen Kleidern, Lotte, will ich begraben sein, du hast sie berührt, geheiligt; ich habe auch deinen Vater darum gebeten.
15 Meine Seele schwebt über dem Sarge. Man soll meine Taschen nicht aussuchen. Diese blassrote Schleife, die du am Busen hattest, als ich dich zum ersten Male unter deinen Kindern fand – O küsse sie tausendmal und

20 erzähle ihnen das Schicksal ihres unglücklichen Freundes. Die Lieben! sie wimmeln um mich. Ach wie ich mich an dich schloss! seit dem ersten Augenblicke dich nicht lassen konnte! – Diese Schleife soll mit mir begraben werden. An meinem Geburtstage schenktest du sie mir! Wie ich das alles verschlang! – Ach, ich dachte nicht, dass mich der Weg hierher führen sollte! – – Sei ruhig! ich bitte dich, sei ruhig! – Sie sind geladen – Es
25 schlägt zwölfe! So sei es denn! – Lotte! Lotte, lebe wohl! lebe wohl!"

9a Untersuche die Sprache von Text 7 und vergleiche deine Ergebnisse mit denen von Aufgabe 3b.
b Stelle aus den Texten 1–7 zusammen, woran Werther leidet und wie er mit seinem „Leiden" umgeht.
c Fasse zusammen: Was macht Werther zu einem typischen Vertreter der Zeit des Sturm und Drang?

10 Die letzten Sätze des Romans lauten: „Handwerker trugen ihn. Kein Geistlicher hat ihn begleitet." Wie wirken diese Sätze auf dich? Diskutiert eure Einschätzung und nehmt dabei das folgende Zitat zu Hilfe:

Text 8 „Auch durch das Thema des Selbstmordes war das Buch etwas Neues. In der Welt des 18. Jahrhunderts, die in festen kirchlichen Bahnen lebte und in ihren geistigen Kreisen von dem optimistischen Gedanken der Aufklärung durchformt war (den Gedanken eines Fortschritts durch Vernunft), war der Selbstmord eine Ungeheuerlichkeit, die allenfalls
5 möglich war bei einfältigen Menschen, wie Albert im Gespräch mit Werther sagt. [...]

Text 9 **Zum biografisch-historischen Hintergrund der „Leiden des jungen Werther"**

Im Januar und Februar 1774 schrieb Goethe innerhalb von vier Wochen den Roman „Die Leiden des jungen Werther" nieder. Neugierige Fragen der Zeitgenossen, was an der Geschichte wahr sei, wehrte er ärgerlich ab. Tatsächlich aber hat Goethe einige eigene Erlebnisse in diesem Text verarbeitet. 1772 hatte er, als er ein juristisches Praktikum am
5 Reichskammergericht in Wetzlar absolvierte, Charlotte Buff kennengelernt und sich in sie verliebt. Charlotte war verlobt und unterhielt mit Goethe lediglich freundschaftliche Beziehungen. Kurz nach Beendigung seines
10 Praktikums erfuhr er, dass sich in Wetzlar ein junger Mann, den er dort kennengelernt hatte, wegen einer unglücklichen Liebe zu einer verheirateten Frau erschossen hatte. Dieser
15 Selbstmord erregte großes Aufsehen. Die Veröffentlichung von Goethes Roman löste ein regelrechtes Wertherfieber aus, sein Selbstmord fand offenbar
20 zahlreiche Nachahmer. Die berühmte Tracht (s. Text 5) wurde zur Mode.

Fünf Mädchen, gemeinsam „Die Leiden des jungen Werther" lesend

11 Wie erklärt ihr euch das Wertherfieber? Greift bei eurer Diskussion auch auf die Informationen über die Zeit des Sturm und Drang (vgl. S. 131f.) zurück.

KLONE UNTER UNS

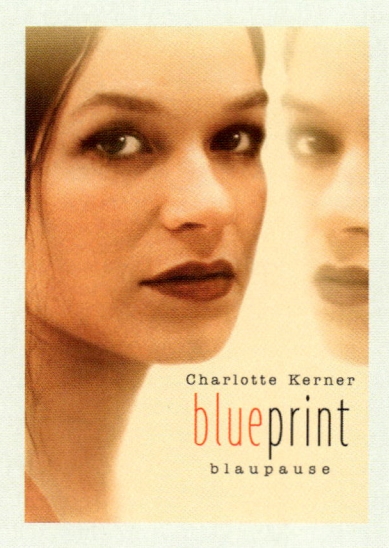

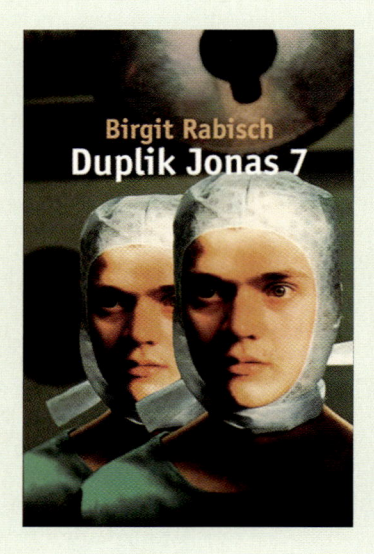

Zwei Jugendromane:
- Vergleiche: Was wird auf den Titelbildern jeweils dargestellt und damit als wichtig für die Handlung herausgestellt?
- Welche Stimmung wird durch die Darstellung vermittelt?
- Welche Erwartungen auf den Romaninhalt werden dadurch jeweils geweckt?

Klappentext „Blueprint"   Charlotte Kerner

Irgendwann in der nahen Zukunft: Die hochbegabte Komponistin Iris Sellin ist unheilbar krank und kinderlos. Damit ihr Talent nicht mit ihr aus der Welt verschwindet, lässt sie sich klonen. Iris und ihre Tochter Siri sind damit eineiige Zwillinge und zugleich Mutter und Kind. Siri wächst in einer Beziehung auf, die es so zwischen zwei Menschen noch
5 nie gegeben hat. Als Kopie, als Blueprint ihrer Mutter, lebt sie mit einem vorgegebenen Leben und dem Auftrag, Iris und ihr Talent unsterblich zu machen ...

Klappentext „Duplik Jonas 7"   Birgit Rabisch

Jonas 7 ist ein Duplik. Er lebt mit vielen anderen Dupliks in einem sogenannten Hort, abgeschottet von der Welt, und muss nichts anderes tun als Sport treiben, sich richtig ernähren und auf seine Gesundheit achten. Nur eine Bedrohung gibt es in diesem idyllisch anmutenden Leben: den FRASS. Eine Krankheit, die plötzlich und unbemerkt auf-
5 tritt, die alle Organe befällt und die nur mit der Entfernung des jeweiligen Körperteils „geheilt" werden kann. Die grausame Wirklichkeit, die dahinter steckt, ahnt keiner der Dupliks: Sie sind genetische Zwillinge von in der „normalen" Welt lebenden Menschen und müssen jederzeit als deren Ersatzteillager fungieren. ...

Thema – Hauptfiguren – Namen ...: Zu welchen Fragen erhältst du in den Klappentexten Informationen? Notiere Fragen, die noch offenbleiben.

Reizt dich einer der Klappentexte zum Weiterlesen?
Vielleicht hast du Lust, einen der Romane zu lesen und den Inhalt der Klasse vorzustellen.

Informieren, präsentieren, Stellung nehmen

Fasse kurz zusammen, welche Informationen die beiden folgenden Texte geben. Für welche Adressaten und mit welcher Intention wurden sie vermutlich verfasst?

Klonen (Lexikonauszug)
Das Prinzip des Klonens lässt sich am besten am Beispiel des schottischen Schafes „Dolly" erklären. Den Wissenschaftlern Dr. Keith Cambell und Dr. Ian Wilmot vom Roslin Institut in Schottland gelang es 1997 erstmals, ein Säugetier zu klonen. Sie entnahmen einem erwachsenen Schaf eine Euterzelle. Zuerst musste der Teilungsprozess dieser
5 Zelle gestoppt werden [...]. Zugleich wurde einem weiblichen Schaf eine unbefruchtete Eizelle entnommen und der Nukleus mit dem Erbgut entfernt. Die Euterzelle und die Zelle ohne Nukleus wurden daraufhin angeregt zu fusionieren. Dies gelang und die neue Zelle teilte sich und konnte in die Gebärmutter eines Schafes gepflanzt werden. Aus diesem Embryo entwickelte sich Dolly, das genetisch identisch war zu dem Schaf, dem die
10 Euterzelle entnommen worden war. Allerdings klappte dieser Versuch erst nach 275 Anläufen. [...]

Das Ende der genetischen Lotterie (Auszug)   **Eine Provokation von Klaus Haefner**
[...] Es wird – und zwar vermutlich sehr bald – Babys geben, die nicht aus der genetischen Lotterie stammen, sondern gezielt von existierenden Individuen geklont wurden – vielleicht in Deutschland, sicher aber irgendwo auf der Welt! Sie werden aufwachsen und demonstrieren, dass sie gesund und munter sind. Danach wird für jede Familie die
5 Alternative klar sein: mit dem vorhandenen Genom der beiden Partner in die genetische Lotterie gehen oder gezielt klonieren? Es ist außerordentlich unwahrscheinlich, dass alle Eltern bei der genetischen Lotterie bleiben werden. Insbesondere deswegen, weil in cirka zehn Jahren das weltweit mit staatlichen Millionenbeträgen geförderte Projekt zur Kartierung des menschlichen Genoms in wichtigen Teilen bereits abgeschlossen sein
10 wird und Mutter und Vater für angemessene Kosten erfahren werden, welche „negativen" und „positiven" Erbanlagen sie in die genetische Lotterie einbringen können. [...]

Realistisch – wünschenswert ...? Nehmt zu Haefners Zukunftsvision wertend Stellung.

1. IRIS IST SIRI – auswerten und präsentieren

1.1 Zur Sache: erste Orientierung

Text 1 **Nachwort von Charlotte Kerner zu ihrem Roman „Blueprint"**

Eine noch nicht mögliche Geschichte zu denken und zu erzählen heißt, das Mögliche weiterzudenken.

Das bereits Mögliche, das den allerersten Anstoß für dieses Buch gab, geschah im Oktober 1993. Zwei amerikanische Wissenschaftler spalteten menschliche Embryonen in der
5 Schale (*in vitro*) mit „mikrochirurgischen Methoden" und schufen zum ersten Mal „künstliche Zwillinge". Aus den Zwei- und Achtzellern wurden zwei bis acht Zellen mit identischen Genen, die sich tatsächlich weiterentwickelten: der Rohstoff für menschliche Klone. Die Forscher vernichteten die Embryonen im 32-Zell-Stadium und präsentierten ihr Experiment der Öffentlichkeit. Was die Forscher getan hatten, wurde in der Tier-
10 zucht seit Langem praktiziert und brachte keinerlei neue Erkenntnisse. Der Tabubruch allein war das Ziel und ein Signal, ein lautes Warnsignal. [...]

Was es bis heute noch nicht gibt, ist der Klon eines erwachsenen Menschen, also Zwillinge, die eine ganze Generation trennt wie Siri und Iris Sellin, die Hauptpersonen des Buches. Ich steckte bereits mitten in der Arbeit an dieser Zukunftsgeschichte, als auch mich das
15 Schaf Dolly überraschte, das schon 1996 geboren worden war, aber wegen Patentfragen erst 1997 der Weltöffentlichkeit präsentiert wurde. Dolly war das erste Säugetier, dessen Klonierung aus den Euterzellen eines erwachsenen Schafes gelang. Geklonte Kälber, Mäuse, Affen folgten geschwind. Je sicherer die Methode und je höher die Erfolgsrate, umso näher rückt die Zeit, in der Menschenklone unter uns leben werden. [...]
20 Experten halten laut einer Umfrage das „reproduktive Klonen" am Ende für „unvermeidlich" und „unaufhaltbar", gestritten wird höchstens noch über das Wann: Wird es in drei, fünf oder zwanzig Jahren so weit sein? Wie lange halten die Verbote noch?

Das erste große Klon-Geschäft – auch darüber besteht Einigkeit unter den Fachleuten – wird mit alten oder verstorbenen Haustieren und zwar unter dem Motto „clone a pet"
25 anlaufen. Im Internet bietet clonaid zu einem hohen Preis bereits solche Dienste an – für Mäuse und für Menschen.

Auch ich mache mir keine Illusionen: Forscher werden Menschen klonen und Menschen werden sich klonen lassen. Der Klon lebt ja bereits mitten unter uns, wenn auch erst in Gedanken und Worten, Filmen und Büchern.
30 Dolly und ihre tierischen Nachfolger sind stumm. [...] Menschenklone dagegen können sprechen, von sich erzählen – so wie Siri Sellin, die in Blueprint von ihrem Klon(bewusst)sein erzählt. [...]

„Blueprint" ist keine Fortsetzung von „Geboren 1999", trotzdem haben beide Bücher etwas gemeinsam: Sie erzählen, was die Anwendung wissenschaftlicher Erkenntnisse für einen
35 einzelnen Menschen bedeuten kann, was „Fortschritt" mit und in jemandem anrichtet. [...] Was persönliche und gesellschaftliche Moral im Fall des Klonens bedeutet, darüber muss weiter diskutiert werden. Und was Mut zur Moral bedeutet, darüber muss gerade auch im Einzelfall gestritten werden.

Blueprint ist ein Buch zum Streiten. *Lübeck, Januar 2001, Charlotte Kerner*

1a Inwieweit ist „Blueprint" ein Buch zum Streiten? Formuliert strittige Fragen.
b Welche Chancen und Gefahren der Gentechnik spricht Kerner in ihrem Nachwort von 2001 an? Was hat sich nach eurer Kenntnis seit dieser Zeit verändert?

2 Analysiere den Text genauer:
a Welche Informationen zur Geschichte des Klonens lassen sich dem Text entnehmen?
b Handelt es sich bei diesem Nachwort um einen informierenden oder argumentierenden Sachtext? Begründe.
c Adressaten des Textes sind die Romanleser. Versuche, den Adressatenkreis noch genauer einzuschränken: Alter? Geschlecht? Bildungsstand? …

3 Was könnte Charlotte Kerner dazu veranlasst haben, dieses Nachwort zu schreiben? Stütze deine Vermutungen auf Textsignale.

4a Hättest du gerne einen Klon von deinem verstorbenen Lieblingshaustier? Sammle Argumente dafür und dagegen. Stütze diese durch Beispiele bzw. Belege.
b Gestalte eine Werbeanzeige für oder gegen „clone a pet".

5 Bist du dafür oder dagegen, Menschen zu klonen? Erstellt ein vorläufiges Stimmungsbild in der Klasse.

1.2 Sich Klarheit verschaffen: Sachtexte und Grafiken analysieren

1 Um Fragen zum Thema „Klonen" differenziert klären zu können, brauchst du weitere Informationen und Positionen, mit denen du dich auseinandersetzen kannst:
a Entwickle Fragen zu diesem Thema, denen du besonders nachgehen willst.
b Wirf einen ersten Blick auf die Texte 2–4 und die Grafiken 1–4: Welche Fragen lassen sich mit diesen Materialien beantworten, welche bleiben offen?
c Welche Informationsquellen kannst du nutzen, um weitere Informationen zu erhalten, die dir noch fehlen?

2 Therapeutisches Klonen: Stell dir vor, du sollst deine Klasse über dieses Thema informieren und deine Position zu diesem Thema argumentativ darstellen. Erarbeite dir unter diesem Aspekt zunächst den folgenden Text:
a Begründe, ob es sich bei Text 2 um einen argumentierenden oder informierenden Sachtext handelt.
b Bei diesem Text fehlen Angaben zum Verfasser, zur Quelle und zum Erscheinungsdatum. Besprecht, ob bzw. warum diese Angaben für die Bewertung des Informationsgehaltes erforderlich sind.
c Mache dir den Textinhalt verfügbar, indem du entweder die zentralen Begriffe „reproduktives" und „therapeutisches Klonen" schriftlich definierst oder die Erklärung der Begriffe in einer Tabelle einander gegenüberstellst.
d Vergleicht eure Ergebnisse, indem ihr insbesondere die Verständlichkeit und die Übersichtlichkeit der Darstellung beurteilt.

Text 2 **Reproduktives und therapeutisches Klonen**

In der Diskussion um das Klonen wird zwischen reproduktivem und therapeutischem Klonen unterschieden, um die unterschiedliche Funktion in den Vordergrund zu stellen und somit eine differenziertere Auseinandersetzung mit dem Thema zu ermöglichen.

5 Ziel der Reproduktion ist die Nachbildung eines Lebewesens, also seine Vervielfältigung. Ziel des therapeutischen Klonens ist die Behandlung von Krankheiten.

Klonschaf „Dolly" 1997

Auswerten und präsentieren

Der rein technische Vorgang der Vervielfältigung einer Körperzelle – die nach dem Klonschaf Dolly benannte Dolly-Methode – ist bei beiden Verfahren identisch.

10 Der Unterschied liegt darin, dass beim reproduktiven Klonen der Transfer des vervielfältigten Embryos in die Gebärmutter eines Tieres oder Menschen erfolgen würde, während beim therapeutischen Klonen der Embryo in vitro als Zellkultur auf ein bestimmtes therapeutisches Ziel hin (z.B. Ersatzniere) gezüchtet wird. Medizinischer Vorteil dieser Methode ist es, dass kranke Menschen nicht mehr auf eine Organspende warten müssten
15 und es vermutlich keine Abstoßungsreaktionen des Körpers auf das „eigene" Organ geben würde.

Während weltweit die meisten Menschen das reproduktive Klonen als moralisch verwerflich ablehnen, gibt es beim therapeutischen Klonen keinen Konsens.

3 Informiere dich – z.B. im Internet – über die aktuelle Situation: Ist therapeutisches Klonen in Deutschland und anderen europäischen Ländern erlaubt? Wie sieht es in den USA aus?

4 Analysiere die folgenden Grafiken 1–4:
Beginne mit Grafik 1 aus dem Jahr 2005:
– Auf welche Sachfragen gibt die Grafik Antwort?
– Was trägt sie zur Frage des therapeutischen Klonens bei (vgl. Aufgabe 2)?

Grafik 1

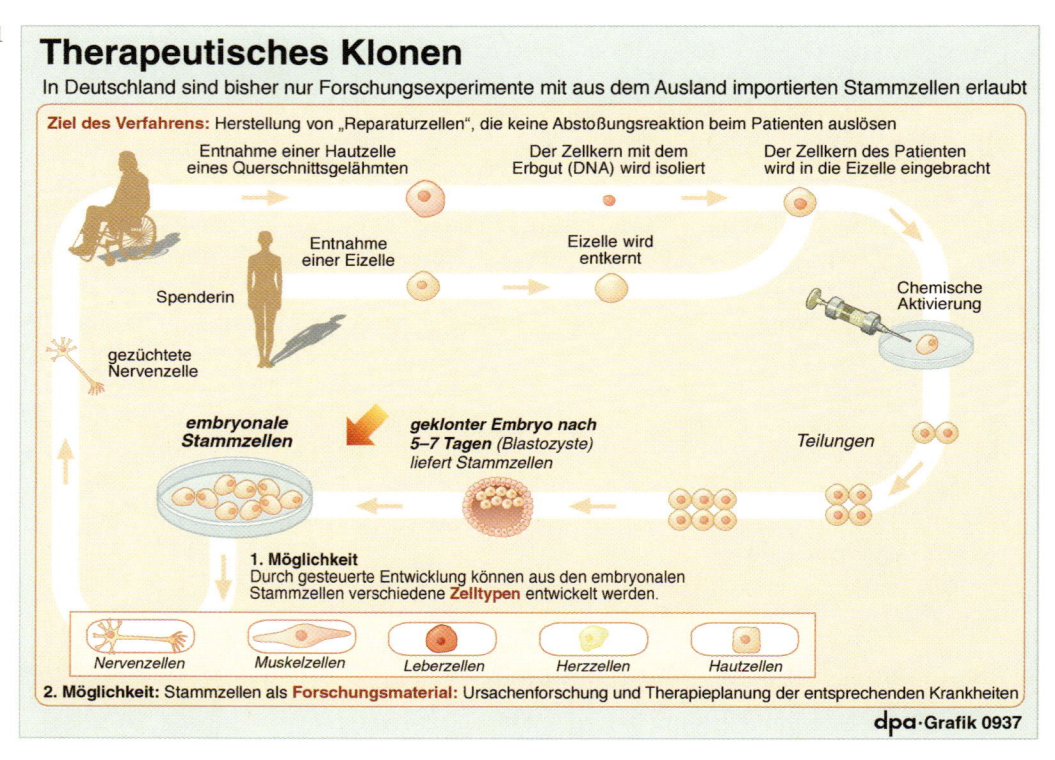

Therapeutisches Klonen
In Deutschland sind bisher nur Forschungsexperimente mit aus dem Ausland importierten Stammzellen erlaubt

Ziel des Verfahrens: Herstellung von „Reparaturzellen", die keine Abstoßungsreaktion beim Patienten auslösen

- Entnahme einer Hautzelle eines Querschnittsgelähmten
- Der Zellkern mit dem Erbgut (DNA) wird isoliert
- Der Zellkern des Patienten wird in die Eizelle eingebracht
- Spenderin → Entnahme einer Eizelle → Eizelle wird entkernt
- Chemische Aktivierung
- Teilungen
- geklonter Embryo nach **5–7 Tagen** (Blastozyste) liefert Stammzellen
- **embryonale Stammzellen**
- gezüchtete Nervenzelle

1. Möglichkeit
Durch gesteuerte Entwicklung können aus den embryonalen Stammzellen verschiedene **Zelltypen** entwickelt werden.

Nervenzellen | Muskelzellen | Leberzellen | Herzzellen | Hautzellen

2. Möglichkeit: Stammzellen als **Forschungsmaterial:** Ursachenforschung und Therapieplanung der entsprechenden Krankheiten

dpa·Grafik 0937

Informieren, präsentieren, Stellung nehmen

Grafik 2

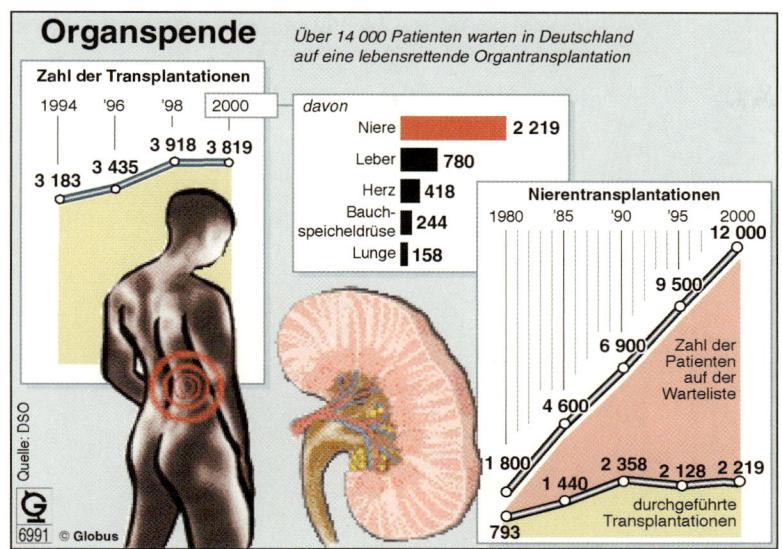

Organspende — Über 14 000 Patienten warten in Deutschland auf eine lebensrettende Organtransplantation

Zahl der Transplantationen
- 1994: 3 183
- '96: 3 435
- '98: 3 918
- 2000: 3 819

davon:
- Niere: 2 219
- Leber: 780
- Herz: 418
- Bauchspeicheldrüse: 244
- Lunge: 158

Nierentransplantationen – Zahl der Patienten auf der Warteliste:
- 1980: 1 800
- '85: 4 600
- '90: 6 900
- '95: 9 500
- 2000: 12 000

durchgeführte Transplantationen:
- 793, 1 440, 2 358, 2 128, 2 219

Quelle: DSO / © Globus 6991

5 Nachfolgend findet ihr eine Reihe von Aussagen. Begründe, ob die betreffende Aussage in Grafik 2 aus dem Jahr 2001 enthalten ist oder nicht.
  A) Von über 14 000 Patienten, die in Deutschland auf eine Transplantation warten, benötigen 2 219 eine neue Niere.
  B) Die Zahl der Transplantationen nimmt in den letzten Jahren konstant ab.
  C) Organspenden können Leben retten.
  D) 1985 gab es 2 300 Nierentransplantationen weniger als 1990.
  E) 1994 gab es 636 Transplantationen weniger als im Jahr 2000.
  F) Die Zahl der männlichen Patienten ist deutlich höher als die der weiblichen.

6a Gestalte die Informationen aus einer der beiden Grafiken, „Therapeutisches Klonen" (Grafik 1) oder „Organspende" (Grafik 2), zu einem informierenden Sachtext um.
 b Vergleiche die unterschiedliche Wirkung von Text und Grafik.

7a Setze die beiden Grafiken 1 und 2 und Text 2 zueinander in Beziehung.
 b Sichere deine bisherigen Ergebnisse, z. B. in Form einer Tabelle.

Grafik 3

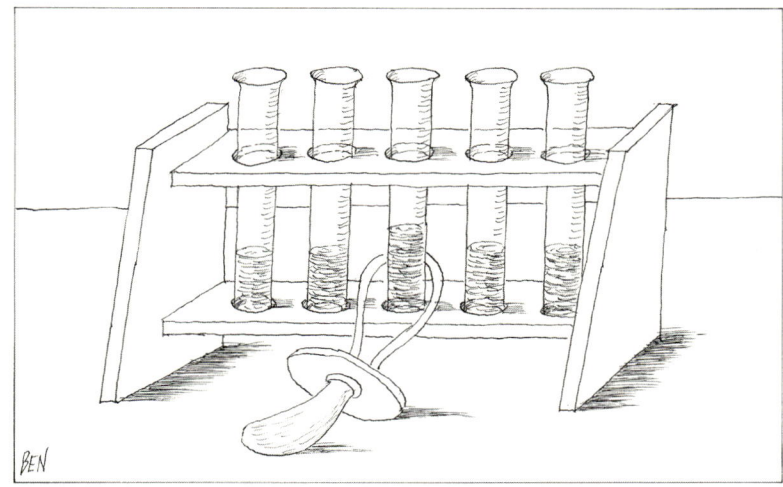

Freudiges Ereignis — Süddeutsche Zeitung, 2001. November 27 — Gabor Benedek

Auswerten und präsentieren

8 Analysiere zunächst Grafik 3 (S. 149). Folgende Leitfragen und die Sachinformation können dir dabei helfen:
– Was befindet sich vermutlich in den Reagenzgläsern?
– Warum hängt nur an einem Reagenzglas ein Schnuller?
– Wofür steht symbolisch der Schnuller?
– Warum ist auf der Karikatur kein Mensch zu sehen?

9a Analysiere die zweite Karikatur (Grafik 4).
b Formuliere schriftlich die Aussage der Karikatur. Vergleicht eure Ergebnisse und besprecht mögliche Unterschiede.

Grafik 4

(Karikatur: Ein Feuerwehrmann rettet ein Kind aus einem brennenden Labor; ein Wissenschaftler ruft: „Um Himmels Willen! Retten Sie doch erst die 500 Kinder!" und deutet auf einen Kasten mit der Aufschrift „BEFRUCHTETE EIZELLEN".)

Grundwissen und Methode

Karikaturen sind komisch übertreibende Zeichnungen, die (bekannte) Personen, Situationen oder Sachverhalte wertend „aufs Korn nehmen" und zu kritischer Stellungnahme herausfordern. Sie werden wie andere grafische oder bildliche Darstellungen **in drei Schritten** erschlossen. Nach einem Einleitungssatz wie bei einer Inhaltsangabe
– wird **genau beschrieben**, was auf der Zeichnung zu sehen ist,
– anschließend wird die **Darstellung erläutert** und **gedeutet**,
– sodass sich daraus die **Aussage** bzw. die mögliche Absicht des Zeichners ergibt.
Zum Schluss folgt oft eine **Stellungnahme** zur Meinung des Karikaturisten.

10a Setze die beiden Karikaturen zueinander in Beziehung: Was ist ähnlich, was ist unterschiedlich? Zu welcher Sachfrage beziehen sie Stellung?
b Welchen Beitrag leisten die Karikaturen zum Thema „Therapeutisches Klonen" (vgl. Aufgabe 2)?
c Nimm mündlich zu der Aussage einer der beiden Karikaturen begründet Stellung.

11 Formuliere die Sachfrage, auf die die Verfasser der Texte 3 und 4 antworten.

Text 3 Menschenwürde bedeutet: Der Mensch ist einer Bewertung durch Menschen entzogen. Das meint die Bibel, wenn sie den Menschen als Ebenbild Gottes versteht. „Ebenbild Gottes" garantiert dem Menschen, ein Original zu sein, kein Abziehbild. Menschenwürde ist keine Eigenschaft oder eine Qualität, die der Mensch sich selbst aneignet oder erwirbt
5 oder die die Gesellschaft einem Menschen verleiht. Menschenwürde ist nicht an die Fähigkeit zur Selbstbestimmung oder Vernunft gekoppelt, denn dann besäßen viele Menschen keine Würde. Sie ist auch nicht gekoppelt an die Fähigkeit zur Selbsterkenntnis oder zur Schmerzempfindung. Würde haben Menschen wegen ihrer von Gott gewollten Gottebenbildlichkeit. Da mit jedem Embryo die Möglichkeit eines einzigartigen
10 Lebens eröffnet wird, haben Menschen nicht das recht, anderen Menschen dieses Geschenk vorzuenthalten.
Franz Kamphaus, ehemaliger Bischof von Limburg (2002)

Text 4 Hätten frühe Embryonen Menschenwürde, so wie geborene Menschen Menschenwürde haben, dürfte man sie nicht nur nicht klonen, man dürfte sie auch nicht abtreiben oder mit der „Spirale"[1] abtöten. Man dürfte auch keine künstliche Befruchtung zulassen, weil bei dieser Form der Befruchtung „überzählige" Embryonen getötet werden. Denn der Schutz der Menschenwürde nach Artikel 1 Grundgesetz ist absolut und gegen alle anderen Güter unabwägbar. Folglich können Embryos nicht den gleichen Rechtsschutz beanspruchen wie geborene Menschen. *Dieter Birnbach, Professor für Philosophie (2002)*

1) **Spirale:** Bei dieser gesetzlich und moralisch anerkannten Verhütungsmethode, auch bei der sogenannten „Pille danach", werden Embryonen daran gehindert, sich in der Gebärmutter einzunisten, und damit getötet.

12a Erläutere die Positionen der Verfasser. Benenne dazu jeweils Thesen, Argumente und Beispiele.
 b Untersuche die sprachliche Gestaltung der Texte (z. B. Verwendung des Konjunktivs in Text 4). Inwieweit unterstützt sie die jeweilige Argumentation?
 c Mache dir Notizen für eine eigene begründete Stellungnahme zu den Positionen, die du für eine Präsentation nutzen kannst, um die es im Folgenden geht.

1.3 Therapeutisches Klonen? – Ergebnisse präsentieren

1 Du hast dich über das Klonen, vor allem über das therapeutische Klonen informiert (vgl. 1.2, S. 147ff.) und kannst nun eine Präsentation vorbereiten. Dein Präsentationsthema lautet „Vor- und Nachteile des therapeutischen Klonens".
 a Ergänze die Liste geeigneter Präsentationsformen zu diesem Thema:
   – Sonderausgabe der Schülerzeitung
   – Rollenspiel: Expertenrunde/Diskussionsrunde
   – Vortrag vor der Klasse
 b Erkläre an Beispielen der möglichen Präsentationsformen, was man – ganz konkret – unter Hörer- bzw. Adressatenbezug versteht.

2 Probiert die Methode der **Expertenrunde** aus: Plant in Fünfer- bis Sechsergruppen eine gespielte Expertenrunde zu dem Thema „Vor- und Nachteile des therapeutischen Klonens".
 a Legt vorab die genauen Modalitäten fest:
   – Wer sollen die Zuhörer sein (eigene Klasse, fremde Klassen, …)?
   – Welche „Experten" sollen zu Wort kommen? Für wen oder aus welchem Interesse sprechen sie?
   – Wer ist Moderatorin oder Moderator? Welche konkreten Aufgaben haben Moderatoren?
   – Sollen die Zuhörer in die Diskussion einbezogen werden?
   – Wie lange soll diskutiert werden? Muss der Raum entsprechend hergerichtet werden?
 b Erstellt Rollenkarten, auf denen ihr die „Experten" genauer beschreibt: Angaben zur Person, zu der vertretenen Position, zu möglichen Argumenten.
 c Die Moderatoren (→ Sachlexikon Deutsch: Moderation/moderieren) bereiten vor allem Verlauf und Gestaltungsmöglichkeiten der Expertenrunde vor:
   – Nach welchen Regeln (Redezeiten, Reihenfolge usw.) soll die Diskussion verlaufen?
   – Wie soll die Expertenrunde eingeleitet und mit welchem Ziel beendet werden?
   – Welche Hilfsmittel werden zur Veranschaulichung oder Strukturierung gebraucht (Tafel, Folie, Pinnwand, Flipchart, Plakate sowie Farbstifte, Nadeln zum Anheften usw.)?

> **Podiumsdiskussion** als **Expertenrunde:** Experten (Fachleute, Interessenvertreter, Vertreter einer Partei oder Institution) diskutieren zu einem für die Zuhörer interessanten oder wichtigen Thema unter der Leitung eines neutralen Moderators.

Argumentierende Sachtexte

3 Übe den **freien Vortrag** deiner vorgegebenen Position:
   – Erstelle einen übersichtlich gegliederten Stichwortzettel. Gestalte die Stichworte beim Reden zu kurzen Hauptsätzen bzw. einfachen Satzgefügen aus.
   – Achte auf eine deutliche Aussprache und rede nicht zu schnell, da die Zuhörer deine Informationen sonst nicht aufnehmen können und du selbst so auch mehr Zeit zum Nachdenken hast.
   – Setze bewusst Pausen, dann lassen sich Füllwörter leichter vermeiden.
   – Gestalte durch deine individuelle Sprache und Betonung eine konzentrierte Atmosphäre, sodass man dir gerne zuhört.

4 Spielt eine der vorbereiteten Expertenrunden und wertet diese anschließend aus.
   – Sind die Zuhörer adressatenbezogen und sachgerecht informiert worden?
   – Haben die Redner ihre Argumente frei vorgetragen und sind sie überzeugend aufgetreten?
   – Was hat sich bei der Vorbereitung und Durchführung bewährt, was müsste beim nächsten Mal anders gemacht werden?

5a Ihr könnt eure Sachkenntnis zum Thema „Klonen" (z. B. mithilfe des Internets) vertiefen, indem ihr euch arbeitsteilig gegenseitig informiert:
   – über das Ergebnis der Bundestagsdebatte 2002 zum Stammzellenimport,
   – über die aktuelle rechtliche Situation zum Klonen in Deutschland und anderen Ländern,
   – über Forschungsergebnisse der letzten Jahre im Bereich der Gentechnik.
  b Präsentiert eure Ergebnisse in Kurzpräsentationen in der Klasse, achtet darauf, die Informationen hörerbezogen und verständlich darzustellen sowie frei zu sprechen.

2. STELLUNG NEHMEN
Argumentierende Sachtexte

1a Verschaffe dir in einem ersten, orientierenden Lesen einen Überblick: Worum geht es in den Texten 5 und 6? Benenne **Thema** bzw. **Problemstellung**.
  b Kläre **unbekannte Begriffe** entweder aus dem Textzusammenhang oder mithilfe eines Lexikons.

Text 5 Ob die neuen faszinierenden Entwicklungen in Gentechnik und Biomedizin zum Fluch oder zum Segen für die Menschheit werden, hängt entscheidend davon ab, ob und wie wir den politischen Willen aufbringen, die Entwicklungen so zu gestalten, dass sie zum Segen werden.

5 Wir stehen heute vor einer Grundsatzentscheidung. Wir stehen an einer Weggabelung ohne Rückkehrmöglichkeit. Maßgebliche Forscher ließen auch in den letzten Tagen keinen Zweifel daran, dass sie keineswegs nur einen eng begrenzten Ausnahmetatbestand für den Import embryonaler Stammzellen wollen. Sie wollen mehr. Unter Berufung auf die Forschungsfreiheit soll allgemein an menschlichen Embryonen geforscht werden.

10 Ich frage mich: Wie weit wird menschliches Leben verfügbar, wenn Embryonen unter dem Vorwand der Bekämpfung von Krankheit getötet werden dürfen? Es geht um die sehr grundsätzliche Entscheidung, ob menschliche Embryonen als Forschungsmaterial versandt werden dürfen. Wir müssen vorher die Frage beantworten: Wer ist Mensch? Welchen Schutz genießt er? Wenn der Mensch mit der Verschmelzung von Ei und

15 Samenzelle beginnt, dann kommt ihm von diesem Zeitpunkt an eine unverfügbare

Würde zu – unverfügbar für den Staat, die Gesellschaft und den Mitmenschen. Diesen Auffassungen liegen Annahmen zugrunde, die etwas mit Grundhaltungen und Überzeugungen zu tun haben, Überzeugungen, die sich auch in der Rangordnung unserer Verfassung niederschlagen und die aus den großen Traditionen der Aufklärung und nicht zuletzt aus dem christlichen Menschenbild gespeist werden. Eine weltanschaulich neutrale Betrachtungsweise gibt es nicht.

Die Wertepräferenz ist meines Erachtens eindeutig. Es gibt eine ethische Verpflichtung zum Heilen, insbesondere zur Vermeidung von schier unerträglichem Leid, und zur Bekämpfung von bislang als unheilbar geltenden Krankheiten. Es gibt auch das hohe Gut der Forschungsfreiheit. Es gibt aber nicht zuletzt den Respekt vor der Würde eines jeden Menschen. Hier muss eine Abwägung erfolgen. Es ist nicht alles gleichwertig. Die Hierarchie der Werte muss stimmen. Die Würde des Menschen nimmt in der Rangordnung der abzuwägenden Güter die erste Stelle ein. [...]

Deswegen bitte ich Sie aus tiefer Überzeugung um Unterstützung für den Antrag, den ich mit initiiert habe und der von zahlreichen Kolleginnen und Kollegen ausdrücklich unterstützt wird. Wir sind gegen das Töten von Embryonen und deshalb gegen den Import von Stammzellen. Dies ist die Stunde des Parlaments und wir sollten diese Stunde nutzen.

Vielen Dank. *Dr. Hermann Kues*

Text 6 [...] Keine Politik – schon gar nicht die eines einzelnen Staates – kann die biotechnologische Forschung aufhalten. Politik muss den Rahmen setzen und die Gesellschaft auf die ethischen, sozialen und soziologischen Konsequenzen vorbereiten.

Sie muss vor allem dafür Sorge tragen, dass den Menschen wissenschaftliche Erkenntnisse nicht vorenthalten bleiben.

Der Wille zu heilen entspricht dem humanitären Auftrag, Alten, Schwachen und Kranken zu helfen. Der christliche Auftrag, sich die Erde untertan zu machen, erwartet vom Menschen, die ihm gegebene Vernunft und das aus ihr resultierende Wissen zur Erkenntnis und Nutzung der Natur einzusetzen.

Verliert einer unserer 200 Zelltypen seine Funktion, führt dies zu gesundheitlichen Ausfallerscheinungen, oft sogar zum Tod. Bei vielen schweren Erkrankungen fehlen bislang wirksame Therapien. Stammzellenforschung verfolgt zwei Ziele: die Entwicklung von Zell- und Gewebetransplantaten und die Entwicklung von Medikamenten. Ethisch unproblematisch wäre der Einsatz von adulten, das heißt aus Organen von Erwachsenen gewonnenen Stammzellen, und von Stammzellen, die aus dem Blut Neugeborener gewonnen werden. Der Erforschung dieser beiden Stammzellentypen ist Vorrang zu geben und diese ist auch finanziell zu unterstützen. Allerdings sind die adulten Stammzellen auch mit erheblichen Nachteilen behaftet. Sie sind bereits stark differenziert und nur bedingt vermehrbar.

Außerdem nimmt die Zahl der adulten Stammzellen leider mit zunehmendem Alter der Patienten ab. [...]

Die Forschung versichert glaubhaft, dass die Funktionsweise adulter Stammzellen nur mithilfe der Grundlagenforschung an embryonalen Stammzellen festgestellt werden kann. [...]

Gegen die Herstellung von embryonalen Stammzellen gibt es ethische und rechtliche Bedenken. Es geht um elementare Schutzgüter wie den Würde- und Lebensschutz. Die Frage, wann das Leben beginnt, ist medizinisch, rechtlich, philosophisch und theologisch

Argumentierende Sachtexte

umstritten. Viele Menschen halten den Zeitpunkt der Verschmelzung von Samen- und Eizelle für den überzeugendsten. Gleichwohl gibt es gewichtige Gründe, die Einnistung
30 des Embryos in die Gebärmutter als entscheidend anzusehen. Die Mutter gibt dem Embryo die Kontinuität einer Entwicklung als Mensch. [...]
Nach Abwägung aller Argumente komme ich zu der Überzeugung, dass wir die Forschung an embryonalen Stammzellen und die Nutzung der Forschungsergebnisse in Deutschland befürworten sollten. [...]
35 Ich möchte mit einem Zitat von Hubert Markl enden, der sich fragt, was uns Kant zu seinem kategorischen Imperativ heute sagen würde: „Vermutlich hätte er uns also gesagt, wenn wir wissen wollen, was wir wissen können und wissen müssen, sollten wir das tun, was uns auch künftig hoffen lässt. Recht hätte er damit gehabt." *Katherina Reiche*

2 Bei den beiden Texten handelt es sich um Manuskriptauszüge aus **Reden** zur Bundestagsdebatte vom 30.01.2002 zum Thema „Stammzellenimport".
 a Nenne Beispiele, an denen deutlich wird, dass es sich um Reden handelt.
 b Sind Reden Sachtexte? Begründe deine Entscheidung, indem du Gemeinsamkeiten und Unterschiede herausstellst.

3a Mache dir den **Inhalt** der Texte verfügbar, indem du Inhaltsangaben dazu schreibst. Orientiere dich dazu an der Sachinformation.
 b Beurteilt gegenseitig eure Inhaltsangaben und überarbeitet sie gegebenenfalls.

Grundwissen und Methode

Inhaltsangaben zu argumentierenden Sachtexten informieren knapp, sachlich und präzise über
– die Themenfrage, mit der sich der argumentierende Sachtext auseinandersetzt,
– Ausgangs- und Zielpunkt der Argumentation sowie
– den gedanklichen Aufbau des Textes.
Dabei muss durch Verwendung des Konjunktivs der indirekten Rede oder durch Redeeinleitungen deutlich gemacht werden, dass man eine fremde Position wiedergibt, auch wenn man persönlich eine ähnliche Auffassung vertritt.
Die Inhaltsangabe kann mit einer Bewertung der Überzeugungskraft der Argumentation ergänzt werden.

4 Bevor du zu den Texten Stellung nimmst, analysiere vergleichend die Texte 5 und 6:
 a Welche **Absichten** verfolgen die Redner? Begründe deine Meinung mit Beispielen aus den Texten und formuliere beide **Argumentationsziele**: Wovon sollen die Zuhörer überzeugt werden?
 b Verdeutliche die **Struktur** der Texte: **Gliedere** die Reden dazu in einzelne Abschnitte und fasse kurz Inhalt und Funktion zusammen. Ergänze dazu die folgende Tabelle.
 c Vergleicht eure Arbeitsergebnisse und besprecht Unterschiede.

	zu Text 5	zu Text 6	
Aufbau	Inhalt	Aufbau	Inhalt
Einleitung Z. 1–4	These: Die neuen Entwicklungen in der Gentechnik und Biomedizin können zum Fluch oder Segen für die Menschheit werden; unsere pol. Entscheidung kann Entwicklung zum Segen beeinflussen	Einleitung Z. 1–6	*
Hauptteil Z. 5–16	1. Argument: auch begrenzte Zulassung des Stammzellenimports wäre gefährlich, da maßgebliche Forscher unter Berufung auf Forschungsfreiheit allgemein an menschlichen Embryonen forschen wollen ...	*	*

5 Untersuche die **sprachliche Gestaltung** und deren **Funktion** genauer.
a Wie versuchen die Redner, ihre Argumentation zu bekräftigen und die Zuhörer von ihrer Position zu überzeugen?
Achte dabei auf sprachliche Auffälligkeiten und erstelle gegebenenfalls Vergleichstexte, um die unterschiedliche Wirkung zu untersuchen, z. B. die Wirkung der Einleitung von Text 5:
– Welche Assoziationen wecken die Begriffe „Fluch oder Segen für die Menschheit"?
– Warum beschreibt Hermann Kues nicht an dieser Stelle bereits präzise, welche Entwicklung er positiv bzw. negativ findet?
– Was bewirkt die Verallgemeinerung „Menschheit", obwohl es in der Debatte um eine nationale Entscheidung geht?
– Tausche verschiedene Adjektive aus oder lass sie weg, z. B. „faszinierend" (Z. 1) oder „maßgeblich" (Z. 6). Welche unterschiedliche Wirkung entsteht?
– Ob-Sätze sind indirekte Fragesätze, weil man sie in Entscheidungsfragen umwandeln kann. Verändere den Satzbau zu Beginn der Rede. Wie verändert sich die Wirkung?
b Vergleicht eure Ergebnisse und überarbeitet sie gegebenenfalls.

6 Beurteilt die **Überzeugungskraft** der Reden:
– Sind die Argumente überzeugend?
– Ist der gedankliche Aufbau logisch bzw. folgerichtig?
Belegt euer Urteil mit dem Text.

7a **Vergleichende Textanalyse:** Fasse deine Analyseergebnisse (Aufgaben 4 und 5) zusammen und stelle sie in einer Tabelle gegenüber. Besprecht vorher, welche Aspekte als Überschriften der Zeilen und Spalten dienen sollen.
b Stelle fest, welche Vergleichsaspekte für einen Textvergleich besonders lohnend sind, und formuliere in einem zusammenhängenden Text dein Ergebnis des Textvergleichs.

8 **Bewertende Stellungnahme:**
Nimm zur Aussage der beiden Texte – einzeln oder vergleichend – Stellung:
a Prüfe die Überzeugungskraft und Schlüssigkeit der Argumentation.
b Beurteile die der Position zugrunde liegenden Werteentscheidungen und Sichtweisen.
c Entwickle – im Kontrast, als Ergänzung oder Zustimmung – argumentativ deine eigene Position.

9 Beide Redner sind Mitglieder derselben politischen Partei und vertreten dennoch gegensätzliche Positionen. Wie erklärst du dir dies?

Text 7 **Klone unter uns**   KLAUS HAEFNER

Die genetische Vervielfältigung von Menschen ist aus vielen Gründen abzulehnen – doch sie wird kommen
Nachdem der US-amerikanische Fortpflanzungsmediziner Richard S. aus Chicago kürzlich erklärt hatte, er wolle erstmals Menschen aus Körperzellen genetisch vervielfältigen, ist das Klonen zum hoffnungsvollen Fortschrittsbegriff für die einen und zum Horrorszenario für andere geworden. Klaus Haefner und Linus Geisler setzen sich mit dem Klonen von Menschen sowie den Folgen für das Individuum und die Gesellschaft aus verschiedenen Perspektiven auseinander. Klaus Haefner ist Genetiker und Professor am Fachbereich Mathematik und Informatik der Uni Bremen, Professor Linus Geisler Chefarzt am St. Barbara-Hospital in Gladbeck.

Argumentierende Sachtexte

Die Schwangerschaft dauert beim Menschen – wie ein New Yorker „Black-out-Großexperiment" in den 60er Jahren sehr präzise nachgewiesen hat – genau neun Monate. Falls tüchtige Fertilisationsmediziner gleich nach Bekanntwerden der Klonierung losgelegt haben, können schon einige geklonte Menschen auf der Welt sein, weitere sind vielleicht unterwegs. Niemand kann diese Behauptung widerlegen, bedarf es doch einer genetischen Analyse aller neugeborenen Kinder, aller Mütter und aller biologischen Väter, um überhaupt festzustellen, ob ein Kind ein Klon ist! Kein Land der Welt hat jedoch eine solche flächenhafte Genomanalyse verbindlich angeordnet, auch Deutschland mit einem in Kraft befindlichen Embryonenschutzgesetz nicht.

Und diese Unsicherheit wird langfristig bleiben. Würde man nämlich – vom technischen Aufwand einmal abgesehen – die genetische Pflichtanalyse bei jeder Geburt einführen, würde sich zeigen, dass ca. 15 Prozent ehelich geborene Kinder unehelich sind, dies gäbe einen erheblichen sozialen Sprengstoff und würde das Leben dieser Kinder massiv erschweren. Wir werden uns also daran gewöhnen müssen, dass Klone unter uns sein können.

Dr. Richard S. hat es geschafft, die öffentliche Aufmerksamkeit auf sich zu lenken, als er behauptete, „ein Team zum Klonen zusammenzustellen". Allerdings fehlen oder fehlten ihm angeblich zwei Millionen Dollar, um mit dem Klonieren zu beginnen – eine absolut lächerliche Summe im Land des Venture Capitals! Die Fertilisationsmediziner, die ernsthaft von (reichen) Menschen gedrängt werden, Klone zu schaffen, haben längst Zugang zu geeigneten – und letztlich ja auch relativ billigen – Labors.

So gibt es gegen die Klonierung des Menschen aus somatischen Zellen nur zwei Hoffnungen – und ich wünschte mir, sie würden sich erfüllen: (A) Homo sapiens lässt sich aus zellbiologischen Gründen einfach nicht klonen und (B) die Menschheit erkennt in ihrer Gesamtheit, dass die weitere Technifizierung unseres ganzen Lebens – einschließlich einer „biotechnischen Produktion" von geklonten Menschen – aus gesamtgesellschaftlichen Überlegungen heraus in die Irre führt.

Nachdem das zu Dolly führende Experiment bisher nicht zweifelsfrei von anderen Labors wiederholt wurde – obwohl es einschlägige Meldungen auch für Rinder gibt – und solange strenge Beweise für eine Klonierbarkeit somatischer Zellen bei Affen – unseren biologisch nächsten Verwandten – nicht vorliegen, kann man heute noch hoffen, dass „es nicht geht". Aber mittelfristig erscheint dieser potenzielle Damm eher brüchig: Wir haben – weltweit – eine florierende Fertilisationsbiologie, die die extrakorporale Befruchtung routinemäßig betreibt, einige zehntausend „Retortenbabys" sind als Konsequenz dieses Handelns seit den späten 70er Jahren geboren worden. Es erscheint extrem unwahrscheinlich, dass alle Fertilisationsmediziner und die mit ihnen zusammenarbeitenden Biologen grundsätzlich und für immer darauf verzichten werden, das Klonieren des Menschen zu probieren – zu groß ist das wissenschaftliche Interesse, zu groß sind auch die kommerziellen Hoffnungen.

Das heißt, auch wenn die Prozedur, die zum „Anstoßen" einer somatischen menschlichen Zelle zur totipotenten Teilung und damit zur Embryonalentwicklung noch so trickreich sein sollte, wird sie – gestern, heute, morgen – vermutlich gelingen. Es gibt nämlich keine grundsätzlichen Argumente, die sagen, dass eine menschliche Stammzelle, die ja die gesamte genetische Information für die Embryonalentwicklung und für einen voll lebenstauglichen Menschen enthält, grundsätzlich nicht nach Einbettung in eine entkernte Eizelle aktiviert werden kann.

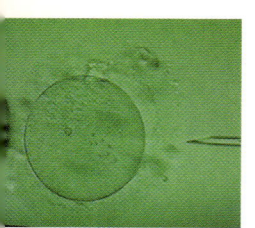

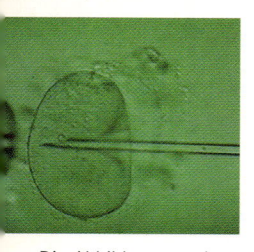

Die Abbildungen zeigen die künstliche Befruchtung einer Eizelle unter dem Mikroskop. Dabei wird der Eizelle eine Samenzelle injiziert.

Da insbesondere auch das Klonieren von Säugetieren nicht verboten werden soll, wird sich – im Anschluss an eine erfolgreichere Produzierung von Klonierungen bei Rindern und Schafen – schnell ein umfängliches Wissen ansammeln, welches dann auch auf menschliche Zellen angewandt werden kann.

Es bleibt die zweite Hoffnung auf einen ethischen Konsens im Rahmen des Absteckens scharfer Grenzen der rasch voranschreitenden Technifizierung unseres Lebens. Mindestens fünf Ansätze könnten die Menschheit von dem Wunsch nach geklonten gesunden, leistungsfähigen Kindern und nach „biologischen Ersatzteillagern" abhalten:

(1) Die Einsicht – und ein daraus resultierendes Handeln –, die Schöpfung sei als solche ernsthaft zu bewahren (siehe 1. Moses 2,15: „Und Gott der Herr nahm den Menschen und setzte ihn in den Garten Eden, dass er ihn bebaute und bewahrte.") und nicht systematisch mit wissenschaftlichen Methoden umzugestalten. Konkret heißt dies, alle genetischen und fertilisationstechnischen Experimente mit dem Ziel der Schaffung neuer Organismen einzustellen und die bereits synthetisch produzierten Lebewesen zu vernichten. Dieses „Bollwerk Nr. 1" scheint jedoch wegen der breiten kommerziellen Interessen der Wirtschaft recht unwahrscheinlich.

(2) Wir begreifen die genetische Lotterie, aus der jedes normale Kind entsteht, als einen wichtigen, einzigartigen Akt der Schöpfung eines menschlichen Individuums – von den relativ wenigen eineiigen Zwillingen einmal abgesehen. Alle Eltern müssten ihre mehr oder minder egoistischen Motive für ein besonderes, gesundes, kluges, hübsches Kind, durch Klonierung produziert, aufgeben und sich der Natur ergeben, um die individuelle Würde ihres Kindes zu sichern. Jeglicher Versuchung, durch Klonierung des eigenen Genoms zu einem „biologischen Ersatzteillager" zu kommen, müsste mit dem Argument widerstanden werden, dass jeder Mensch nur er selbst ist und keine identische Kopie erzeugen darf. – Auch dieses – sicher gute Motiv – wird kaum von allen Menschen akzeptiert werden; auch „Bollwerk Nr. 2" ist keineswegs sicher.

(3) Wir verbieten – weltweit – alle die mannigfaltigen Techniken, die ein Anlass zum Klonieren der Menschen sein könnten. Das ist erstens die Kartierung des menschlichen Genoms (Human Genom Projekt), welches Anfang nächsten Jahrzehnts die Basis dafür bieten wird, dass in vielen Ehen über genetische Inkompatibilitäten und Erbkrankheiten bei potenziellen „Kindern aus der genetischen Lotterie" ernsthaft nachgedacht werden wird. Das betrifft zweitens den ganzen Apparat der pränatalen Diagnostik, der schon heute zur gezielten Tötung von „ungewollten" Föten führt. Drittens sind alle Verfahren der extrakorporalen Fertilisation zu verbieten.

Im Prinzip ließe sich der Sumpf von Techniken, die letztlich zum Klonieren führen, austrocknen. Aber wo sind die Politiker, die einem sterilen Ehepaar knallhart per Gesetz verbieten, die Reagenzglasbefruchtung zu unterlassen? Wo sind die Politiker, die das Human Genom Projekt stoppen und dafür sorgen, dass alle einschlägigen Daten (und die dazugehörigen Patente) vernichtet werden? Ich sehe keinen. Auch „Bollwerk Nr. 3" zerbricht in der realen Praxis eines Volkes mit Zigmillionen kinderwilliger Familien.

(4) Viele Regeln unserer Gesellschaft basieren auf dem Prinzip einer gewissen – vielleicht nicht ausreichend ausgeprägten – Solidarität. Dieses Prinzip kann als Waffe gegen das Klonieren des Menschen eingesetzt werden, da offensichtlich ist, dass – selbst bei relativ geringen Kosten für ein kloniertes Kind bzw. ein „biologisches Ersatzteillager" – sich nur eine Minderheit die Klonierung wird leisten können. Wenn es gelänge, über den Ap-

Argumentierende Sachtexte

pell an Solidarität dafür zu sorgen, dass sich alle in ihren natürlichen Grenzen bescheiden, so bestünde in der Tat eine gewisse Hoffnung.

Aber auch hier ist die derzeitige Entsolidarisierung der Gesellschaft in den Industrienationen mit z. B. Superreichen einerseits und den verhungernden Armen andererseits (siehe jüngster Bericht der Vereinigung der großen amerikanischen Metropolitan Areas) nicht gerade ermutigend. Warum seinen Vorteil nicht mit biotechnischen Methoden bis zum letzten wahrnehmen, wenn die Kapitalakkumulation zuungunsten der Armen auch staatlich sanktioniert ist. — „Bollwerk Nr. 4" lässt sich politisch leicht vor sich hertragen, praktisch wird es kaum die Klonierung des Menschen – immer vorausgesetzt, sie ist technisch überhaupt möglich – verhindern.

(5) So bleibt die Strafandrohung. Zurzeit richtet sich diese gegen den Fertilisationsmediziner oder -biologen, der die somatische Zelle in eine entkernte Eizelle einbringt, die Embryonalentwicklung „anstößt" und den „früh stabilisierten" Fötus zur Implementation bringt. Es bleibt zunächst das oben erörterte Problem der genetischen Kartierung aller Kinder und ihrer biologischen Eltern. Wollte man ernsthaft strafrechtlich gegen das Klonieren vorgehen, so wäre die Mutter als primärer Straftäter, die ja den Fertilisationsmediziner zur Tat anstiftet, oder der egoistische Klonspender, der sein „biologisches Ersatzteillager" anlegt, drakonisch zu bestrafen. Dies wäre auch in all den Fällen praktisch umsetzbar, wo Eltern sich selbst klonieren und die genetische Identität des Klons im Alter von ca. 12–15 Jahren phänotypisch evident werden würde; Personen mit eigenem „biologischen Ersatzteillager" ließen sich relativ leicht festsetzen, wenn sie im Rahmen einer (komplizierten) Operation zu ihrem „Ersatzteillager" greifen.

Wäre die Mindeststrafe für Klonieren für diesen Personenkreis lebenslänglich und würde die Straftat lebenslänglich nicht verjähren, so ergäbe dies sicher eine gewisse Abschreckung. Mit Spannung muss man der Entscheidung des Amerikanischen Kongresses entgegensehen, ob er die Klonierung wirklich mit einer echten Strafe bedrohen will.

Aber auch „Bollwerk Nr. 5" gerät sehr schnell ins Wanken, wenn die Reichen ins Ausland ausweichen, Leihmütter benutzt werden und kein international wirksames Strafrecht errichtet und konsequent praktiziert wird. Unklar bleibt auch, wie eine ggf. zu erwirkende Entscheidung des Bundesverfassungsgerichts ausfallen würde, welches z. B. darüber zu entscheiden hätte, ob ein Elternpaar, welches aufgrund bekannter genetischer Inkompatibilität auf ein krankes Kind verzichten, aber den Anspruch auf seine Würde gemäß Artikel 1 Grundgesetz durch Klonierung eines Elternteils realisieren will?

Fassen wir zusammen: Das Klonieren von Menschen ist – so biotechnisch möglich – aus vielen Gründen abzulehnen. Aber es wird sicher zunächst von wenigen reichen und skrupellosen Personen genutzt werden. Wie gehen wir gesellschaftlich mit dieser neuen Spaltung in diejenigen, die das Klonen praktizieren können, und diejenigen, denen es verwehrt wird, um?

Frankfurter Rundschau 29.1.1998

10 Wende deine Kenntnisse an und schreibe zu Text 7 eine Analyse und eine Stellungnahme. Orientiere dich dazu an der folgenden zusammenfassenden Sachinformation.
a Begründe jeweils, ob die folgenden Aussagen zutreffen:
– Klaus Haefner behauptet, das Klonen von Menschen sei biotechnisch möglich.
– Der Autor lehnt das Klonen von Menschen ab.

- Haefner äußert die These, es bestehe ein kommerzielles, wirtschaftliches Interesse, die Genforschung immer weiter voranzutreiben.
- Haefner geht davon aus, dass das Klonen von Menschen nicht gestoppt werden kann.

b Entscheide dich, zu welchem Aspekt des Textes du Stellung nehmen willst. Überlege dazu deine Position zu verschiedenen Einzelfragen, die der Text aufwirft.

c Beschaffe dir gegebenenfalls – z. B. im Internet – weitere Zusatzinformationen, die für deine eigene Position wichtig sind, z. B. über die aktuelle rechtliche Situation etc.

Grundwissen und Methode

Argumentierende Sachtexte/Reden

A) Analyse
1. **Überblick** gewinnen (Autor, Thema/Problem, Kontext: Zeit/Situation, Adressaten)
2. **Textverständnis** sichern (Begriffsklärung) und **Textinhalt** verfügbar machen (markieren, Abschnitte zusammenfassen, exzerpieren)
3. **Textgestaltung** analysieren (Aufbau, Syntax, Wortwahl, rhetorische Mittel)
4. **Textwirkung** auf Zuhörer/Leser erläutern (Wirkung und Wirkungsursachen) und **Textaussage/Intention** bestimmen (Argumentationsziel, Position)

B) Stellungnahme
1. **Argumentation** prüfen (Überzeugungskraft und Schlüssigkeit der Argumentation)
2. **Argumentationsziel/Position** befragen (Folgerichtigkeit, Werteentscheidungen)
3. **Eigene Position** zum Thema/Problem entwickeln (als Kontrast, Ergänzung, Zustimmung)

11 Diskutiert eure eigenen Positionen zu Text 7 entweder in einer durch eine Diskussionsleitung strukturierten Klassendiskussion oder spielt eine Pro- und Kontra-Diskussion (→ Sachlexikon Deutsch: diskutieren/Diskussion).

Das hast du in diesem Kapitel gelernt:

- Sachtexte analysieren, auch im Vergleich
- Ergebnisse präsentieren
- Informationsgehalt und Argumentation von Sachtexten/Reden analysieren, auswerten und zusammenfassen
- Text und Bild zueinander in Beziehung setzen
- Anwendung von Untersuchungsaspekten auf Sachtexte, auch im Vergleich: Informationen entnehmen, Aufbau, Thesen, Argumente, Intentionen, sprachliche Gestaltung und ihre Funktion erarbeiten, Kommunikationszusammenhang berücksichtigen
- begründet Stellung nehmen, eigene Werte überprüfen
- Informationen und Arbeitsergebnisse frei sprechend und hörerbezogen darstellen

Ideen und Projekte:

Internetrecherche: Informiere dich über das Ergebnis der Bundestagsdebatte 2002 zum Stammzellenimport oder über die aktuelle rechtliche Situation in Deutschland und anderen Ländern. Stelle deine Ergebnisse der Klasse vor.

Sonderausgabe Schülerzeitung: Verfasst eine Sonderausgabe der Schülerzeitung zum Thema „Klonen". Schreibt dazu sowohl informierende als auch argumentierende Sachtexte. Vielleicht könnt ihr fächerübergreifend mit euren Religions-, Ethik-, Biologie-, Kunst- und Politiklehrerinnen und -lehrern zusammenarbeiten.

Erweitern · **Vertiefen** · Anwenden

TRAINING: INHALTSANGABE

1 Tauscht eure ersten Eindrücke zur Argumentation in Text 1 aus. Klärt Verständnisfragen und schlagt offengebliebene Fragen in einem (Internet-)Lexikon nach.

Text 1 **Menschen nach Maß?** (2007)   RAINER RABENOCO

Wir sind besser als Gott. Dies behaupten zumindest einige fortschrittliche Zeitgenossen, die Menschen nach Maß produzieren wollen.
Um es vorwegzunehmen: Viele von uns wären nie geboren worden, wenn unsere Eltern die Wahl einer vorherigen Genanalyse gehabt hätten. Vielleicht hätten wir das falsche
5 Geschlecht, die falsche Haarfarbe oder die falsche Augenfarbe besessen. Vielleicht hätten eine Allergieanfälligkeit oder eine Rot-Grün-Blindheit unsere Einnistung in den Mutterleib verhindert. Vielleicht wären wir nicht der richtige Ersatzteillieferant für kranke Verwandte gewesen.

Gewiss, so weit ist es noch nicht, aber schon heute sind gentechnisch veränderte oder
10 gentechnisch hergestellte Produkte nicht nur in Lebensmitteln, sondern z. B. auch in der Pharmaindustrie alltäglich. Auf der anderen Seite sind einige gentechnische Verfahren in allen Bereichen des Lebens nach wie vor sehr umstritten, aber wie lange noch? Und wo sind die Grenzen?

In vielen Gesellschaften ist es heute immer noch so, dass Mädchen Kinder zweiter Wahl
15 sind, weil aus unterschiedlichen Erwägungen heraus ein männlicher Stammhalter gewünscht wird. Verbunden mit der Ein-Kind-Politik in China hat das zum Beispiel zu vermehrten Abtreibungen weiblicher Föten und mittlerweile zu einem Überschuss von jungen Männern geführt, die nun Schwierigkeiten haben, eine Partnerin zu finden. Wenn der Mensch in die Natur eingreift, entsteht häufig ein Ungleichgewicht mit teilweise
20 katastrophalen Folgen. Was würde geschehen, wenn in diesen Gesellschaften das Baby mit dem gewünschten Geschlecht produziert werden könnte?

Gehen wir noch weiter: Was würde geschehen, wenn in Diktaturen Menschen nach Maß erschaffen werden könnten? Staatlich verordnete Normen zu Geschlecht, Aussehen, Charakter könnten zu einer Auswahl führen, die an die Horrorszenarien in Romanen wie
25 Orwells „1984" oder Huxleys „Brave New World" erinnern.

Und wenn wir noch weiter gehen, dann könnten die natürliche Zeugung und die natürliche Geburt bald als Zufallslotterie mit unkalkulierbaren Risiken eingestuft werden, Risiken denen – sozusagen aus ethischen Gründen – keiner mehr seinen Nachwuchs aussetzen mag, will er nicht als „unmenschlich" gelten. Immer weiter, immer mehr, das führt,
30 wenn wir nicht gegensteuern, Schritt für Schritt zu anderen Werten, zu einer anderen Ethik.

Andererseits ist der Wunsch von Eltern zu verstehen, ihrem todkranken Kind durch die Geburt eines weiteren Wunschkindes das Leben zu retten, das zum Beispiel als Knochenmarkspender infrage käme. Aber wie weit darf unser Verstehen gehen? Was soll erlaubt,
35 was verboten sein? Ist eine Grenzziehung möglich oder sollte ein rigoroser Halt vor jedem Eingriff in menschliches Erbgut gelten?

Ethiker wie Juristen argumentieren mit der Würde des Menschen, die unantastbar sei, und folglich seien alle Eingriffe inakzeptabel, die den Menschen zum Ding zum Zweck für anderes machten. Christen gehen noch einen Schritt weiter und leiten ihre Position
40 vor allem von der Gottebenbildlichkeit des Menschen ab. Ein für alle verbindliches Menschenbild aber kann es in einer freiheitlichen Gesellschaft nicht geben.

Was wir brauchen, ist eine offene Diskussion aller Nationalitäten und Konfessionen über ethische Fragen. Was wir brauchen, sind letztlich klare gesetzliche Rahmenbedingungen, um den verantwortungsvollen Umgang mit Gentechnik zu unterstützen und uner-
45 wünschte Handlungen zu verhindern. Denn wir sind nicht besser als Gott.

2 Begründe anhand von Textbelegen, inwieweit es sich bei diesem Text um einen argumentierenden Sachtext handelt.

3 Benenne inhaltliche Aussagen, die den Leser zu einer Stellungnahme herausfordern, und äußere deine Position dazu.

4 Wenn du eine Inhaltsangabe eines argumentierenden Sachtextes verfasst, informierst du über das **Problem**, mit dem sich der Verfasser auseinandersetzt, über **Ausgangs- und Zielpunkt der Argumentation** sowie über den **gedanklichen Aufbau des Textes**.

a Formuliere möglichst präzise das Problem, mit dem sich Text 1 beschäftigt.
Tipp: Versuche, eine Sachfrage zu formulieren, auf die der Text eine Antwort gibt.

b Benenne Ausgangs- und Zielpunkt der Argumentation.
Tipp: Achte auf mögliche Appelle an die Leser.

c Untersuche den gedanklichen Aufbau des Textes. Teile den Text dazu in Sinnabschnitte ein.
Benenne Thesen, Argumente und Belege.

5a Beurteile die drei folgenden Einleitungssätze einer Inhaltsangabe zu Text 1.
Benenne Stärken und Schwächen.

b Formuliere anschließend eine eigene, überarbeitete Fassung.

Text 2

A) In dem Text „Menschen nach Maß" geht es um die Fortschritte in der Gentechnik. Der Autor Rainer Rabenoco sorgt sich darum, dass Wissenschaftler verantwortungslos mit gentechnischen Versuchen umgehen könnten.

B) Rainer Rabenoco fordert in seinem argumentierenden Sachtext dazu auf, Chancen und Gefahren von Genanalysen durch gesetzliche Regelungen zu kontrollieren.

C) Der Autor Rainer Rabenoco beantwortet in seinem Text die Frage, ob man „Menschen nach Maß" produzieren sollte. Er begründet seine Ablehnung damit, dass Menschen nicht besser als Gott sind.

6a Schreibe eine Inhaltsangabe zu Text 1.
b Überarbeitet eure Inhaltsangaben in einer Schreibkonferenz.

Erweitern · Vertiefen · Anwenden

EFFEKTIV PRÄSENTIEREN

1 **Umgang mit der Zeit**
Ein zentrales Problem bei Präsentationen ist der Umgang mit der zur Verfügung stehenden Zeit.
a Überlegt gemeinsam:
  – Wie könnt ihr die Zeit zur Vorbereitung eurer Präsentation möglichst effektiv nutzen?
  – Wie könnt ihr die euch zur Verfügung stehende Zeit während des Vortrags einhalten?
b Erstellt gemeinsam eine Checkliste.

2 **Ziel und Thema der Präsentation festlegen**
Überlege, welches Ziel du mit deiner Präsentation verfolgen willst.
  – Willst du die Zuhörer sachlich informieren, durch eine Argumentation überzeugen oder anregend unterhalten?
  – Was genau sollen die Zuhörer anschließend wissen oder können oder welche Überzeugung sollen sie gewinnen?

3 **Inhalt und Aufbau planen**
a Werte deine Informationen so aus, dass du damit eine deiner Zielsetzung entsprechende Präsentation gestalten kannst.
b Erstelle eine Gliederung deiner Präsentation. Denke dabei daran, dass der Aufbau für die Zuhörer stets nachvollziehbar sein sollte.
c Ergänze deine Gliederung zu einem Stichwortzettel, an dem du dich bei der Präsentation orientieren kannst; nutze dazu die nebenstehenden Hinweise.

4 **Präsentationsmedien vergleichen**
Ergänze die Vor- und Nachteile der folgenden Präsentationsmedien. Beziehe dabei deine eigenen Erfahrungen mit ein.

Mittel der Hervorhebung:
– Modulation der Stimme, Betonung, Sprechpausen
– Mimik und Gestik
– auf Wichtiges hinweisen

Mittel der Veranschaulichung
– **Fachbegriffe** erklären, **Beispiele**
– **Visualisierung:** Bilder, Grafiken, Mindmaps, Tabellen, aber auch Farben nutzen
– **alle Sinne** ansprechen: nicht nur sehen und hören lassen, auch tasten, riechen, schmecken, wenn es sinnvoll ist

Hörerbezogen präsentieren:
– das Publikum einbeziehen und direkt ansprechen
– zu Zwischenfragen ermuntern

Informieren, präsentieren, Stellung nehmen

	Vorteile	Nachteile
Tafel:	– einfach zu handhaben – unabhängig von Strom – …	– Gefahr, zur Tafel zu sprechen – Tafelbilder können nur begrenzt vorbereitet und nicht aufbewahrt werden – …
Flipchart:	– einfache Handhabung – vergleichsweise geringer Platzbedarf – …	– in großen Räumen relativ kleine Fläche zum Beschriften, da sehr groß geschrieben werden muss – …
Tageslichtprojektor:	– schnelle und leichte Vorbereitung und Herstellung von Folien – Blickkontakt mit den Zuhörern kann gehalten werden – …	– Tendenz, zu viele und zu volle Folien einzusetzen – …
Beamer	– transportierbar und im Raum flexibel aufstellbar – …	– Projektionsfläche und evtl. Verdunkelung nötig – …
Kassetten-/CD-Spieler, Video-/DVD-Gerät	– eigene und kommerzielle Aufnahmen abspielbar – …	– Klang- oder Bildqualität von Leistungsstärke der Geräte und von Raumgröße abhängig – …
Computer	– Bild und Ton möglich – CD-ROMs und DVDs problemlos – ermöglicht gute Vorbereitung – …	– sehr kleines Bild am Bildschirm, ggf. Beamer nötig – …

5 **Sich für ein Präsentationsmedium entscheiden**
Präsentationsmedien solltest du sparsam und immer in Abstimmung mit Ziel und Inhalt und mit Bezug auf die Zuhörer deiner Präsentation einsetzen.
a Entscheide dich für das Medium oder die Medien, die für deine Präsentation sinnvoll sind. Wenn du mit Projektoren arbeitest, achte auf nebenstehenden Hinweis.
b Plane mögliche Pannen mit ein und sorge für Alternativen.

6 **Die Präsentation evaluieren**
Lege ein Portfolio (→ Sachlexikon Deutsch) deiner Präsentationen an, um deine Fortschritte zu überprüfen.
– Erstelle und sammle dazu jeweils die Zielvorgaben, Arbeits- und Zeitpläne, Dokumentationen deiner Recherchen (Bücher, Internet, Experten), mediale Gestaltungen usw.
– Jede Präsentation sollte durch die Zuhörer bewertet werden: Was war gut gelungen, was könnte noch optimiert werden? Auch Beurteilungen gehören ins Portfolio, damit du mit Blick auf spätere Präsentationen deine Kompetenzen erweitern kannst.

Typografie
Was Ton und Stimmlage bei der gesprochenen Sprache ausmachen, leistet bei geschriebener Sprache die Typografie, also das Schrift- und Druckbild. Aufgaben und Ziele der Typografie sind z. B.:
– Strukturierung des Inhalts
– auf Lesbarkeit optimierte formale Gestaltung

DAS LEBEN – EINE SHOW?

Truman Burbank, 30 Jahre alt, führt ein ganz normales bürgerliches Leben. Das kleine Städtchen Seahaven, in dem er lebt, liegt auf einer Insel, die er eigentlich gern immer wieder einmal verlassen würde, weil er vieles in der Welt sehen und entdecken möchte. Aber daran hat ihn bisher seine „Wasser-Phobie" gehindert – er musste als Kind erleben, wie sein Vater vor seinen Augen bei einem Seesturm aus dem Segelboot geschleudert wurde und ertrank. Seither betritt er keine Brücke, kein Boot, das ihn zum Festland bringen könnte. Seit seiner Geburt ist Truman Burbank ohne sein Wissen der Star der „Truman Show" – Seahaven Island ist in Wirklichkeit das größte Fernsehstudio der Welt und Truman ist als Star der „Truman Show" der Weltstar, denn der Produzent der Show, Christof, sein „Schöpfer", sendet rund um die Uhr nichts anderes als das Tun und Lassen von Truman Burbank. Seine Nachbarn, Freunde, alle Personen der Stadt sind nur Schauspieler bzw. Statisten, die nach genauer Regieanweisung handeln. 5 000 Kameras, die auf der ganzen Insel verteilt sind, zum Beispiel auch in den Kleiderknöpfen oder dem Schmuck der Bewohner, beobachten Truman auf Schritt und Tritt. „Die Truman Show" ist ein gewaltiger Erfolg: Mehr als eine Milliarde Menschen verfolgen täglich, wie Truman isst, schläft, zur Arbeit geht. Sollte es doch einmal zu langweilig werden, arrangiert Christof etwas Aufregendes. Er bestimmt alles in Trumans Leben.

Mehr als zwei Jahrzehnte hat der unfreiwillige Showstar nie Verdacht geschöpft. Als sich jedoch technische Pannen häufen (ein Scheinwerfer fällt plötzlich vom Himmel, über das Radio hört er Regieanweisungen, in denen von ihm die Rede ist usw.), wird er misstrauisch. In einem Obdachlosen, den er zufällig in der Stadt sieht, glaubt er seinen Vater zu erkennen, er will mit diesem Mann sprechen, wird aber von Unbekannten gewaltsam am Kontakt gehindert. Christof will unter allen Umständen verhindern, dass Truman der Wahrheit seines Lebens auf die Spur kommt. Immer mehr verdichten sich jedoch Trumans Zweifel, vor allem nach seinem Versuch, mit dem eigenen PKW die Insel zu verlassen: Mit geschlossenen Augen steuert er in rasendem Tempo auf die Brücke zum Festland zu, notgedrungen übernimmt seine Frau vom Beifahrersitz aus das Steuer, glücklich landen sie jenseits der Brücke, die Wasser-Phobie ist überwunden – aber nach einigen Kilometern auf dem Festland hindert ihn ein Einsatzkommando mit brutaler Gewalt am Weiterfahren und schleppt ihn nach Hause. In dieser Situation vertraut er sich seinem besten Freund Marlon an, ohne zu wissen, dass dieser auch nur ein Schauspieler ist, der die ihm aufgetragene Rolle spielt ...

Medien und Wirklichkeit

Christof

Truman

Marlon und Truman

Welchen Eindruck habt ihr aufgrund der Standfotos aus Peter Weirs Film „Die Truman Show" von der Inselstadt Seahaven?

Charakterisiert die drei Figuren Truman, Marlon und Christof auf der Grundlage der drei Standfotos.

Wie könnte die Filmhandlung weitergehen? Erzählt, vergleicht und bewertet die unterschiedlichen Varianten:
- Kommt Truman der Wahrheit seines Show-Lebens auf die Spur?
- Wie entwickelt sich die Beziehung zwischen den beteiligten Personen?
- Wodurch wird die Handlung spannend? Auf welchen Höhepunkt läuft die Handlung zu?
- Happy End – ja oder nein?

Was meint ihr: Wäre solch eine Geschichte, wie sie der Film erzählt, in der Realität möglich?

Auf den nächsten Seiten findet ihr die Drehbuchszenen 97–103 zur „Truman Show" (Drehbuch Andrew Niccol). Den Drehbuchszenen entsprechen 5 $\frac{1}{2}$ Minuten der Filmhandlung von der 53. Minute an von insgesamt 92 Minuten Filmlänge (DVD-Szenenauswahl 15).

Wenn ihr die Möglichkeit habt, besorgt euch den Film und zieht die entsprechenden Filmausschnitte zu euren Untersuchungen hinzu.

Diskutiert aufgrund eurer Erfahrungen als Medienkonsumenten: Vermitteln Medien Wirklichkeit oder konstruieren und „verkaufen" sie uns eine Wirklichkeit, die es so gar nicht gibt?

Filmisches Erzählen in der „Truman Show"

1. KAMERA, SCHNITT UND TON: filmisches Erzählen in der „Truman Show"

1.1 „Ich würde dich niemals belügen ..." – Filmische Erzählverfahren

Text 1 **Auf der Brückenbaustelle**
Drehbuchszene 97

Außen. Brückenbaustelle. Nacht.
Truman und Marlon. [...] Sie sitzen am Ende der im Bau befindlichen Brücke.

TRUMAN: Ich weiß nicht, was ich davon halten soll, Marlon. Vielleicht werde ich verrückt, aber ich habe das Gefühl, dass sich die Welt irgendwie um mich herum dreht.

MARLON: Ja, es ist verdammt viel Welt für einen Menschen. Bist du sicher, dass das nicht dein Wunschdenken ist? Dass du dir wünschst, du hättest ein bisschen mehr aus dir gemacht? Jesus, Truman, wer hat nicht schon [...] mal jemand Besonderes sein wollen?

TRUMAN: Das hier ist anders. Jeder scheint dabei mitzuspielen.

Marlon schaut sich um, als ob er von irgendwoher aus der Nacht eine Inspiration ziehen würde.

MARLON: Tru, wir kennen uns von Kindesbeinen an. [...] Ich weiß, dass sich die Dinge für jeden von uns nicht so entwickelt haben, wie wir uns das damals nächtelang [...] erträumt haben. [...] Ich kenne das Gefühl, wenn du glaubst, dir rinnt alles durch die Finger, und du willst es nicht wahrhaben. Also suchst du dir die Antworten woanders. Aber, nun, der Punkt ist der, dass ich für dich durchs Feuer gehen würde ...

1a Erläutere den Handlungszusammenhang: Was erwartet Truman in dieser Situation von seinem Freund Marlon und inwieweit erfüllt Marlon die Erwartungen?
 b Besprecht, welche filmischen Mittel die Stimmung dieser Szene unterstützen könnten.
2 **Das Sequenzprotokoll:**
 a Beschreibe die verschiedenen **filmischen Erzählverfahren** und ihr **Zusammenspiel**, soweit du sie dem Sequenzprotokoll zu den ersten Einstellungen des Filmabschnitts (Text 2) entnehmen kannst.
 b Was hat der Film aus dem Handlungsentwurf des Drehbuchs (Text 1) gemacht? Was wurde verändert, was ergänzt?
 c Setze das Sequenzprotokoll auf der Grundlage des Drehbuchtextes fort, indem du einige weitere mögliche Spalten ergänzt (Szene/Einstellungen 97.4, 97.5 usw.).
 d Vergleicht eure Ergänzungen und besprecht, welche Wirkung jeweils angezielt/erreicht wird.

Text 2

SEQUENZ-PROTOKOLL		Szene/Einstellung 97.1	97.2	97.3	*
SCHNITT	Dauer/Sek.	20'	7'	4'	*
	Beziehungen zw. Einstellungen	harter Schnitt → akustisch verbunden	⌐	⌐ ⌐	
	Schnittverfahren	Establishing Shot	Schuss-Gegenschuss/dialogische Szene (von 97.2–97.24)		
KAMERA	Einstell.größe	Totale	groß	groß	*
	Neig.winkel	Untersicht (UnSi)	Normalsicht (NoSi)	NoSi	*
	Bewegung	keine	keine	keine	*
	LICHT/FARBE	dunkel, graubraun	dunkelbraun, Gesichter von rechts geringfügig angeleuchtet		
BILDINHALT (Figuren, Ort, Zeit, Handlung) + RÄUMLICHE BILDGESTALTUNG + BEWEGUNG IM BILD		**Nacht**, in der rechten Hälfte des Bildes die **Brückenbaustelle**, die vor dem Wasser (links unten) abbricht; 4 Pfeiler, **Tr und Ma** sitzen oben auf dem Brückenabsatz, kaum zu erkennen, dennoch nah zu hören	Mas Kopf nach rechts blickend, obwohl Tr (off) links von ihm sitzt; dann kurz lächelnd nach links an Tr gewandt / wieder vor sich hinsehend / wieder zu Tr	Trs Kopf nach links gedreht, obwohl Ma (off) rechts von ihm sitzt; vor sich hinstarrend, schließt kurz die Augen; hört dem redenden Ma zu	*
DIALOG		Truman: ... Ich kann keinen klaren Gedanken mehr fassen, Marlon. Vielleicht verlier ich den Verstand, aber ... Ich hab das Gefühl, als ob die ganze Welt sich um mich dreht.	Marlon: Das ist 'ne ganze Menge Welt für einen Mann, Truman. Bist du sicher, dass das kein Wunschdenken ist? ...	... Dass du dir wünschst, du hättest mehr aus dir gemacht?	*
TON		leise triste Musik im Hintergrund (HG) ...			

Filmszene entspr. Drehbuchszene 97, Einstellung 1–24 (97.1–97.24): Außen. Brückenbaustelle. Nacht

3 Erzählverfahren: Schnitt/Montage

a Erläutere die Techniken und Wirkungen des Filmschnitts (Text 3, S. 168).

b Welche Schnittverfahren sind bereits im Sequenzprotokoll (Text 2) erkennbar, welche Wirkung haben sie oder sollen sie haben?

c – Auf welche Weise charakterisieren die Verfahren des Filmschnitts (Text 2, Zeile „Schnitt") die Verständigung zwischen den Freunden und die gegenwärtige Beziehung zwischen den beiden (Erzählfunktion)?
 – Welche symbolische Bedeutung haben die zentralen Bildinhalte in Einstellung 97.1 (Text 2, Zeile „Bildinhalt" etc.)?

d Welche Erzählverfahren entsprechen bei einer geschriebenen Erzählung den filmischen Erzählverfahren des Schnitts bzw. der Montage?

e Wenn ihr die Wirkungen des Filmschnitts selbst erproben wollt, nehmt eine gespielte Szene mit einer Kamera auf und erarbeitet am Computer unterschiedliche Schnittmöglichkeiten.

> Legt ein kleines „Fachlexikon Film und Filmsprache" mit den wichtigsten Begriffen an. Ergänzt es im Laufe der Arbeit und nutzt es zum Nachschlagen, wenn ihr Filme analysiert oder Szenen verfilmt.

Text 3 Filmische Erzählverfahren: Filmschnitt

Spielfilme sind Erzählungen. Wie geschriebene Erzählungen bieten sie dem Zuschauer (Rezipienten) das Erzählte und das Erzählen, also die **Handlung** und die gewählten **Erzählverfahren**.

Die Geschichte im Film mag die gleiche sein wie die in einem Buch (auch: „Drehbuch"),
5 aber sie wird ihm nicht nur durch Wörter und Sätze, sondern vor allem durch **bewegte (farbige) Bilder** mit Dialogen/Geräuschen/Musik vermittelt, also durch eine eigene **Filmsprache**.

Das wichtigste filmische **Erzählverfahren** ist der **Filmschnitt (Montage)**. **Er trennt *und* verbindet zwei Einstellungen** im Film; manchmal ist das trennende Moment stärker
10 ausgeprägt („harter Schnitt"), manchmal das verbindende („unsichtbarer Schnitt"). Der Filmschnitt bestimmt die genaue Art der Beziehungen zwischen den Einstellungen, also der räumlichen, zeitlichen, bildlichen (Bildaufbau/Bildgestaltung) und rhythmischen Beziehungen (also vor allem in Bezug auf das variierende Tempo des Wechsels zwischen den Einstellungen).

15 **Unsichtbarer Schnitt:** Diese Form der Montage verbindet zwei Einstellungen so, dass der Schnitt vom Zuschauer nicht als Einschnitt bemerkt wird, sondern den Eindruck einer kontinuierlich erzählten Handlung vermittelt. Filmische Erzählverfahren wie die **Regeln des sog. „unsichtbaren Schnitts"** sind feststehende Konventionen und werden vom Zuschauer als natürlich empfunden.

20 – **Establishing Shot** (Shot = Einstellung): Einführung des Handlungsorts zur Orientierung des Zuschauers zu Beginn einer Szene
 – **Master Shot:** anschließende Verdeutlichung der räumlichen Situation der Figuren oder Objekte z. B. durch eine Halbtotale (auf den Establishing Shot folgend)
 – **Cut In:** anschließende Verengung der Einstellungsgröße; z. B. auf amerikanisch oder
25 halbnah, zur Darstellung von Mimik und Gestik, Blick und Blickrichtung
 – **Dialogische Szene:** Bevor sich die Kamera durch die entsprechende Einstellungsgröße auf die Sprechenden konzentriert, nähert sie sich den Gesprächspartnern im Allgemeinen durch einen Cut In.
 – **Schuss-Gegenschuss-Verfahren:** Das Bild wechselt während des Gesprächs vom
30 Sprecher zum Zuhörer und umgekehrt; es ist jeweils nur ein Gesprächspartner (sprechend oder zuhörend) im Bild. **Variationen:** Einstellung 1: Die Figur bewegt sich/blickt/spricht in Richtung Kamera/Zuschauer/Schnitt. – Einstellung 2: plötzlicher Sprung auf die andere Seite, bis zu 180°,
35 z. B. an die Stelle der Figur, neben oder hinter sie, der Zuschauer tritt gewissermaßen an die Stelle der Figur, sieht/hört mit emotionaler Beteiligung, was diese sieht/hört.

Eine **Sequenz** ist eine **Folge von mehreren Einstel-**
40 **lungen**, die nach einem bestimmten Prinzip (z. B. der Folge „Establishing Shot" etc., s. o.) zusammengehören und durch Filmschnitt verbunden sind. Wenn die Handlung der zusammengehörigen Einstellungen zur gleichen Zeit am gleichen Ort spielt, spricht man von einer **Szene**. Wenn gleichzeitig/parallel an verschiedenen Orten
45 stattfindende Handlungsabläufe (z. B. A und B) ineinander verschachtelt werden, spricht man von **Parallelmontage** (z. B. Einstellungssequenz A – B – A – B – …).

Im Schneideraum

Text 4 **Leben in zwei Welten**

A Drehbuchszene 98:
Innen. Kontrollraum. Nacht.
Christof starrt intensiv in die Kamera und hält seinen charakteristischen Kopfhörer an den Kopf. Neben ihm seine ständig anwesende Assistentin Chloe.
CHRISTOF: *(flüstert)* Und ich würde dich niemals belügen.
[...]

B Auszug aus dem Storyboard:
98,1: Kontrollraum *(12 Sek.)*: Schwenk langsam von links nach rechts; aufmerksame Blicke: **Assistentin** *(Kameraeinstellung groß)* (98.1.1) → **Assistent** *(groß)* (98.1.2) → **Christof** (98.1.3), Baskenmütze, eine Hand am Kinn, taucht beim Schwenken erst dann neben dem Assistenten auf, wenn er seinen Satz bereits gesprochen hat. Alle blicken gebannt auf einen Monitor im Off, der rechts oben hinter der Kamera im Kontrollraum zu denken ist. Christof souffliert Marlon, mit dem er über Mikrofon verbunden ist:
CHRISTOF *(noch im Off)*: Aber ... Also ... Es geht einfach darum: Ich würde mich jederzeit vor ein fahrendes Auto für dich werfen! *(Wenn Christof ins Bild kommt, ist Marlons „Also ..." (→ 98,2) aus dem Off zu hören.)*

4a Vergleiche die Drehbuchszene und die Angaben im Storyboard (Text 4A und B):
 - Wie wurde der Drehbuchtext verändert?
 - Welche genauen Angaben finden sich zusätzlich im Storyboard?
 - Ergibt sich daraus eine veränderte Wirkung der Szene?
 b Im Storyboard fehlen die Bildinhalte; zeichne sie jeweils passend zu 98.1.1–98.1.3.

5a Was erfährst du in Text 4A über Christof, der an dieser Stelle der Handlung zum ersten Mal in Erscheinung tritt? Welche Absichten verbindet Christof mit dem, was er sagt?
 b Wie beurteilst du Marlons Verhalten in der Drehbuchszene 99?

Sehen – wiedersehen – gesehen werden

Text 5A **Drehbuchszene 99:**

Außen. Schnellstraße. Nacht.
MARLON: *(starrt in Trumans Augen)* Und ich würde dich niemals belügen.
 (Pause) Denk drüber nach, Truman, wenn jeder mit drin wäre, dann würde ich auch mit drinhängen. Aber ich hänge nicht drin, weil es kein „drin" gibt.
TRUMAN: Also, Marlon, bist du der Meinung, dass das ganze Ding in meinem Kopf gewesen ist?
MARLON: *(hält seinem Blick stand)* Nicht das ganze Ding, Truman. Du hattest in einem Punkt ja recht.
TRUMAN: Und was ist der Punkt?
MARLON: Das Ding, das das alles in Bewegung gebracht hat.
 Truman schaut auf, der Richtung von Marlons Blick folgend. Eine Person steht am Ende der Autobahn – ein Obdachloser. Es ist sein Vater Kirk.
MARLON: Ja, er hat irgendwie überlebt. Er hat ganz schön was zu erzählen.
 Marlon hilft Truman auf die Füße – Truman ist vom Auftauchen des Mannes wie gebannt.
MARLON: Geh zu ihm.

Text 5B **Drehbuchszene 100, Teil I:**

Innen. Kontrollraum. Nacht.
Christof kontrolliert das Geschehen weiter vom Kontrollraum aus, der sich jetzt als Senderaum eines Fernsehstudios entpuppt.
CHRISTOF: Weitwinkel, Beleuchtungskamera acht.
In einer Großaufnahme aus einer Kamera in einer Straßenlaterne, die an der Autobahn steht, sehen wir Truman auf seinen verschollen geglaubten Vater zugehen.

6a Wie und wodurch verändert sich das Wissen des Zuschauers an dieser Stelle des Films (Text 5)?
 b Welche der drei Möglichkeiten der **Wissensverteilung zwischen Zuschauer und Hauptfigur** trifft auf die bisherige Filmhandlung zu, welche wohl auf den weiteren Ablauf? Nutze Text 6.

Text 6 **Möglichkeiten der Wissensverteilung zwischen Zuschauer und Figur**

(1) **Figur und Zuschauer wissen gleich viel** bzw. gleich wenig, sodass die Hintergründe der Handlung und der weitere Handlungsverlauf rätselhaft („mysteriös") sind: **Mystery**.

(2) **Die Figur weiß mehr als der Zuschauer**, sodass sich der Zuschauer auf Überraschungen einstellen muss: **Surprise**.

(3) **Die Figur weiß weniger als der Zuschauer**, der dadurch gespannt ist, ob/wann die Figur die zu erwartende Wendung zum Guten oder zum Bösen bemerkt, die er bereits kennt oder ahnt: **Suspense**.

7 Zur **Handlung**:
a Was bedeutet das Wiedersehen mit dem Vater für Truman, was für Marlon, was für Christof, den Produzenten der „Truman Show"?
b Welche Vermutungen über den weiteren Verlauf und den möglichen Ausgang der Filmhandlung ergeben sich aus dem Geschehen?

8 Zur Gestaltung durch **filmsprachliche Erzählverfahren**:
a Ergänze zu einem Teil der Drehbuchszenen 99 oder 100 ein mögliches Storyboard,
 – orientiere dich dabei am Beispiel zur Drehbuchszene 98 (Text 4),
 – nutze als weitere Information die Hinweise zur Kameraarbeit in Text 7
 – und denke auch an entsprechende Zeichnungen in deinem Storyboard.
b Wenn ihr den Film sehen könnt,
 – analysiert die Veränderungen vom Drehbuch zum Film;
 – vergleicht eure Storyboard-Ideen mit dem Original und diskutiert Gestaltungsideen.

Text 7 **Bewegungsrichtungen und Handlungsachsen**

Eine tatsächliche Bewegung, wie sie bei den Dreharbeiten stattgefunden hat, kann im fertigen Film durch die abwechselnden Kameraperspektiven, Einstellungen und den Schnitt völlig neu und anders wirken. Da der Zuschauer die Geschichte des Films nicht kennt, ist es für das Verständnis der Handlung sehr wichtig, dass die Kontinuität von
5 Bewegungen und Handlungen in allen Einstellungen übereinstimmt.
Mit der ersten Kameraeinstellung ist der Blickpunkt des Zuschauers auf das Geschehen festgelegt, d. h., wenn die Handlung verständlich sein soll, muss man sich
10 auch in den folgenden Einstellungen an dieser Achsenseite bzw. an der Position des Zuschauers orientieren. Um die Handlungsachse besser definieren zu können, ist es hilfreich,
15 wenn man sich, wie in dieser Grafik sichtbar, eine Linie zwischen den zwei Gesprächspartnern denkt. Diese Linie ist die Achse, an der sich die Kamera frei bewegen kann, die sie aber niemals über-
20 springen darf.

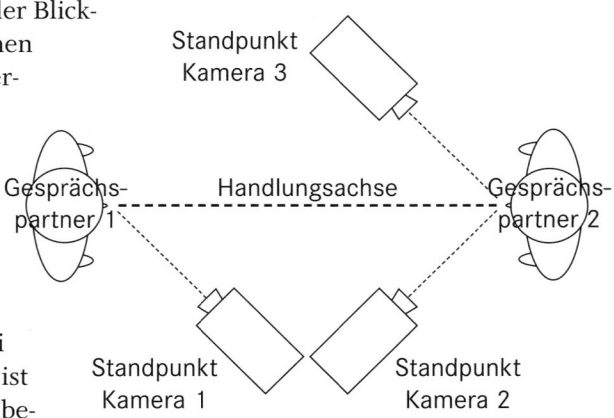

Medien und Wirklichkeit

9 Kamerabewegungen erproben:
a Erarbeitet im Team einen kurzen Dialog zwischen zwei Personen.
b Während ihr ihn den anderen vorspielt, übernimmt eine Person die Rolle der Kamera und erklärt und zeigt an, was der Zuschauer sähe, wenn der Dialog verfilmt würde. Besprecht anschließend, ob die Kameraführung plausibel im Sinne der Handlungsachsen war.
c Ihr könnt den Dialog natürlich auch mit der Kamera aufnehmen und dabei ausprobieren, welche Wirkungen entstehen, wenn ihr euch nicht an die Regeln in Text 7 haltet.

Text 8 Licht- und Tongestaltung

Führungslicht: Das Führungslicht wird für die Darstellung der dominierenden Lichtquelle einer Einstellung eingesetzt, z. B.: Kerzenschein, Mond, Straßenlaterne, Stehlampe im Raum usw. Natürlich muss das Führungslicht der Stärke, der Richtung und dem Charakter der Lichtquelle entsprechen.

Aufhellung bzw. Füll-Licht: Das Füll-Licht hellt die vom Führungslicht verursachten Schattenbereiche wieder auf.

Hinterlicht: Durch das Hinterlicht werden die Objekte oder Personen vom Hintergrund deutlicher abgehoben. Es ist ein hinter den Objekten positioniertes Gegenlicht zur Kamera.

Originalton/Sprache: Die während des Drehens synchron zum Bild mit aufgenommene Sprache und die entsprechenden Geräusche der Umgebung bezeichnet man als den Originalton einer Aufnahme.

Musik: Die beim Schnitt hinzugefügte Musik verleiht dem Film die gewünschte Stimmung und ergänzt ihn um eine weitere Interpretationsebene. Dieses wichtige Stilmittel wird je nach Tempo der Szene, Stimmung usw. ausgewählt bzw. extra komponiert.

Geräusche und Atmosphäre: Durch den Einsatz von Geräuschen, deren Quellen im Bild nicht oder noch nicht sichtbar sind, gewinnt der filmische Raum für den Zuschauer an Weite und wird realitätsnäher. Zusätzliche Aufnahmen der ständigen Geräuschkulisse eines Schauplatzes vollenden das Klangbild. Diese Tonaufnahmen des Raumes und der Umgebung nennt man Aufnahmen der Atmosphäre (kurz: Atmo).

Blick in ein Tonstudio

10a Wo sollte das Füll-Licht positioniert sein, damit es nicht selbst wieder Schatten wirft, und in welche Richtung sollte es leuchten?
b Inwiefern unterscheiden sich „natürliche" Umgebungsgeräusche und die sogenannte „Atmosphäre" eines Films?
c Erkläre, warum Licht und Ton für einen Film besonders wichtig sind.

11a Wenn ihr euch den Film ansehen könnt, wählt eine Szene aus und analysiert die **Filmsprache** anhand der Kriterien, die ihr kennengelernt habt: **Handlung** (Verlauf, Wissensverteilung zwischen Hauptfigur/Zuschauer), **Gestaltung** (Schnitt, Kamerabewegungen, Licht und Ton), **Wirkung**.
b Diskutiert anschließend: Fördert die systematische Filmanalyse das Verständnis des Films und/oder eure Medienkompetenz oder sollte man sich Filme ganz unbefangen einfach nur ansehen?

1.2 Ausprobieren: vom Drehbuch zum Storyboard

Mit triumphaler Musik

Text 9A **Drehbuchszene 100, Teil II:**

Innen. Kontrollraum. Nacht.
CHRISTOF: ... Kamera zwölf ... und Kamera ab, Musik ... Beethoven, III. Symphonie, zweiter Satz.
Die Musik ertönt. Kirk und Truman umarmen sich mitten auf der Straße. Truman nimmt den Ring seines Vaters von seinem eigenen Finger.
CHRISTOF: ... RingKam ...
Wir sehen eine Nahaufnahme von Kirk aus der Ringperspektive. Truman legt den Ring in die Hand seines Vaters.
CHRISTOF: ... KnopfKam drei ...
Wir sehen eine Nahaufnahme von Truman aus einer Kamera an Kirks Mantel.
TRUMAN: Ich habe nie aufgehört, daran zu glauben.
KIRK: *(starrt auf den Ring, dann in Trumans Gesicht)* Danke ... mein Sohn.
CHRISTOF: ... und weit ...
Simeon (Assistent) schaut zu seinem Direktor.
SIMEON: Nahaufnahme?
CHRISTOF: *(starrt intensiv auf den Monitor)* Nein, noch nicht ...
Die Crew beobachtet, wie Truman und Kirk sich umarmen.
KIRK: All diese verlorenen Jahre.
TRUMAN: Wir haben noch viele Jahre vor uns.

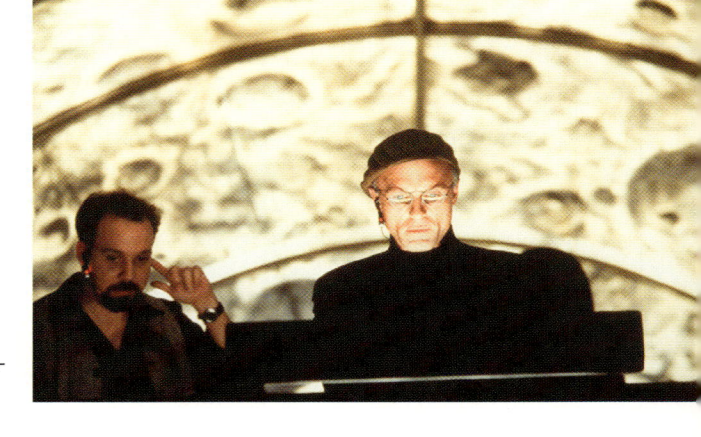

In Ergänzung zum Handlungsentwurf des Drehbuchs werden in diesen Abschnitt des Films noch einige kurze Einstellungen eingestreut, die die Reaktionen der vor ihren Fernsehern sitzenden Zuschauer der „Truman Show" zum jeweiligen Stand der Truman-Handlung zeigen.

Text 9B **Drehbuchszene 101:**

Innen. Kontrollraum. Nacht.
Christof gestattet sich ein zufriedenes Lächeln.
CHRISTOF: Und die Musik runterfahren ... jetzt geh in die Nahaufnahme ...
Als eine scharfe Großaufnahme von Vater und Sohn auf dem Bildschirm erscheint, setzt das Orchester mit triumphaler Musik ein.

Text 9C **Drehbuchszene 102:**

Außen. Autobahn. Nacht.
Vater und Sohn verharren in ihrer Umarmung. Über Trumans Schulter sehen wir einen Hauch von Schuldbewusstsein in Kirks Gesicht.

Medien und Wirklichkeit

Text 9D **Drehbuchszene 103:**

Innen. Kontrollraum. Nacht.
Christof, von den Ereignissen mitgenommen, fällt in seinen Sessel. Chloes Hand bleibt ermunternd auf seiner Schulter liegen. Moses, der Chef des Fernsehsenders, ein Mann Mitte siebzig, betritt den Raum zusammen mit seinem Assistenten Roman, ihre Gesichter sind voller Bewunderung.
MOSES: Gut gemacht. Das habt ihr gut gemacht.

1 Zur Handlung:
a Beschreibe in einzelnen Stationen, wie sich Trumans Situation und seine Gefühlslage verändert haben.
b Inwieweit hat der Ablauf der Handlung in diesem Filmausschnitt das Problem Trumans gelöst, das zu dem Gespräch mit seinem Freund Marlon (Text 1) geführt hat?
c Welche Handlungskonsequenzen ergeben sich insgesamt aus den Ereignissen der Drehbuchszenen 97–103 (Texte 1, 4, 5 und 9)?

2 Ausprobieren: Ein **Storyboard** erstellen
a Teilt euch in Gruppen auf und verteilt die Drehbuchszenen 100–103 zur Erarbeitung einzelner Einstellungen gleichmäßig auf die Gruppen. Der Film von Peter Weir hat den Drehbuchtext in 19 Einstellungen übersetzt – daran müsst ihr euch natürlich nicht halten.
b Jede Gruppe erstellt in Form eines Storyboards den Entwurf einer Filmhandlung. Dabei könnt ihr
  – die Handlung der Drehbuchszenen 100–103 auch nach euren Vorstellungen abändern und einen sinnvollen alternativen Ablauf ausgestalten …,
  – möglicherweise zusätzlich die Handlung der Filmszenen 97–99 völlig neu gestalten.
c Berücksichtigt bei der Erarbeitung auch die „Tipps für das ‚Spiel auf der Klaviatur der Gefühle' des Zuschauers" (Text 10).

Für das **Storyboard** empfiehlt sich die Fertigung von Karteikarten – für jede Einstellung der Filmhandlung eine neue. Die Karteikarten können nach dem Muster der Abbildung gestaltet sein. Der Betrachter deiner „Schribbles"/zeichnerischen Skizzen samt ergänzenden Notizen spielt für dich die Rolle des Filmzuschauers, er muss mit deinen Skizzen etwas Konkretes und Genaues anfangen können. Dabei geht es nicht um zeichnerische Perfektion. Je genauer und aussagekräftiger jeweils die Zeichnung ist, desto knapper können die ergänzenden Notizen bleiben.

Sequenz-/Einstellungs-Nr.: ....

Skizze

STORYBOARD

Erläuterungen (z. B. Bewegungen im Bild):

Dialog:

E-Dauer:

E-Größe / K-Neigungswinkel / K-Bewegung:

Übergang zur nächsten E:

Licht/Farbe:

Ton:

Filmisches Erzählen in der „Truman Show"

Text 10 **Tipps für das „Spiel auf der Klaviatur der Gefühle" des Zuschauers**
- Bedenke immer wieder: Film heißt „Bewegung *in* den Bildern" und „Bewegung *zwischen* den Bildern", beides zusammen hat eine intensive Beteiligung des Zuschauers zur Folge.
- Bedenke genau, welche Gefühle du im Zuschauer durch das, was in den Einstellungen zu sehen ist, durch die einzelnen filmischen Erzählverfahren und durch ihr Zusammenspiel hervorrufen willst.
- Überlege, welche Wirkung du durch den (harten oder weichen) Übergang von einem zum nächsten Bildinhalt erzeugen willst.
- Tempo und Rhythmus des Filmschnitts üben eine starke Wirkung auf die Aufmerksamkeit und auf die Empfindungen des Zuschauers aus. Plane sorgfältig die zeitliche Länge der einzelnen Einstellungen und die Abwechslung in ihrer Dauer.
- Lege möglichst präzise die Bewegungen und Bewegungsrichtungen der Figuren im Bild fest und bedenke die Wirkung auf die emotionale Beteiligung des Zuschauers.
- Nutze die Möglichkeit, durch den Ton die Kontinuität zwischen den Einstellungen herzustellen und durch Musik im Hintergrund die Gefühle des Zuschauers zu beeinflussen.
- Plane genau die Zuordnung der Sätze oder auch Satzteile des Dialogs auf die einzelnen Einstellungen (ist der Redende oder der Hörende im Blick? usw.).

3 Tauscht die Ergebnisse eurer Arbeit in den Gruppen bzw. zwischen den Gruppen aus und beurteilt sie nach den Prinzipien des filmischen Erzählens und der beabsichtigten bzw. tatsächlichen Wirkungen.
Eine Präsentation mithilfe eines PC-Präsentationsprogramms oder in Form von Plakaten in Verbindung mit vorgetragenen Erläuterungen erleichtert die bewertende Analyse.

4 Vielleicht könnt ihr die erarbeiteten Einstellungen anschließend verfilmen:
– Dazu sollte jede Gruppe nur ihre eigenen Storybord-Entwürfe filmisch umsetzen
– oder ihr müsst zunächst in einer Regiegruppe die Storyboards der Gruppen so anpassen, dass sich ein zusammenhängender Filmabschnitt ergeben kann.

5 Peter Weir unterscheidet in seinem Film die drei Bereiche: „Truman-World", „Christof's World", „Viewers World".
a In welcher Beziehung stehen diese „Welten" zueinander?
b Diskutiert: Mit welcher Berechtigung kann man die „Viewers" – also das weltweite Truman-Show-Publikum – als „Voyeure" bezeichnen, inwieweit das Publikum des Films „Die Truman Show"?

Text 11 *Gegen Ende des Films sagt Christof in einem Interview über die „Truman-Welt":*
„Es ist alles wahr und ist alles echt, nichts hier ist künstlich, nichts, was Sie in dieser Serie sehen, ist verfälscht, es gibt nur eine gewisse Kontrolle."
Und einer Kritikerin seiner Truman Show hält Christof entgegen:
„Ich gab Truman die Chance, ganz normal zu leben. Die Welt, in der Sie leben, die ist pervers. Seahaven ist so, wie die Welt sein sollte."

6a Diskutiert zum Abschluss eurer Beschäftigung mit dem Film diese Thesen.
b Worin liegt der Unterschied zwischen der Realityshow, in der Truman Burbank die Hauptrolle spielt, und den „Formaten" des Reality-TV, die ihr vom Fernsehen kennt? Für wie wichtig haltet ihr diesen Unterschied?

c Erörtert, was ihr grundsätzlich von der Idee eines Reality-TV haltet, das das Leben eines Menschen von seiner Geburt an im gesamten Alltag filmt und einem Millionenpublikum vorführt.
d Was könnten die Gründe dafür sein, dass die Fernsehanstalten seit einigen Jahren immer wieder solche Live-Formate produzieren?
e Interviewt euch gegenseitig oder andere Mitschüler: Was haltet ihr insgesamt von Reality-TV?

2. VERMITTLUNG, VERZERRUNG, VERFÄLSCHUNG?
Positionen in der Medienwelt

Vermitteln, verzerren oder verfälschen Medien die Wirklichkeit?
Bereitet zu dieser Fragestellung eine **Podiumsdiskussion** vor.
Am besten geht ihr so vor:

1 Bildet mindestens vier Gruppen, die sich zur Vorbereitung auf die Podiumsdiskussion mit einem der vier folgenden Texte und dem jeweiligen Thema ihres Textes befassen und dazu zusätzliche, möglichst aktuelle Materialien in Zeitungen, Zeitschriften und im Internet sammeln.

2 Die Vorbereitungen münden in ein Kurzreferat jeder Gruppe vor der Klasse, das so gegliedert werden sollte:
A) Darstellung der Position und Argumentation des Textes
B) Zuspitzung auf das im Text behandelte Thema und Erläuterungen dazu
C) eigene Auseinandersetzung mit dem Text bzw. dem Thema auf der Basis der eigenen Medienerfahrungen und der herangezogenen aktuellen Materialien
Denkt bei den Kurzreferaten auch an Beispiele und Visualisierungen!

3 Die Reihe der vier Vorträge wird durch eine zusammenfassende **Plenumsdiskussion** abgeschlossen: Vermitteln, verzerren oder verfälschen Medien die Wirklichkeit?

4 Bezieht am Schluss der Plenumsdiskussion unter Leitung einer Moderatorin oder eines Moderators die ganze Klasse mit ein zu der Frage: Sind auch wir am Ende in gewissem Sinne „Truman Burbanks", ohne es zu merken?

Text 12 **War of the (media) Worlds** (2005)   Alexander von Streit, Stephan A. Weichert

„Meine Damen und Herren, das ist einmalig! ... Das ist die fürchterlichste Sache, die ich jemals erlebt habe ... Es ist das außergewöhnlichste Ereignis. Ich finde keine Worte!" – Kurz nachdem CBS-Reporter Carl Phillips in einer Radio-Übertragung diese Worte ausgesprochen hat, ist er tot – ermordet von außerirdischen Wesen, die mit ihrem Raumschiff
5 auf der Erde gestrandet sind.
Es ist der Abend des 30. Oktober 1938, an dem diese vermeintliche Live-Sendung bei mehreren Millionen Menschen eine Massenhysterie auslöst. Eine Radioübertragung, die sich für die meisten erst später als Hörspiel von Orson Welles herausstellt – fiktiv, und doch so realistisch inszeniert, dass zunächst niemand die Authentizität der Nachricht
10 über die Invasion vom Mars infrage stellt. Ein Beweis dafür, wie wirkungsvoll Mediendramatik schon vor einem Dreivierteljahrhundert sein konnte. Und ein Beispiel dafür, wie Medienmacher (auch ungewollt) zu einem Realitätsverlust in der Gesellschaft beitragen können – wenn ihr plötzlich sämtliche Bewertungsmaßstäbe abhanden kommen. [...]

Positionen in der Medienwelt

Ein Realitätsverlust durch die Medien findet auch heute statt, subtiler zwar, aber breitenwirksamer und schonungsloser denn je: Massenblätter fahren Kampagnen, das Fernsehen züchtet Reality-Lebenswelten, die Industrie instrumentalisiert die Berichterstattung für ihre Zwecke, Journalisten schreiben Prominente mal rauf, mal runter und ein Großteil des Weltgeschehens wird in den Nachrichten einfach ausgeblendet. Kurz gesagt: Unser Wirklichkeitsbild ist medial konstruiert und wird zunehmend – ob gewollt oder nicht – von den Medien gesteuert. Und der Mediengesellschaft sind größtenteils die Bewertungsmaßstäbe abhanden gekommen.

„Wie ist es möglich, Informationen über die Welt und über die Gesellschaft als Informationen über die Realität zu akzeptieren, wenn man weiß, wie sie produziert werden?", hat der Soziologe Niklas Luhmann einmal gefragt. Aber genau darin liegt das Problem: Viele wissen nicht, wie Medien eigentlich verzerren, können kaum unterscheiden, was Kampagne, was Konkurrenzkampf – also letztlich: was Realität und was Medienrealität ist. Und der Krieg der Medienwelten hat gerade erst begonnen: Der Wettbewerb um Anzeigenkunden, Auflagen und Quoten mündet allmählich in eine publizistische Schlacht um Aufmerksamkeit, Publikumsgunst – und journalistische Wahrheiten.

Text 13 **Die Matrix der Wirklichkeitsentwürfe** (2005)   Tom Kummer

> Die Reportagen und Star-Interviews des in Kalifornien lebenden Autors Tom Kummer fanden in den deutschen Medien viel Anklang und wurden begeistert abgedruckt, bis aufgedeckt wurde, dass viele von ihnen gefälscht waren.

[...] Ob ich jetzt immer die Wahrheit schreibe? Nein, die reine Wahrheit interessiert mich nur am Rande. Natürlich müssen die Fakten stimmen und das war bei mir fast immer der Fall. Hinter der sogenannten Wahrheit tun sich aber meistens Abgründe auf. So ist das Leben. Davon sollen die Leser erfahren. Mir ist es also sehr viel wichtiger, dass meine Botschaft rüberkommt. Darauf kommt es an. Ich habe früher auch schon Reportagen geschrieben, da stimmten weder die Orte noch die Personen. Und trotzdem kam die Botschaft der Wahrheit wohl näher, als wenn ich mich auf die Leute eingelassen hätte, die mir entweder als PR-Bulldoggen an die Seite gestellt wurden oder sich als Informanten präsentierten. [...]

Der Weg zur Wahrheit führt über viele Wirklichkeiten. Das kann dem Leser keine Zeitung abnehmen. Ich glaube, das erwarten die Leute auch gar nicht mehr, dass sie ihre Zeitung aufschlagen und da steht die Wahrheit schwarz auf weiß. Die Zeiten, als zum Beispiel der S[...]* für die Wahrheit zuständig war oder jedenfalls so tat, dass er sie kennt, sind vorbei. Auch ein von sieben Faktenprüfern gechecktes S[...]-Interview garantiert keine Wahrheit. [...] Die S[...]-Story hinterließ bei mir meistens bloß Pseudowissen, dafür aber auch starke emotionale Rückstände, die natürlich als Ressentiment wirksam wurden: Neid oder Schadenfreude. Für den Leser wurde also Woche um Woche eine Welt präsentiert, wo alle Sachverhalte prinzipiell als unbekannt dargestellt wurden. Erst ihr Auftauchen im S[...] verlieh ihnen dann so eine Art Würde des Vorhandenen, eine Wahrhaftigkeit. Die Wirklichkeit wurde zur Matrix des Magazins, die Story zu ihrem Phantom. Natürlich hat das nicht nur beim S[...] funktioniert. Mit Objektivität und Wahrheit hat das aber alles nicht viel zu tun. Der einzige Sinn und Nutzen journalistischen Kommunizierens kann heute also nur darin liegen, verschiedene Wirklichkeitsentwürfe zu produzieren.

* Namen von Zeitungen/Zeitschriften von der Redaktion gekürzt.

Text 14 Eine gesäuberte Version vom Krieg (2003) Florian Rötzer

> Eine ausführliche britische Studie über „eingebettete" Journalisten im Irak-Krieg kommt zu dem Schluss, dass sie zwar relativ objektiv, aber beschönigend gearbeitet haben, während vor allem Fernsehsender sich als unkritisches Sprachrohr der Militärs erwiesen.

Um der Kritik zu entgehen, dass das Pentagon wie im ersten Irak-Krieg und im Afghanistan-Krieg eine objektive Kriegsberichterstattung unmöglich mache, hat das Verteidigungsministerium den Spieß umgedreht und das Konzept der in Truppenverbänden „eingebetteten" (embedded) Journalisten entwickelt. […] Da man nach Afghanistan und
5 mit der militärischen Überlegenheit von einem schnellen Krieg und einem bejubelten Sturz des Hussein-Regimes ausgegangen war, sollten die gut kontrollierbaren Journalisten das Medienabenteuer oder den Thriller-Krieg aus der Perspektive der vorrückenden Koalitionstruppen der Weltbevölkerung offerieren.
Die Strategie, bestimmte Medien und Journalisten als Bestandteil direkt in die Kriegs-
10 führung als Partner für die Öffentlichkeitsarbeit mit einzubeziehen, war sicherlich für die US-Regierung erfolgreich gewesen, da man mit wenigen Opfern in den eigenen Reihen gerechnet hatte. Im Wettbewerb um die Aufmerksamkeit der Menschen werden primär Spektakel geboten. Und die US-Regierung hatte ein Spektakel versprochen. Die Teilnahme an vorderster Front – die begehrtesten Plätze, die natürlich die US-freundlichen
15 Medien erhielten – ließ sich von den großen Medien kaum ablehnen, wenn sie nicht eine Einbuße der Quote in Kauf nehmen wollten. Die Tausenden von Journalisten, die auf den Flugzeugträgern, in Kuwait und den anderen Golfstaaten, in Jordanien oder im Nordirak waren hingegen ausgeschlossen und hatten gegenüber den Journalisten in den Redaktionen kaum einen Vorteil. Alles
20 durften die etwa 600 „embedded" Journalisten auch nicht direkt berichten – und wurde, wie der genaue Standort oder das Ziel einer militärischen Aktion, auch schon deswegen verschwiegen, weil sie sich damit selbst womöglich gefährdet hätten. Zudem gab es den Disziplinierungsdruck, dabeibleiben zu dürfen und nicht ausgeschlossen zu werden, um weiter vom Spektakel
25 berichten zu können, auf das die ganze Welt starrte.
[…] Im Auftrag der BBC haben britische Wissenschaftler der Cardiff-Universität die Berichterstattung der „embeds" während des Irak-Kriegs untersucht. Danach hätten diese zwar einigermaßen objektiv berichten können, aber es sei vermieden worden, Bilder zu veröffentlichen, die Tote, Verletzte oder die Ge-
30 walt deutlich zeigten. Der Krieg wurde, wie dies das Pentagon auch wünscht, in einer gesäuberten Fassung vorgeführt. […]
Einige Journalisten hatten von Zensurversuchen berichtet, insgesamt aber hätten sie einigermaßen objektiv, jedenfalls verlässlicher als Mitteilungen der Militärs berichten können. Doch die schreckliche Seite des Kriegs sei ausgeblendet worden, wodurch bei
35 den Zuschauern der Fernsehberichte von der Front der Eindruck entstanden wäre, einem „Kriegsfilm" zuzuschauen, während ihnen die Wirklichkeit des Kriegs vorenthalten wurde. Zudem hätten viele Zuschauer lieber weniger Berichte von der Front gesehen und mehr über den Hintergrund erfahren, beispielsweise auch über die Reaktion der Iraker. Bedenklich ist, dass oft die Quelle von Informationen nicht in der Berichterstattung
40 erwähnt wird. Kommen die Informationen vom Militär, so kann man in der Regel misstrauisch sein. Die Wissenschaftler untersuchten vier während des Krieges zirkulierende Stories, die sich wie die Scud-Attacke auf Kuwait oder der Aufstand der Bevölkerung in Basra später als falsch herausgestellt hatten. Fast in der Hälfte der Fernsehberichte, die davon handelten, wurde nicht erwähnt, dass diese Informationen vom britischen oder

Amerikanische und britische Journalisten, „eingebettet" in ein Gefecht während des Irak-Kriegs 2003

amerikanischen Militär stammten. Und gerade einmal in einem von zehn Berichten wurden die Behauptungen kritisch hinterfragt. [...]

Text 15 **Die unsichtbare Masse** (2005)   VOLKER S. STAHR

Sie ist das große Wahlkampfthema. Doch fürs Fernsehen gilt: Die soziale Wirklichkeit langweilt Zuschauer und Macher.

Eigentlich war es eh schon einer der seltenen heißen Sommertage dieses Jahres gewesen. Irgendwie erhoffte man sich deshalb etwas Kühlung von Ort und Thema des abendlichen Events. Doch im Metropolis, Frankfurts größtem Kino, stand die Luft – und brannte. Nicht nur, dass zur Premiere einer Dokumentation über Arbeitslosigkeit einige hundert Menschen den zweitgrößten Saal des Hauses überfüllten. Als auf der Leinwand die Protagonisten des Films, Arbeitslose aus vielen Teilen Deutschlands, ihre Wut gegen die tatsächliche oder vermeintliche Tatenlosigkeit der Regierung artikulierten und Minister Arbeitsuchenden nur mit peinlich berührter Hilflosigkeit begegneten, wurde es auch auf den Plätzen laut. Applaus, Buhrufe und deutliche Worte wechselten einander ab. 400 bis 500 Gäste bei einem Film über Arbeitslosigkeit. Und bei vielen der Besucher der vorher nur dürftig angekündigten Premiere hatte Regisseur Martin Keßler den Nerv getroffen. „Neue Wut" hieß sein Film, erzählte von der wachsenden Zahl von Arbeitslosen, von deren Perspektivlosigkeit – und von der längst nicht mehr nur aufkeimenden Wut gegen „die da oben", die offenbar den Kontakt zu den Problemen im Lande verloren hätten. Dass Perspektivlosigkeit, Wut, Aggressivität real sind, merkte man im Publikum. Auf der Leinwand und unter den Premierengästen – gerade in dieser Kombination spürte man, mittendrin zu sein in einem bisher unterbelichteten Stück deutscher Realität.

Szenenwechsel. Eine Wahl vor der Tür, fünf Millionen Arbeitslose und sozialer Sprengstoff mitten in der Gesellschaft. Und das Fernsehen, die Bühne der Gesellschaft? Ein Blick in das Abendprogramm dieser Woche. Am Montag und Mittwoch kickten hoch bezahlte Fußballprofis zur besten Sendezeit bei ARD und Sat1. Jeden Tag wird bei den Öffentlich-Rechtlichen und Privaten mindestens ein betuchter Unternehmer oder Freiberufler im Krimi umgebracht oder darf sich mit Familienproblemen herumschlagen. Dazwischen „Die zehn größten Musikskandale" (RTL) und ein „Star-Quiz" (ARD). Soziale Wirklichkeit und Arbeitslose im Fernsehen? „Leider kein Thema", räumt ZDF-Programmdirektor Thomas B[...]*, selbst einst Politikjournalist, offen ein. Zumindest nicht zur besten Sendezeit. „Programme", so B[...], „die sich der sozialen Wirklichkeit annehmen, tun sich schwer. Arbeitslose wollen, vielleicht zu Recht, gerade etwas anderes sehen. Und die anderen schauen es sich auch nicht an, wie die Quoten belegen."

In der Tat gibt es fast nur eine Programmform, die sich des Problems annimmt. Reportagemagazine berichten auf allen Sendern zwischen Autobahnrasern und Lebensmittelkontrolleuren auch über Sozialhilfeempfänger, Arbeitslose und Ich-AGler. Doch die Form gibt zu denken. Gern werden Sozialarbeiter und Mietberater begleitet, wenn sie mit Arbeitslosen zu tun haben. Ausführlich wird das Schicksal einer Ich-AG gezeigt. Eine voyeuristische Stippvisite in einer fremden Welt. Die Brisanz, die das Thema vom Rande der Gesellschaft in ihre Mitte trägt, fehlt.

„Wir tun uns zuweilen schon schwer mit dem Thema", räumt auch Norbert L[...], Leiter von „zdf.reporter" ein. Auch er weiß um das Problem, vielleicht eines des Formates. Reportagen zeigten den Menschen. Sie zeigten ein Stück Wirklichkeit, das man sonst nicht sieht – das einen aber auch einmal erreichen könnte. Doch es ist immer wieder ein kurzer voyeuristischer Blick in Abgründe um die Ecke. Probleme, aber keine Lösungen. [...]

* Namen von der Redaktion gekürzt.

Das hast du in diesem Kapitel gelernt:

- die Realitätsillusion als eine spezifische Erzählleistung des Films verstehen
- die wichtigsten filmischen Erzählverfahren und ihr Zusammenspiel analysieren und anwenden, deren Wirkung auf den Zuschauer kennen, die Konventionen des unsichtbaren Schnitts, der Beziehungen zwischen Filmeinstellungen (zeitlich, räumlich, bildlich, rhythmisch), der szenischen Montage und der Parallelmontage kennen und anwenden
- in einer Filmhandlung den Wechsel in der Wissensverteilung zwischen Zuschauer und Figur (Mystery, Surprise, Suspense) identifizieren
- die Wirkungen der unterschiedlichen Relationen „Kamera/Zuschauer – Handlungsachse" kennen und in die Planung praktischer Filmarbeit einbeziehen
- Tempo und Rhythmus von Einstellungen und Sequenzen erkennen und planen
- Erzählverfahren des Films (Filmsprache) mit denen in geschriebenen Texten vergleichen
- Film als Kunst, starke Gefühle zu erregen, verstehen
- die Beziehung Realität – Medienrealität und die Rückkopplung Medienmacher – Mediengesellschaft an aktuellen Beispielen aufzeigen
- die – auch politische – Problematik des Verhältnisses von Medien und Wirklichkeit kennen: Wahrheit und Wahrhaftigkeit; Vermittlung, Verzerrung und Verfälschung

Ideen und Projekte:

Auseinandersetzung mit dem Film „Die Truman Show":
- Führt den Film „Die Truman Show" in eurer Schule vor und gebt dazu eine Einführung – zu Erzählverfahren des Films oder zum Thema des Films „Eine Show für Millionen".
- Diskutiert nach einer Filmvorführung („Die Truman Show") mit dem Publikum, indem ihr euch kritisch an den Urteilen von Filmkritikern orientiert: „… eine bitterböse, pointierte Mediensatire" – „eine bös-geniale Zukunftsvision, schrecklich und schrecklich gut" – „ein Meisterwerk" – „ein Wunder von einem Film".
- Schreibe eine Filmkritik zu Peter Weirs Film.
- „Er ist kein Schauspieler, er ist ein Gefangener. Sehen Sie sich ihn doch an, was Sie ihm angetan haben", sagt die Filmkritikerin zum Produzenten der Truman Show. Schreibe eine Charakteristik Truman Burbanks (aufgrund der Kenntnis des ganzen Films).

Kreative Gestaltungen
- Entwickelt ein Drehbuch als Fortsetzung des Films: Wie könnte es weitergehen mit Truman? Vielleicht könnt ihr einige Szenen davon auch tatsächlich spielen und aufnehmen.
- Science-Fiction-Hörspiel „Die Landung hat bereits stattgefunden" – Die Live-Aufnahme einer Landung" (zu Kunerts Text „Die kleinen grünen Männer", parallel zu Orson Welles' Hörspiel von 1938, s. Text 8, S. 60f./Text 12, S. 175f.). Schreibe den Entwurf zu diesem Hörspiel.

Medienwelten: Position beziehen
- Product Placement (Platzierung von Produkten in Filmen und Fernsehserien als „Schleichwerbung") im Spielfilm: Schreibe einen passenden Text als Appell an einen Filmemacher oder als Artikel in einer Fernsehzeitschrift.
- Schreibe einen Brief an Tom Kummer (s. Text 13, S. 176) zum Thema „Verschiedene Wirklichkeitsentwürfe statt Wahrheit?".
- „Ein Journalist, der sich in eine Kriegszone begibt, übt die höchste Form von Journalismus aus." Schreibe einen Leserbrief an diesen Journalisten (mit Bezug auf Text 14 von Rötzer).
- „Konkurrenzkampf" der Medienanstalten? Untersucht in einer Gruppe das Fernsehprogramm einer Woche und beantwortet die Frage in einem Text für eure Schülerzeitung.

Erweitern · Vertiefen · Anwenden

PROJEKTTECHNIKEN

Text 1 **„Das Nachspiel zur Show" – Projekt: „Medien und Wirklichkeit"**

Der Film „Die Truman Show" endet damit, dass der Protagonist Truman die Medienwirklichkeit der über 30 Jahre auf ihn konzentrierten Show verlässt und in das Alltagsleben der Menschen eintritt, die bisher seine Zuschauer gewesen sind und täglich durch seine Aktionen und Erlebnisse einen großen Teil ihres Unterhaltungsbedarfs gedeckt haben.
5 Was der Film nicht mehr zeigt: Dort werden die Medien auf ihn einstürmen und ihn über sein Befinden, seine Pläne usw. befragen. Man wird auch vom Chef der Show, Christof, und von anderen beteiligten Medienmachern vieles wissen wollen. Und Truman wird wahrscheinlich Sylvia aufsuchen, die ihn einmal vergeblich zu warnen versucht hat und in die er sich verliebt hat. Was alles kann sich noch als Konsequenz der Truman-
10 Show ergeben? Macht das „Nachspiel zur Show" zu eurer Sache und bereitet die einzelnen Beiträge der Fernsehsendung (Video/CD/DVD) vor: Nachrichten, Interviews, Reportage/Hintergrundbericht/Dokumentation, Diskussionen, Spielszenen. Das „Nachspiel" bietet euch Gelegenheit, eure gesammelten Erfahrungen im Umgang mit filmischen Erzähl- und Darstellungsverfahren zu erproben.

Projektphase 1: Ideen sammeln

1 In dieser Projektphase geht es darum, möglichst viele Ideen zu sammeln, aus denen du dir dann eine für das Fernsehprojekt aussuchen kannst. Benutze dazu die folgenden Methoden, mit denen du Ideen sammeln und strukturieren und Entscheidungen treffen kannst:

Text 2 **Brainstorming:** spontane, unkommentierte Sammlung von Einfällen. Dazu ruft ihr z. B. zwei Mitschülern eure Ideen zu, die sie an der Tafel, am Overhead-Projektor oder auf Kärtchen notieren. Anschließend werden die Ideen z. B. in einer Mindmap strukturiert.
Cluster mit Fließtext: Erstelle in fünf Minuten einen Cluster mit dem Kern „Nachspiel
5 zur Truman Show". Schreibe in weiteren fünf Minuten einen Fließtext (ohne Absätze). Die Begriffe aus dem Cluster können, müssen aber nicht genutzt werden.
Ampelspiel: Jeder erhält eine rote, eine gelbe und eine grüne Karte. Reihum tragt ihr eure Lieblingsidee zum Projekt vor. Die Zuhörer reagieren mit ihren Karten: Rot bedeutet Ablehnung, Grün Zustimmung und Gelb Enthaltung. Diskutiert erst dann, wenn jeder
10 seine Idee nennen konnte.

Projektphase 2: Informationen sammeln, Entscheidungen treffen

2 Folgende Fragen solltet ihr vor allem in der Klasse bzw. Gruppe beantworten:
a – Was genau ist das Ziel des Projekts und welche Einzelthemen wollen wir umsetzen?
– Wie sind demnach die Themen zu verteilen, die Termine festzulegen, die Gruppen zu bilden?
– Auf welche Weise funktioniert der Informationsaustausch mit den anderen Gruppen (z. B. an einer Wand des Klassenzimmers, durch gemeinsame Zwischentreffen)?
b – Welche technischen und organisatorischen Möglichkeiten haben wir (Geräte, Räume)?
– Mit welchen filmischen Mitteln setzen wir unsere Idee um?
– Wer in der Gruppe kann welche Fähigkeiten und Erfahrungen einbringen (z. B. Technik)?
– Welche Recherchen (Informationen, Materialien, technische Kenntnisse) sind zu tätigen?
– Welche verbindlichen terminlichen Vereinbarungen treffen wir?

Projektphasen 3 und 4: Durchführung und Präsentation

3 In der Phase der Durchführung und bei der Planung der Präsentation ist es sehr wichtig, immer wieder Rückmeldungen zu geben, Zwischenergebnisse zu präsentieren und Probleme zu diskutieren. Dazu eignen sich u. a. die folgenden Methoden. Probiert sie aus.

Text 3 **Expertenpodium:** Damit könnt ihr eure Arbeitsergebnisse präsentieren und zur Diskussion stellen. Dazu wählt jede Filmgruppe einen Experten, der das Vorhaben präsentiert, über den Stand der Arbeit berichtet und noch zu klärende Fragen nennt. Die Experten aller Gruppen setzen sich an einen Tisch und tragen vor. Nach jeder Runde kann das Publikum Fragen stellen, am Schluss kann es sich auch an der Diskussion beteiligen.
Fishbowl/Aquarium: Das Aquarium hilft, gemeinsam Probleme zu lösen. Es besteht aus einem kleinen Kreis von Diskutanten in der Mitte, zwischen denen ein leerer Stuhl steht, und einem größeren Außenkreis mit den restlichen Schülern, die die Diskussion verfolgen. Jeder aus dem Außenkreis, der in die Diskussion eingreifen möchte, kann sich auf den leeren Stuhl setzen und verlässt ihn nach einer vereinbarten Zeit wieder. Auch der Innenkreis kann von Zeit zu Zeit ausgewechselt werden.

4 Zur Präsentation fügt ihr – vielleicht durch eine gewählte Expertengruppe – die einzelnen Beiträge zur Fernsehsendung „Das Nachspiel zur Show – Medien und Wirklichkeit" zusammen (im PC) und präsentiert sie einem interessierten Publikum.

Projektphase 5: Bewerten

5 Die Bewertung des Projekts sollte auf zwei verschiedenen Ebenen stattfinden (→ Sachlexikon Deutsch). Zudem solltet ihr aber auch über die Arbeitsweise, die Zusammenarbeit etc. sprechen. Verschiedene Methoden des Feedbacks können euch dabei helfen:

Text 4 **Blitzlicht:** Alle kommen der Reihe nach zu Wort und äußern sich kurz (in 1 bis 2 Sätzen) zur Frage „Wie war das Projekt für mich?". Die anderen hören genau zu, geben keine Kommentare ab und berufen sich nicht auf Vorredner. Erst am Schluss wird diskutiert.
3-mal-3-Feedback: Jeder schreibt auf einen Zettel drei positive Dinge, drei negative Dinge und drei Verbesserungsvorschläge auf. Die Zettel werden eingesammelt und wieder verteilt. Jeder liest einen Zettel vor (nicht den eigenen!) und kommentiert ihn.
Feedback-Zielscheibe: Fertigt eine große Zielscheibe mit 5 Ringen wie in der Abbildung an und passt die Überschriften der Segmente euren eigenen Bedürfnissen an. Jeder Teilnehmer erhält so viele Klebepunkte, wie es Segmente auf der Zielscheibe gibt. Mit diesen Klebepunkten kann er zu den verschiedenen Aussagen zum Projekt jeweils Stellung nehmen. Klebepunkt auf Segment 1, Ring 5 (innen) bedeutet dabei „Aussage trifft aus meiner Sicht voll zu", 1 (außen) heißt „trifft nicht zu". Wertet die Zielscheibe gemeinsam aus und besprecht die Auswertung.

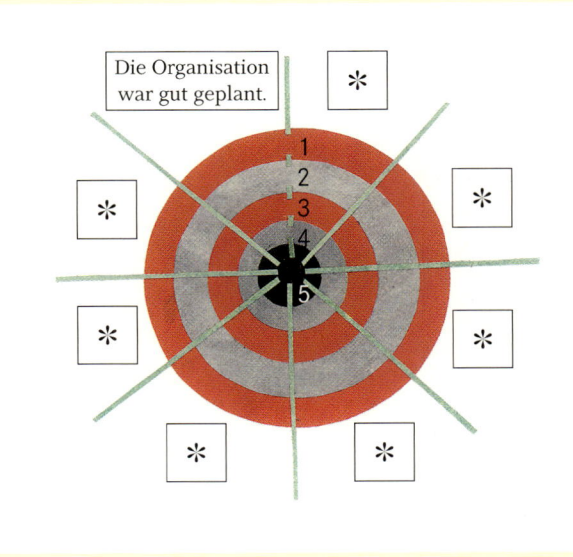

SCHWÄTZEN – PLAUDERN – SPRECHEN

„baba"

„ado [auto] will"

„Mama, krieg ich ein rotes Eis?"

?

Der Schläger ist kaputt, obwohl ich total aufgepasst habe.

Beschreibe die Fortschritte hinsichtlich der sprachlichen Ausdrucksfähigkeit junger Menschen, soweit sie in diesen Beispielen zum Ausdruck kommen. Beachte dabei die Aspekte Lautbildung, Satzbau und Wortschatz.

Wort und Ding   Hilde Domin

Wort und Ding
lagen eng aufeinander
die gleiche Körperwärme
bei Ding und Wort

Erläutere, welche Beziehung Hilde Domin zwischen „Wort" und „Ding" sieht. Berücksichtige dabei ihren Tempusgebrauch.

Empfindest du die Beziehungen zwischen den Worten der Sprache und dem, was sie bezeichnen, mitunter als problematisch? Nenne Situationen, in denen es dir schwergefallen ist, das Gemeinte mit Worten angemessen auszudrücken.

Spracherwerb, Sprachgeschichte und Dialekt

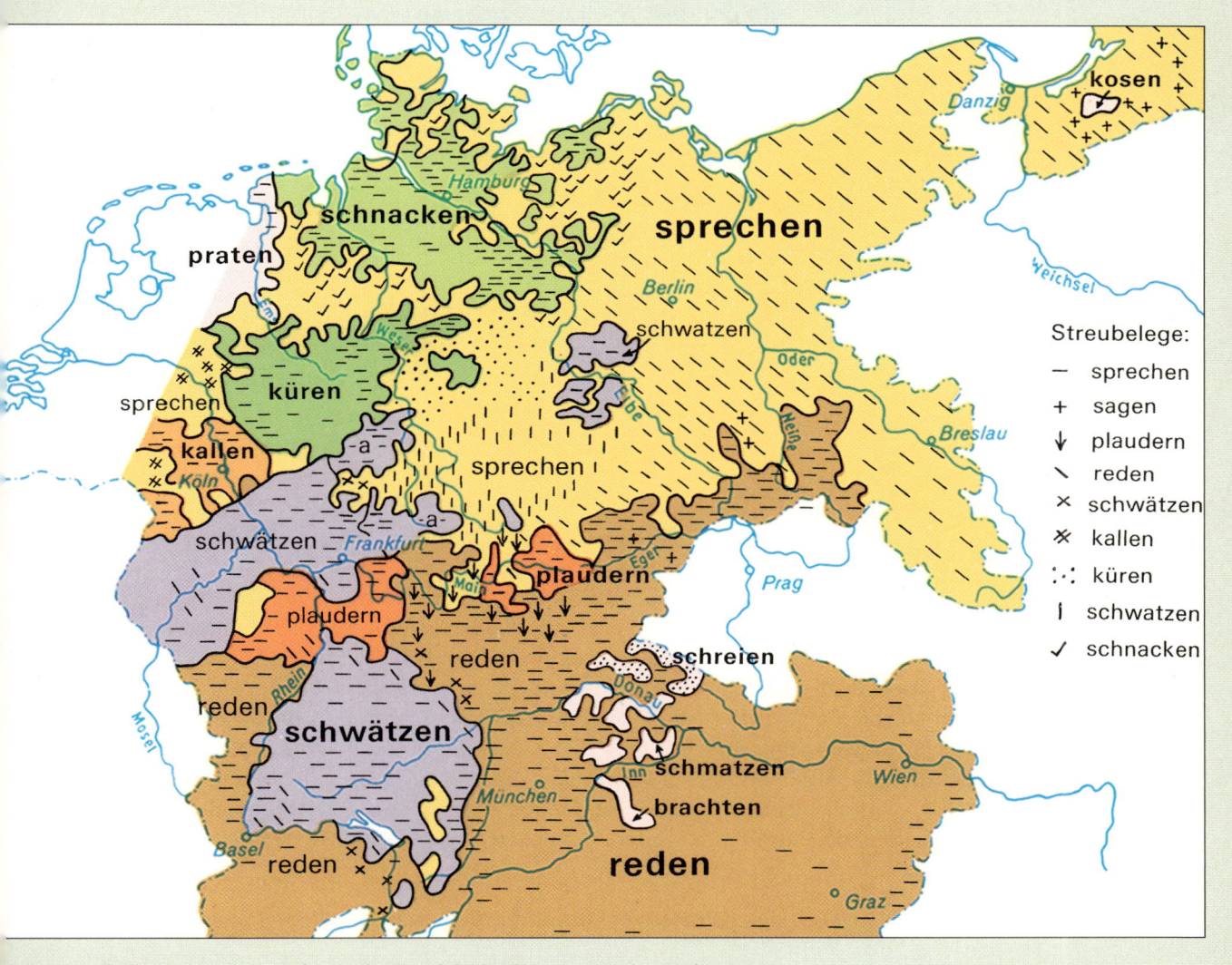

Erläutere, welche Informationen sich der Karte entnehmen lassen.
Kennst du „Mundarttheater"? Tauscht mögliche Erfahrungen aus.

Mundarttheater in Landwasser

Landwasser. Der Bürgerverein Landwasser präsentiert die Freiburger Mundartgruppe am Samstag, 13. Januar ab 20 Uhr im Gemeindezentrum St. Petrus Canisius an der Auwaldstraße. Gespielt wird das Stück „Lieber e Ma, wie gar kei Ärger", ein Schwank in drei Akten von Regina Rösch. Einlass ist ab 18.30 Uhr. Die Veranstaltung erfolgt mit Bewirtung. Karten zum Preis von 9 Euro sind auch an der Abendkasse erhältlich.

1. VOM WORT ZUM SATZ – Spracherwerb

1 Es gibt Kinder, die ohne Kontakt zu Mitmenschen aufwuchsen und denen erst nach ihrer Entdeckung eine Sprache beigebracht werden musste, um sie sozusagen mit Verspätung in die Gesellschaft zu integrieren.
a Tauscht eure Kenntnisse aus: Wann und wie lernen Kinder sprechen?
b Stellt in der Klasse Mutmaßungen an, ob und wie erfolgreich es sein mag, wenn Kinder erst in späteren Jahren oder als Jugendliche eine Sprache lernen müssen.
c Vergleiche deine Mutmaßungen mit den Berichten in den folgenden beiden Texten: Was lässt sich bestätigen?

Text 1 **Wie Kinder Sprache lernen. Grundlagen – Strategien – Bildungschancen**
(Auszug) Norbert Kühne

> 1800 wurde in Frankreich ein wilder Junge, der „Wilde von Aveyron" genannt, gefunden, dessen Alter auf 12 geschätzt wurde. Als begehrtes Studienobjekt wurde er schließlich dem Mediziner Itard überlassen:

Dank der sorgfältigen Informationen von Itard gehört dieser Fall zu den seriösesten aller Überlieferungen über „Wilde" oder „ausgesetzte Kinder" [...] Itard aber war trotz der gravierenden Verhaltensauffälligkeiten hartnäckig optimistisch, was die Möglichkeiten der Förderung Victors betraf [...]. Er machte Experimente zur sprachlichen Entwicklung, die
5 für die damalige Zeit erstaunlich exakt waren [...]. Itard schreibt u. a. über seine Bemühungen:
„Nicht ohne Mühe und nur sehr langsam gelang es mir, ihm einen genauen Begriff der Vokale zu vermitteln. Der erste, den er unterscheiden konnte, war das O, dann das A. Die drei anderen Vokale boten andere Schwierigkeiten und wurden lange Zeit miteinander
10 verwechselt; doch schließlich begann das Ohr, auch sie deutlich zu unterscheiden, und erneut tauchten in aller Heftigkeit jene Freudensausbrüche auf [...], die unsere neuen Übungen zeitweise unterbrochen hatten. Doch da diese vonseiten des Schülers eine weit angestrengtere Aufmerksamkeit, schwierigere Vergleiche und wiederholte Urteile verlangten, kam es, dass diese Ausfälle von Freude, die unsere Unterrichtsstunden bisher
15 belebt hatten, sie zum Schluss störten. In solchen Augenblicken verwechselte Victor alle Laute [...]."

Text 2 **Der Spracherwerb des Kindes. Verlauf und Störungen** (Auszug) Jürgen Dittmann

> 1970 erfuhr die amerikanische Öffentlichkeit, dass ein Mädchen – man nannte es Genie – zehn Jahre lang von ihrem krankhaft eifersüchtigen Vater ohne jede sprachliche Zuwendung vollständig isoliert worden war:

Die Mutter beendete das Martyrium im November 1970, als ihre Tochter dreizehneinhalb Jahre alt war. Genie wurde danach intensiv betreut und ihre Sprachentwicklung wurde von Susan Curtiss akribisch protokolliert. Anfangs beherrschte Genie passiv keine 20, aktiv eine Handvoll Ausdrücke (u. a. *stopit* und *nomore* - etwa: *lassdas* und *genug*). Sie
5 machte dann eine Phase der Einwortsätze durch [...]. Genie ging dann, wenn auch langsamer als ein Kleinkind, zum Zwei- und Mehrwortstadium über [...].
Was Genie aber in den gut acht Jahren, in denen sie betreut wurde, nicht erlernte, war die Fähigkeit, grammatische Beziehungen auszudrücken. Nach dreieinhalb Jahren sagte

sie z. B. *I supermarket surprise Roy / Ich Supermarkt überraschen Roy* (= *I was surpised to see Roy at the supermarket / Ich war überrascht, Roy im Supermarkt zu treffen*); und noch nach fast sieben Jahren: *Genie cry ride / Genie weinen reisen* (= *I cried when I was on the ride / Ich weinte, als ich auf der Fahrt war*). Die Verneinung eines Satzes erlernte sie erst nach vier Jahren, Ergänzungsfragen *(Wer hat das getan?)* überhaupt nicht. [...]. Genies Intelligenz hingegen entwickelte sich in dieser Zeit „normal", d. h. sie hatte mit 20 Jahren etwa das Niveau einer Zwölfjährigen erreicht.

2a Kläre in den Texten 1 und 2 Begriffe und Aussagen, die dir unklar sind.
 b Gib die Kernaussagen der beiden Texte mit eigenen Worten wieder.
 c Vergleiche die sprachliche Lernfähigkeit der beiden sogenannten „wilden Kinder". Untersuche hierfür – soweit es die Texte erlauben – die Informationen hinsichtlich der Aspekte Lautbeherrschung, Wortschatz, Grammatikbeherrschung und Satzbaumuster.
 d Wie beurteilst du Verhalten und Motive der „Sprachlehrer"?

3 Welche weiteren Beispiele sogenannter „wilder Kinder" sind dir bekannt?
 – Nenne auch Beispiele aus Literatur und Sagen
 – und informiere dich – z. B. im Internet oder in der Bibliothek – näher über Kinder mit einem solchen Schicksal, z. B. über Kaspar Hauser.

4a Stellt die verschiedenen von euch gefundenen Beispiele in der Klasse vor.
 b Besprecht Gemeinsamkeiten und Unterschiede der verschiedenen Fälle. Beachtet dabei,
  – was jeweils über die Lebensumstände der Betroffenen bekannt ist, bevor sie gefunden wurden,
  – in welchem Zustand sie gefunden wurden
  – und wie es ihnen in der Folgezeit erging.
 c Recherchiere, warum für diese „wilden Kinder" eine andere gängige Bezeichnung „Wolfskinder" lautet.

5 Fasse das Erarbeitete thesenartig unter der Fragestellung zusammen: Welche Voraussetzungen müssen für das reibungslose Erlernen einer Erstsprache gegeben sein?

6 Diskutiert: Lässt sich die Situation dieser „Wolfskinder" beim Erlernen einer Sprache mit eurer eigenen Situation beim Erlernen einer Fremdsprache vergleichen?

Kaspar Hauser tauchte 1828 in Nürnberg auf, ein Brief, den er mit sich führte, gab als sein Geburtsdatum den 30. April 1812 an. Er sah sehr verwahrlost aus und konnte kaum sprechen.

Sprache(n) erlernen

Erstsprache: die erste Sprache, die sich ein Kind aneignet. Menschen haben eine angeborene Sprachfähigkeit, im richtigen Zeitfenster, also in den ersten etwa fünf Lebensjahren, problemlos eine Erstsprache erlernen zu können.
Ein Kind unterteilt dabei zunächst den sprachlichen Lautstrom in Lautfolgen, die Wörter sein könnten; es schreibt den Lautfolgen Bedeutungen zu, um schließlich die Verknüpfung von Wörtern zu Sätzen zu schaffen.

Grundwissen und Methode

Spracherwerb

Grundwissen und Methode

Muttersprache: Die Erstsprache muss nicht in jedem Fall mit der Muttersprache, also der Sprache der Eltern, übereinstimmen. Bei sprachlichen Minderheiten z. B. kann der Fall auftreten, dass die Eltern miteinander in ihrer Minderheitensprache kommunizieren, ihre Kinder jedoch dazu anhalten, die in der unmittelbaren Gesellschaft dominierende Sprache zu lernen.

Mehrsprachigkeit: Wenn Kinder in den ersten Lebensjahren genug Anregungen in einer weiteren Sprache bekommen, erlernen sie diese Sprache weitgehend wie ein einsprachiges Kind, ohne die Sprachen miteinander zu vermischen.

Text 3 Es wird angenommen, dass das Kind bei der Geburt über die universelle Fähigkeit verfügt, wesentlich mehr Phoneme (etwa 70) unterscheiden zu können, als die, die für die eigene Muttersprache typisch sind (im Deutschen etwa 40). Nach der Geburt beginnt eine rege kommunikative Interaktion unter Einbeziehung aller Sinne. Eltern verändern
5 intuitiv ihre Zusprache. Sie nutzen Wachzeiten für „Gespräche", zum Spielen, Schmusen und Umwelterkunden. Über das „bloße" Hören der Sprache der Mutter erhält das Kind grundlegende Informationen über den Aufbau seiner Muttersprache. [...] Regelmäßigkeiten aus den permanent wahrgenommenen Lautstrukturen der Muttersprache werden „herausgefiltert". Laute werden nach Häufigkeit und Ähnlichkeit gespei-
10 chert. [...]
Das muttersprachliche Lautinventar ist – nach etwa sechs Monaten – im Sprachgedächtnis gespeichert. Als Folge reagieren Säuglinge auch nur auf die bisher in der Muttersprache wahrgenommenen Laut-
15 kontraste. [...] Sie „wissen" nun auch, dass unterschiedliche Tonhöhenverlaufsformen in der mütterlichen Sprache (z. B. schimpfendes, bestätigendes, bittendes Sprechen) eine unterschiedliche Bedeutung haben. [...]
20 Das Kind weiß zunächst noch nichts von den Gegenständen seiner Umgebung. Es muss diese als „Erkenntniseinheiten" in seinem Gedächtnis speichern, damit sich später Wörter darauf beziehen können. Man nennt dies den Aufbau der Objekt-
25 konstanz. [...]

7a Kläre die Bedeutung dir unbekannter Begriffe im Text und erläutere mit eigenen Worten den Begriff „Objektkonstanz" (Z. 24f.).
b Stelle die im Text genannten Fortschritte des „Sprachverständnisses" von Säuglingen durch einen Zeitstrahl dar, der die Frage beantwortet, was Säuglinge in welchem Alter sprachlich lernen.
KIND: *eins, zwei, Mens* (Mensch) *so viele Fahrrad!*
ERWACHSENER: *so viele Fahrräder!*
KIND: *so viel F-fräder*

8 Ergänze oder korrigiere anhand deines jetzigen Wissensstandes deine Thesen (S. 185, Aufgabe 5): Welche Voraussetzungen müssen gegeben sein für das reibungslose Erlernen einer Erstsprache?

2. VERSTEHEN UND VERSTÄNDIGEN:
Begriffe definieren

Text 4 **Ein Tisch ist ein Tisch** (Auszug) PETER BICHSEL

Ich will von einem alten Mann erzählen, von einem Mann, der kein Wort mehr sagt, ein müdes Gesicht hat, zu müd zum Lächeln und zu müd, um böse zu sein. [...]
In seinem Zimmer sind zwei Stühle, ein Tisch, ein Teppich, ein Bett und ein Schrank. Auf einem kleinen Tisch steht ein Wecker, daneben liegen alte Zeitungen und das Foto
5 album, an der Wand hängen ein Spiegel und ein Bild. [...]
„Immer derselbe Tisch", sagte der Mann, „dieselben Stühle, das Bett, das Bild. Und dem Tisch sage ich Tisch, dem Bild sage ich Bild, das Bett heißt Bett und den Stuhl nennt man Stuhl. Warum denn eigentlich?" Die Franzosen sagen dem Bett „li", dem Tisch „tabl", nennen das Bild „tablo" und den Stuhl „schäs" und sie verstehen sich. Und die Chinesen
10 verstehen sich auch.
„Weshalb heißt das Bett nicht Bild", dachte der Mann und lächelte, dann lachte er, lachte, bis die Nachbarn an die Wand klopften und „Ruhe" riefen.
„Jetzt ändert es sich", rief er und er sagte von nun an zu dem Bett „Bild".
„Ich bin müde, ich will ins Bild", sagte er und morgens blieb er oft lange im Bild liegen
15 und überlegte, wie er nun dem Stuhl sagen wolle, und er nannte den Stuhl „Wecker". [...]
Hie und da träumte er schon in der neuen Sprache und dann übersetzte er die Lieder aus seiner Schulzeit in seine Sprache und er sang sie leise vor sich hin. [...]
Und es kam so weit, dass der Mann lachen musste, wenn er die Leute reden hörte.
Er musste lachen, wenn er hörte, wie jemand sagte: „Gehen Sie morgen auch zum Fuß
20 ballspiel?" Oder wenn jemand sagte: „Jetzt regnet es schon zwei Monate lang." Oder wenn jemand sagte. „Ich habe einen Onkel in Amerika."
Er musste lachen, weil er all das nicht verstand.
Aber eine lustige Geschichte ist das nicht. Sie hat traurig angefangen und hört traurig auf. Der alte Mann im grauen Mantel konnte die Leute nicht mehr verstehen, das war
25 nicht so schlimm.
Viel schlimmer war, sie konnten ihn nicht mehr verstehen.
Und deshalb sagte er nichts mehr. Er schwieg, sprach nur noch mit sich selbst, grüßte nicht einmal mehr.

1a Vergleiche die Situation des alten Mannes zu Beginn der Kurzgeschichte mit der an ihrem Ende.
 b Notiere die einzelnen Schritte, die zu dem Resultat, „deshalb sagte er nichts mehr", führen.
 c Wägt gemeinsam ab, ob es grundsätzlich möglich wäre, das Bett „Bild" zu nennen und den Tisch „Teppich".

2a Probiert einen Test: Jeder zeichnet einen Stuhl.
 b Hängt eure Zeichnungen auf oder tauscht sie aus: Welche Gemeinsamkeiten, welche Unterschiede könnt ihr feststellen?
 c Formuliert eine Erklärung dafür, dass ihr trotz der Unterschiede in euren Zeichnungen jede Abbildung jeweils „Stuhl" nennen könnt.

Begriffe definieren

Text 5 **Die Theorie des sprachlichen Zeichens von Ferdinand de Saussure**

Was ein Kleinkind beim Erlernen einer Sprache leisten muss, wird durch das von dem Schweizer Sprachwissenschaftler Ferdinand de Saussure (1857–1913) entwickelte Modell des sprachlichen Zeichens deutlich. Dieses stelle die Verbindung dar
– zwischen der Vorstellung, die man von einem Bestandteil der Welt (z. B. von *Stuhl*) hat,
5 – und dem Lautbild, das mit diesem Bestandteil verbunden ist.

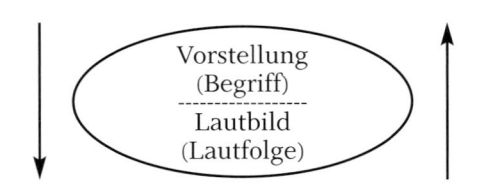

Vorstellung (Begriff)

Lautbild (Lautfolge)

De Saussure nennt die Vorstellung frz. *signifié*, d. h. Bezeichnetes, und das Lautbild frz. *signifiant*, d. h. Bezeichnendes.
Dabei ist die Vorstellung eines bestimmten Weltbestandteils nicht durch irgendeine natürliche Beziehung mit der entsprechenden Lautfolge verbunden, die es bezeichnet,
10 die Verbindung zwischen ihnen ist *arbiträr*, d. h. beliebig. Gleichzeitig muss das sprachliche Zeichen aber *konventionell*, d. h. allgemein vereinbart, verbindlich sein. Jede Sprecherin und jeder Sprecher einer Sprache muss sich an diese Konvention halten, um verstanden zu werden.

3a Erläutere mithilfe des Modells von de Saussure, warum „brohlss" vermutlich kein Wort ist.
 b Wahrscheinlich hast du als Kind „Pippi Langstrumpf" gelesen. Erinnerst du dich noch an die Geschichte, wie Pippi einen Spunk sucht?
Ruft euch die Geschichte ins Gedächtnis und erklärt auf der Basis des Modells von de Saussure, worin das Komische der Geschichte besteht.

4 Inwiefern liefert das Modell von de Saussure eine Erklärung dafür, dass es in Europa über 70 Sprachen gibt, auf der Erde sogar mehrere tausend?

5 Untersuche das sprachliche Zeichen „Vogel" und nimm dabei das nebenstehende Schaubild zu Hilfe. Im innersten Kreis ist das Rotkehlchen als besonders typischer Vertreter, als sog. Prototyp des „signifié" eingetragen. Überlegt, warum der Pinguin im äußersten Kreis eingezeichnet ist und der Strauß außerhalb der Kreise.

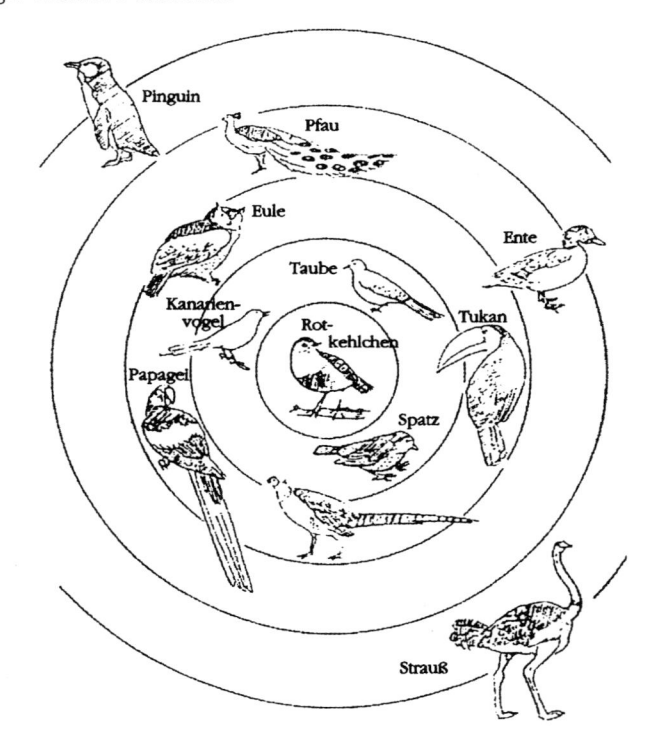

Spracherwerb, Sprachgeschichte und Dialekt

6 Untersucht in kleinen Gruppen die sprachlichen Zeichen „Auto", „Berg", „Familie".
a Tragt eure unterschiedlichen Vorstellungen zu dem jeweiligen sprachlichen Zeichen zusammen und vergleicht, welche Eigenschaften euren Vorstellungen gemeinsam sind.
b Haltet diese gemeinsamen Vorstellungen schriftlich fest.
c Vergleicht eure Ergebnisse und diskutiert, wie leicht oder wie schwierig diese Einigung jeweils in den Gruppen war und welche Folgerungen daraus abgeleitet werden können.

Text 6 **Versteh mich bitte falsch! Zum Verständnis des Verstehens** (Auszug)
MARTIN HENKEL, ROLF TAUBERT

Ich sehe aus dem Fenster und erblicke etwas, für das mir der Begriff „Berg" einfällt. Nur scheinbar gibt es aber eine direkte Beziehung zwischen dem, was vor meinem Fenster ist, und dem Wort „Berg". Der Vorgang, der sich abspielt, ließe sich etwa so umschreiben: Das, was ich da sehe, gleicht in allen entscheidenden Merkmalen denjenigen Erscheinungen
5 der Wirklichkeit, die – wie ich gelernt habe – in unserer Sprache „Berg" genannt werden. Die Wirklichkeit ist konkret, der Begriff ist abstrakt. Die Wirklichkeit besteht aus Milliarden von einzelnen Sinneseindrücken und Erfahrungen. Das Wort „Berg" dient in unserer Sprache dazu, einige aus diesen Sinneseindrücken zusammenzufassen. Natürlich hat der konkrete Berg auch einen individuellen Namen, vielleicht sogar mehrere (Matterhorn =
10 Monte Cervino oder Mont Cervin). Aber wenn jeder einzelne Sinneseindruck einen eigenen Namen hätte, wäre Kommunikation nicht möglich. Mehr Begriffe machen die Kommunikation differenzierter, schränken aber den Kreis der Kommunikationsteilnehmer ein. [...]
Die Verteilung der Milliarden Einzeleindrücke auf ein paar tausend Begriffe geschieht in
15 der Sprache nach sinnvollen, d.h. in der Kommunikation brauchbaren Kriterien; das müssen nicht immer solche der Logik sein.
„Berg" ist z.B. der Begriff, das Konzept, die Kategorie, das *universale* für alles, was bergartig erscheint. Solche Begriffe haben meist einen eindeutigen Kernbereich, sind aber am Rand uneindeutig. [...]
20 So ist z.B. klar, dass das Matterhorn ein Berg ist und kein Hügel. Aber wo ist die Grenze? Ein Maulwurfshügel ist sicher kein Berg. Aber der Weyerberg, den die Maler der Worpsweder Künstlerkolonie so gern gemalt haben? Er ist 51 m hoch.
Aber weiter: Was meinen wir eigentlich, wenn wir das Matterhorn als Berg bezeichnen? Den spitzen Kegel, den man von Zermatt aus sieht? Im Lexikon steht: „Berg in der Schweiz,
25 in den Walliser Alpen, Höhe 4478 m." Das wird bekanntlich vom Meeresspiegel aus gemessen. Die Geografie hat also einen anderen Begriff von „Berg". Dabei ist die Messung ab Meeresspiegel zwar nicht sinnlos, aber doch willkürlich, weil man ebensogut auch den Festlandsockel mitrechnen könnte.
Ganz anders wird der Begriff wieder im „Montan"-Bereich verwendet. Wer nicht weiß,
30 was ein Bergwerk ist, wird sich wundern, im Ruhrgebiet keine Berge zu finden. Die

Sprache der Bergleute bewahrt noch die Tradition des mittelalterlichen Erzabbaus auf den unbewohnten Bergen des Harzes und des Erzgebirges: „Steiger", „Glückauf", „Knappschaft", „Förderkorb" usw. Wellenberge sind wieder eine ganz andere Vorstellung.
Der Begriff „Berg" bedeutet also, wie man es auch dreht und wendet, gar nichts in der „Wirklichkeit", sondern es handelt sich um eine in verschiedenen Zusammenhängen unterschiedlich zu verwendende abstrakte gedankliche Konstruktion.

7a Gib mit eigenen Worten wieder, wie der Autor zu der Behauptung kommt, der Begriff „Berg" bedeute gar nichts in der Wirklichkeit.
 b Erkläre die Begriffe „Steiger", „Glückauf", „Knappschaft" mithilfe eines Wörterbuchs.
 c Diskutiert, was für euch selbst der Begriff „Berg" bedeutet; wie hoch z. B. muss ein Berg sein, um nicht mehr als Hügel bezeichnet zu werden?

8a Suche weitere Begriffe, die auf den ersten Blick völlig eindeutig erscheinen, bei näherem Hinsehen für dich aber unscharf werden.
 b Erkläre diese Unschärfen, indem du Bedeutungsähnlichkeiten wie in dem folgenden Beispiel voneinander abgrenzt: Bach, Fluss, Kanal, Teich, See.

Bedeutungsähnlichkeiten	Unterscheidendes Merkmal
Bach ↔ Fluss	klein ↔ groß
Bach, Fluss ↔ Kanal	natürlich ↔ künstlich
Bach, Fluss ↔ Teich	fließend ↔ stehend
Teich ↔ See	klein ↔ groß

Semanalyse (Analyse der Bedeutungsmerkmale eines Zeichens)
Sprachwissenschaftler nennen die Methode der **Zerlegung der Bedeutung in Bedeutungsmerkmale (Seme)**, z. B. beim Vergleich von Wörtern mit ähnlicher Bedeutung, Semanalyse. Innerhalb der Sprachwissenschaft gehört die Semanalyse zum Gebiet der **Semantik**, der **Lehre von den Bedeutungen der Zeichen**.
Die Semanalyse kann eine wichtige **Hilfe zur Definition von Begriffen** sein.

Beispiel: „Sitzmöbel"

	zum Sitzen	mit Beinen	mit Lehne	mit Armstützen
Stuhl	+	+	+	o
Hocker	+	+	−	−

+ Bedeutungsmerkmal liegt vor, − liegt nicht vor, O kann vorliegen

Grundwissen und Methode

Begriffe definieren

Da Begriffe meist zumindest „am Rand" uneindeutig sind, besteht das Bedürfnis, sie klarer bzw. möglichst eindeutig zu definieren, also ihre Bedeutung festzulegen und ihre Ränder bzw. Grenzen (lat. *finis* = die Grenze) zu bestimmen, um gegenseitiges Verständnis zu ermöglichen und Kommunikationsprobleme einzuschränken.
Begriffe können durch folgende Verfahren näher bestimmt werden:
– geläufige **Wortverwendungen** suchen: „blind vor Liebe sein"
– **Synonyme** bzw. sinnverwandte Begriffe suchen: Liebe, Zuneigung

- **Antonyme**, also gegensätzliche Begriffe suchen: Liebe ↔ Hass, Gleichgültigkeit
- **Semanalyse** der Bedeutungsmerkmale bedeutungsverwandter Begriffe: Liebe, Freundschaft, Zuneigung, ...
- Klassifizierung in **Ober- und Unterbegriffe**: „Liebe" hat als Oberbegriff „Gefühle", als Unterbegriff z. B. „Leidenschaft"
- **Wortgeschichte** untersuchen: Liebe, mhd. *Liebe* = Freude; Liebe verwandt mit lat. *libenter* = gern, mit Freuden

Grundwissen und Methode

9 Nutzt die Sachinformation und klärt:
 - anhand von Beispielen, in welchen Situationen der Begriff „Liebe" passend und in welchen er nicht passend verwendet wird;
 - ob die in der folgenden Tabelle genannten Tätigkeiten Arbeit sind oder nicht und welche Kriterien ihr für eure Entscheidung angewendet habt.

Was ist Arbeit?

Tätigkeit	Ja, Arbeit: x Nein, keine Arbeit: 0	Kriterium für die Entscheidung
Ein Priester trinkt nach einer Taufe mit der Familie Kaffee.	*	*
Kinder bauen am Strand eine Burg.	*	*
Ein Chauffeur wartet auf den Direktor.	*	*
Ein Deutschlehrer geht ins Theater.	*	*
Eine Animierdame lässt sich zum Whisky einladen.	*	*

10a Wende die in der Sachinformation genannten Verfahren zur Begriffsdefinition an, indem du folgende Wörter bestimmst: „Sorge", „ländlich", „Spielzeug", „verwegen", „rasen", „Möbel".
 b Vergleicht eure Ergebnisse und besprecht, wie leicht oder wie schwierig die einzelnen Begriffe zu bestimmen waren und welches Verfahren jeweils am ergiebigsten war.

11a In der folgenden Übersicht findest du Situationen, in denen Begriffe genau definiert sein müssen, und solche, in denen Begriffe problemlos ohne genaue vorherige Definition benutzt werden können. Ordne sie in eine Tabelle in dein Heft ein und ergänze weitere Situationen:
 - Du schreibst dir einen Einkaufszettel.
 - Zwei Freunde unterhalten sich über die Party vom letzten Samstag.
 - Ein Richter verurteilt einen Angeklagten.
 - Zwei Geschäftspartner schließen einen Vertrag.
 - Eine Tochter handelt mit ihrer Mutter die Höhe des Taschengeldes aus.
 - Die Regierung legt dem Bundestag einen Gesetzentwurf vor.
 - ...

Begriffe müssen genau definiert sein	Begriffe müssen nicht genau definiert sein
*	*

Begriffe definieren

   b Wertet eure Tabellen aus:
- Kennzeichne zunächst die Eintragungen in deiner Tabelle farbig, in denen es eher um schriftliche Sprache geht.
- Vergleicht eure Ergebnisse, indem ihr einander erklärt, warum ihr die Zuordnung jeweils vorgenommen habt.
- Überlegt, wann und warum Kommunikation funktioniert, auch wenn Begriffe nicht vorher von den Teilnehmern genau definiert wurden.
- Welche Hilfe bietet dazu das Modell von Ferdinand de Saussure (vgl. S. 188, Text 5)?

Text 7 Freiheit ist …

A) Der Glaube an eine größere und bessere Zukunft ist einer der mächtigsten Feinde gegenwärtiger Freiheit. *Aldous Huxley, 1894–1963, Schriftsteller*

B) Das Geld, das man besitzt, ist das Mittel zur Freiheit, dasjenige, dem man nachjagt, das Mittel zur Knechtschaft. *Jean-Jacques Rousseau, 1712–1778, Philosoph*

C) Freiheit bedeutet Verantwortlichkeit; das ist der Grund, warum sich die meisten Menschen vor ihr fürchten. *George Bernard Shaw, 1856–1950, Schriftsteller*

D) Die glücklichen Sklaven sind die erbittertsten Feinde der Freiheit. *Marie von Ebner-Eschenbach, 1830–1916, Dichterin*

E) Die Welt hat nie eine gute Definition für das Wort Freiheit gefunden. *Abraham Lincoln, 1809–1865, amerikanischer Präsident*

12a Erläutere, wie „Freiheit" in diesen Zitaten jeweils definiert wird:
- Mit welchen Begriffen wird „Freiheit" gedanklich verbunden?
- Welche Begriffe werden „Freiheit" entgegengesetzt?
- Halten die zitierten Personen „Freiheit" grundsätzlich für möglich?
- Worin besteht für sie „Freiheit"?

  b Informiere dich zum besseren Verständnis über die zitierten Personen.

  c Diskutiert in der Klasse, in welchen Lebensbereichen „Freiheit" für euch von Bedeutung ist und warum sich der Begriff „Freiheit" offenbar schwer definieren lässt.

13 Eine Begriffsdefinition schreiben:
- Notiere zunächst in einem Cluster, was du mit dem Begriff „Freiheit" verbindest, und vergleiche dein Ergebnis mit dem deiner Mitschülerinnen und Mitschüler.
- Bestimme diesen Begriff unter Verwendung der in der Sachinformation (S. 190f.) angeführten Definitionstechniken stichwortartig näher.
- Entwirf eine Gliederung – z. B. als Mindmap – für eine schriftliche Begriffsdefinition.
- Formuliere einen zusammenhängenden Text zum Begriff „Freiheit".
- Stelle dein Ergebnis zur Diskussion und überarbeite es gegebenenfalls.

14 Nutze deine Begriffsdefinition von „Freiheit" für eine fünfminütige Rede, in der du deine Mitschülerinnen und Mitschüler von deiner Freiheitsdefinition überzeugst:
- Entwirf den inhaltlichen Aufbau deiner Rede.
- Wähle rhetorische Mittel bewusst aus.
- Schreibe den Redetext auf, aber halte die Rede frei.
- Unterstütze die Wirkung deiner Rede durch nonverbale, körpersprachliche Mittel.

15a Bildet drei Arbeitsgruppen, die jeweils eine Definition der Begriffe „Sicherheit", „Erfolg", „Verständnis" erarbeiten und der Klasse vorstellen.

  b Schreibe über einen der drei Begriffe einen Artikel für ein Lexikon.

3. WIE MIR DER SCHNABEL GEWACHSEN IST: Dialekt und Sprachgeschichte

Text 8   **Säsene**   RAYMOND MATZEN

Im flache stille Ried
am Rand vum grosse Forscht
nitt wit vum wilde Rhin
lejt 's üralt „Säsene". –
5 Vil krummi Gasse het 's,
zwei Kirichtüerm, e Wacht,
e Schuel, e „Märerie",
vil Bürehiser noch,
gewisselt, fascht wie nej,
10 mit grüene Läde dran;
's Gebälik, 's hart, isch schwarz
un d'rote Dächer sinn
schunn bucklig un voll Moos.
In Schire, Ställ und Schöepf[1]
15 stäckt Geld un Kraft un Schweiss,
drum rum stehn Hecke, Baim,
un in de Gärtle wachst
nitt numme[2] Krüt und Köehl,
au Blueme fur e Strüss.
20 Wie nett sinn doch die Höeft,
wo 's Läwe als noch habt,
wo 's Bluet wie früejer schafft,
wo d' Fraid noch lacht, noch jüüchst,
wo 's Glüeck noch strahlt, noch schmüst[3]!

25 Noch vil so Döerfer gibt 's
im schöene Elsassland;
's gibt awwer numme eins,
wo wajer[4] fascht d'ganz Welt
schunn hundertfufzig Johr
30 uf Karte suecht un kennt
un allewil noch nennt:
werum grad „Säsene"? ...
Wil do e jungs Genie[5]
e Maidel gern het ghett
35 un Gsetzle angstimmt het,
wo 's Volik jetz noch singt,
un au wil 's arme Herz
ellein gebluete het
un trej[6] gebliwwe isch
40 üs Lieb bis in de Tod.
Solang wie 's Dichter noch
un Maidle, netti, gibt,
solang wie d' Lieb noch flammt
un traimt un hilt[7] un hofft,
45 blit 's alte „Säsene"
in grüene stille Ried
am Wald nitt wit vum Rhin
fur d'Welt e Wallfahrtsdorf.

1) **Schöepf:** Schuppen
2) **numme:** nur
3) **schmüst:** freundlich tun, schmeicheln
4) **wajer:** in der Tat, wirklich
5) **Genie:** gemeint ist Goethe
6) **trej:** treu
7) **hilt:** heulen, weinen

1770/71 schloss Goethe mit 21 Jahren sein Jurastudium in Straßburg ab. Bei einem Ausflug wurde er in Sesenheim Friederike Brion, der etwa 18 Jahre alten Tochter des Pfarrers, vorgestellt und beide verliebten sich ineinander. Nach Abschluss des Studiums ging Goethe 1771 nach Frankfurt zurück. Friederike hat die Beendigung der Beziehung vermutlich nie verwunden. Sie blieb unverheiratet. Nach ihrem Tod, 1813, begann in Sesenheim ein regelrechter „Friederiken-Kult" (s. S. 134f.).

Goethe und Friederike Brion

Dialekt und Sprachgeschichte

1a Lies das Gedicht von Raymond Matzen erst leise, dann laut und klärt gemeinsam Wörter, die ihr auch nach lautem Lesen nicht verstanden habt.
 b Gib mit eigenen Worten wieder, worum es in diesem Text geht. Beziehe dabei die Informationen mit ein, die du in der Randspalte (S. 193) findest.

2a Welche Wirkung hat es auf dich, dass das Gedicht im Dialekt verfasst ist? Tauscht Eure Lese- und Höreindrücke aus.
 b Übertrage den ersten Teil des Gedichts (z. B. Verse 1–13) ins Hochdeutsche. Lies den Text dann laut vor und vergleiche die Wirkung mit der des Originals.
 c Stelle begründete Vermutungen an, warum der Verfasser des Gedichts, Raymond Matzen, sich für den Dialekt entschieden haben könnte.

3a Stelle dar, welche Informationen dir die folgende Karte gibt.
 b In welchem Dialekt ist das Gedicht von Raymond Matzen (Text 8) geschrieben und welchen Dialekt hat dagegen Goethe, aufgewachsen in Frankfurt, vermutlich gesprochen?

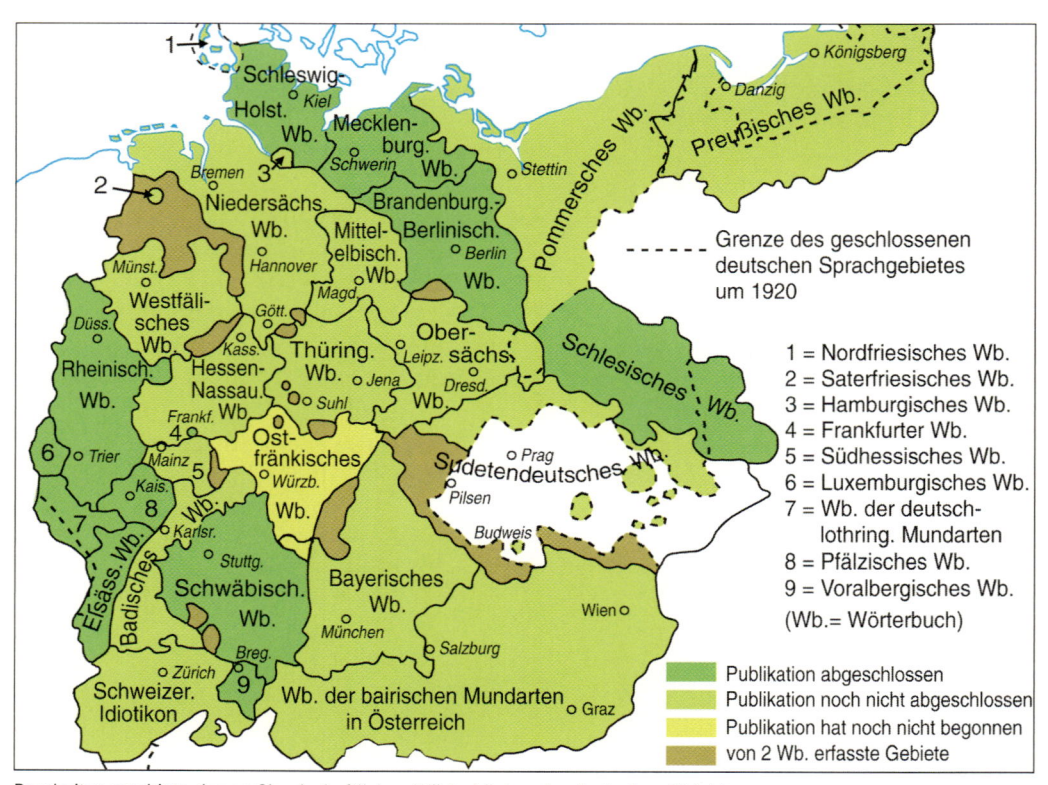

Bearbeitungsgebiete der großlandschaftlichen Wörterbücher der deutschen Dialekte

Text 9 Die Karte „Großlandschaftliche Wörterbücher" darf nicht so missverstanden werden, dass angenommen wird, zwischen den einzelnen Dialekten gäbe es feste Grenzen. Vielmehr lassen sich Grenzlinien jeweils nur für einzelne Wörter ziehen, deren Verwendung Sprachforscher meist durch Befragung der Dialektsprecher feststellen. Eine Sprachkarte,
5 die auf diese Weise entsteht, bildet eine Sprachlandschaft nur für den Zeitpunkt der Befragung ab. Einige Jahre später kann der Sprachwandel die Linie schon verändert haben.

Spracherwerb, Sprachgeschichte und Dialekt

Die Bezeichnungen für „Mädchen" in den Mundarten des ehemaligen deutschen Sprachgebiets

4a Überprüfe Text 8 in Hinblick darauf, welche Bezeichnung für „Mädchen" verwendet wird.
 b Vergleiche dein Ergebnis mit dem aus Aufgabe 3b.
 c Vergleiche die Verse aus Goethes „Mailied" (S. 134): „O Mädchen, Mädchen, Wie lieb' ich dich!" mit der Karte. Was fällt dir auf?

5 Tauscht in der Klasse eure eigenen Erfahrungen mit Dialekten aus.
 – Wer in eurer Familie oder in eurem Bekanntenkreis spricht Dialekt?
 – Ordnet die Dialekte mithilfe der Karte (S. 194) zu. An welchen Wörtern erkennt ihr die richtige Zuordnung?
 – Bei welchen Gelegenheiten wird heutzutage oft Dialekt gesprochen, bei welchen eher nicht?

Text 10 Der Hauptmann von Köpenick (Auszug)   Carl Zuckmayer

Zweite Szene

Personen: Oberwachtmeister, Wachtmeister, Wilhelm Voigt

[...] OBERWACHTMEISTER *zieht seine Taschenuhr, kontrolliert Zwölfe.*
Er löscht ab, klappt Aktendeckel zusammen.
VOIGT: Pardong, Herr Wachtmeester, ick wollte mir nur mal erkundigen –
OBERWACHTMEISTER: Erstens ist von zwölf bis zwei geschlossen, das könnense draußen an der Türe lesen. Zweitens bin ich kein „Wachtmeester", sondern Oberwachtmeister und
5 Reviervorsteher, das erkennt man an den Knöpfen und am Portepee.
VOIGT: Na, dann vazeihn se mal, Herr Kommissär, ick warte nun schon seit halber zwelfe –
OBERWACHTMEISTER: Drittens tretense mal 'n Schritt zurück. In einem Amtsraum hat ein

Dialekt und Sprachgeschichte

Unbefugter so viel Abstand zur diensttuenden Behörde zu wahren, dass er die Aufschrift auf den Aktendeckeln mit bloßem Auge nicht erkennen kann. Da kann ja jeder kommen und uns einfach über die Schulter kucken. Habense noch nie was vom Amtsgeheimnis gehört?

VOIGT: Pardong, Herr Oberwachtmeester, ick hab ja 'n kurzes Ooge, zum Lesen da brauch ick ne Brille. Und mitn Amtsjeheimnis, da mecht ick mir jarnich inkrimmenieren, bei sowat seh'ck ieberhaupt lieber wech. Ich wollte mir nur mal heflichst erkundigt haben, wie det mit meine nachjesuchte Aufenthaltserlaubnis bestellt is, ick warte ja nu schon –

OBERWACHTMEISTER: Sie heißen?

VOIGT: Voigt, Wilhelm.

OBERWACHTMEISTER: Schlickmann, mal rasch die Personalakten U-Z. Alter?

VOIGT: Sechsundvierzig Jahre.

OBERWACHTMEISTER: Beruf?

VOIGT: Schuster.

OBERWACHTMEISTER: Geboren in?

VOIGT: Klein-Pinchow.

OBERWACHTMEISTER: Wo is denn das?

VOIGT: Da hintenrum, bei de Wuhlheide.

OBERWACHTMEISTER: Wo wohnen Sie jetzt?

VOIGT: Jarnirgends.

OBERWACHTMEISTER: Wieso? Sie müssen doch einen Wohnort angeben können?

VOIGT: Nee, kann ick nich.

OBERWACHTMEISTER: Na, wo sindse denn gemeldet?

VOIGT: Ooch jarnirgends. Ick stehe nämlich unter Polizeiaufsicht. Deshalb bin ick ja hier, weil ick mir hier anmelden mechte, und dafor brauch ick zunechst mal de Aufenthaltserlaubnis.

OBERWACHTMEISTER: Wo warense denn zuletzt gemeldet?

VOIGT: Wieder jarnirgends. Ick komme gradewegs aus de Strafanstalt Plötzensee.

OBERWACHTMEISTER: *hat sich in den Akten zurechtgefunden.* Aha! Vorbestraft. Sogar im Wiederholungsfall. Sie sind ja 'n ganz schwerer Junge.

VOIGT: Ick weeß nich, Herr Kommissär, ick werde in letzter Zeit immer leichter. Besonders seit ick aus de Plötze raus bin, da ha'ck fast nur noch Luft in de Knochen.

OBERWACHTMEISTER: Quasselnse nich. Sie haben wohl auch Luft im Kopp, was? Was wollense denn hier in Potsdam?

VOIGT: Arbeeten will ick.

6a Lest den Text laut mit verteilten Rollen und klärt im Klassengespräch, worum es in dieser Szene geht.

b Untersucht die Sprache von Wilhelm Voigt und die des Oberwachtmeisters.
– Wie unterscheiden sie sich, was ist gemeinsam?
– Wie kennzeichnet der Autor sprachlich Voigts Stellung, wie die des Oberwachtmeisters?

c Klärt mithilfe der Karte (S. 194), um welchen Dialekt es sich handelt.

d Vielleicht schaut ihr euch die ersten beiden Szenen der Verfilmung des Theaterstücks an.
– Achtet darauf, welche Figuren Dialekt sprechen und welche nicht.
– Tauscht eure Beobachtungen in der Klasse aus: Welche Wirkungen werden damit erzielt, dass die Hauptfigur und einige andere Figuren Dialekt sprechen?

7 Erläutere anhand der folgenden Sachinformation die Entstehung der Standardsprache.

Spracherwerb, Sprachgeschichte und Dialekt

Sprachgeschichte: Standardsprache – Schriftsprache – Dialekt

Erst um die Mitte des 18. Jahrhunderts stand den Deutschen eine deutsche **Standardsprache** zur Verfügung, mit der man sich von München bis Kiel, von Köln bis Königsberg verständigen konnte. Sie hat sich über Jahrhunderte aus der **Schriftsprache** der spätmittelalterlichen und frühneuzeitlichen Kanzleien der landesherrlichen Verwaltungen und der städtischen Wirtschaftszentren entwickelt. Entscheidende äußere Voraussetzungen waren u. a. das langsame Erstarken der Wirtschaft nach dem Ende der großen Pest (1347–1353), die Entwicklung der Papierherstellung in Europa, die um 1200 durch die Araber nach Spanien gelangt war, und die Erfindung des Buchdrucks mit beweglichen Lettern (Buchstaben) durch Johannes Gutenberg (* zw. 1394 und 1399, † 1468). Wichtig war auch die **Übersetzung der Bibel** ins Deutsche durch **Martin Luther**. Die Aussprache der Standardsprache orientiert sich an der Schriftsprache.
Die **Dialekte** wurden und werden weiterhin als regionale, meist auf das Mündliche begrenzte Sprachen gesprochen, und zwar heute mehr in der Familie und in Situationen mit nur wenig Öffentlichkeit.

Grundwissen und Methode

Text 11A **Aus dem „Sendbrief vom Dolmetschen"** Martin Luther

[...] Ich hab mich des beim Übersetzen beflissen, dass ich reines und klares Deutsch geben möchte. Und ist uns wohl oft begegnet, dass wir vierzehn Tage, drei, vier Wochen ein einziges Wort gesucht und (danach) gefragt haben, habens (aber) dennoch zuweilen nicht gefunden. Beim Buch Hiob mühten wir uns, M. Philippus (Melanchthon), Aurogal-
5 lus¹ und ich so, dass wir in vier Tagen zuweilen kaum drei Zeilen fertigbringen konnten. Mein Lieber, jetzt wo es verdeutscht und fertig ist, kanns ein jeder lesen und meistern. Jetzt läuft einer mit den Augen durch drei, vier Blätter hindurch, und stößt nicht einmal an; wird aber nicht gewahr, welche Steine und Klötze da gelegen haben. Wo er jetzt drüber hingeht wie über ein gehobeltes Brett, da haben wir schwitzen und uns ängstigen
10 müssen, ehe wir denn solche Steine und Klötze aus dem Wege räumten, auf dass man so fein dahergehen könnte. Es ist gut pflügen, wenn der Acker gereinigt ist; aber den Wald und die Wurzelstöcke ausroden und den Acker zurichten, da will niemand heran. [...]

1) **Aurogallus:** Luthers Mitarbeiter für das Hebräische

8a Klärt, was ihr nicht verstanden habt.
 b Stellt Fragen zusammen, die aus eurer Sicht vor einer weiteren Bearbeitung des Textes beantwortet werden müssen. Zum Beispiel:
   – Um welche Übersetzung geht es?
   – Warum war Luther die Übersetzung dieses Textes so wichtig?
 c Teilt euch in Gruppen auf und recherchiert, um eure Fragen zu beantworten.

Text 11B **Fortsetzung** (Auszug aus einer älteren Fassung)

[...] Also habe ich hie Roma. 3., fast wol¹ gewist, dass ym Lateinischen und krigischen² text das Wort „solum"³ nicht stehet und hetten mich solchs die papisten nicht dürffen leren.
15 War ists. Dise vier buchstaben, sola, stehen nicht drinnen, welche buchstaben die Eselsköpff ansehen, wie die kue⁴ ein new thor⁵, Sehen aber nicht, das gleichwol die meinung des text ynn sich hat, und wo mans wil klar und gewaltiglich⁶ verteutschen, so gehoret es hinein, denn ich habe deutsch, nicht lateinisch noch kriegisch reden wöllen, da ich

1) **wol:** sehr wohl   2) **krigischen:** griechischen   3) **solum:** allein, nur   4) **kue:** Kühe   5) **new thor:** neues Tor
6) **gewaltiglich:** kräftig, deutlich

teutsch zu reden ym dolmetzschen furgenommen hatte. Das ist aber die art unserer deut-
20 schen sprache, wenn sie ein rede begibt[7] von zweyen dingen, der man eins bekennet und
das ander verneinet, so braucht man des worts „solum" (allein) neben dem wort „nicht"
oder „kein", Als wenn man sagt: Der Baur bringt allein korn und kein geldt, Nein, ich hab
warlich ytzt[8] nicht geldt, sondern allein[9] korn. [...] Und der gleichen unzeliche[10] weise yn
teglichen brauch.
25 In disen reden allen, obs gleich die lateinische oder kriechische sprach nicht thut, so
thuts doch die deutsche, und ist yhr art, das sie das Wort „allein" hinzu setzt, auff das das
wort „nicht" odder „kein" deste volliger und deutlicher sey [...].

7) **begibt:** wenn die Rede ist   8) **ytzt:** jetzt   9) **allein:** nur   10) **unzeliche:** unzählig

9a Lies Text 11B laut. Klärt die Textstellen, die ihr nicht verstanden habt, im Klassengespräch.
 b Untersuche die Rechtschreibung, in der Luther schreibt, und halte deine Ergebnisse fest:
 c Vergleicht eure Ergebnisse und stellt begründete Vermutungen über die Regelung der Rechtschreibung zur Zeit Luthers (1483–1546) zusammen.

Rechtschreibung Luthers	Rechtschreibung heute
war	*wahr*
ym	*im*
*	*

10a Verdeutliche an Luthers Ausführungen über die Übersetzung von Röm. 3, 28 (d. h.: Brief des Paulus an die **Röm**er, Kap. **3**, Vers **28** im Neuen Testament), welchem Prinzip Luther bei seiner Übersetzung gefolgt ist.
 b Lies und vergleiche in der Lutherbibel Römer 3, Vers 28.

11a Diskutiert die Frage, was Übersetzen eigentlich so schwierig macht, und zieht dabei eure eigenen Erfahrungen aus dem Fremdsprachenunterricht heran.
 b Überlegt gemeinsam, ob ihr die Behauptung zutreffend findet: „Einen Text in der Übersetzung zu lesen ist, wie seine/-n Freund/-in durch die Gardine zu küssen."

Text 12 **Martin Luther und die Entstehung der deutschen Schriftsprache** (Auszug)

Die erste Auflage von Luthers Neuem Testament (1522) war trotz einer mutmaßlichen Auflage von 3 000–5 000 Exemplaren nach zwei Monaten ausverkauft. Luthers Schriften gingen wie ein Lauffeuer durch das ganze Reich. Die dt. [deutschen] Drucke der damaligen Zeit bestehen zu einem hohen Anteil aus seinen Werken.
5 [...] Luther schafft keine neue Sprache (in grammatikalischer Hinsicht), auch kein neues Schreibsystem; in dieser Beziehung nimmt er das bereits Vorhandene auf und führt es in Richtung von schon länger wirksamen Tendenzen weiter. Bei Luther lassen sich keine syntaktischen Fügungen nachweisen, die nicht auch schon im Sprachgebrauch seiner Zeitgenossen vorhanden sind [...].
10 Sein Einfluss ist vor allem im stilistischen Bereich zu suchen und darin, dass er mit der Popularität seiner Schriften einer Schreibform, die sich bereits früher im ostmd. [ostmitteldeutschen], ostfränk.-bair. Raum herausgebildet hatte, zu weiter Verbreitung verhilft. Luther als Schöpfer des Nhd. [Neuhochdeutschen] zu bezeichnen[1], ist verfehlt.

1) Die ältere Sprachforschung sah in Luthers Bibelübersetzung den wichtigsten Schritt in der Entwicklung zum Neuhochdeutschen.

Spracherwerb, Sprachgeschichte und Dialekt

12a Gib mit eigenen Worten wieder, wie sich Luthers Wirken auf die Entwicklung der deutschen Sprache auswirkte.
  b Erläutere anhand des „Schemas zum Verhältnis von gesprochener und geschriebener Sprache", wie sich Schriftsprache, gesprochene Standardsprache und Regionaldialekte in Deutschland vom Mittelalter bis heute entwickelt haben.
  c Ergänze aufgrund deiner Ergebnisse die Sachinformation zur Sprachgeschichte (S. 197) entsprechend.

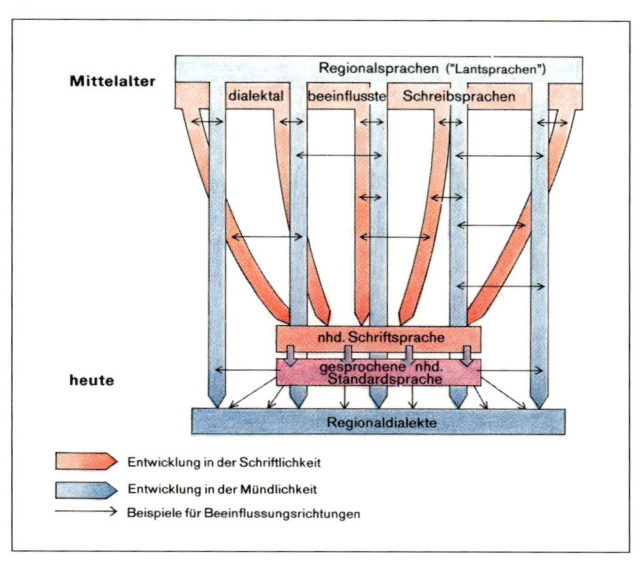

Das hast du in diesem Kapitel gelernt:

- die (sprachliche) Entwicklung sogenannter „Wolfskinder" verstehen und erläutern können
- den typischen Verlauf des Spracherwerbs aufzeigen
- Modelle des sprachlichen Zeichens analysieren und deuten
- Begriffe durch unterschiedliche Verfahren definieren
- wesentliche Merkmale gesprochener und geschriebener Sprache benennen
- in Deutschland gesprochene Dialekte regional zuweisen und vergleichend nennen können
- die Entwicklung des Neuhochdeutschen als Schriftsprache nachvollziehen und erläutern
- die Bedeutung des Hochdeutschen im deutschen Sprachraum beschreiben und erläutern

Ideen und Projekte:

- Definiert in einem fächerübergreifenden Projekt das sprachliche Zeichen „Europa".
- Recherchiert, in welchen literarischen Werken und Filmen authentische oder fiktive Schicksale von „Wolfskindern" behandelt werden. Untersucht die Werke in Gruppenarbeit und stellt eure Ergebnisse in der eigenen oder in einer anderen Klasse vor.
- Prüft Paragrafen des Bürgerlichen Gesetzbuches daraufhin, ob der Spott eines Kabarettisten euch berechtigt erscheint: „Man hat versucht, das Alphabet mit einem Labyrinth zu kreuzen." Überlegt, warum Gesetzestexte Begriffe möglichst genau definieren wollen.
- Prüft, ob auf dem Spielplan eines Theaters in eurer Nähe Stücke in Dialekt aufgeführt werden. Versucht, ein Gespräch mit dem Dramaturgen darüber zu führen, welche Gründe das Theater hatte, das Stück in den Spielplan aufzunehmen.

Erweitern · Vertiefen · Anwenden

GETRENNT ODER ZUSAMMEN? – RECHTSCHREIBKLIPPEN

1 Prüfe, ob die Rechtschreibung in den folgenden Beispielsätzen richtig ist; notiere dir die Wörter, bei denen du unsicher bist.

Text 1A „Freiheit bedeutet für mich, dass ich freisein möchte von der überhandnehmenden Regelwut des Staates, die alle Initiativen des einzelnen Menschen zunichtemacht. Der Staat sollte sich damit zufriedengeben, die wesentlichen Dinge zu regeln, statt den Bürger durch soviele Bestimmungen einzuschränken." *Fehlertext*

Text 1B „Der Begriff Leistung begegnet uns Schülern hauptsächlich als Ermahnung, wobei manchmal sogar Schüler bloß gestellt werden. Wieviele Schüler deswegen schon sitzengeblieben sind, müsste irgend wann untersucht werden. So oft ich das aber in der Schüler Mitverwaltung angesprochen habe, haben die anderen Klassensprecher gedacht, es
5 sei nicht ernstgemeint." *Fehlertext*

2 Vergleicht eure Ergebnisse. Prüft dabei vor allem, ob die Zusammenschreibung von Wortzusammensetzungen und die Getrenntschreibung von Wortgruppen richtig sind. Nehmt die folgenden Regeln und Beispiele zur Hilfe.

Getrennt oder zusammen? – Alternativschreibungen

1) Adjektiv + Verb
A) Es kann getrennt oder zusammengeschrieben werden, wenn ein einfaches Adjektiv eine Eigenschaft als **Resultat eines Verbalvorgangs** bezeichnet, z. B.: *blank putzen / blankputzen, glatt hobeln / glatthobeln, klein schneiden / kleinschneiden* etc.
B) Es wird zusammengeschrieben, wenn die Verbindung aus Adjektiv und Verb eine neue idiomatisierte[1] **Gesamtbedeutung** ergibt. Lässt sich in den einzelnen Fällen keine klare Entscheidung darüber treffen, ob diese vorliegt oder nicht, kann auch getrennt geschrieben werden, z. B.: *festnageln (= festlegen), kaltstellen (= [politisch] ausschalten)* etc.

[1] **idiomatisiert:** zu einem Idiom geworden; Idiom, das (griech. „Eigentümlichkeit"): einer Sprache oder Mundart eigentümliche Redewendung oder Ausdrucksweise

2) Substantiv + Verb
Bei manchen Verbindungen aus Substantiv und Verb ist sowohl Zusammen- als auch Getrenntschreibung möglich, z. B.: *achtgeben / Acht geben, achthaben / Acht haben, haltmachen / Halt machen, maßhalten / Maß halten.*

3) Verbindungen mit Adjektiv
A) Verbindungen aus Substantiven, Verben, Adverbien oder Partikeln mit Adjektiven oder adjektivisch gebrauchten Partizipien können getrennt oder zusammengeschrieben werden, z. B.: *Rat suchend / ratsuchend; allein erziehend / alleinerziehend.*
B) Verbindungen mit einem einfachen unflektierten Adjektiv als **graduierender**[2] **Bestimmung** können getrennt oder zusammengeschrieben werden, z. B.: *allgemein gültig / allgemeingültig; eng verwandt / engverwandt; schwer verständlich / schwerverständlich.*
C) Verbindungen von **nicht + Adjektiv** können getrennt oder zusammengeschrieben werden, z. B.: *nicht öffentlich / nichtöffentlich; nicht operativ / nichtoperativ.*

[2] **graduierend:** (gradweise) abstufend

Wenn die Schreibung den Sinn verändert: Unterscheidungsschreibung

Es gibt Fälle, in denen die jeweilige Schreibung den Sinn des Geschriebenen verändert.

4) Verbpartikel + Verb
auseinandersetzen (gedanklich) – auseinander setzen (zwei Störenfriede)
dabeisitzen (mit in der Runde sitzen) – dabei sitzen (während eines Vorgangs sitzen)
wiederholen (wie früher machen) – wieder holen (erneut holen)
wohltun (guttun) – wohl tun (wahrscheinlich tun)

5) Verb + Verb
Verbindungen aus zwei Verben werden in der Regel getrennt geschrieben, bei Verbindungen mit **bleiben** oder **lassen** ist auch Zusammenschreibung möglich, wenn sich **eine übertragene Gesamtbedeutung** ergibt, z. B.: *sitzen bleiben* (= nicht aufstehen) – *sitzenbleiben* (= nicht versetzt werden); *stehen lassen* (= etwas nicht wegnehmen) – *stehenlassen* (= nicht beachten).

6) Adjektiv + Verb
bewusstmachen (etwas ins Bewusstsein heben) – bewusst machen (mit Bewusstsein tun)
festhalten (ein Ergebnis an der Tafel) – fest halten (die Hundeleine)
freisprechen (den Angeklagten von der Schuld) – frei sprechen (ohne abzulesen)
leichtfallen (wenig Mühe bereiten) – leicht fallen (ohne starken Aufprall)

3 Bilde Beispielsätze zu jeder aufgeführten Regel und ergänze die zugehörige Nummer der Regel. Überprüfe deine Schreibung mit einem Wörterbuch.

4a Übernimm den folgenden Text in dein Heft und stelle dabei die Wortzwischenräume sowie die korrekte Groß- und Kleinschreibung wieder her.

b Kontrolliert eure Lösungen gegenseitig und zieht im Zweifelsfall ein Wörterbuch hinzu.

Text 2 **nichtschwimmer**

Kingakautelautstarkundgelangweiltaufihremblaufarbigenkaugummiherumundgingmir, wiesooft,tierischaufdienerven.Seitsieheutemorgenmitihrermutteraufeinenbesuchhereingeschneitwar,wichsiemirnichtvonderseite.
Siehingaufdemsofaherumunderinnertemichdabeistarkanihremutter.Mitjedemmal,
5 wennsiemichintabukbesuchte,wurdedieschichtschminkeinihremjungengesichtdicker. Undmitjedemmalwurdesieunausstehlicher.Eswargemein,seine15-jährigenichtealsunausstehlichzubezeichnen,docheswarnunmalso.
Ichversuchte,ihremblickauszuweichen,undbeobachtetedeswegendurchdasfenster,was sichaufdersandigendorfstraßeabspielte.Dienachbarsfrauführteihreneseloscarzwischen
10 denverwelktensonnenblumenfeldernherum.Vonderpusztabliesseinstarkerherbstwind, derdieletztenbraunenblättervondenwogendenstängelnriss.Diealtefrauwar,wiediemeisten einwohner,gekennzeichnetvomharten, arbeitsreichenlebenalsbäuerin. [...]

Fehlertext!

5 Teilt euch in Arbeitsgruppen:
– Jede Gruppe sucht in einer Tageszeitung nach Texten, mit denen sich die Getrennt- und Zusammenschreibung üben lässt.
– Schreibt einen oder einige dieser Texte mit dem Computer und lasst alle Zwischenräume sowie die Großschreibung weg. Nehmt als Muster Text 2.
– Druckt die Texte aus und stellt sie euren Mitschülern als Übungsmaterial zur Verfügung.

Erweitern · Vertiefen · Anwenden

ZEICHEN SETZEN: KOMMAREGELN

Text 1

Fehlertext!

Tzimbar lentak – das Zimbrische lebt
In Norditalien mühen sich altdeutsche Sprachgemeinschaften um ihren Fortbestand

Bozen im August.
Zweihundertzwanzig Jahre ist es her dass der Weimarsche Minister Goethe „die kurzen und die langen Hessen" hinter sich ließ. Statt wie gewohnt auf den herkömmlichen Überlandverbindungen von Frankfurt in thüringische und sächsische Lande begab er sich weit hinab in südliche Gefilde. „Von Bozen auf Trient geht es neun Meilen weg in einem fruchtbaren und fruchtbareren Tale hin" notiert er unter dem 11. September 1786 in seiner „Italienischen Reise". „Eine arme Frau rief mich an ich möchte ihr Kind in den Wagen nehmen weil ihm der heiße Boden die Füße verbrenne. Ich übte diese Mildtätigkeit zu Ehren des gewaltigen Himmelslichtes. Das Kind war sonderbar geputzt und aufgeziert ich konnte ihm aber in keiner Sprache etwas abgewinnen."
Wäre Goethe den beiden vom Etschtal aus in ihre Heimat gefolgt anstatt den Weg zum Gardasee zu nehmen so hätte er gewiss alsbald herausgefunden in welcher Zunge das Kind redete. Der Dichterfürst hätte sie nur begleiten müssen vorbei am pittoresken Lago di Caldonazzo und viele Spitzkehren hinter sich lassend hinauf auf gut 1 300 Meter Höhe nach Lusérn. Und wäre wohl aus dem Staunen nicht mehr herausgekommen dass die Bewohner deutsch sprachen wie er. Allerdings ein so altertümliches dass er lange gebraucht hätte um sich allmählich mit ihnen zu verständigen.

Frankfurter Allgemeine Zeitung, 30.08.2006

Lusérn/Lusérna
Im 16. Jahrhundert als Tochtersiedlung von Lavarone/Lefraun errichtet, das seinerseits Sekundärkolonie der „Sieben Gemeinden" war. Nach dem Ersten Weltkrieg kam Lusérn mit Süd- und Welschtirol an Italien. Als Gastarbeiter konnten sich die Lusérner nach dem Zweiten Weltkrieg einen bescheidenen Wohlstand erarbeiten. 400 Bewohner. Das „Zimbrische" lebt hier noch.

1a Notiere dir in Stichworten, welche Textstellen du nicht verstanden hast. Tauscht eure Ergebnisse untereinander aus und versucht so, alle Textstellen zu klären.
b Suche die genannten Orte auf der Karte auf.

2a Formuliere, worum es in diesem ersten Absatz des Berichtes geht.
– Informiere dich dazu in einem Lexikon oder im Internet, wann Goethe nach Italien reiste,
– und erläutere, was der Ausdruck „in einer Zunge reden" bedeutet; nimm zur Klärung dieser und evtl. weiterer Fragen ein Wörterbuch zu Hilfe.
b Das Lesen des Zeitungsartikels ist erschwert, da alle Kommas weggelassen wurden.
– Übernimm den Text in dein Heft oder lege eine Folie auf und setze die Kommas ein, die obligatorisch sind, also verbindlich gesetzt werden müssen.
– Greife in Problemfällen auf die folgende Sachinformation zurück, in allen weiteren Fällen hilft dir das Regelwerk eines Wörterbuchs weiter.

Grundwissen und Methode

1) **Gleichrangige Teilsätze, Wortgruppen** oder **Wörter** grenzt man mit Komma voneinander ab: „Im Hausflur war es still, ich drückte erwartungsvoll auf die Klingel."
2) **Nebensätze** grenzt man mit Komma ab; sind sie eingeschoben, so schließt man sie mit paarigem Komma ein: „Das Buch, das du mir geliehen hast, liegt auf dem Tisch."
3) **Zusätze** oder **Nachträge** grenzt man mit Komma ab; sind sie eingeschoben, so schließt man sie mit paarigem Komma ein: „Eines Tages, es war mitten im Sommer, hagelte es."

Spracherwerb, Sprachgeschichte und Dialekt

> 4) **Infinitivgruppen** grenzt man mit Komma ab, wenn
>   – sie mit „um", „anstatt", „ohne", „statt", „außer", „als" eingeleitet sind,
>   – sie von einem Substantiv/Nomen abhängen,
>   – sie von einem Korrelat oder Verweiswort abhängen.
> 5) Beim **einfachen** und auch beim **erweiterten Infinitiv** kann man das Komma auch weglassen. Um Missverständnisse zu vermeiden, sollte man das Komma setzen.
> 6) Sind **gleichrangige Teilsätze, Wortgruppen** oder **Wörter** durch „und", „oder", „beziehungsweise", „sowie", „wie", „entweder – oder", „nicht – noch", „sowohl – als (auch)", „sowohl – wie", „weder – noch" verbunden, so setzt man **kein** Komma.
> 7) Bei der **Reihung von selbstständigen Sätzen**, die durch „und", „oder", „beziehungsweise", „entweder – oder", „nicht – noch", „weder – noch" verbunden sind, kann man ein Komma setzen, um die Gliederung des ganzen Satzes deutlich zu machen.
> 8) Bei **formelhaften Nebensätzen** kann man das Komma weglassen: „Er ging[,] wie immer[,] nach dem Essen spazieren."

Grundwissen und Methode

3 Vergleicht eure Ergebnisse. Welche weiteren Zeichensetzungsregeln habt ihr bei der Lösung von Aufgabe 2b angewendet? Seht gegebenenfalls im Regelwerk eines Wörterbuchs nach.

4 Setze in den Sätzen die Kommas und ordne die Beispiele den Regeln zu. Übernimm dazu die Kommaregeln in dein Heft oder notiere zu jedem Beispielsatz die passende Regelnummer.
A) Sollen wir Fußball spielen oder möchtest du lieber zu Hause bleiben?
B) Meine Freundin Suse äußerte den Wunsch lieber Fußball zu spielen.
C) Wir nahmen eine Abkürzung um schneller auf der Wiese anzukommen.
D) Wir spielten meist nicht nur bei gutem Wetter sondern auch bei Regen.
E) Wegen der dunklen Wolken nahm ich Regenzeug mit dann ging ich mit ihr los.
F) In unserer Minimannschaft verzweifelt um den Sieg kämpfend zeigte Suse ihr Können.
G) Nach dem Sieg lag mir nichts mehr daran die Bockwürste allein aufzuessen.
H) Und die Getränke? Die Mutter riet ihr die Apfelschorle gekühlt anzubieten.

5 Diskutiert an Beispielen, vor allem an Satz H), welchen Sinn die Setzung von Kommas hat.

Text 2 „En wönter vil schnea,(1) en summer vil klea." Wer heute in das abgelegene Lusérn (Lusérna) kommt,(2) den mag einer der ansässigen Bauern in kehllautigen Tönen,(3) die ein Amalgam aus Allemannisch und Bairisch zu sein scheinen,(4) mit der althergebrachten Erfahrungsregel vertraut machen,(5) dass es im Sommer viel Klee gibt,(6) wenn der vor-
5 ausgegangene Winter schneereich war. Tatsächlich haben die meisten Bewohner des Dorfes wie Generationen ihrer Vorfahren ihre seit bald tausend Jahren bewahrte urtümliche Muttersprache so sehr konserviert,(7) dass sie allen möglichen Einflüssen von ringsum standhielt. Mit der größten Selbstverständlichkeit gebrauchen sie die Sprache als Umgangssprache. Mit Fremden unterhält man sich in Lusérn für gewöhnlich in der
10 Staatssprache. [...] Sonst gleicht der Alltag der Einheimischen dem Dasein auf einer Sprachinsel inmitten des italienischen Meeres. Wie die Lusérner sind auch viele andere Bewohner des Gebiets zwischen Trient,(10) Rovereto,(11) Verona,(12) Bassano und Asiago von Italienern stets „Mòcheni" oder „i cimbri" genannt worden. [...] „Mochenisch" ist eine Mundart,(13) die ihre Bezeichnung daher bezog,(14) dass Italiener ihre Sprecher einst
15 anhand der bajuwarischen Lautfolge für „machen" kollektivierten.

6a Klärt die Textstellen, die ihr nicht versteht, im Klassengespräch.
 b Welche Informationen gibt dir der Text über den Dialekt der „Mòcheni"?
 c Erkläre die Setzung der Kommas in Text 2: (1) Aufzählung; (2) Nebensatz, Hauptsatz usw.

Zum Nachschlagen

Sachlexikon Deutsch

Hier findest du Sachinformationen, die du bei Bedarf nachschlagen und im Unterricht oder zu Hause nutzen kannst. Die Sachinformationen sind *alphabetisch geordnet*; Stichwörter, die *Grundwissen* darstellen, sind *rosa* unterlegt, Stichwörter, die *Methoden und Arbeitstechniken* darstellen, *grün*.
> bedeutet: Sieh (auch) unter dem folgenden Stichwort nach.

absurdes Theater	> Drama (Formen)
Adverbiale	> Satz > Satzglieder
Alliteration	> rhetorische Figuren/Tropen
Anapher	> rhetorische Figuren/Tropen
Antithese	> rhetorische Figuren/Tropen

Argumentationstechnik

Eine Methode effektiven Argumentierens ist die **Fünfsatz-Methode**:
1. Anknüpfung an eine Situation, einen Sachverhalt oder eine Person, z. B.: A. hat gesagt, dass …; ich aber meine, …
2. Begründung (Hauptargument) für den Zwecksatz (s. u.), z. B.: Ich bin dieser Meinung, weil …
3. Erläuterung mit weiteren Argumenten, z. B.: Darüber hinaus kann man sagen, …
4. Veranschaulichung mit Beispielen, z. B.: Dies zeigt sich auch daran, …
5. Zwecksatz (Zweck, Absicht, Appell), z. B.: Daher ist es am besten, wenn ihr …

Die **Planung des Fünfsatzes** läuft umgekehrt: Zuerst den Zielpunkt (Zwecksatz) festlegen, dann die Argumente (Argument, Erläuterung, Veranschaulichung), schließlich den Einstieg bzw. die Anknüpfung.

> erörtern/Erörterung

Attribut	> Satz > Satzglieder
Bedeutungsveränderung	> Wortkunde

Begriffe definieren

In der Alltagssprache wird „Begriff" oft synonym mit „Wort" oder „Bezeichnung" verwendet. Begriffe sind aber eigentlich **Kurzformen von Definitionen, sie entstehen durch Abstraktion.** Das Wort „Hund" z. B. ist ein (konkreter) Begriff, weil man damit ganz bestimmte Tiere meint und dabei von allen individuellen Eigenschaften eines bestimmten Hundes absieht (abstrahiert).

Da Begriffe oft zumindest „am Rand uneindeutig" sind, ist es wichtig, sie möglichst eindeutig zu definieren (lat. *finis* = die Grenze), also ihre Bedeutung festzulegen und ihre Ränder bzw. Grenzen zu bestimmen, um Kommunikation zu erleichtern.

Begriffe können durch folgende Verfahren näher bestimmt werden:
– geläufige **Wortverwendungen** suchen („blind vor Liebe sein")
– **Synonyme** bzw. sinnverwandte Begriffe (Liebe, Zuneigung) und **Antonyme** suchen (Liebe, Hass, Gleichgültigkeit)
– Klassifizierung in **Ober- und Unterbegriffe**: „Liebe" hat als Obergriff „Gefühle", als Unterbegriff z. B. „Leidenschaft"
– die **Wortgeschichte** untersuchen (Liebe, mhd. *Liebe* = Freude, Liebe, verwandt mit lateinisch *libenter* = gern, mit Freuden)

Sachlexikon Deutsch

– **Semanalyse** v. griech. *sema* = Zeichen: **Zerlegung der Bedeutung in Bedeutungsmerkmale** (Seme), z. B. beim Vergleich von Wörtern mit ähnlicher Bedeutung. Innerhalb der Sprachwissenschaft gehört die Semanalyse zu dem Gebiet der **Semantik**, der **Lehre von den Bedeutungen der Zeichen**.

Klarheit über die Aussagekraft eines Begriffs kann auch eine **dialektische Begriffserklärung** bringen. Dabei berücksichtigt man zwei Seiten: die Sicht derer, die den Begriff geschaffen haben oder verwenden, und die Sicht der Betroffenen (z. B.: „Förderzentrum": aus der Sicht derer, die den Begriff verwenden, und aus der Sicht derer, die dort gefördert werden). Die Begriffserklärung enthält jeweils sowohl **das Denotat** als auch die **Konnotationen**.

> Wortkunde: Denotat(ion)/Konnotat(ion)

Beleg/belegen > Textbeleg > Zitate/zitieren

Bewerbung/sich bewerben

Bewerbungsunterlagen sollten **sorgfältig** gestaltet sein, sie sind die **Visitenkarte des Bewerbers**; sie sollen Interesse am Bewerber wecken und dem Leser ein überzeugendes erstes Bild der Fähigkeiten und Interessen vermitteln.

Zu den Bewerbungsunterlagen gehören ein persönliches Anschreiben (Bewerbungsschreiben), ein Lebenslauf und weitere Anlagen.

Bewerbungsschreiben:
Kurzes, Interesse weckendes Anschreiben, in dem – möglichst ohne die üblichen Floskeln wie „Hiermit bewerbe ich mich auf ..." – vor allem Gründe für den Ausbildungswunsch in diesem Beruf und dieser Firma genannt werden.

Lebenslauf:
Tabellarische Auflistung der wichtigsten Lebensstationen als Information über den persönlichen Werdegang, also vor allem persönliche Daten (Geburtsdatum, Eltern, Geschwister), Schulbildung, Sprachkenntnisse, Praktika – aber auch Hobbys, besondere Interessen und Aktivitäten, so weit sie für den angestrebten Ausbildungsplatz bedeutsam sein können. Nur selten wird heute noch ein handschriftlicher Lebenslauf verlangt; die Handschrift soll in solchen Fällen Rückschlüsse auf Sorgfalt und andere Charaktereigenschaften ermöglichen.

Deckblatt und „Seite Drei":
Oft wird eine Bewerbung mit einem Deckblatt eröffnet, das einen Titel („Bewerbung als ... bei ...") sowie Name und Anschrift, evtl. auch ein Foto sowie ein Verzeichnis der Anlagen enthält. Manchmal findet sich auch eine abschließende „Seite Drei", mit der eine Abrundung der Bewerbung angezielt wird (z. B.: „Auf einen Blick: meine Stärken"; oder: „Was Sie noch über mich wissen sollten").

Vorstellungsgespräch:
Meist umfasst das Vorstellungsgespräch folgende Aspekte: Begrüßung und Einleitung; Bewerbung und Berufswahl; Schule, Ausbildung und Tätigkeiten; persönlicher, familiärer und sozialer Hintergrund; Gesundheit; spezielle Test- und Prüfungsfragen; Informationen für den Bewerber; Fragen des Bewerbers; Abschluss des Gesprächs und Verabschiedung.

bildliches Sprechen

In der Literatur, aber auch im Alltag sprechen wir oft in sprachlichen Bildern.
Bilder machen Sachverhalte, Meinungen oder Forderungen anschaulich und erübrigen oft umständliche sachliche Erklärungen. **Bildlich** können wir mit einzelnen **Wörtern**, z. B. mit Metaphern, Personifikationen, Vergleichen, aber auch mit (Rede-)**Wendungen** oder sogar **Sprichwörtern** sprechen.

Seltener benutzte Formen bildlichen Sprechens:
Ein **Symbol** ist ein Gegenstand, der für etwas Allgemeines, Geistiges, nicht Sichtbares steht. Eine **Allegorie** (griech. *allegorein* = anders, bildlich reden) ist die bildliche Darstellung eines Gedankens oder abstrakten Begriffs, häufig durch eine Personifikation zum Ausdruck gebracht, z. B. Gott „Amor" für „Liebe".
Unter „**Chiffre**" versteht man im Allgemeinen eine Geheimschrift. In der Literatur ist damit meist ein **verschlüsseltes Bild** gemeint, **dessen Bedeutung man nicht genau fassen kann**; sie geht allenfalls aus dem Textzusammenhang hervor.

> epische Texte erschließen > rhetorische Dichtung > rhetorische Figuren/Tropen

charakterisieren/Charakteristik (literarische)

Ziel einer (literarischen) Charakteristik ist es, **durch Beschreibung und Deutung**
- der äußeren Erscheinung: Alter, Geschlecht, Körperbau und -haltungen, Aussehen, …,
- der Lebenswelt, der sozialen Situation und der sozialen Beziehungen: Wohnsituation, soziale Beziehungen, gesellschaftliche Stellung, Beruf, …,
- von Einstellungen, Haltungen und Motiven, Interessen und Denkweisen, …,
- der Sprache: Wortwahl, kennzeichnende sprachliche Wendungen, Sprechweisen, Sprachebenen, …,
- der gesellschaftlichen Prägung: Verhalten, Denken und Urteilen seitens der Umwelt und die Wirkung auf die literarische Figur, …

ein lebendiges und **textgemäßes Bild** der Figur **zu vermitteln**.

Direkte und indirekte Charakterisierung: Werden in einem Text einer Figur ausdrücklich bestimmte Merkmale oder Eigenschaften zugeschrieben – sei es durch die Figur selbst (Selbstcharakteristik) oder durch andere Figuren (Fremdcharakteristik) –, handelt es sich um eine **direkte Charakterisierung**.
Bei der **indirekten Charakterisierung** muss der Leser Merkmale und Eigenschaften der Figuren aus Angaben zum Aussehen, zum Verhalten usw. erschließen.

Typus und Charakter: Ein **Typus** in einem literarischen Text verkörpert eine bestimmte Rolle und ist in Aussehen, Sprache, Fühlen und Denken festgelegt; z. B. **der** Lehrer, **der** Geizige usw. Ein **Charakter** ist eine individuelle Figur, die höchstens in Teilaspekten in ein bestimmtes Klischee passt und die sich mitunter untypisch oder widersprüchlich verhält.

Eine Charakteristik schreiben:
- **Tempus** ist das Präsens, die Figur wird dadurch „präsent".
- Die **sprachliche Gestaltung** ist sachlich und möglichst objektiv, sie kann auch Mittel sprachlicher Distanzierung (z. B. indirekte Rede) nutzen.
- Wichtige Aussagen werden zur Stützung der Überzeugungskraft durch **Textverweise und Zitate** belegt.

Nach der hinführenden **Einleitung** bieten sich für den Hauptteil vor allem folgende **Gliederungsmöglichkeiten** an:
- wie eine Kamera von außen (äußere Merkmale) nach innen (Eigenschaften) auf die Figur „zufahren", ohne aber schematisch vom Äußeren auf das Innere zu schließen;
- im familiären Lebensraum beginnen und nach außen (z. B. Arbeitswelt, öffentliche Funktionen) ausweiten;
- von einem besonders auffälligen Merkmal oder Verhalten ausgehen und zur gesamten Persönlichkeitsstruktur übergehen;
- die chronologische Entwicklung einer Figur (z. B. vom Kind zum Erwachsenen) aufzeigen;
- die Figur im Vergleich zu einer Parallel- oder Kontrastfigur darstellen;
- von Einzelbeobachtungen ausgehen und zum Gesamteindruck steigern.

– Der **Schluss** zieht ein Resümee, fasst zusammen, formuliert einen Haupteindruck.

> Drama (Figurencharakteristik)

Chiasmus > rhetorische Figuren/Tropen

debattieren/ Debatte — Ausgangspunkt ist eine Streitfrage, zu der zwei Gruppen (Pro- und Kontragruppe) nach festgelegten Regeln ihre Positionen in (kurzen) Reden darstellen und begründen. Ziel ist es, die Zuhörer von der eigenen Position zu überzeugen. Zu einer guten Debatte gehören neben guten Argumenten also auch rhetorische Fähigkeiten.

> diskutieren/Diskussion

decodieren > Kommunikationsmodell

Denotat(ion) > Begriffe definieren > Wortkunde

Dialekt — (griech. *diálektos* = Redeweise, Ausdrucksweise, Dialekt) **Mundart**, also eigentlich die zwanglose Sprechweise in der Umgangssprache im Gegensatz zur gehobeneren Schriftsprache (Hochsprache); später **die in Lautung und Wortschatz unterschiedliche Sprache einzelner Regione**n (z. B.: schwäbisch, westfälisch, ...).

> Sprachen in der Sprache > Standardsprache

Dialog > Drama > Theater

Dialoganalyse, szenische — Die vorherrschende Textform im Drama ist der Dialog, in den nahezu alle Informationen über die Figuren und ihre Handlungen eingeschrieben sind: Die Figuren fragen, fordern auf, bezweifeln, verheimlichen usw. Jede dieser Sprechhandlungen zielt auf eine Reaktion des Kommunikationspartners.
Die Analyse kann nicht nur analytisch, sondern auch gestaltend durch szenische Verfahren durchgeführt werden. Die „Sprechhandlung" wird dann in tatsächliches Handeln eines Spielers übertragen.

> dramatische Texte erschließen

direkte Charakterisierung > charakterisieren/Charakteristik (literarische)

diskutieren/ Diskussion — In einer Diskussion wird eine **Streitfrage in Rede und Gegenrede** zur Entscheidung gestellt. **Ziel** der Diskussion ist es, den eigenen Standpunkt argumentativ zur Geltung zu bringen oder sich durch Argumente anderer von einem anderen Standpunkt überzeugen zu lassen. Oft bereitet eine Diskussion eine **Entscheidung in der Sache** vor (Abstimmung).
Damit die Diskussion fruchtbar ist, ist es wichtig,
– **sich auf die Diskussion vorzubereiten**: sich sachkundig zu machen, Standpunkte abzuwägen, Argumente und Belege zu sammeln, sich in den gegnerischen Standpunkt hineinzuversetzen, Notizen vorzubereiten;
– **Diskussionsregeln einzuhalten**: fair und sachbezogen zu argumentieren, genau zuzuhören, anzuknüpfen und aufeinander einzugehen und nicht die Person, sondern die Sache anzugreifen;
– **die Diskussion wirkungsvoll zu leiten**, damit alle zu Wort kommen, Gesprächsregeln eingehalten und Gesprächsergebnisse möglich werden;
– **die Diskussion auszuwerten**, z. B. durch eine Beobachtergruppe, Beobachtungsbogen, Feedbackrunde.

Diskussionsformen

Podiumsdiskussion: Dabei diskutieren einige wenige Diskussionspartner – meist anerkannte Fachleute oder Vertreter von Parteien oder anderen gesellschaftlichen Gruppen – auf einem Podium (einer Bühne) vor dem Publikum über eine die Zuhörer interessierende Sachfrage (Expertenrunde).

Die **Diskussionsform „Kugellager"** verläuft nach einem festen Schema und dient dazu, Argumente auszutauschen und die eigene Argumentationsfähigkeit zu verbessern.
Mit Stühlen wird ein Doppelkreis gebildet, die Diskutierenden sitzen einander in den Kreisen gegenüber. Die Teilnehmer im Innenkreis tragen jeweils ihrem Partner ihre Meinung vor und begründen sie. Der Partner im Außenkreis gibt die Äußerung wieder, vergewissert sich der Richtigkeit der Wiedergabe und antwortet mit einem eigenen Diskussionsbeitrag. Nach ca. fünf Minuten rücken die im Innenkreis Sitzenden im Uhrzeigersinn – je nach Vereinbarung – mindestens einen Stuhl weiter, haben nun einen neuen Gesprächspartner und beginnen erneut mit ihrem Gesprächsbeitrag – je nach Absprache wird etwa drei- bis viermal weitergerückt.

Fishbowl: Eine Gruppe im Innenkreis (im „Aquarium") diskutiert, die anderen sitzen im Außenkreis und beobachten für ein Auswertungsgespräch. Ein Stuhl im Innenkreis bleibt frei für einen Beobachter, der sich mit einem Beitrag beteiligen will; sind alle Stühle besetzt, kann ein Teilnehmer aus dem Innenkreis in den Außenkreis gehen und Beobachter werden.

> debattieren/Debatte > Feedback > Moderation/moderieren

Distanzierung, sprachliche Mittel der

Um zu signalisieren, dass man eine Aussage nur wiedergibt, aber nicht teilt, kann man sprachliche Mittel der Distanzierung nutzen:
- **indirekte Rede**: Konjunktiv I bzw. Ersatzformen
- **Konjunktionen**: zwar – aber; einerseits – andererseits usw.
- **wertende Wortwahl**: nicht nachvollziehbar, sachlich unbegründet usw.

Drama

Das Drama (griech. *Handlung*) ist neben Lyrik und Epik eine der drei Grundformen der Dichtung. Dramen entfalten meist einen **Konflikt** und seine Lösung. Ein Drama ist für die Aufführung im Theater bestimmt. Es ist in der Regel in **Akte** (Aufzüge) unterteilt; jeder Akt enthält häufig mehrere **Szenen** (Auftritte).
Der erste Akt eines Dramas erfüllt in der Regel die Funktion einer **Exposition** (lat. *Darlegung*), in der die **Hauptfiguren** (Protagonisten) vorgestellt werden und in den **zentralen Konflikt** eingeführt wird.
Der Dramentext enthält **Dialoge** und **Monologe**, die die Schauspielerinnen und Schauspieler sprechen, sowie **Regieanweisungen** (Nebentexte).
Im Drama sind die **Figuren** direkt **Träger der Handlung**. Durch ihre Beziehung zueinander **(Figurenkonstellation)**, ihr Verhalten und ihre Auseinandersetzungen **(Interaktion)** entstehen **Konflikte**, die Spannung erzeugen. Dem Zuschauer muss besonders das **innere Geschehen** (Gedanken und Gefühle) im Gegensatz zum **äußeren Geschehen** durch Sprache und andere Ausdrucksformen (z. B.: Gestik, Mimik) verdeutlicht werden. Hierdurch erschließen sich für den Zuschauer die **Motive des Handelns** und somit auch die **Charakterzüge** der Figuren.

> Dialoganalyse, szenische > Drama (Figurencharakteristik) > Drama (Formen) > dramatische Texte erschließen > Theater

Sachlexikon Deutsch

Drama (Figurencharakteristik)	Figuren im Drama sind keine realen Personen, sondern Figuren in der Welt des Theaters. Die Charakterisierung im Theater erfolgt entweder durch die Figuren selbst (figural) oder durch den Autor (auktorial). Dabei können die Figuren explizit (ausdrücklich, direkt) oder implizit (einbegriffen, indirekt) charakterisiert werden. Zu den sich daraus ergebenden weiteren Differenzierungen gibt die nebenstehende Skizze Auskunft. > Figurengestaltung
Drama (Formen)	Grundlegende Formen des Dramas sind – vor allem unter dem Aspekt des Dramenschlusses und der Art des Konflikts betrachtet: **Tragödie** (Trauerspiel): Stück, das einen tragischen, ausweglosen Konflikt oder ein tragisches Geschehen zum Gegenstand hat und ohne Lösung, oft mit dem Tod der Protagonisten endet. **Komödie** (Lustspiel): Stück, dessen Handlungsverlauf durch komische Situationen bestimmt ist und das „glücklich" mit einer komischen Lösung oder einem Happy End endet. **Tragikomödie:** Mischform zwischen Tragödie und Komödie, in der sich tragische und komische Elemente verbinden und wechselseitig durchdringen, was beim Zuschauer Lachen und Entsetzen zugleich erzeugen soll. **Schauspiel:** Drama, bei dem der Konflikt am Schluss friedlich, positiv, durch Überzeugung der Protagonisten, also weder tragisch noch komisch gelöst wird. **Besondere Formen sind z. B.:** **Posse/Schwank:** anspruchslosere Komödienform, gekennzeichnet durch grobe Figuren- und Konfliktzeichnung und durch derbe Übertreibungen. **Groteske:** Form der Tragikomödie; scheinbar ohne Logik wird die Wirklichkeit drastisch-komisch überzeichnet; die Groteske ist besonders in Zeiten politischen oder gesellschaftlichen Umbruchs beliebt. **Absurdes Theater:** der Groteske nahestehend; vor allem in den 1950er Jahren, der Nachkriegszeit, entwickelt, thematisiert das absurde Theater die Sinnentleerung und Widersinnigkeit der Welt bzw. des menschlichen Alltags und „spielt" inhaltlich und sprachlich mit den Mitteln des Banalen und Widersinnig-Absurden, aber auch mit Satire und Ironie. > Komödie
dramatische Texte erschließen	Ein Dramentext wird erst durch die Darstellung auf der Bühne lebendig. Für ein Theaterstück entschlüsselt und interpretiert ein Regisseur den geschriebenen Text und erweckt ihn in der Darstellung auf der Bühne für den Zuschauer zum Leben. **Gestaltendes Interpretieren** hilft, die Figuren und die Situation eines Dramentextes genauer zu erfassen und damit den Text besser zu verstehen. **Szenische Aufführung, Standbilder, Rollenbiografien** usw. sind Ausdruck des Textverstehens und **müssen mit dem Text begründbar sein.** Beim **analytischen Interpretieren** will man den Text nicht durch eigene Gestaltungen, sondern durch genaue Untersuchungen von Inhalt und Form besser verstehen; dabei konzentriert man sich auf das, **was für die Wirkung und die Aussage des Textes besonders bedeutsam ist.**

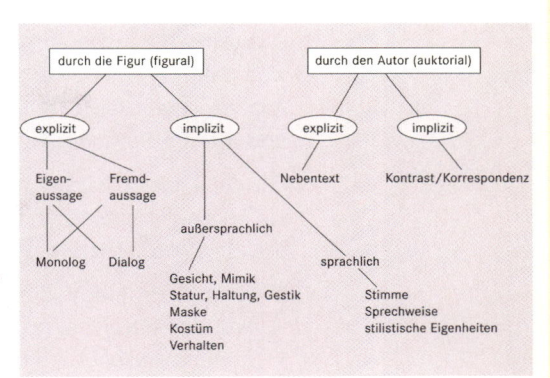

209

Zum Nachschlagen

Dramatische Texte sind bestimmt durch die **Figurenrede (Dialoge, Monologe)**, die es zu analysieren gilt. Dabei kann nicht nur das gesprochene Wort selbst, sondern auch das, was dahinter erkennbar wird, **die unterschwellige Bedeutung einer Äußerung (Subtext)** analysiert werden, z. B. verdeckte Motive, Gefühle, Gedanken und Denkweisen einer Figur und ihre im Sprachgebrauch erkennbare charakterliche Eigenart.

Für die Analyse kannst du die folgenden „**Schlüssel des Textverstehens**" nutzen. Wenn du sie an einem konkreten Text ausprobierst, wirst du merken, welche Schlüssel besonders ergiebig und welche bei diesem Text wenig zu gebrauchen sind.

- **Thema/Problem**: Um welches Thema/Problem geht es? Welche Informationen gibt evtl. der Untertitel (z. B. zur Textart: Komödie)?
- **Textart/Aufbau**: Welche typischen Merkmale der Textart „Drama" sind erkennbar? Ist der Text in Akte und Szenen oder ganz anders strukturiert? Welchen Anteil und welche Bedeutung haben Nebentexte (Regieanweisungen)?
- **Ort/Zeit**: Wann und wo spielt das Geschehen (Schauplatz)? Wie ist der Raum ausgestaltet (Bühnenbild)?
- **Handlung**: Wovon handelt der Text? Welche äußere und innere Handlung wird dargestellt? In welchen Schritten vollzieht sich die Handlung (Ausgangssituation – Handlungsverlauf – Handlungsergebnis)? Wie ist der Konflikt gestaltet?
- **Figuren**: Welche Figuren treten auf und wie agieren die Figuren miteinander? Welche Konstellation ergibt sich daraus? Wie wird der jeweilige Charakter gestaltet (Aussehen, Verhalten, Handeln, Gefühle, Gedanken, Sprache)? Welche Schlüsse lassen sich hinsichtlich der jeweiligen Beweggründe (Motive) ziehen?
- **Figurenrede**: Welche Redeformen (Dialog, Monolog) sind besonders kennzeichnend? Wie trägt die Wortwahl zur Aussage und Charakterisierung bei, z. B.: Welche Gestaltungsmittel (z. B.: Metapher, Hyperbel, Repetitio, Symbol u. a.) fallen auf und welche Funktion erfüllen sie? Wie ist der Satzbau gestaltet (z. B. Satzreihe oder Satzgefüge) und welche Wirkung entsteht dadurch? Welche Rolle spielt der Zusammenhang von Sprechtext und Subtext?
- **Stilmittel/Darstellungsweise**: Welche Besonderheiten der Darstellungsweise (stilistische Mittel) bestimmen die Wirkung? Welche Wirkung entsteht dadurch? Wie beeinflusst die Darstellungsweise die Aussage des Textes?
- **Autor/-in**: Ist das Werk für die Autorin oder den Autor typisch? Welche Themen stehen im Zentrum des dichterischen Werks, welche Textarten und welche Darstellungsweise? Gibt es Zeugnisse über die Autorin oder den Autor oder Aussagen zu ihrem bzw. seinem Theaterstück? Welche Schlüsse lassen sie zu?

Analyse und Interpretation einer Dramenszene
- **Einordnung** in den dramatischen Zusammenhang: Bedeutung der Szene für die Dramenhandlung, die Figurenkonstellation, die Entfaltung des dramatischen Konflikts
- Klärung des **Inhalts** der Szene (Handlung, Figurenkonstellation, Konflikt)
- **Analyse** der Gliederung, der Themen und Themenwechsel, der Dialogschritte und Dialogergebnisse, der Gestaltungsmittel durch die „Schlüssel des Textverstehens"
- **Interpretation**: Gewichtung, Verknüpfung und Deutung (Interpretation) der Analyseergebnisse; Formulierung der Textaussage; evtl. Ausblick: Bedeutung der Szene für die weitere Handlung/eigene Stellungnahme

Wichtig: Stützung der Ergebnisse durch **Textbelege**, z. B. durch passende **Zitate**

> Drama > gestaltendes Interpretieren/Schreiben > interpretieren/Interpretation > Rollenbiografie/Rolleninterview > Texte erschließen

Elativ > rhetorische Figuren/Tropen
Ellipse > rhetorische Figuren/Tropen
Emblem > rhetorische Dichtung
encodieren > Kommunikationsmodell

epische Texte erschließen	Wenn du einen epischen Text (Erzähltext) genauer verstehen willst, musst du den **Inhalt**, die **Figuren** und auffällige **sprachliche Gestaltungsmittel** genauer untersuchen. Du fragst: WAS ist erzählt? WIE ist es erzählt? WARUM ist es gerade so erzählt (**Wirkung/Aussage**)? Zur Analyse des WAS und des WIE kannst du die „**Schlüssel des Textverstehens**" nutzen:

- **Thema/Problem:** Um welches Thema/Problem geht es?
- **Textart:** Um welche Textart (z. B.: Kurzgeschichte, Novelle) handelt es sich? Enthält der Text die charakteristischen Merkmale dieser Textart? Inwiefern hilft die Kenntnis der Textart und ihrer Merkmale (z. B.: offener Anfang, offener Schluss), die Geschichte besser zu verstehen?
- **Handlung/Aufbau:** Wovon handelt der Text? Welche äußere und innere Handlung wird dargestellt? Was folgt aus der Gewichtung von äußerer und innerer Handlung? In welchen Schritten vollzieht sich die Handlung (Ausgangssituation – Handlungsverlauf – Handlungsergebnis)? Bedeutung des Titels?
- **Ort/Zeit:** Wann und wo spielt die Geschichte (Schauplatz)? Welche Atmosphäre herrscht dort vor? Welche Wirkung haben Ort und Zeit auf den Leser?
- **Erzähler:** Welche Erzählperspektive (Ich- oder Er-/Sie-Erzähler) liegt vor? Welche **Erzählsituation** (auktorial, neutral, personal)?
Kann der Erzähler in die Figuren hineinsehen (**Innensicht**) oder erzählt er aus der **Außensicht**? Erzählweise: In welchem Verhältnis stehen Erzählzeit (Zeitdauer, die zum Erzählen benötigt wird) und erzählte Zeitdauer (Zeit des erzählten Geschehens)? Welche Rolle spielen die Wiedergabe von Gedanken und wörtlicher Rede und deren Zusammenhang? Welche **Wirkung** übt der Erzähler mit den Mitteln seines Erzählens auf den Leser aus?
- **Figuren:** Wie sind die Figuren gestaltet (Aussehen, Verhalten, Tätigkeit, Eigenschaften, Vorlieben, Gefühle, Gedanken)? Welche Schlüsse lassen sich hinsichtlich der Beweggründe (Motive) für ihr Handeln ziehen?
- **Sprachliche Mittel:** Wie trägt die Wortwahl (z. B. dichterische Sprache, Umgangssprache, Jugendsprache) zur Aussage des Textes bei? Wie Satzbau und Satzverknüpfung (z. B. Satzreihen, Satzgefüge)? Welche Gestaltungsmittel (z. B. Metapher, Vergleich, Hyperbel, Personifikation, Parallelismus, Anapher, Alliteration) fallen auf und welche Funktion erfüllen bzw. welche Wirkung haben sie?

Wirkung/Aussage: Jetzt kannst du dein Ergebnis zusammenfassen: Wie wirkt der Text auf dich und warum? Was sagt er für dich aus (Aussage des Textes)?

> Drama > interpretieren/Interpretation > Lyrik > Motiv/Motivgeschichte
> Raumgestaltung > Roman > semantische Textanalyse > Stoff/Stoffgeschichte
> Texte erschließen > Zeitgestaltung

Erlebnislyrik	Mit dem Sturm und Drang – vor allem durch den jungen Goethe – entstehen Gedichte, die **subjektive Empfindungen und Erlebnisse** gestalten; die jungen Autoren verstehen ihre Gedichte als selbstbewussten **Ausdruck ihrer unverwechselbaren Individualität**. Erlebnislyrik nutzt vor allem die **Natur als Mittel zur Darstellung des Gefühlszustandes** des lyrischen Ichs. Natur – z. B. eine duftende Sommerwiese, aber auch Nebel, Sturm

oder eisiger Wind – drückt unmittelbar die Stimmung des Sprechers aus und wird so zu einem **Spiegel der Seele**.

> Gedichtvergleich > Lyrik

erörtern/ Erörterung

Wenn du erörterst, argumentierst du, wägst ab und nimmst Stellung. Meist ist bei einer Erörterung eine Streitfrage (z. B.: „Brauchen wir in unserer Schule Streitschlichter?") oder eine These („Jede Schule braucht Streitschlichter!") vorgegeben.
Zu einer Streitfrage gibt es immer z w e i Positionen, **These und Gegenthese**.

Führt man die Argumente nur **einer Seite** aus, pro oder kontra, spricht man von einer **einfachen, steigernden** bzw. **linearen Erörterung**.
Eine einfache Erörterung geht von einer **These** (Behauptung, Position) aus (z. B. „Die Gewalt an den Schulen macht Anti-Gewalt-Programme der Schulen nötig."), begründet die These mit **Argumenten** (Begründungen) und stützt die Argumente mit **Belegen** (Beispielen, Fakten usw.).

Ausgestaltung der Argumente:
– Ist die **Stoffsammlung** abgeschlossen, kommt es darauf an, die Gesichtspunkte – z. B. in einer Mindmap – zu **sortieren** und zu **gewichten**: Die Hauptarme der Mindmap ergeben die Argumente, die Nebenarme Einzelaspekte und Belege.
– Aus der Stoffsammlung wird eine **Gliederung** (Schreibplan), indem die Argumente adressatenbezogen wirkungsvoll angeordnet werden. Die Gliederung sollte nach einem einheitlichen System nummeriert und formuliert sein (Nominal- *oder* Verbalstil).
– Das **Ausgestalten der Argumente** bedeutet, zu den **Argumenten Einzelaspekte und Belege** zu formulieren, die für den Leser die Überzeugungskraft erhöhen.
– Nach dem Verfassen der Erörterung sollte sie **überarbeitet** werden, wobei besonders auf die **Mittel der sprachlichen Verknüpfung** geachtet werden sollte.

Werden **beide Seiten**, pro und kontra, abwägend beleuchtet und zu einer abschließenden Entscheidung – für eine der beiden Seiten oder als Kompromiss – geführt, spricht man von einer **dialektischen Erörterung**.

Eine dialektische Erörterung schreiben
Aufbau:
– Beim dialektischen Erörtern beginnst du nach der Einleitung im Hauptteil am besten mit der von dir nicht vertretenen Gegenthese. Du begründest sie zunächst mit dem stärksten Argument und lässt immer schwächer werdende Argumente folgen, du argumentierst also zunächst „fallend".
– Vom Drehpunkt an wendest du dich der von dir vertretenen These zu und untermauerst sie – wie du es bereits kennst – zunächst mit dem schwächsten Argument und schließt als Endpunkt einer „steigernden" Argumentation mit dem stärksten Argument.
– Am Schluss rundest du die Erörterung ab, indem du z. B. den für dich entscheidenden Grund für deine eigene Position nennst und/oder mit einem Rückbezug zur Einleitung einen resümierenden Schlussgedanken formulierst.

Textgebunden erörtern
Grundlage einer linearen oder dialektischen Erörterung kann auch ein Text sein (**textgebundene Erörterung**). Dabei kann der Text oder Textauszug
– lediglich als Anregung aufgefasst werden, sich ebenfalls mit der Fragestellung argumentierend zu beschäftigen (**der Text als Impuls**);

- zur Begründung und Verteidigung der eigenen Position (These) durch Zitate oder Textverweise in die Erörterung einbezogen werden (**der Text als „Steinbruch"**);
- in der Erörterung als eigene Überzeugung übernommen und ergänzt oder kritisch widerlegt werden (**der Text als Provokation**).

Wenn du dich mit dem Text differenziert auseinandersetzt (der Text als Provokation), gehst du so vor:
1) Du **gibst** den Argumentationsgang **inhaltlich wieder**, entweder gerafft in der Reihenfolge des Gedankengangs oder geordnet nach thematischen Gesichtspunkten, die dir im Text wichtig erscheinen (siehe S. 43).
2) **Zusätzlich** zur Darstellung des Argumentationsgangs **analysierst und beurteilst** du die „Machart" der Argumentation im vorgegebenen Text und die Funktionalität ihrer einzelnen Elemente (siehe Checkliste, S. 44). Dabei geht es um die folgenden Gesichtspunkte:
   - die Formulierung von Thema/Problem/Streitfrage,
   - den Aufbau der Argumentation,
   - die Überzeugungskraft der Argumentationsweise,
   - die Argumentationsstrategie
   - und den Schluss mit der Schlussfolgerung.

> Inhaltsangabe (zu argumentierenden Sachtexten)

Erörterung, literarische

Die **literarische Erörterung** ist eine **Sonderform der Erörterung**. Statt zu Fragen oder Problemen des Alltags oder in der Gesellschaft Stellung zu beziehen, geht es in der literarischen Erörterung um die **abwägende Auseinandersetzung mit Fragen, die sich aus einem literarischen Text ergeben**, z. B. zum Verhalten und zur Einstellung der handelnden Figuren oder zu einem Problem, das die Figuren selbst ins Spiel bringen.

Wie bei jeder Erörterung kann die Aufgabenstellung die Klärung einer **Entscheidungsfrage** (dialektische Erörterung) oder einer **Sachfrage** (lineare, steigernde Erörterung) fordern.

Die **Arbeitsschritte sind dieselben wie bei jeder Erörterung**: Erschließung des Themas, Stoffsammlung und -ordnung, Gliederung, Ausarbeitung.

Basis einer literarischen Erörterung ist ein **begründetes Textverständnis**, das sich aus einer genauen Textanalyse ergibt. Deshalb ist die Themenstellung zu einer literarischen Erörterung oft zweigeteilt: Die erste Aufgabe fordert zu einer Analyse und Deutung einer Textstelle oder eines Aspekts des Textes auf, die zweite Aufgabe zu einer erörternden Auseinandersetzung.

Erzähler

Der Erzähler ist eine vom Autor erdachte Gestalt, die von ihrem Standort (Erzählerstandort) aus auf ihre Weise das Geschehen sieht und in der Ich-Erzählperspektive oder in der Er-/Sie-Erzählperspektive erzählt.

Der Erzähler kann als Figur in Erscheinung treten und den Leser direkt ansprechen, er kann aber auch ganz hinter die Figuren der Erzählung treten, sodass der Leser das Geschehen aus der Perspektive einer Figur wahrnimmt.

Der Erzähler kann in die Gedanken und Gefühle einer oder mehrerer Figuren hineinblicken (Innenstandpunkt) oder einen Außenstandpunkt einnehmen.

Die Darstellungsweise des Erzählers (**Erzählerrede**) kann berichtend, beschreibend, kommentierend oder auch szenisch sein.

Sowohl in der Ich-Erzählperspektive als auch in der Er-/Sie-Erzählperspektive kann man **drei Erzählsituationen** unterscheiden:
- Bei der **auktorialen Erzählsituation** ist der Erzähler durch Kommentare, Vorausdeutungen, direkte Anrede des Lesers etc. deutlich in seiner Rolle erkennbar.

Zum Nachschlagen

- Bei der **personalen Erzählsituation** tritt der Erzähler hinter eine Figur und wählt deren Sicht, erzählt das Geschehen also aus dem Blickwinkel der entsprechenden Figur.
- Bei der **neutralen Erzählsituation** berichtet der Erzähler wie ein außenstehender Beobachter, der sich weder einmischt noch hinter eine Figur zurücktritt.

Die Erzählsituation kann in einer Erzählung wechseln. Ebenso kann der Erzähler aus der Sicht von verschiedenen Figuren erzählen.

Tipp zur Bestimmung der Erzählsituation:
Achte genau auf die Wortwahl des jeweiligen Textes.
- Sind Kommentare oder Wertungen des Erzählers erkennbar?
- Wird eher neutral berichtet?
- Hat der Leser das Gefühl, das Geschehen aus der Sicht einer bestimmten Figur zu sehen? Kann er z. B. den inneren Monolog einer Figur hören?

Erzählzeit/
erzählte Zeit > Zeitgestaltung
Euphemismus > rhetorische Figuren/Tropen

Exposition

(lat. *expositio* = Darlegung) Vor allem im Drama, aber auch in epischen Texten, besonders in der Novelle, versteht man unter der Exposition die **Einführung in den Text** durch **Vorstellung der Hauptfiguren** (Protagonisten) und **des Konflikts**, der im weiteren Fortgang entfaltet und zu einem Ende geführt wird. Manchmal findet sich hier auch die Darlegung der für das Verständnis der Handlung wichtigen Geschehnisse, die zeitlich vor der eigentlichen Handlung liegen.

> Drama > Novelle

**exzerpieren/
Exzerpt**

(lat. *excerpere* = herausziehen) Beim Exzerpieren schreibst du das **Wesentliche** bzw. das für deine Fragestellung Wichtigste **aus einem Text** heraus.
Voraussetzung für sinnvolles Exzerpieren ist ein genaues und konzentriertes Lesen des Textes.
Hilfen: klare, auch grafisch übersichtlich gestaltete Notizen, z. B. als Mindmap; Herausfiltern von Schlüsselbegriffen, die für das Verstehen wichtig sind und meist mehrfach im Text vorkommen; Erklärung bzw. Definition unbekannter Wörter; Verwendung einfacher Zeichen, z. B.: !! = wichtig.

> Sachtexte erschließen

Fachsprache > Sprachen in der Sprache

Feedback

Mit Feedback bezeichnet man die **wertende Rückmeldung an Gesprächspartner**, z. B. **an Referenten** eines Vortrags. Dabei trägt man selbst vor, wie man z. B. den Referenten und seinen Beitrag einschätzt, oder man bekommt gesagt, wie der Gesprächpartner einen selbst einschätzt. Diese wertende Rückmeldung kann z. B. jeweils am Ende einer Gruppenarbeit oder einer Präsentation erfolgen und verfolgt in der Regel zwei Ziele:
- mitzuteilen, wie man sein Gegenüber – positiv oder negativ – erlebt und welche Bedeutung er selbst, sein Verhalten oder sein Beitrag für einen hat,
- und Hinweise zu geben, wie sich aus der eigenen Sicht sein Verhalten oder sein Beitrag verändern sollte, damit er noch besser beim Zuhörer ankommt.

Die positive Wirkung eines Feedbacks besteht also darin, Kommunikationsprozesse zu optimieren und die Zusammenarbeit effektiver zu gestalten.

Allerdings ist es nicht einfach und bedarf der Gewöhnung, Kritik anzunehmen und selbst fair zu kritisieren. Deshalb ist es günstig, Feedbackregeln zu vereinbaren, z. B.:
- am besten immer mit Positivem beginnen,
- nicht pauschal beurteilen, sondern möglichst genaue Beobachtungen mitteilen,
- überlegte Ich-Botschaften formulieren,
- Ratschläge geben, die realistisch sind,
- bedenken, was einem selbst am besten helfen würde, wenn man der „Kritisierte" wäre.

Besondere Feedback-Methoden sind z. B.:

1. Das **Johari-Fenster** (benannt nach seinen Autoren Joe Luft und Harry Ingham) kann helfen, Missverständnisse durch eine gezieltere Beschreibung und einen Austausch der Selbst- und Fremdwahrnehmung zu verringern. Qu A (Qu = Quadrant): Teil meiner Person, den ich offen und frei zeige; Qu B: mir selbst bewusster Bereich, den ich anderen bekannt gemacht habe oder machen will; Qu C: Der „blinde Fleck" – für andere sichtbar, mir selbst aber nicht bewusst; Qu D: mir selbst unbewusste und von anderen nicht wahrgenommene Bereiche meines Verhaltens.

	mir selbst	
Verhalten	bekannt	unbekannt
den anderen bekannt	A „öffentliche Person"	C „mein blinder Fleck"
den anderen unbekannt	B Privatperson	D Unbekanntes

2. **Persönlichkeitsprofil**: Mit einem Fragebogen zu eigenen (Charakter-)Eigenschaften (z. B. sachlich, selbstbewusst, anpassungsfähig) oder Verhaltensweisen, z. B. im Gespräch oder im Unterricht (z. B. kann zuhören, arbeitet gut mit), werden Selbst- und Fremdwahrnehmung verglichen. In einer Skala von 1–5 hinter jeder Eigenschaft bzw. jeder Verhaltensweise kreuze ich zunächst selbst an, was ich für mich für zutreffend halte, und lasse anschließend den Fragebogen durch Mitschüler und/oder Lehrer ausfüllen.

3. **Feedback-Briefe**: Namenskarten aller Beteiligten werden verdeckt auf dem Boden verteilt; jeder zieht eine Karte und notiert auf der Rückseite: Was hat mir an dir gut gefallen, was könntest du noch ändern oder verbessern? Die Karten werden – diesmal mit den Namen nach oben – wieder auf dem Boden verteilt. Jeder nimmt seine Namenskarte und berichtet, ob er das Feedback – das er vorlesen kann, aber nicht muss – annehmen möchte oder nicht.

4. **3-mal-3-Feedback**: Jeder schreibt auf einen Zettel drei positive Dinge, drei negative Dinge und drei Verbesserungsvorschläge. Die Zettel werden eingesammelt und wieder verteilt. Jeder liest einen Zettel vor (der nicht von ihm sein sollte) und kommentiert ihn.

5. **Feedback-Zielscheibe**: Vor einer großen Zielscheibe erhält jeder Teilnehmer so viele Klebepunkte, wie es Kreissegmente gibt. Markiere nun die für dich passenden „Treffer" auf dem jeweiligen Kreissegment. 5 (innen) bedeutet dabei „trifft voll zu", 1 (außen) heißt „trifft nicht zu". Wertet die Zielscheibe gemeinsam aus.

> charakterisieren/Charakteristik (literarische)
> Ich-Botschaften > Kommunikation

Figurengestaltung

Unter **Figurengestaltung** versteht man **die vom Autor bzw. seinem Erzähler verwendeten Mittel**, um eine Figur lebendig werden zu lassen und damit die Leser in ihren Erwartungen, Einschätzungen und Sympathien – bewusst oder unbewusst – zu steuern.

Figuren in epischen Texten
Die Figuren können differenziert oder knapp, eher verschlossener (rätselhaft) oder offener (klar charakterisierbar) gestaltet sein (**Figurenkonzeption**).

Aufschlussreich kann ihr **Anteil am erzählten Geschehen** wie das Verhältnis der Figuren zueinander sein (**Figurenkonstellation**):
- Zum einen spielen die Figuren im Verhältnis zueinander **soziale Rollen** (als Vater oder als Tochter, als Richter oder Angeklagter, als Liebhaber, Angestellter usw.);
- zum anderen spielen sie aber als Handelnde (Aktanten) auch bestimmte **Rollen in der Geschichte** (als Auftraggeber oder als ausführender Protagonist, der mit der Erfüllung der Aufgabe betraut ist, als Gegenspieler des Guten, als Helfer des Guten oder des Gegenspielers).

Figuren in dramatischen Texten
Informationen über die Figuren erhält der Leser **explizit** durch **die Figuren selbst** (Dialoge, Monologe), durch **Aussagen und Verhaltensweisen anderer Figuren** und durch die **Nebentexte** (Regieanweisungen); für den **Zuschauer** wird das Theaterstück erst durch die Inszenierung lebendig, dadurch erhält er **implizit** weitere Informationen durch **Aussehen, Gestik, Mimik, Bewegungen und Sprechweise** der Figuren, aber auch durch die Gestaltung der **Bühne**, auf der sich die Figuren bewegen.
Bei der Analyse der Figurengestaltung im Text des Dramas helfen vier Blickrichtungen:
1. **Lebenswelt**: Ort und Zeit der Handlung, gesellschaftlicher Stand, soziale Rolle, öffentliches und privates Ansehen, Bildung
2. **Konstellation**: Zusammenspiel mit den anderen Figuren, Kontrastfiguren (gegensätzliche) oder Korrespondenzfiguren (zusammengehörige, einander entsprechende)
3. **Äußere Merkmale**: Lebensdaten, Aussehen, Verhalten (Gestik, Mimik, Sprechweise, Auftreten), Gewohnheiten, Handlungsweisen
4. **Innere Merkmale**: Empfindungen, Gefühle, Einstellungen, Haltungen, Selbstbekenntnisse

> charakterisieren/Charakteristik (literarische) > Drama (Figurencharakteristik) > epische Texte erschließen > Roman > Texte erschließen

Figuren-konstellation > Drama > Drama (Figurencharakteristik) > dramatische Texte erschließen > Figurengestaltung

Film/filmische Erzählverfahren

Einen Film kann man „lesen" wie eine geschriebene Geschichte, allerdings arbeitet der Film mit besonderen filmischen Erzählverfahren: mit bewegten Bildern, Dialogen, Geräuschen, Musik (**Filmsprache**).
Zur Analyse lässt sich der Film wie ein Text in „Abschnitte" einteilen:
Einstellung: kleinste Einheit im Film; ein Stück belichteter Film, der ohne Unterbrechung aufgenommen wurde. Eine **Sequenz** ist eine Reihe von Einstellungen, die eine inhaltliche Einheit bilden.

Wichtige Erzählverfahren des Films
1. **Einstellungsgröße**: gibt an, wie das „Auge" der Kamera sieht:
   - Weit (Überblick über eine Landschaft/Szenerie)
   - Totale (Einzelnes wird in der Gesamtsicht bereits erkennbar)
   - Halbtotale (Zusammenhang zwischen Personen und Umgebung wird sichtbar)
   - Halbnah (Figuren vom Kopf bis zur Hüfte)
   - Nah (vom Kopf bis zur Brust gezeigt)
   - Groß (vom Kopf bis zum Schulteransatz)
   - Detail (kleinerer Ausschnitt einer Person oder eines Gegenstandes)
2. **Kameraperspektive**: gibt an, ob die Kamera etwas so filmt, wie es ein Betrachter auch sieht (Normalsicht), ob sie eher von unten (Froschperspektive) oder von oben (Vogelperspektive) aufnimmt.

Bewegungsrichtungen und Handlungsachsen:
Mit der ersten Kameraeinstellung ist der Blick des Zuschauers auf das Geschehen festgelegt; d.h. wenn die Handlung verständlich sein soll, muss man sich auch in den folgenden Einstellungen an dieser Achsenseite bzw. an der Position des Zuschauers orientieren; an der Handlungsachse (vgl. die nebenstehende Skizze) darf sich die Kamera frei bewegen, darf sie aber nicht überspringen, damit der Zuschauer dem Geschehen folgen kann.

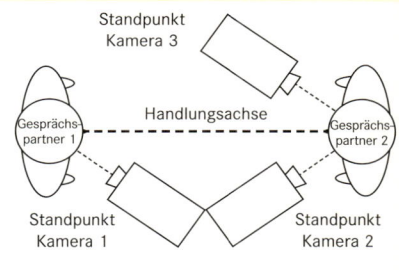

3. **Licht:**
   - Das **Führungslicht** wird für die Darstellung der dominierenden Lichtquelle einer Einstellung eingesetzt, z. B.: Kerzenschein, Mond, Straßenlaterne usw. Natürlich muss das Führungslicht der Stärke, der Richtung und dem Charakter der Lichtquelle entsprechen.
   - **Aufhellung bzw. Füll-Licht:** Hellt die vom Führungslicht verursachten Schattenbereiche auf.
   - **Hinterlicht:** Dadurch werden die Objekte oder Personen vom Hintergrund deutlicher abgehoben; ein hinter den Objekten positioniertes Gegenlicht zur Kamera.

4. **Ton:**
   - **Originalton/Sprache:** die während des Drehens synchron zum Bild mit aufgenommene Sprache und die entsprechenden Geräusche der Umgebung
   - **Musik:** Die beim Schnitt hinzugefügte Musik verleiht dem Film die gewünschte Stimmung und ergänzt ihn um eine weitere Interpretationsebene.
   - **Atmo/Geräusche:** Durch den Einsatz von Geräuschen, deren Quellen im Bild (noch) nicht sichtbar sind, gewinnt der filmische Raum an Weite und wird realitätsnäher. Zusätzliche Aufnahmen der Atmosphäre (kurz: Atmo), also der ständigen Geräuschkulisse eines Schauplatzes, vollenden das Klangbild.

5. Der **Schnitt** ist das wichtigste filmische Erzählverfahren; er trennt und verbindet zwei Einstellungen im Film. Wichtigste Aufgabe des Schnitts ist das ästhetische und künstlerische Zusammenfügen der einzelnen Einstellungen zu einem harmonischen Gesamtwerk (Montage).
   Parallelmontage: Damit lassen sich am besten mehrere gleichzeitig ablaufende Handlungsstränge einer Geschichte darstellen. Beispiel: „Rettung in letzter Sekunde", bei der immer abwechselnd der zu Hilfe kommende Held und die gefährdete Person gezeigt werden.
   Zwischenschnitt: Beispiel hierfür sind gekürzte Varianten von Interviews, bei denen z. B. eine Großaufnahme der Hände des Interviewten eingefügt wird, um vom Text abweichende Lippenbewegungen zu vertuschen.
   Standortwechsel: Die Betrachtung eines Geschehens von verschiedenen Blickpunkten aus wird durch einen Standortwechsel der Kamera ermöglicht. Dadurch wird dem Zuschauer ein besserer Eindruck vom Raum und somit mehr Orientierungsmöglichkeit vermittelt.
   Ursache – Wirkung (Kausalmontage): Zeigt man in einer Einstellung z. B. ein Kind, das einen Schneeball wirft, möchte der Zuschauer auch die Wirkung dieses Wurfs sehen.
   Unsichtbarer Schnitt: Diese Form der Montage verbindet zwei Einstellungen so, dass der Schnitt vom Zuschauer nicht als Einschnitt bemerkt wird, sondern den Eindruck einer kontinuierlich erzählten Handlung vermittelt. Filmische Erzählverfahren wie die **Regeln des sog. „unsichtbaren Schnitts"** sind feststehende Konventionen und werden vom Zuschauer als natürlich empfunden.

- **Establishing Shot** (Shot = Einstellung): Einführung des Handlungsorts zur Orientierung des Zuschauers zu Beginn einer Szene
- **Master Shot:** anschließende Verdeutlichung der räumlichen Situation der Figuren oder Objekte, z. B. durch eine Halbtotale (auf den Establishing Shot folgend)
- **Cut In:** anschließende Verengung der Einstellungsgröße; z. B. auf amerikanisch oder halbnah, zur Darstellung von Mimik und Gestik, Blick und Blickrichtung
- **Dialogische Szene:** Bevor sich die Kamera durch die entsprechende Einstellungsgröße auf die Sprechenden konzentriert, nähert sie sich den Gesprächspartnern im Allgemeinen durch einen Cut In.
- **Schuss-Gegenschuss-Verfahren:** Das Bild wechselt während des Gesprächs vom Sprecher zum Zuhörer und umgekehrt; jeweils ist nur ein Gesprächspartner (sprechend oder zuhörend) im Bild. **Variationen:** Einstellung 1: Die Figur bewegt sich/blickt/spricht in Richtung Kamera/Zuschauer/Schnitt. – Einstellung 2: plötzlicher Sprung auf die andere Seite, bis zu 180°, z. B. an die Stelle der Figur, neben oder hinter sie, der Zuschauer tritt gewissermaßen an die Stelle der Figur, sieht/hört mit emotionaler Beteiligung, was diese sieht/hört.

Das **Drehbuch** ist die schriftliche Vorlage für einen Film; es enthält Dialoge, Regieanweisungen und weitere Angaben (z. B. Schauplätze, Requisiten, Ton). Wie beim Theaterstück sind die Akte beim Drehbuch in Szenen unterteilt.

Das **Storyboard** ist eine mit Zeichnungen ergänzte Version des Drehbuchs. Einzelne Kameraeinstellungen werden gezeichnet und durch Angaben zu Einstellungsgrößen, Kameraperspektiven, zu Bewegungen der Schauspieler, zum gesprochenen Text, zum Ton usw. ergänzt. So kann der Film im Kopf der Beteiligten schon „da sein", bevor er gedreht ist.

Filmanalyse	**Gesamt:** Art des Films – Genre – Zielgruppe **Analyse des Inhalts:** Rolle der Darstellerinnen und Darsteller, Problemstellungen/Konflikt, Ausdrucksformen, Motive, Symbole, Handlungsstränge **Analyse des Tons:** Sprache, Musik, Geräusche, Herkunft des Tons: On = im Bild – Off = nicht zu sehen **Bildanalyse:** Kameraperspektive, Kamerabewegungen, Einstellungsgrößen, Licht, Farbgebung **Analyse der Montage:** Länge/Dauer der Einstellungen, Blende/Schnitt, Verfremdungstechniken/Tricks, Anschlüsse der Einstellungen und Sequenzen: räumlich/zeitlich > Film/filmische Erzählverfahren
Fünfsatz	> Argumentationstechnik
Fünf-Schritt-Lesemethode	> Sachtexte erschließen
Gedichte erschließen	> Lyrik
Gedichtvergleich	Ein **Gedichtvergleich** setzt die **Interpretation** zweier Gedichte voraus und basiert darauf, dass **lohnende Aspekte eines Vergleichs** erkennbar sind – z. B. inhaltliche Variation eines Themas, jeweils typische Gestaltungsmittel, Stimmungen/Wirkungen oder konträre Aussage –, sofern diese Aspekte nicht ohnehin durch die Aufgabenstellung vorgegeben sind. Je nach Aufgabenstellung ergeben sich unterschiedliche **Aufbaumöglichkeiten**: **Einleitung:** Basisinformationen über Autoren, Titel, Thematik, evtl. Zeit/Epoche; zusätzlich möglich: erstes Textverständnis als Interpretationshypothese

Hauptteil:
A) Erschließung und Deutung der Gedichte erfolgen getrennt, ein anschließender Vergleich stellt für diese Texte relevante Vergleichspunkte heraus (diachron).
B) Es werden wichtige Erschließungsaspekte – wie z. B. Thema, Menschen- oder Naturbild, Aufbau, Sprache, Motiv – direkt parallel gegenübergestellt (synchron).
C) Es steht, wenn die Aufgabe entsprechend gestellt ist, einer der Texte im Zentrum und wird umfassend erschlossen und gedeutet; der andere Text wird lediglich als Kontrastfolie hinsichtlich einzelner vergleichbarer Aspekte dem Ausgangstext gegenübergestellt.

Schluss: Zusammenfassung und Akzentuierung des Entscheidenden – je nach Akzentsetzung der Aufgabe; evtl.: reflektierender Rückgriff auf das erste Textverständnis

> Lyrik

Gesprächsregeln > diskutieren/Diskussion

gestaltendes Interpretieren / Schreiben

Ziel ist es, den Ausgangstext, also die Handlung, die Figuren oder die Gestaltung, durch gestaltendes Interpretieren besser verstehen zu lernen. Jede Gestaltung muss sich also am Ausgangstext messen und sich mit ihm begründen lassen (Rechenschaftspflicht der Produktion gegenüber dem Ausgangstext).

Einen Text erweitern oder verlängern (Leerstellen füllen), z. B.:
- eine im Text angedeutete Handlung ausgestalten,
- einen Tagebucheintrag oder einen Brief in der Rolle einer Figur schreiben,
- einen inneren Monolog einer Figur verfassen,
- eine Fortsetzung oder Vorgeschichte schreiben,
- eine Zwischenszene ergänzen,
- eine weitere Figur in die Handlung einfügen.

Einen Text umgestalten, z. B.:
- die Textart wechseln (z. B. eine Kurzgeschichte in eine Spielszene oder einen Dramentext umschreiben),
- aus der Sicht (Perspektive) einer anderen Figur schreiben,
- eine berichtende Textpassage durch eine szenische ersetzen,
- Teile der Handlung umschreiben, indem z. B. eine neue Figur eingeführt wird, die sich „einmischt".

Einen Text mit eigenen Texten ergänzen, z. B.:
- ein Interview mit dem Protagonisten schreiben,
- eine Rollenbiografie zu einer der Figuren verfassen,
- ein kommentierendes oder bewertendes Gespräch zwischen unbeteiligten Beobachtern des Geschehens erfinden,
- eine Parallelgeschichte schreiben.

> dramatische Texte erschließen > epische Texte erschließen > Lyrik > Textsignale

Gliederung > erörtern/Erörterung > Schreibplan

grotesk / Groteske

(ital.) Fantastische, **überspannte** und dadurch **witzig** oder **bissig wirkende Darstellung**, in der meist auf verzerrende Weise verschiedene, nicht zusammenpassende Elemente, **scheinbar unvereinbare Gegensätze**, vor allem **Komisches** und **Grausiges, miteinander verbunden** sind. Der Leser oder Zuschauer, der diese durch Übertreibung und Verzerrung entstandene Verfremdung erkennt, gewinnt damit Distanz zum Handlungsgeschehen und wird zum kritischen Nachdenken angeregt. ☞

Zum Nachschlagen

Groteske kann auch wie eine Bezeichnung für eine Textart verwendet werden, und zwar für eine Erzählung oder ein **Drama**, das von grotesken Situationen, von **grotesker Gestaltung** lebt.

> Drama (Formen)

Gruppensprachen > Sprachen in der Sprache
Handout > präsentieren/Präsentation
Hochsprache > Sprachen in der Sprache
Hyperbel > rhetorische Figuren/Tropen
Hypertext > Text
Hypotaxe > Satzreihe/Satzgefüge

Ich-Botschaften

Ich-Botschaften sind Äußerungen der **Selbstoffenbarung**. Sie können dazu beitragen, Missverständnisse oder Konflikte zu vermeiden.

Die **überlegte Ich-Botschaft** folgt meist einem dreischrittigen Schema:
1. **Klärung der Situation**: Was ist das Problem? Was störte mich am Verhalten des anderen? („Wenn du ..."/„Als du ...")
2. **Ich-Botschaft**: Welche Reaktion, welches Gefühl bewirkte dieses Verhalten bei mir? („... bin ich ..."/„... war ich ...")
3. **Begründung, Verhaltenswunsch**: Warum ist/war das so? Welche Folgen könnten für die Beziehung entstehen? („... weil ..."/„Ich möchte dich deshalb bitten ...")

> Kommunikation

indirekte Charakterisierung > charakterisieren/Charakteristik (literarische)

indirekte Rede

Wenn du wiedergeben willst, was jemand in direkter (wörtlicher) Rede geäußert hat, kannst du ihn entweder zitieren (wörtliche Wiederholung des Gesagten) oder das Gesagte in indirekter Rede wiedergeben.

Bei der indirekten Rede bleibst du einerseits sehr nahe beim **Wortlaut der Aussage** und gibst das Gesagte **inhaltlich korrekt** wieder, machst durch die indirekte Rede aber auch deutlich, dass du die Aussage **ohne Wertung** wiedergibst und das Gesagte nicht unbedingt deine eigene Meinung darstellt **(Distanz)**.

Statt des Indikativs (Ich bin krank gewesen, aber ich komme morgen.) benutzt du in der indirekten Rede den **Konjunktiv I** (Er sagt, er sei krank gewesen, er komme morgen.).

Sofern der Konjunktiv I gleichlautend mit einer Form des Indikativs ist, verwendest du als **Ersatzform** den **Konjunktiv II** (Er fragt, ob ich ~~komme~~ → käme.).

Wenn auch diese Form mit einer Indikativform gleichlautend ist, kannst du die **Umschreibung mit „würde"** wählen (Er versprach, dass wir ~~laufen~~ → ~~liefen~~ → laufen würden.).

Bei der indirekten Rede ist das **Tempus** des indirekt Wiedergegebenen **unabhängig vom Tempus des Begleitsatzes** (z. B.: Sabine sagte, sie spiele gerade Schach. Sabine hatte gesagt, sie spiele gerade Schach. Sabine wird sagen, sie spiele gerade Schach.). Achte aber darauf, ob der Inhalt der wörtlichen Rede vor, nach oder gleichzeitig mit dem Zeitpunkt des Sprechens ist. Verwende entsprechend den
– Konjunktiv Perfekt für Vergangenes (Sie sagt, sie habe gestern Schach gespielt.),
– Konjunktiv Präsens für die Gegenwart (Sie sagt, sie spiele gerade Schach.),
– den Konjunktiv Futur für die Zukunft (Sie sagt, sie werde morgen Schach spielen.).

> Distanzierung, sprachliche Mittel der > Zitate/zitieren

Infinitivgruppen > Satz

Inhaltsangabe

Eine Inhaltsangabe informiert sachlich und knapp über den Inhalt eines Textes.
Im **Einleitungssatz** bietest du dem Leser die Grundinformationen: Text (Textart, Titel, wenn bekannt: Quelle, Erscheinungsjahr), Verfasser/-in, Thema/Problem/Ergebnis.

Im **Hauptteil** gibst du knapp die wesentlichen Handlungs- oder Gedankenschritte wieder, die zum Verständnis der Handlung/des Handlungsergebnisses bzw. des Gedankengangs des Textes wichtig sind.

In der Inhaltsangabe wird **keine wörtliche Rede benutzt**, du gibst den Text durchgehend **in der 3. Person** wieder und benutzt den Konjunktiv I für die **indirekte Rede** oder verdeutlichst durch **Redeeinleitungen** („Die Autorin erläutert ...") deine **Distanz als „Berichterstatter** über den Textinhalt".

Das **Tempus** ist das **Präsens** bzw. das Perfekt für Ereignisse vor der wiedergegebenen Handlung.

Eine Inhaltsangabe schreiben

- Zunächst musst du den Text **gründlich lesen**. Stell dir Fragen zum Inhalt und mach dir klar, **worum es eigentlich geht**. Bei Sachtexten hilft dir z. B. die Fünf-Schritt-Lesemethode. Bei argumentierenden Sachtexten ist es zudem wichtig, Ausgangs- und Zielpunkt der Argumentation zu erfassen.
- Verdeutliche dir den Aufbau des Textes, **gliedere ihn in Abschnitte** (Handlungs- oder Gedankenschritte) und überlege, was besonders wichtig ist.
- **Kürze den Text**, indem du Textteile (Handlungsschritte, Beispiele, Details) weglässt, die für das Verstehen des Textes (oder für den Adressaten der Textzusammenfassung) nicht so wichtig sind.
- Fasse **mit eigenen Worten** zusammen; achte auf **Satzverknüpfungen** (z. B. durch Konjunktionen), damit die **Zusammenhänge sowie Grund-Folge-Beziehungen deutlich** werden.

Inhaltsangaben zu argumentierenden Sachtexten informieren knapp, sachlich und präzise
- über die Themenfrage, mit der sich der argumentierende Sachtext auseinandersetzt,
- über Ausgangs- und Zielpunkt der Argumentation sowie
- über den gedanklichen Aufbau des Textes.

> Sachtexte erschließen > Texte erschließen

interpretieren / Interpretation

(lat. *interpretatio* = Erklärung, Auslegung) Wenn du interpretierst, **deutest du einen Text und klärst, wie du ihn verstehst**. Dabei erschließt du den Text, indem du inhaltliche, sprachliche und formale Gestaltungsmittel analysierst und sie zur Begründung deiner Deutung nutzt.

Dabei kannst du von einer vorläufigen Deutung (Interpretationshypothese) ausgehen und sie durch genaue Textanalyse bestätigen, ergänzen oder korrigieren oder die Analyseergebnisse vergleichend betrachten und eine Deutung als Resümee der Analyse formulieren. Die Grundfragen der Interpretation sind: **WAS** stellt der Text dar (Thema/Problem, Figuren und Handlung)? **WIE** stellt er es dar (Figurengestaltung, Zeit- und Raumgestaltung (Setting), Erzähler, Sprache)? **Welche WIRKUNG, welche AUSSAGE** ergibt sich daraus?
Wer eine **Interpretation schreibt**, hat den **Text bereits genau analysiert und gedeutet** und will sein Ergebnis anderen überzeugend vermitteln.

Zum Nachschlagen

Das Schreiben einer **Interpretation ist wie ein Beweisverfahren**: Du formulierst dein Interpretationsergebnis, die Aussage des Textes, und legst die Gründe dar, die dich zu diesem Ergebnis geführt haben oder umgekehrt: Du stellst deine Analyseergebnisse dar und formulierst, welche Textaussage sich daraus ergibt.
Am **Schluss** ist auch eine **persönliche Meinungsäußerung zum Text möglich**: „Der Text hat mir gefallen/nicht gefallen, denn …"

Die Interpretation einer Erzählung könntest du z. B. so aufbauen:
Die **Einleitung** ist zu verstehen als „Boden", auf dem der Aufsatz aufgebaut wird; deshalb bieten sich dafür folgende Gesichtspunkte an:
- knappe Angaben über Autor, Titel, Erscheinungsjahr des Textes, evtl. Kurzhinweis auf Biografie, Gattung oder literarische Epoche (Entfaltung im Hauptteil),
- knappe Angaben zur Erzählsituation und zum Verhältnis von Erzähler und Leser (Präzisierung im Hauptteil),
- komprimierte Zusammenfassung der Geschichte sowie Interpretationshypothese als Grundidee der Interpretation in *einem* Satz.

Der **Hauptteil** folgt einem „roten Faden", orientiert z. B. an folgenden Gesichtspunkten:
- am spezifischen Aufbau/an der Reihenfolge der Abschnitte der Geschichte (Wechsel bei Figuren, Zeitpunkten, Orten, …),
- an der Handlungsgrundstruktur Ausgangssituation, Komplikation etc.,
- am wechselnden Umgang des Erzählers mit dem Leser
- oder – anspruchsvoller – entsprechend der semantischen Analyse (Hauptthemen/Unterthemen/Reihenfolge der Themen).

Der **Schluss** fasst zusammen, rundet ab oder weitet den Blick auf einen größeren Zusammenhang; dabei kannst du z. B. folgende Möglichkeiten nutzen:
- eine Schlussfolgerung aus den im Hauptteil dargelegten Interpretationsgedanken ziehen und die Deutung zusammenfassen und zuspitzen,
- das Interpretationsergebnis knapp in weitere Zusammenhänge (z. B. Gesamtwerk des Autors, Gattung, Epoche) einordnen,
- evtl. auf persönliche Reaktionen, auf persönliches Betroffensein durch Handlungsgang oder Thematik hinweisen oder auf die mögliche Aktualität des Textes verweisen.

> dramatische Texte erschließen > epische Texte erschließen > Lyrik > Roman > semantische Textanalyse > Texte erschließen

Inversion > rhetorische Figuren/Tropen
Jugendsprachen > Sprachen in der Sprache

Karikaturen erschließen

Karikaturen sind komisch übertreibende Zeichnungen, die (bekannte) Personen, Situationen oder Sachen wertend „aufs Korn nehmen" und zu kritischer Stellungnahme herausfordern.
Sie werden wie andere bildliche Darstellungen in drei Schritten erschlossen; nach einem Einleitungssatz wie bei einer Inhaltsangabe
- wird genau beschrieben, was zu sehen ist,
- anschließend wird die Darstellung erläutert und die Aussage bzw. die mögliche Absicht des Zeichners herausgearbeitet,
- zum Schluss folgt meist eine Stellungnahme zur Meinung des Karikaturisten.

Klischee	(franz. *cliché* = Abklatsch, Gemeinplatz) Eingefahrene, überkommene Vorstellung, abgegriffenes, durch häufigen Gebrauch verschlissenes Bild oder verschlissene Wendung, z. B.: die attraktive Blondine, der edle Wilde, das lockere Studentenleben. › Stereotype
Kommunikation	**Vier Seiten einer Nachricht/Vier-Ohren-Modell:** Der Kommunikationsvorgang lässt sich – nach Schulz von Thun – in einem Nachrichtenquadrat darstellen: **Jede Nachricht hat vier Seiten und jeder Hörer hört mit vier Ohren.** Denn eine Äußerung enthält immer eine vierfache Botschaft: **eine Sachinformation** (worum es in der Sache geht), **eine Selbstoffenbarung** (was ich von mir, meiner Stimmung, meiner Befindlichkeit zu erkennen gebe), **einen Beziehungshinweis** (was ich von dir halte, wie ich zu dir stehe) und **einen Appell** (was ich bei dir erreichen möchte). **Kommunikationsstörungen** entstehen, wenn der Hörer mit einem anderen Ohr hört, also eine andere Botschaft heraushört, als der Sprecher sie verstanden wissen wollte, z. B.: „Was ist denn in der Soße drin?" – „Du musst es ja nicht essen, wenn es dir bei mir nicht schmeckt!" **Körpersprache**: Die Wirkung einer Äußerung hängt nicht nur von Wortwahl und Betonung ab. Sprachliche Äußerungen werden fast immer – bewusst oder unbewusst – ergänzt oder unterstützt durch nicht sprachliche (nonverbale) Äußerungen, durch Körpersprache. Mit **Gestik** (Bewegungen der Hände), **Mimik** (Gesichtsausdruck, Blick) und **Körperhaltungen** und **-bewegungen** kann ein Sprecher seine sprachliche Äußerung unterstützen (z. B. die erhobene Faust bei einer Drohung), ihr aber auch widersprechen (z. B. Zittern bei der Behauptung, keine Angst zu kennen) oder die sprachliche Äußerung ganz durch Körpersprache ersetzen (z. B. durch Kopfnicken für Zustimmung). **Metakommunikation** meint die **Reflexion über Kommunikationsprozesse**, über Verlauf und Gründe gelungener bzw. misslungener Kommunikation. › diskutieren/Diskussion › Feedback › Ich-Botschaften
Kommunikationsmodell	Darstellung des Kommunikationsprozesses in einem Modell mit den Konstanten Sender – Nachricht – Empfänger; dieses Grundmodell kann unterschiedlich differenziert werden, z. B. durch die Aspekte „Absicht", „Encodierung" (Verschlüsselung von Gedanken in sprachliche Zeichen), „Kommunikationssituation", (kulturelles) „Bezugssystem", „Decodierung" (Entschlüsselung sprachlicher Zeichen), „Wirkung" usw. **En- und Decodierung:** Das Gelingen von Kommunikation hängt wesentlich ab vom Grad der Übereinstimmung des Codes von Sender und Empfänger; Encodierung und Decodierung müssen sich weitgehend decken, wenn Verständigung zustande kommen soll. Basis dieses gemeinsamen Codes sind gleiche Ideen und Erfahrungen, also ein gleicher oder ähnlicher kultureller Erfahrungshintergrund. › diskutieren/Diskussion › Kommunikation
Kommunikationsverhalten	› Kommunikation

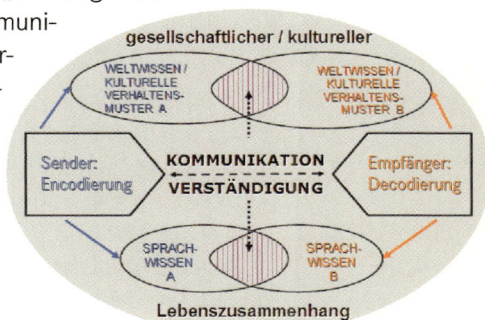

Zum Nachschlagen

Komödie

Die Komödie ist eine besondere **Form des Dramas**, in der durch die dargestellten Figuren oft menschliche Schwächen und Unzulänglichkeiten, wie z. B. Eitelkeit, Geiz u. a., bloßgestellt und lächerlich gemacht werden (**Charakterkomik**). Der Zuschauer soll die Handlungen und die Motive der einzelnen Figuren leicht durchschauen, deshalb arbeitet die Komödie oft mit Übertreibung in der Darstellung.
Häufig geben die Figuren auf der Bühne untereinander die wahren Gründe ihres Handelns nicht zu erkennen, sodass Konflikte, Missverständnisse und Verwechslungen (**Situationskomik**) entstehen, die oft in heiterer Weise (Happy End) aufgelöst werden. Diese Komik kann auch in der Figurenrede durch Wortwitz, Missverstehen, besondere Sprechweise (**Wortkomik**) und durch das Aussehen der Figuren und ihre Körpersprache entstehen.

> Drama (Formen)

Konflikt > Drama > dramatische Texte erschließen
Konnotat > Begrifffe definieren > Wortkunde
Körpersprache > Kommunikation

kreatives Schreiben

Wenn du **kreativ schreibst**, bist du „Herrscher über Zeit, Raum, Figuren und Handlung". Du kannst dich in deiner Fantasie in jede beliebige Zeit, an jeden beliebigen Ort und in jede beliebige Situation versetzen.
Du kannst die Grenzen der Logik überschreiten und auch die formale Gestaltung deines Textes frei bestimmen.
Gerade ungewöhnliche, verrückte Einfälle führen dabei häufig zu einer interessanten Geschichte! Manchmal benötigt man jedoch konkrete Schreibanlässe, um seine Fantasie anzuregen, z. B. eine interessante Schreibaufgabe, ein Bild oder Musik.

Automatisches Schreiben
Automatisches Schreiben ist eine besondere **Form des kreativen Schreibens**. Die Methode eignet sich vor allem, um leichter in das Schreiben hineinzukommen oder um Schreibblockaden abzubauen.
Geschrieben wird assoziativ und völlig frei oder zu einem vereinbarten Themenbereich, Bild, Zitat usw. Nach dem Schreibstart wird in einem festgelegten Zeitraum (ca. 5–10 Minuten) **nach dem assoziativen Fluss im Kopf unaufhörlich** geschrieben: Sätze, Satzstücke, auch Wortketten. Gerät der **Schreibfluss** ins Stocken, wird das zuletzt geschriebene Wort so lange wiederholt, bis der Schreibfluss wieder ungehindert fließt.
Als **Variante** kann nach 1–3 Minuten das **Blatt jeweils weitergegeben** werden, sodass jeweils andere den Text weiterschreiben können.

> gestaltendes Interpretieren/Schreiben

Kurzgeschichte

In Kurzgeschichten wird meist eine besondere Situation im Leben eines Menschen erzählt. Alltagssituationen erweisen sich dabei plötzlich als krisenhafte Wendepunkte im Leben der Hauptfigur. Zumeist wird der Leser zu Beginn unvermittelt in eine bereits laufende Handlung hineinversetzt.
Der Erzähler wertet und kommentiert das Geschehen in der Regel nicht; die Erzählsituation ist meist personal oder neutral. Dadurch bietet die Kurzgeschichte oft auch keine eindeutige Lösung oder Deutung an. Das weitere Geschehen bleibt am Schluss häufig offen. Der Leser kann selbst Lösungsmöglichkeiten erwägen.

> epische Texte erschließen > Erzähler > Kurzprosa

Kurzprosa	Sammelbegriff für alle epischen Kleinformen wie Anekdote, Fabel, Kurzgeschichte, Märchen, Parabel, Sage > epische Texte erschließen > Erzähler > Kurzgeschichte
Lautmalerei	> rhetorische Figuren/Tropen
Lyrik erschließen	Gedichte leben oft von Stimmungen, Gefühlen, Eindrücken, die die Dichterin oder der Dichter durch **besondere – vor allem sprachliche – Gestaltungsmittel** ausdrückt und mitteilt. Bevor ein Gedicht durch eine Analyse erschlossen wird, kann der Leser sich ihm **auf unterschiedlichen Wegen annähern**: – **Lesen und vortragen**: Das Gedicht mit unterschiedlichen Stimmen und Betonungen, mit unterschiedlicher Lautstärke und unterschiedlichem Tempo, allein oder im Chor oder Kanon vorlesen bzw. vortragen: Welche Leseweise passt am besten zum Gedicht? – **Inszenieren**: Das Gedicht wird „in Szene gesetzt". Wie viele Sprecher werden gebraucht? Welche Requisiten? Videoaufnahmen der Inszenierungen erleichtern die Besprechung: Welche Darstellung passt am besten zum Text? – **Rollen- oder Situationslesen**: Lässt sich eine Vorgeschichte denken, erfinden? Wer spricht, wer könnte angesprochen sein? In welcher Situation befindet sich das lyrische Ich? Lest das Gedicht rollen- und situationsgerecht – welche Leseweise passt am besten? – **Gestaltendes Schreiben**: Je nach Text lassen sich eigene Parallel- oder Gegentexte verfassen, z. B. aus der Sicht einer anderen Figur, aus Sicht des Themas des Gedichts usw. Bei der Analyse helfen dir die „**Schlüssel des Textverstehens**": – **Thema/Problem**: Um welches **Thema/Problem** geht es? Was signalisiert bereits der **Titel**? – **Inhalt**: Wie verläuft der **Gedankengang**? Wie entwickelt sich die **Situation**? Gibt es eine **Handlung, Wendepunkte, Motive**, die sich durch den Text ziehen? – **Sprecher/Lyrisches Ich**: Wer spricht in welcher Situation? Hat das **lyrische Ich** ein **Gegenüber** (z. B. monologische/dialogische Struktur)? Durchläuft das lyrische Ich eine Entwicklung? – **Form und Gedichttyp**: Welche **Form hat das Gedicht** (Strophen, Reim, Metrum, rhythmische Mittel, Aufbau, Druckbild, …)? Wie **unterstützt diese Form den Inhalt**? Gehört das Gedicht zu einem bestimmten **Gedichttyp** (z. B.: Ballade, Sonett, …)? Inwiefern hilft die Kenntnis des Gedichttyps beim Verständnis? – **Sprache**: Wie tragen **Wortwahl** (z. B.: vorherrschende Wortarten) und **Mittel des Klangs** (z. B.: Alliteration) zur Aussage des Gedichts bei? Wie der **Satzbau** (z. B.: Parallelismen, Ellipsen, …)? Gibt es **Auffälligkeiten in einer grammatischen Kategorie** (z. B.: Modus)? Welche **bildlichen und anderen rhetorischen Mittel** (z. B.: Metapher, Vergleich, Hyperbel, Personifikation, Anapher, rhetorische Frage usw.) fallen auf und welche Funktion erfüllen sie? – **Historischer/Biografischer Hintergrund**: Ist das Gedicht **typisch für seine Autorin bzw. seinen Autor** und für das entsprechende **literarische Umfeld**? Inwiefern ergänzt die Kenntnis des **zeitgeschichtlichen Hintergrunds** das Verständnis des Gedichts? **Der kommunikative Sinn lyrischer Texte** Auch Gedichte „kommunizieren" zwischen Leser und Schreiber. Man kann sie wie bei der zwischenmenschlichen > Kommunikation mit vier Ohren verstehen.

1. Das „**Beziehungsohr**" hört Aussagen über die Beziehung zwischen lyrischem Ich und Angesprochenem, auch wenn der Leser nicht persönlich/unmittelbar angesprochen ist.
2. Das „**Appellohr**" hört eine bestimmte Wirkungsabsicht aus dem Gedicht heraus. Unter diesem Aspekt erscheint das Gedicht z. B. als Kritik, die zur Zustimmung auffordert, oder als Klage über eine unglückliche Liebe, die den Adressaten emotional anspricht.
3. Das „**Sachinhaltsohr**" hört eine Aussage zu einem Thema und fragt: Um welches Thema geht es?
4. Das „**Selbstoffenbarungsohr**" hört eine Aussage über das lyrische Ich. Wirkt der Sprecher eher reflektierend oder eher gefühlvoll, humorvoll oder ernst, stark oder schwach? In welcher Stimmung (heiter, traurig, wütend) erscheint das lyrische Ich?

> bildliches Sprechen > Erlebnislyrik > Gedichtvergleich > interpretieren/Interpretation > Metrum > rhetorische Dichtung > rhetorische Figuren/Tropen > Tagelied > Texte erschließen

Medien	> Zeitung
Metakommunikation	> Kommunikation
Metapher	> rhetorische Figuren/Tropen

Metrum

(griech. *metron* = das Maß) Metrum bedeutet (Vers-)Maß. In der Metrik, der Lehre vom Versbau, wird vor allem untersucht, in welcher Ordnung kurze und lange (in alten Sprachen, Antike) oder betonte und unbetonte Silben (in unserer heutigen Sprache) aufeinanderfolgen. Das Versmaß lässt sich also bestimmen
- durch ein **Taktschema** (Wechsel von betonten und unbetonten Silben)
- oder durch **Versfüße**, die aus der griechischen Antike stammen und ursprünglich Länge bzw. Kürze einer Silbe kennzeichneten.

Taktordnung: Ein Takt besteht aus einer Hebung und einer oder mehreren Senkungen. Nach der Anzahl der zu einem Takt gehörigen Silben kannst du die Taktarten unterscheiden:

Zweiertakt: x́ x/ x́ x/ x́ x/ x́ x
           Tan - te Li - sa hat ein Mo - fa.

Dreiertakt: x́ x x/ x́ x x/ x́ x x
           Bald kommt der Kä - fer ans Ta - ges - licht.

Eine unbetonte Silbe vor dem ersten Takt nennt man Auftakt, z. B.:
x/ x́ x x/ x́ x x/ x́ x x ...
Ein Dra - che im Kel - ler be - droht mich ...

Versfüße: der Trochäus   x́ x   Vógel
           der Jambus   x x́   Gesáng
           der Daktylus   x́ x x   Kópfschmerzen
           der Anapäst   x x x́   Paradíes

> Lyrik

Moderation/ moderieren

Form der **Diskussions- bzw. Gesprächsleitung**, bei der sich der Moderator in der Sache neutral verhält und sich darauf konzentriert, die Teilnehmer zu aktivieren, einen effektiven Verlauf zu sichern und Lösungen zu finden, die nicht in seiner, sondern in der Verantwortung der Teilnehmer liegen. Der Moderator sorgt für günstige äußere Bedingungen, für technische Möglichkeiten zur Strukturierung und Darstellung (Flipchart, OHP, Beamer usw.), leitet ein, stellt die richtigen Fragen, spitzt Positionen zu, lockt aus der Reserve und unterstützt die Gruppe, zu einer einvernehmlichen Lösung „ohne Verlierer" zu kommen.

Ein guter Moderator muss sich also sehr genau auf eine Diskussion vorbereiten, wenn er Erfolg haben will. Er ist Experte des Diskussionsprozesses, aber neutral in der Sache.

> diskutieren/Diskussion

Motiv/Motivgeschichte

(lat. *motio* = Bewegung) Der Fachbegriff „Motiv" bedeutet:
1. **Beweggrund** für eine Entscheidung, ein Verhalten (Handlungsmotiv),
2. **literarisch**: bekannte, typische Situationen oder typische Figuren, die bei den Lesern ähnliche Vorstellungen wecken (z. B.: erste Liebe; der Streber) und die in verschiedenen Werken und Zeiten unterschiedlich gestaltet sein können (Motivgestaltung, Motivgeschichte). Beispiele: Situation der unglücklichen Liebe, des Abschieds ...; Typen wie der Geizige, der Tyrann, ...; Orte wie der Garten, der Wald, ...; Zeiten wie der Herbst, ... usw.

> epische Texte erschließen > Stoff/Stoffgeschichte

Neologismus > rhetorische Figuren/Tropen

Novelle

(aus ital. *novella* = Neuigkeit) Es gibt **keine starre Novellendefinition**, da die Textartgrenzen oftmals fließend sind und es vielfältige Formen von Novellen gibt. Daher sprechen einige Literaturwissenschaftler nicht von den Merkmalen der Novelle, sondern nur vom **„novellistischen Erzählen"**.
- Ursprünglich wurden Novellen im Rahmen eines Gesprächs erzählt und haben daher häufig eine Rahmenerzählung, in die die eigentliche Geschichte eingebettet ist.
- Der Erzähler erweckt häufig den Anschein eines objektiven Berichterstatters, obwohl er das Geschehen durchaus auch bewertet.
- Häufig ist eine Novelle eine Erzählung mittlerer Länge (zwischen Kurzgeschichte und Roman), in der eine tatsächliche oder mögliche Begebenheit dargestellt wird.
- Diese „unerhörte" (d.h. vorher noch nicht gehörte) Begebenheit ist Auslöser für das Geschehen, das nach einer gerafften Exposition in straffer Handlungsführung geradlinig auf ein Ziel hingeführt wird. Der Aufbau der Novelle ist mit dem Drama verwandt.
- Viele Novellen besitzen ein sogenanntes „Dingsymbol" (z. B. der Falke in der „Falkennovelle"), d. h., ein besonderer Gegenstand wird zum Symbol für das Thema, den Kernpunkt oder die Aussage.

> Drama > dramatische Texte erschließen > epische Texte erschließen > Exposition

Objektsatz > Satz

Parabel

(von griech. *parabolé* = Nebeneinanderstellung, Vergleich) Eine kurze, lehrhafte Erzählung, die – meist provokativ – eine Wahrheit oder Erkenntnis (**Sachteil**) durch eine bildlich gemeinte Geschichte (**Bildteil**) vermitteln will, die der Leser erschließen muss, indem er fragt: Worin gleichen (**Vergleichspunkt**) sich Geschichte und vermutlich gemeinte Sache?

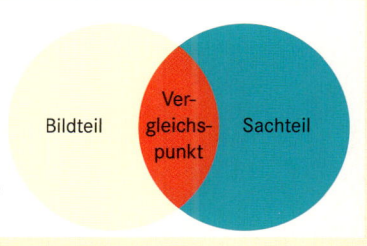

Parallelismus > rhetorische Figuren/Tropen

Paraphrase

Verdeutlichende Umschreibung eines Ausdrucks oder einer Aussage mit anderen (eigenen) Worten.

> Sachtexte erschließen

Parataxe > Satzreihe/Satzgefüge

Parodie

Parodie (griech. *parodía* = Gegengesang): Texte (oder Lieder), die sich nachahmend über allgemein bekannte Texte (oder Lieder) lustig machen, indem sie **die Form**, zum Beispiel die Strophen, das Reimschema, die Melodie oder einzelne Formulierungen, **nachahmen bzw. beibehalten**, ihnen **aber andere Inhalte unterlegen**, nennt man Parodie. Die Parodie muss, damit sie als Parodie wirken kann, so gestaltet sein, dass das Original als Kontrastfolie erkannt werden kann.

Parodien können nicht nur eine **humorvolle Wirkung** anstreben, sondern **auch eine kritische Haltung** deutlich machen und sind in diesem Fall mit der Satire verwandt.

Partizipialgruppe > Satz
Personifikation > rhetorische Figuren/Tropen

Portfolio

Ein Portfolio ist eine Art **Sammelmappe**; es gibt je nach Zweck unterschiedliche Formen eines Portfolios:

Das **Vorzeigeportfolio** dient der **Sammlung gelungener Arbeitsergebnisse** (z. B. Aufsätze, eigene Texte, Gestaltungen), damit Leser (Eltern, Lehrer, mögliche Arbeitgeber) sich einen aussagekräftigen Eindruck von deinen Fähigkeiten und deiner Entwicklung verschaffen können (**ergebnisorientiertes Portfolio**).

In einem **Lernwegportfolio**, das du **zur Darstellung und Optimierung deines Lernerfolgs** anlegst, sammelst du zielgerichtet deine Ausarbeitungen und Bewertungen zu einem Bereich des Faches – z. B. zum Schreiben einer Interpretation – und dokumentierst und reflektierst deine **Lernfortschritte**: Was kann ich schon gut, was muss ich noch lernen oder üben?

Das **Lernwegportfolio erzählt** somit deine **persönliche Lerngeschichte** (**prozessorientiertes Portfolio**) und hilft dir, deine Leistungen gezielt zu verbessern.

> präsentieren/Präsentation

Prädikativ > Satzglieder
Präpositionalobjekt > Satzglieder

präsentieren / Präsentation

Wenn du Ergebnisse deiner Arbeit – z. B. in einem Referat – vorstellst, dann präsentierst du sie. Dabei kannst du vor allem folgende Möglichkeiten nutzen:

1. **Hervorhebung und Veranschaulichung:**
   - Mittel der Hervorhebung: Modulation der Stimme, Betonungen, Sprechpausen; Mimik und Gestik; auf Wichtiges hinweisen
   - Mittel der Veranschaulichung: Fachbegriffe erklären; Beispiele nennen; Visualisierungen wie Bilder, Grafiken, Mindmaps, Tabellen, aber auch Farben nutzen; alle Sinne ansprechen, also nicht nur sehen und hören lassen, auch tasten, riechen, schmecken, wenn es sinnvoll ist.

2. **Medien als Träger der Visualisierung**: Die gebräuchlichsten sind Projektoren (Overheadprojektor, Beamer, Diaprojektor), Schreibmedien (Tafel, Flipchart, Pinnwand), audiovisuelle Medien (DVD, Video, Musik-CDs usw.) und andere Demonstrationsmaterialien.

Medien ergänzen, ersetzen aber weder den gesprochenen Text noch den Präsentierenden. Für die Wahrnehmung der Zuhörer ist es wichtig, für eine **gut sichtbare bzw. lesbare Darstellung** mit freier Sicht auf das Gezeigte zu sorgen und den Zuhörern **genügend Zeit für das Aufnehmen und Lesen** zu geben.

3. **Handout:** Das Handout enthält in knapper Darstellung Informationen zu der Fragestellung, um die es in der Präsentation geht, und vermittelt den Zuhörern das Gefühl, wichtige Daten, Fakten und **Informationen „schwarz auf weiß" mitnehmen** zu können. Ein Handout sollte immer einen „Kopf" haben: Präsentationsthema, Thema des Handouts, Verfasser, Ort, Datum.

4. **Thesenpapier:** Das Thesenpapier ist eine besondere Form des Handouts, das vor allem dann sinnvoll ist, **wenn es um Positionen und/oder Argumentationen geht**; ein Thesenpapier dient nach der Präsentation oft als Basis der Diskussion. In konzentrierter, übersichtlicher Form werden die zentralen Aussagen – oft Aussage für Aussage durchnummeriert – in logischer Folgerichtigkeit zusammenfassend dargestellt.

> Portfolio

Programmheft

Ein Theaterprogrammheft wird **von der Dramaturgie gestaltet**; es enthält meist
- den **Besetzungszettel:** Titel, Autor, Besitzer der Aufführungsrechte, Premierendatum, Dauer der Aufführung, Zeitpunkt der Pause und alle an der Inszenierung Beteiligte.
- eine **knappe Inhaltsangabe, Anmerkungen zur Inszenierung, Illustrationen** und/oder **Probenfotos**.

Oft eröffnet das Programmheft **Kontexte**, es stellt die Aufführung in einen Bezugsrahmen:
- Der **biografische Kontext** beleuchtet das Stück vom Autor her.
- Der **historische Kontext** stellt das Stück in die Zeit seiner Entstehung.
- Der **soziokulturelle Kontext** sucht Bezüge zu Kultur und Gesellschaft heute.
- Der **ästhetische Kontext** trägt Aspekte der künstlerischen Gestaltung bei.

Projekt

Ein Projekt lässt sich in der Regel in 5 Phasen aufteilen:
1. **Ideensammlung:** Welches Projekt soll es sein? Welche Ideen haben wir dazu?
2. **Auftrags-/Zielformulierung:** Was genau wollen wir machen (z. B.: ein Theaterstück schreiben und aufführen)? Je präziser der Auftrag, um so geringer sind Missverständnisse bei der Durchführung; am besten Vereinbarungen schriftlich festhalten.
3. **Planen:** Einteilung in Teilaufgaben, Verantwortliche für Teilaufgaben festlegen, Termine festlegen, Arbeitsaufträge vergeben, Zeitplan festlegen.
4. **Durchführen:** Jeder/Jede Gruppe erledigt die zugewiesene Aufgabe bis hin zur Präsentation der Ergebnisse.
5. **Bewerten:** Was lief gut, was sollte man beim nächsten Mal verändern? Alle Phasen (bis auf 4.) unterteilt man jeweils wieder in drei Phasen: sammeln, ordnen, bewerten (z. B.: Was ist wichtig/unverzichtbar, was nicht?).

Protokoll

Das **Protokoll** soll **Verlauf und/oder Ergebnisse** einer Sitzung, eines Gesprächs, einer Diskussion oder einer Unterrichtsstunde sachlich zutreffend und genau festhalten. Tempus ist das Präsens, beim Verlaufsprotokoll ist auch das Präteritum möglich.

Das Verlaufsprotokoll hält den Verlauf der Sitzung fest. Es berichtet über die einzelnen Teile der Veranstaltung in der Reihenfolge des Ablaufs. Es informiert auch über die Diskussionsbeiträge und wichtige Meinungsäußerungen. Es ist besonders geeignet für Tagungen, Besprechungen etc.

Das Ergebnisprotokoll fasst die erzielten Ergebnisse zusammen und informiert über Anträge, Beschlüsse und bei Abstimmungen über die Zahlenverhältnisse. Es ist besonders geeignet für Vorstandssitzungen im Verein, Sitzungen von Gremien, z. B. der Schule oder der Schülerschaft etc.

Unterrichtsprotokolle stellen eine Mischform von Ergebnis- und Verlaufsprotokollen dar:
- **Papierformat**: DIN A4, einseitig beschriftet, linksbündig (bei Handschift), Blocksatz (bei PC)
- **Protokollkopf** mit den wichtigsten Daten: Ort/Schule, Name der Veranstaltung (Fach, Klasse), Zeit, An- und Abwesende, Protokollant/-in
- **Thema bzw. Fragestellung** der Stunde und **Tagesordnung** (in Punkten), die sich an den Unterrichtsschritten orientiert
- **Ausführung der Tagesordnungspunkte**: Neben den **Unterrichtsschritten** (z. B. Erarbeitungsphase) werden auch die **Unterrichtsformen** (z. B. Gruppenarbeit), **Leitfragen**, **Zwischenergebnisse** sowie **Stundenergebnis** und **Hausaufgabe** benannt, sodass der „rote Faden" der Stunde nachvollziehbar ist.
- **Wichtige Beiträge** werden **in indirekter Rede** wiedergegeben, unwichtige Einzelheiten und Einzelbeiträge werden nicht erwähnt.
- Tempus des Unterrichtsprotokolls ist das **Präsens.**
- **Unterschrift der Verfasserin/des Verfassers**

Raumgestaltung

Untersucht man das **Setting eines Romans**, also die äußeren Gegebenheiten, in denen sich die Figuren bewegen und in die das Geschehen gestellt ist, erhält man wichtige Details für eine Interpretation des Gelesenen.

Neben den konkreten, „geografischen" Gegebenheiten (**Handlungsort**) ist die **atmosphärische** Untermalung von Bedeutung (**Raumgestaltung**), so können z. B. Witterungsverhältnisse Seelenzustände spiegeln oder der Raum kann im Zusammenspiel mit der Figurengestaltung eine tiefere sinnbildliche Bedeutung haben, z. B. als Ort der Einsamkeit, der Leere, des Unglücks, des Konflikts usw. Somit kann die Raumgestaltung Einstellungen und Verhalten der Figuren charakterisieren (**Raumsemantik**), die in diesem Raum leben.

> epische Texte erschließen > Roman > Texte erschließen

Redewiedergabe > indirekte Rede > Zitate/zitieren
Regie > Theater
Regieanweisung > Drama > Theater
Regiebuch > Theater
Repetitio > rhetorische Figuren/Tropen

Reportage

Die **Reportage** verbindet den Tatsachenbericht mit persönlichen Eindrücken.
- Ein Reporter, der eine Reportage schreibt, beginnt oft mit einem **Aufhänger**, einer originellen Einleitung, die den Leser neugierig machen soll.
- Seine eigenen Beobachtungen und Empfindungen kann er durch zusätzliche **Recherchen** (Hintergrundinformationen) untermauern.
- Die Reportage wird **anschaulich**, wenn erzählerische und schildernde Elemente verwendet werden. Eine gute Reportage vermittelt dem Leser das Gefühl, selbst dabei zu sein: Der Reporter lässt den Leser über die Schulter schauen.
- Dabei wird das Wichtigste in der Regel nicht zuerst genannt, sondern der Leser wird immer wieder durch neue, interessante Sachverhalte zum Weiterlesen angeregt.

Eine Sonderform der Reportage ist das **Porträt**: Der Reporter beschreibt darin eine Person mit eigenen, genauen Beobachtungen im Stil einer Reportage.

Eine besonders ausführliche Reportage, die oft durch Elemente des Dialogs und des Kommentars aufgelockert wird, bezeichnet man als **Feature**.

> Zeitung

Rhetorik	(griech.) *rhétoriké téchné*, (lat.) *ars rhetorica*: Redekunst, Lehre von der Beredsamkeit

Arten der öffentlichen Rede
Die **Gerichtsrede**, die **(politische) Meinungsrede** und die **Festrede** werden schon seit der Antike unterschieden. Die **Predigt** kam im Mittelalter dazu. Der **Sachvortrag** ist die wichtigste Vortragsgattung in der modernen Wissens- und Informationsgesellschaft, es gab ihn aber schon in der antiken Philosophenschule, als „Vorlesung" in der spätmittelalterlichen Universität und es gibt ihn heute vor allem in Bildungseinrichtungen, in Wirtschaft, Politik. Die antike Redekunst kannte feste Regeln und Formen; eine typische **antike Gerichtsrede** z. B. folgte meist folgendem Aufbau: Exordium (Einleitung: Interesse und Wohlwollen wecken) – Narratio (Erzählung: knappe und glaubwürdige Darstellung des Hergangs) – Argumentatio (Beweisführung) – dabei: Refutatio (Widerlegung gegnerischer Argumente) – und Confirmatio (eigene, die Position bestätigende Argumente) – Conclusio (Schluss: Zusammenfassung, Wecken von Emotionen zugunsten der Position des Redners).

Eine Rede analysieren
Jede Rede gründet, so stellte bereits Aristoteles vor 2300 Jahren fest, auf drei Eckpfeilern: dem **Redner**, seinem **Thema** und seinem **Publikum (Dreieck der Rhetorik)**; meist steht einer dieser Eckpfeiler im Vordergrund einer Rede, z. B. das Thema bei einem Sachvortrag. Bei der genaueren Analyse einer Rede ist es wichtig,
- den Kontext der Rede zu berücksichtigen: Situation, Anlass, Publikum,
- den Aufbau festzustellen und den Inhalt nachzuvollziehen,
- sprachliche, vor allem rhetorische Mittel und ihre Funktion zu untersuchen
- und Redeabsicht und Wirkung der Rede zu bestimmen.

rhetorische Dichtung	**Rhetorische Dichtung und Emblematik**

Bis zur Mitte des 18. Jahrhunderts dient Dichtung – vorherrschend ist die Lyrik – vor allem der **rhetorisch-geistvollen Unterhaltung** oder der witzigen Provokation. Es geht dabei nicht um den Ausdruck tiefer Gefühle oder individueller Erfahrungen, sondern um die **intelligente Variation und Ausgestaltung vertrauter und schematisierter Themen und Formen** (z. B. Sonett oder Tagelied).
Ein wesentliches Gestaltungsmittel ist die **Verwendung von Emblemen**, von Sinnbildern mit festgelegter Bedeutung. Ein **Emblem** (altgriech. *émblema*: eingefügtes Stück, ursprünglich Metallverzierung) setzt sich ursprünglich aus drei Teilen zusammen:
- Die **Überschrift** (Inscriptio, Motto) gibt den Titel, das Thema an.
- Das **Bild** (Pictura, Icon) zeigt – meist als Holzschnitt oder Kupferstich – eine dazu passende Darstellung, z. B. einen Gegenstand oder ein Lebewesen, eine Szene aus der Mythologie, der Bibel oder der Natur.
- Die **Unterschrift** (Subscriptio) erläutert – meist als knappes Sinngedicht (Epigramm) – die Bedeutung des Bildes.

Die Dichter des Barock verwenden solche z. T. willkürlich festgelegten, oft in umfangreichen Emblembüchern gesammelten Bilder nicht, um damit besonders originell zu sein, sondern sie bedienen sich ganz im Gegenteil aus diesem Vorrat, um **Verständlichkeit und Akzeptanz ihrer Texte** entsprechend den Erwartungen ihrer Leser zu erhöhen.

rhetorische Figuren/ Tropen	**Rhetorische Figuren** bzw. **Stilfiguren** und **Tropen** wollen Wirkungen erzielen. Sie **weichen** deshalb bewusst **von der üblichen Sprechweise ab**. Rhetorische Figuren, die kunstvolle, wirkungsvolle Anordnung von Wörtern, erzeugen durch Abweichung Aufmerksamkeit, sie fördern die Anschaulichkeit oder erhöhen die Eindringlichkeit einer Aussage.

Die rhetorischen Figuren stammen ursprünglich vor allem aus der griechischen und lateinischen Dichtung bzw. Rhetorik (Lehre von der Kunst der Rede); auch die ersten Versuche zur Unterscheidung, Benennung und Systematisierung der Figuren stammen aus der Antike. Unter „**Figur**" (lat. *figura* = Gestalt; von der normalen Sprechweise abweichende Form) versteht man die Verdeutlichung, Veranschaulichung oder Ausschmückung einer Aussage durch syntaktische Besonderheiten. Unter „**Tropen**" (griech. *trópos* = Wendung, Richtung, Wort, das im übertragenen Sinn gebraucht wird) versteht man Wörter und Wendungen, die in einem übertragenen, bildlichen Sinn gebraucht werden, z. B. „Blüte" für „Jugend".

Meist unterscheidet man folgende **Grundformen der rhetorischen Figuren und Tropen**:
- **Wortfiguren** (Tropen; Abweichung vom üblichen Wortgebrauch),
- **Satzfiguren** (Abweichung vom üblichen Satzbau),
- **Gedankenfiguren** (Abweichung von der üblichen Aussageweise)
- und **Klangfiguren** (Abweichung von der üblichen Gestaltung des Klangs).

Wortfiguren (Tropen)
Euphemismus: beschönigende Umschreibung, z. B.: „entschlafen" statt „sterben".
Hyperbel: Übertreibung, z. B.: Es goss aus Kübeln.
Metapher: benennt etwas im übertragenen Sinn; überträgt ein Wort auf eine Sache, auf die es auch passt, z. B.: Lebensuhr.
Neologismus (griech. *neos* = neu und *logos* = Wort) ist ein sprachliches Zeichen, das in einem bestimmten Zeitraum in einer Sprachgemeinschaft aufkommt, weite Verbreitung unter den Sprechern findet und schließlich in die Wörterbücher aufgenommen wird.
Personifikation: Gegenständen, Pflanzen, Tieren oder Naturerscheinungen werden Eigenschaften und Verhaltensweisen von Menschen zugeschrieben, z. B.: Der Winter „schläft".

Satzfiguren
Chiasmus: Überkreuzstellung von Satzgliedern, z. B.: Eng ist das Tal, die Welt ist weit.
Ellipse: Auslassung unwichtiger Satzglieder, z. B.: Wohin so schnell?
Inversion: Umstellung der Wortfolge, z. B.: Ganz warst du in meinem Herzen.
Parallelismus: gleiche Anordnung in der Wortfolge von Sätzen, z. B.: Heiß ist die Liebe, kalt ist der Schnee.
Repetitio: Wörter oder Satzteile werden wiederholt, z. B.: Bald bei mir, bald bei dir.

Gedankenfiguren
Antithese: Zusammenstellung entgegengesetzter Begriffe bzw. Gedanken, z. B.: Heute das blühende Leben, morgen verdorrender Tod.
Anrede: Hinwendung zu einer Figur, Anrufung Gottes, auch Anrede des Zuhörers, z. B.: Ach, wende dich nicht ab von mir.
Elativ: ist ein absoluter Superlativ, z. B. modernste Maschinen (= sehr moderne Maschinen).
Rhetorische Frage: Frage, die keine Antwort erwartet, z. B.: Sind wir nicht alle Menschen?

Klangfiguren
Alliteration: Stabreim, Anfangslaute eines Wortes wiederholen sich, z. B.: über Stock und Stein; Wellen, Wind und Wasser.
Anapher: mehrere Verse oder Sätze beginnen mit denselben Worten, z. B.: Gestern noch das Glück, gestern noch der Glanz.
Lautmalerei: den Klang nachahmendes Wort, z. B.: Kuckuck, summen, miauen.

> dramatische Texte erschließen > epische Texte erschließen > Lyrik > Sachtexte erschließen > Texte erschließen > Zeichen (sprachliches)

rhetorische Frage > rhetorische Figuren/Tropen

Rollen-biografie / Rollen-interview

Eine **Rollenbiografie** dient der intensiven **Einfühlung in eine Figur** bzw. der Annäherung an eine Rolle. In der **Ich-Form** gibst du in einem Interview oder schriftlich auf einer Rollenkarte **Auskunft über biografische Daten**, aber auch über **Einstellungen, Gefühle, Befürchtungen oder Pläne**. Die Rollenbiografie **orientiert sich am Text** und darf ihm keineswegs widersprechen, aber sie geht auch über den Text hinaus, indem sie die Rolle mit Leben erfüllt und damit auch **gestaltend interpretiert**.

Eine Hilfe zur Einfühlung in eine Rolle ist auch das **Rolleninterview**: Ein Interview mit dem Darsteller einer Rolle führt man manchmal bei Theaterproben durch, damit sich eine Schauspielerin oder ein Schauspieler **einer Rolle annähern** kann bzw. sich **in sie hineinversetzt**. Sie oder er setzt sich dazu auf einen Stuhl („hot chair" = „heißer Stuhl") und beantwortet aus der Sicht der Figur Interviewfragen; erlaubt sind dabei alle Fragen, die helfen, sich besser in die Figur hineinzuversetzen.

> gestaltendes Interpretieren/Schreiben > szenische Verfahren

Roman

Urspr. Bezeichnung für Prosa in der romanischen Volkssprache (lingua romana) statt in der üblichen lateinischen Sprache (lingua latina); der Roman als **umfangreicher fiktionaler Prosatext** und damit als **Großform der epischen Literatur** bildet sich seit dem 12. Jh., vor allem aus den höfischen Epen, heraus. Heute ist der Roman die verbreitetste Form der Dichtung, er entfaltet erzählerisch eine weit gespannte fiktive Welt in einer Formenvielfalt, die nur unzureichend zu kategorisieren ist (z. B. nach dem Stoff: Abenteuerroman, Heimatroman, Kriminalroman usw.; nach der Form: Briefroman, Montageroman usw.).

Ziel einer Romaninterpretation ist es, das eigene Verständnis des Romans darzustellen und auf der Basis der Analyse zu begründen. Zur **Erschließung von Romanen** bieten sich folgende „Schlüssel des Textverstehens" an:
- **Art der Geschichte, Thema/Problem:** Liebesroman, Erwachsenwerden, Tod, Vater-Sohn-Konflikt, Krieg usw.
- **Erzähler:** Erzählsituation, Außen- bzw. Innensicht usw.
- **Handlung/Aufbau:** Handlungsschritte, äußere und innere Handlung, chronologisch, einsträngig, mehrsträngig usw.
- **Figurengestaltung:** Figurenkonstellation, Charakteristik, Figurenrede usw.
- **Zeitgestaltung:** Zeitraffung, Zeitdeckung, Zeitdehnung, Zeitsprünge, Vorausdeutungen, Rückblenden usw.
- **Darstellung der Romanwelt (Setting):** Raumgestaltung, soziales Milieu, geografische Gegebenheiten, historischer Kontext usw.
- **Sprachliche Mittel, Motive/Symbolik:** Wortwahl, Syntax, Auffälligkeiten (z. B. Stil, Dialekt) usw., Leitmotive (z. B. Salzwasser) usw.

Die Interpretation kann sich als **textimmanente Interpretation** auf eine Analyse von Inhalt und Gestaltung des Texts beschränken. Sie kann darüber hinaus aber auch **zeitgeschichtliche bzw. politische Hintergründe**, die **Biografie** der Autorin oder des Autors oder **psychologisches und soziologisches Wissen** einbeziehen.

> epische Texte erschließen > Erzähler > Figurengestaltung > interpretieren/Interpretation
> Raumgestaltung > Texte erschließen > Zeitgestaltung

Sachtexte erschließen

Im Gegensatz zu „erfundenen" literarischen Texten (Dichtung) geht es in Sachtexten um die **Darstellung** oder die **Auseinandersetzung mit Sachverhalten und Problemen** der wirklichen, „nicht erfundenen" Welt.

Zum Nachschlagen

Wenn du einen Sachtext erschließt, willst du entweder alle wesentlichen Aussagen eines Textes in ihrem gedanklichen Zusammenhang erfassen oder du gehst von einer konkreten Sachfrage aus, die durch den Sachtext zu beantworten ist.
Dabei kannst du dich an der **Fünf-Schritt-Lesemethode** orientieren:

1. **Den Text überfliegen** (orientierendes Lesen): Überschriften, Anfänge von Absätzen, Hervorhebungen beachten. **Ziel**: Überblick gewinnen.
2. **Fragen an den Text stellen**: Worum geht es im Text? An wen ist er gerichtet? Zu welchem Zweck oder mit welchem Ziel wurde er geschrieben? **Ziel**: Eignung für mein Interesse prüfen.
3. **Intensives Lesen**, unbekannte Wörter klären: Zeile für Zeile lesen, unbekannte Begriffe markieren und nachschlagen, Sachverhalte klären; kleine „Sekundenpausen" machen, damit sich der Inhalt „setzt". **Ziel**: Textverständnis sichern.
4. **In Abschnitte gliedern**: Überschriften zu den Abschnitten finden, Schlüsselbegriffe markieren, Abschnitte in Stichwörtern zusammenfassen. **Ziel**: Textinhalt langfristig verfügbar machen.
5. **Wiederholen**: Fragen an den Text (Nr. 2) wieder aufgreifen und genauer beantworten. **Ziel**: Textinhalt im Gedächtnis sichern.

Eine Analyse und Stellungnahme zu einem argumentierenden Sachtext kann so gegliedert werden:

A) **Analyse**
1. Überblick gewinnen (Autor, Thema/Problem, Kontext: Zeit/Situation, Adressaten)
2. Textverständnis sichern (Begriffsklärung) und Textinhalt verfügbar machen (markieren, Abschnitte zusammenfassen; exzerpieren)
3. Textgestaltung analysieren (Aufbau, Syntax, Wortwahl, rhetorische Mittel)
4. Textwirkung auf Zuhörer/Leser erläutern (Wirkung und Wirkungsursachen) und Textaussage/Intention bestimmen (Argumentationsziel, Position)

B) **Stellungnahme**
1. Argumentation prüfen (Überzeugungskraft und Schlüssigkeit der Argumentation)
2. Argumentationsziel/Position befragen (Folgerichtigkeit, Werteentscheidungen)
3. Eigene Position zum Thema/Problem entwickeln (als Kontrast, Ergänzung, Zustimmung)

exzerpieren/Exzerpt > Inhaltsangabe > Paraphrase > Texte erschließen

Sachtexte:
Inhaltsangabe > Inhaltsangabe

Satire

(lat. *satura* = Allerlei, buntes Gemenge – lat. *satura lanx* = mit Früchten gefüllte Opferschale) Ein literarisches Werk, häufig als Kurzprosa, das aus kritisch-subjektiver Sicht meist überspitzt aktuelle Missstände, politische oder gesellschaftliche Gegebenheiten oder Meinungen lächerlich machen und dadurch (Zeit-)Kritik üben will.

Eine Satire schreiben

Wer eine Satire schreibt, sollte sich **in der Sache**, über die er schreibt, **auskennen** und sich klarmachen, **was genau** er mit seiner Satire **verspotten, kritisieren** will („ich will kritisieren, dass ..."). Auch die **Leser** der Satire müssen erkennen bzw. wissen, welche Sache oder welche Situation satirisch „aufs Korn genommen" wird, damit sie den gemeinten Spott oder die gemeinte Kritik erkennen können.

Mittel satirischen Schreibens sind vor allem:
– Ironie, Sarkasmus, „bitterer" Humor
– Übertreibungen, auch Untertreibungen

- klare, überspitzte Bewertungen
- Zusammenfügen von Aussagen, die eigentlich nicht zusammenpassen
- Wortspiele, ... usw.

Satz

Die **Nebensätze** lassen sich einteilen in:
- **Gliedsätze**: Sie entstehen aus einem Satzglied.
    - A) **Adverbialsätze**: Er kam zu spät, weil es regnete. (Aus: Er kam wegen des Regens zu spät.)
    - B) **Subjektsätze**: Wer traurig ist, weint. (Aus: Der Traurige weint.)
    - C) **Objektsätze**: Er bedauerte, dass er zu spät gekommen ist. (Aus: Er bedauerte sein Zuspätkommen.)
- und **Attributsätze**: Sie entstehen aus einem Attribut: Das Mädchen, das eine rote Jacke trug, lachte. (Aus: Das Mädchen mit der roten Jacke lachte.)

Sonderformen:
Infinitivgruppen (Infinitivsätze): Infinitive mit „um zu", „ohne zu", „(an-)statt zu" oder mit einer Erweiterung können **einen Gliedsatz ersetzen**.
Erweitert ist ein Infinitiv, wenn zum Infinitiv eine weitere Angabe hinzukommt (König Artus bat energisch, ihm das Schwert (Erweiterung) zurückzugeben (Infinitiv).
Partizipialgruppen (Partizipialsätze): Verkürzte Relativ- oder Adverbialsätze ohne eigenes Subjekt. Auch sie können wie Infinitivgruppen **einen Nebensatz ersetzen**.
Man kann sie mit dem Partizip I (z. B. lachend) oder dem Partizip II bilden (z. B. gelacht). – **Partizip I**: Ausgehend von den Wünschen der Eltern, beschloss die Konferenz ein Verkehrstraining. – **Partizip II**: Angeregt von den guten Ergebnissen, wird die Schule das Training wiederholen.

Unterteilung der Adverbialsätze
Gliedsätze, die Adverbialien ersetzen, kann man wie die Adverbialien nach ihrem Inhalt ordnen:

Adverbialsätze	Diese Fragen beantworten die Adverbialsätze.	Mit diesen Wörtern werden Adverbialsätze z. B. eingeleitet.
Temporalsätze (Zeit)	Wann?	*als, nachdem*
Kausalsätze (Grund)	Warum?	*weil, da*
Konditionalsätze (Bedingung)	Unter welcher Bedingung?	*wenn, falls*
Konsekutivsätze (Folge)	Mit welcher Folge?	*sodass, dass*
Adversativsätze (Gegensatz)	Im Gegensatz wozu?	*wohingegen, während*
Lokalsätze (Ort)	Wo? Wohin? Woher?	*wo, wohin, woher*
Finalsätze (Zweck, Ziel)	Wozu?	*damit, dass*
Modalsätze (Art und Weise)	Wie?	*indem; dadurch, dass*
Konzessivsätze (Einschränkung)	Unter welcher Einschränkung?	*obgleich, obwohl*

> Satzglieder

Satzglieder

Die Satzglieder sind dir bereits bekannt, hier findest du Erläuterungen zu den Satzgliedern, die etwas schwieriger zu bestimmen sind:

Präpositionalobjekt
Es gibt manchmal feste Verbindungen zwischen Verb und Präposition (z. B.: „gehören zu", „warten auf", „sprechen mit", „stehen zu"). Das durch die Präposition dem Verb zugeordnete Objekt heißt **Präpositionalobjekt** (z. B.: Der Text handelt von einem Detektiv. – Von wem handelt der Text? Von einem Detektiv = Präpositionalobjekt) und wird bei der Frageprobe immer zusammen mit der Präposition erfragt.

Nicht verwechseln: Ich sitze auf dem Pferd. Wo sitze ich? Auf dem Pferd = Adverbiale.
Aber: Du setzt auf das richtige Pferd. Auf wen setzt du? Auf das richtige Pferd = Präpositionalobjekt.

Adverbiale (Plural: die Adverbialien)
Es gibt an, unter welchen Umständen (z. B.: Zeit, Ort, Grund) oder in welcher Art und Weise das Geschehen vor sich geht, z. B.:
- Adverbiale der **Zeit**: Wann? Wie lange? **Gestern** kam Lina an.
- Adverbiale des **Ortes**: Wo? Bei wem? Er sah das geheimnisvolle Buch **auf dem Tisch**.
- Adverbiale der **Art und Weise**: Wie? **Aufgeregt** rief er Sabine an.

Prädikativ (Gleichsetzungsnominativ, Prädikatsnomen):
Substantiv (Nomen) im Nominativ oder Adjektiv. Das Prädikativ kommt nur im Zusammenhang mit den Verben „sein", „bleiben", „werden", „scheinen", „wirken" vor (z. B.: Petra ist Sandras Freundin. Sandra wird Tierärztin. Petra wirkt müde.)

Satzgliedteil Attribut
Attribute sind keine eigenen Satzglieder, sondern **Teile von Satzgliedern**. Durch Attribute kann der Bedeutungsinhalt von Wörtern (Bezugswort) innerhalb eines Satzglieds eindeutiger bestimmt oder erweitert werden. Bei der Umstellprobe bewegt sich das Attribut immer zusammen mit dem Bezugswort.

Die häufigsten Attribute sind:
- ein oder mehrere vorangestellte, deklinierte Adjektive (z. B.: das braune, struppige Haar),
- das nachgestellte Substantiv (Nomen) mit Präposition (z. B.: Haare mit einem abscheulichen Haarschnitt),
- die nachgestellte Apposition: Ausdruck mit einem Substantiv (Nomen) im gleichen Kasus wie das Bezugswort (z. B.: seine Jacke, ein Kleidungsstück aus billigem Leder, ...),
- das Genitivattribut (z. B.: die Augen des Diebes),
- der Relativsatz (z. B.: Der eine Mann, der sich verdächtig verhält, ist ziemlich dünn.).

> Satz

Satzreihe/ Satzgefüge

In einer **Satzreihe** werden Hauptsätze „aufgereiht": Hauptsatz + Hauptsatz. (Mein Freund kaufte sich ein neues Fahrrad, er wollte damit in den Urlaub fahren, er war sehr unternehmungslustig.)
In einem **Satzgefüge** sind Haupt- und Nebensätze „zusammengefügt": Hauptsatz + Nebensatz (Gliedsatz). (Mein Freund kaufte sich ein neues Fahrrad, weil er damit in den Urlaub fahren wollte und weil er sehr unternehmungslustig war.)

Parataxe und Hypotaxe
„Parataxe" ist der Oberbegriff zur Satzreihe und eine Folge selbstständiger Hauptsätze. Wenn eine Textpassage überwiegend aus

- selbstständigen Hauptsätzen
- oder aus Satzreihen
- oder aus selbstständigen Hauptsätzen und Satzreihen besteht und Nebensätze fehlen, spricht man von **parataktischem Stil**.

„Hypotaxe" bedeutet wörtlich die Unterordnung eines Nebensatzes unter einen übergeordneten Satz; es weist also auf Satzgefüge hin. Wenn eine Textpassage überwiegend oder gänzlich aus Satzgefügen besteht, so spricht man von **hypotaktischem Stil**.

Schlüssel des Textverstehens > Texte erschließen

Schreibplan

Wenn du etwas in einer bestimmten Absicht oder Form schreiben willst, ist es wichtig, sich vorher Gedanken zu machen.

Ein wichtiges Hilfsmittel ist ein **Schreibplan**, hier einige Tipps:
- Zur Ideensammlung kannst du **Cluster** oder **Mindmaps** nutzen.
- Was ist dir selbst besonders **wichtig**? Was willst du unbedingt schreiben?
- Achte auf den **Adressaten**: Was will/soll er erfahren? Welche Interessen hat er? Was ist für ihn uninteressant?
- Beachte die **Form**: Was gehört z. B. zu einer Erzählung, zu einem Bericht?
- Bringe deine Ideen in eine sinnvolle **Reihenfolge (Gliederung)**, **streiche**, was überflüssig ist, **ergänze**, wo es dir sinnvoll erscheint.
- Du kannst nun den Text – oder Textabschnitte – **vorschreiben**, **überprüfen** und dann die **Reinschrift** anfertigen. Schreibe aber nur vor, wenn du Zeit genug hast, deinen Text vor der Reinschrift zu verbessern.

Semanalyse > Begriffe definieren

semantische Textanalyse

Die semantische Analyse eines Textes fasst den **Text als System** auf, dessen **Elemente**, also vor allem die Wörter und Sätze, **in einem Beziehungsgefüge** stehen, das es zu untersuchen und zu bestimmen gilt; **Ziel** ist es, dadurch die **Sinnstruktur eines Textes zu erfassen**.

Du kannst dich dabei an folgenden Gesichtspunkten orientieren:
1. Die **Wörter** oder Wendungen eines Textes lassen sich oft einzelnen **Themen** zuordnen (z. B. „Knäuelgras", „Wollgras", „Kammgras" zu „Wiese" und „Wiese", „Waldränder", „Regen" zu „Natur").
2. Die **Themen** werden durch **Bedeutungsmerkmale** gebildet, die in mehreren Wörtern des Textes **wiederkehren** („Wiese": Denotationen wie „Pflanzen", „Grünlandfläche" etc.; Konnotationen wie „frisch", „Frühling" etc.).
   - Einzelne Themen sind oft bestimmend für den Sinn des Textes (**dominante Themen**).
   - Themen können auch in **Opposition** zueinander stehen, miteinander im Zusammenhang stehende Themen bilden **Themen-Gruppen**.
   - Die Themen sind den **Figuren** der Handlung zugeordnet.
3. Die **Gliederung** des Textes ist durch die **Reihenfolge** bzw. den Wechsel der Themen bestimmt.
4. Die **Aussage** und **Wirkung** des Textes ergibt sich aus dem Zusammenhang der Themen und ihrer Abfolge.

> epische Texte erschließen > interpretieren/Interpretation > Raumgestaltung > Roman

Setting > Raumgestaltung

Zum Nachschlagen

Soziolekt > Sprachen in der Sprache

Sprachen in der Sprache

Die **Hoch-** oder **Standardsprache** ist eine verbindliche Verkehrssprache für die öffentliche und schriftliche Kommunikation, deren korrekter Gebrauch durch Normen geregelt ist. **Umgangs-** oder **Alltagssprachen** nennt man die Sprachebenen, die in der mündlichen Kommunikation üblich sind.
Einfluss auf die Umgangssprache haben v. a. Sprachen, die in bestimmten Gruppen verwendet werden, die sogenannten **Soziolekte (Gruppensprachen)**. Dazu zählen **Fachsprachen** ebenso wie etwa die Sprachen von Jugendlichen, die sogenannten **Jugendsprachen**. Nicht sozial, sondern regional bedingte Gruppensprachen heißen **Dialekte**.
Jeder Sprecher verfügt über ein Repertoire mehrerer **Sprachebenen**, also „Sprachen in der Sprache", aus dem er je nach Situation und Art der Verwendung auswählen kann.
Die Verwendung der gleichen Sprache betont das **Zugehörigkeitsgefühl innerhalb der Gruppe/Szene** und gleichzeitig die **Abgrenzung nach außen**.
Angehörige einer Szene verbindet meist eine gemeinsame Lebensweise (**Lifestyle-Szenen**) und/oder eine bestimmte soziale Stellung. **Szenesprachen** sind oft **Varianten der Jugendsprache(n)** und haben jeweils ganz besondere Kennzeichen, z. B.:
– Personen, Gegenstände, Handlungen, die innerhalb der Gruppe/Szene eine besondere Bedeutung haben, tragen oft auffällige und sonst nicht gebräuchliche Bezeichnungen. Viele sind durch Zuneigung, Humor, Ironie oder Ablehnung geprägt.
– Es gibt eine Vielzahl von gleichbedeutenden Wörtern und eine Vielzahl bildlicher Ausdrucksweisen.

Spracherwerb

Erstsprache: Die erste Sprache, die sich ein Kind – meist in den ersten etwa fünf Lebensjahren – problemlos aneignet. Ein Kind unterteilt den sprachlichen Lautstrom in Lautfolgen, die Wörter sein könnten, schreibt den Lautfolgen Bedeutungen zu und verknüpft schließlich Wörter zu Sätzen.
Muttersprache: Die Erstsprache muss nicht mit der Muttersprache, der Sprache der Eltern, übereinstimmen. Sprachliche Minderheiten z. B. können miteinander in ihrer Sprache kommunizieren, ihre Kinder aber zum Erlernen der dominierenden Sprache anhalten.
Mehrsprachigkeit: Wenn Kinder in den ersten Lebensjahren genug Anregungen in einer weiteren Sprache bekommen, erlernen sie diese Sprache weitgehend wie ein einsprachiges Kind, ohne die Sprachen miteinander zu vermischen.

> Sprachen in der Sprache

sprachliche Mittel > rhetorische Figuren/Tropen

Standardsprache

Erst um die Mitte des 18. Jahrhunderts stand den Deutschen eine deutsche **Standardsprache** zur Verfügung, mit der man sich von München bis Kiel, von Köln bis Königsberg verständigen konnte. Sie hat sich über Jahrhunderte aus der **Schriftsprache** der spätmittelalterlichen und frühneuzeitlichen Kanzleien der landesherrlichen Verwaltungen und der städtischen Wirtschaftszentren entwickelt. Entscheidende äußere Voraussetzungen waren u. a. das langsame Erstarken der Wirtschaft nach dem Ende der großen Pest (1347–1353), die Entwicklung der Papierherstellung in Europa, die um 1200 durch die Araber nach Spanien gelangt war, und die Erfindung des Buchdrucks mit beweglichen Lettern (Buchstaben) durch Johannes Gutenberg (* zw. 1394 und 1399, † 1468). Sehr wichtig war auch die **Übersetzung der Bibel** ins Deutsche durch **Martin Luther**. Die Aussprache der Standardsprache orientiert sich an der Schriftsprache.

Die **Dialekte** wurden und werden weiterhin als regionale, meist auf das Mündliche begrenzte Sprachen gesprochen, und zwar heute mehr in der Familie und in Situationen mit nur wenig Öffentlichkeit.

> Dialekt > Sprachen in der Sprache > Spracherwerb

Standbilder

Ein Standbild ist **eine szenische Interpretation** (Deutung), die deutlich macht, wie die Figuren „zueinander stehen".
Bei einem Standbild kommt es deshalb darauf an,
– eine genaue Textstelle festzulegen, zu der ein Standbild erstellt werden soll,
– sich in die Figuren hineinzuversetzen und darzustellen, wie die Figuren einander zugeordnet sind (sitzen, stehen, abwenden, umarmen usw.),
– wie ihre Gestik und Mimik ist,
– die dargestellte Situation zu beurteilen und Korrekturen zu besprechen, bis die Darstellung als gelungen gelten kann.

> gestaltendes Interpretieren/Schreiben > Rollenbiografie/Rolleninterview > szenische Verfahren > Theater

Statistiken

Unter **Statistiken** versteht man die **Darstellung von Daten aus einer Erhebung** (z. B. zur Lieblingsmusik der 15-Jährigen) in **Tabellen** (zahlenmäßige Übersichten) und **Grafiken** (Veranschaulichung durch Schaubilder oder Diagramme).
Statistiken wirken durch die „Autorität der Zahlen" **objektiv** und **korrekt**, obwohl sie die Meinung des Lesers durch die vielleicht einseitige Fragestellung der Erhebung, die Auswahl der Daten oder deren Präsentation in eine bestimmte Richtung lenken können.

Stereotype

Gleichbleibendes, verbreitetes Schema zur **Zuordnung** von Gegenständen oder Personen in „Schubladen"; also zwar griffige, aber **vereinfachende** und damit falsche **Zusammenfassung** von Eigenschaften oder Verhaltensweisen. Wir entwickeln Kategorien, damit wir unsere komplexe Lebenswelt leichter verstehen können, doch oft sammeln wir nur **Halbwissen** an und sortieren voreilig in „Schubladen" ein: Wir entwickeln Stereotype – z. B. Männer sind ..., Frauen sind ..., die Muslime ..., die Engländer ... usw. Stereotype erschweren die Aufnahme von Informationen, die den Erwartungen widersprechen, und fördern die Aufnahme von Informationen, die unsere Erwartungen bestätigen.

> Klischee

stilistische Mittel > rhetorische Figuren/Tropen

Stoff/Stoffgeschichte

Unter **Stoff** versteht man das, was ein Dichter als **Handlungsgerüst** vorfindet und zu einem literarischen Werk – vor allem in Erzähltexten, Dramen oder Balladen – **ausgestalten** kann. Stoff für ein literarisches Werk können z. B. Lebensgeschichten berühmter historischer Persönlichkeiten sein (Napoleon, ...) oder auch überlieferte ungewöhnliche Ereignisse (Dracula, ...). Oft gestalten Dichter einen Stoff, der mündlich überliefert ist oder bereits von früheren Dichtern gestaltet worden ist, noch einmal neu.
Dadurch ergibt sich die **Stoffgeschichte**, die vergleichende Untersuchung der unterschiedlichen Bearbeitungen eines Stoffes im Laufe der Literaturgeschichte.

> epische Texte erschließen > Motiv/Motivgeschichte

Storyboard > Film/filmische Erzählverfahren
Subjektsatz > Satz
Subtext > Drama > dramatische Texte erschließen

Zum Nachschlagen

Szenesprachen > Sprachen in der Sprache
szenische Dialoganalyse > Dialoganalyse, szenische

szenische Verfahren	Szenische Verfahren stellen einen Textabschnitt, eine Situation, eine Figur eines literarischen Textes mit den Mitteln des Theaters dar; sie dienen als Mittel gestaltenden Interpretierens dazu, Situationen szenisch zu veranschaulichen, mit Situationen und Figuren zu „spielen", Texte szenisch zu erschließen. Beispiele: Standbild, szenisches Lesen, Rolleninterview, Denkmal, Reihenimprovisation, Monolog mit einem Requisit usw. > Dialoganalyse, szenische > gestaltendes Interpretieren/Schreiben > Rollenbiografie/Rolleninterview > Standbilder
Tagelied	Das Tagelied gestaltet ein klassisches Motiv aus der mittelalterlichen Minnelyrik. Dargestellt wird der Moment des Abschieds zweier Liebenden, die ohne miteinander verheiratet zu sein, eine Nacht miteinander verbracht haben und bei Tagesanbruch voneinander scheiden müssen. Häufig wird das Tagelied als Wechselgesang von Mann und Frau gestaltet.
Text	Man unterscheidet **literarische** (fiktionale, poetische) Texte: Erzählungen (Epik), Gedichte (Lyrik), Theaterstücke (Drama) und **nicht literarische** (nicht fiktionale, nicht poetische) Texte **(Sachtexte)**. **Literarische Texte (Dichtung)** erfinden eine „erdichtete" Welt, in die sich der Leser, Zuhörer oder Zuschauer hineinversetzen und mit der er sich auseinandersetzen kann (z. B. Novelle oder Kurzgeschichte). **Nicht literarische Texte (Sachtexte)** enthalten die Darstellung von oder die Auseinandersetzung mit „Sachen" oder Sachverhalten (z. B. Beschreibung oder Stellungnahme). **Vernetzte Texte: Hypertexte** – Wie in einem Lexikon lassen sich im Computer Texte durch Textverweise miteinander verknüpfen (vernetzen). – In einem solchen Text, **Hypertext** genannt, sind Begriffe markiert, zu denen man an anderer Stelle „durch Anklicken" weitere Informationen finden kann. – Diese markierten Verweise nennt man „**Link**" oder „**Hyperlink**". Sie sind meist farbig von dem Gesamttext abgehoben. Klickt man einen Link an, ruft man eine andere Datei (interner Link) oder Webseite (externer Link) auf. – Die meisten Schreibprogramme ermöglichen es dir, selbst einen Hypertext mit Links zu weiteren Informationen zu erstellen (z. B. über EINFÜGEN → Hyperlink).
Textbeleg	Wenn du Aussagen über einen Text machst, dir z. B. ein Urteil zum Verhalten der Figuren bildest, musst du zeigen, dass deine Aussage dem Text angemessen ist. Dazu suchst du **Textstellen, die als Belege** (Beweise) **für deine Aussagen** dienen können oder sie glaubhaft machen, und gibst an, wo sie zu finden sind (Seiten- und Zeilenzahl). Textbelege sind vor allem dann wichtig, wenn deine Aussagen strittig sind. > Zitate/zitieren
Texte erschließen	Die Texterschließung verläuft in der Regel in drei Phasen: 1. **Texterfassung, erstes Textverständnis**: Du machst dir zunächst deine ersten Eindrücke bewusst, wählst vielleicht – z. B. beim Gedicht – gestaltende Zugänge und notierst, was der Text nach deinem ersten Verständnis aussagt.

2. **Textanalyse, „Schlüssel des Textverstehens"**: Zur **Texterschließung** eignen sich die „**Schlüssel des Textverstehens**" (z. B.: Figuren, Ort/Zeit, Erzähler usw.). Mit ihrer Hilfe kann man Texte analysieren, indem man auffällige inhaltliche und sprachliche Gestaltungsmittel herausarbeitet und bestimmt.
   Je nach Textart, Inhalt und Gestaltungsweise eines Textes eignen sich bestimmte Schlüssel mehr, andere weniger oder gar nicht. Um entscheiden zu können, welche Schlüssel für einen Text ergiebig sind und welche sich nicht eignen, muss man zunächst alle Schlüssel testen, bevor man sich auf die ergiebigsten konzentriert.
3. **Textinterpretation, begründetes Textverständnis**: Aus diesen Analyseergebnissen und ihrem Zusammenspiel, der Verknüpfung der Ergebnisse, ergibt sich als Schlussfolgerung die Aussage des Textes; du begründest mit deinen Analyseergebnissen, warum du gerade darin die Aussage des Textes siehst.

> dramatische Texte erschließen > epische Texte erschließen > gestaltendes Interpretieren/Schreiben > Lyrik > Roman > semantische Textanalyse

Textsignale

Beim Lesen eines literarischen Textes werden **Erwartungen des Lesers** geweckt. Denn einzelne Textstellen, z. B. Andeutungen, sprachliche Bilder, Informationen, wirken wie „Signale", die deine Einschätzungen und Erwartungen steuern (Leserlenkung).
Meist geschieht diese Lenkung unbewusst, du kannst dir aber deine Erwartungen auch bewusstmachen, sie äußern und mit Textsignalen, durch die sie geweckt wurden, begründen. Das bewusste Wahrnehmen von Textsignalen ist besonders wichtig, wenn du z. B. einen literarischen Text weiterschreiben willst, denn dann muss deine Fortsetzung genau zum bisherigen Text, zu den Textsignalen passen.

> gestaltendes Interpretieren/Schreiben

Theater

Die Aufführung als Text

Die Aufführung eines Dramas, alles, was der Zuschauer sieht, hört, vielleicht sogar fühlt und riecht, kann man als „Text" verstehen: eine Gesamtheit von Zeichen, durch die Informationen vermittelt werden.

Die drei wesentlichen Kanäle der Informationsvermittlung, die zugleich auf den Zuschauer wirken, sind:

1. **Das Bühnenbild (Raumkonzept)**
   A) Ausstattung: Bühnenform, Bühnenbild, Kostüme, Maske
   B) Licht: Beleuchtung, Projektionen
   C) Ton: Geräuscheffekte, Musik
2. **Die Aktion:** Choreografie, Mimik, Gestik
3. **Die Sprache:** das gesprochene Wort, die Stimme, Gesang

Die Wortkulisse

Der Zuschauer hört das gesprochene Wort; Angaben über Ort, Zeit und Raum finden sich vor allem in älteren Theaterstücken oft direkt in der Figurenrede. Diese Technik nennt man **Wortkulisse**. Die Wortkulisse spielte in früheren Zeiten, als es noch keine hoch entwickelten Bühnenbilder und ausgeklügelte Lichttechnik gab und die Theateraufführungen unter freiem Himmel oder in Gasthäusern stattfanden, für die Zuschauer eine besonders wichtige Rolle.

Mit der Einführung der **Guckkastenbühne** mit Kulissen und künstlicher Beleuchtung in den Hoftheatern des 17./18. Jahrhunderts wurde die szenische Illusion möglich. Theaterdichter machten neben dem gesprochenen **Text** durch **Nebentexte** (Regieanweisungen) genau und z. T. sehr ausführlich ihre Vorstellungen vom Bühnenbild deutlich. Durch die nicht vorhandene, **imaginäre vierte Wand** des Bühnenraumes konnte der Zuschauer scheinbar zufällig Zeuge eines „realen" Geschehens werden.

Kleines Theaterlexikon
Rolle: Eine Schauspielerin oder ein Schauspieler versetzt sich in eine Figur eines Spieltextes und übernimmt ihre Rolle, sie oder er „spielt" die Figur.
Dialog: Gespräch zwischen zwei oder mehreren Figuren (Personen) in Rede und Gegenrede.
Monolog: Selbstgespräch; eine Figur spricht, ohne dass – außer den Zuschauern – die anderen Figuren (Mitspieler) das Gesprochene hören.
Regieanweisung: in den Spieltext eingefügte Anweisung zum Aussehen der Bühne (Bühnenbild) und zur Sprechweise, zur Gestik oder zu Bewegungen der Schauspieler.
Requisiten: Gegenstände, die auf der Bühne zur Darstellung der Handlung benötigt werden.
Akt: Dramentexte, vor allem ältere, sind meist in 3–5 Akte unterteilt. Jeder Akt ist wiederum in Szenen (Auftritte) gegliedert.
Szene: kleiner Handlungsabschnitt. Meist wechseln Ort oder Figuren zu Beginn einer neuen Szene.
Szenenfolge: Abfolge von Szenen, durch die sich ein größerer Zusammenhang darstellen lässt.
Inszenieren: ein Theaterstück wirkungsvoll „in Szene setzen", es für die Aufführung vorbereiten.
Regie: Spielleitung; der Regisseur entscheidet vor allem, wie die Schauspieler sprechen und sich bewegen sollen.
Regiebuch: das „Drehbuch" für das Theater, also für den Regisseur, mit dem Sprechtext, aber auch mit Notizen zu den Figuren, zum Bühnenbild, zur Aufführung usw.

> Drama > Programmheft > Rollenbiografie/Rolleninterview > Standbilder > szenische Verfahren

Thesenpapier	> präsentieren/Präsentation
Tragikkomödie	> Drama (Formen)
Tragödie	> Drama (Formen)
Tropen	> rhetorische Figuren
Typus	> charakterisieren/Charakteristik (literarische)
Umgangssprache	> Sprachen in der Sprache
Versmaß	> Metrum

Werbung

Ziel der Werbung ist es, ein Produkt so darzustellen, dass es gekauft wird (Werbung in der Wirtschaft), oder ein Ereignis oder eine Aktion so darzustellen, dass die Angesprochenen zur Teilnahme bewegt werden.
Dabei lässt sich die **Werbetechnik** z. B. mit der Formel **AIDA** beschreiben:
– **A**ttention = Aufmerksamkeit erregen,
– **I**nterest = Interesse in einer bestimmten Zielgruppe wecken,
– **D**esire = Wunschvorstellungen ansprechen,
– **A**ction = Handlungsimpuls geben.
Eine wirkungsvolle Werbesprache (z. B. Adjektive im Superlativ, Wortneuschöpfungen, veränderte Sprichwörter), Werbeslogans, wirkungsvolle Bilder und Werbespots sind für den Erfolg der Werbung meist sehr wichtig.

> rhetorische Figuren/Tropen

Sachlexikon Deutsch

Wortkunde

Wortbedeutung
Der Teil der Sprachwissenschaft, der sich mit der Lehre von der Bedeutung der Wörter beschäftigt, heißt **Semantik**. Schon Aristoteles (geb. 384 v. Chr.) beschäftigte sich mit semantischen Fragen und versuchte, die Bedeutung von Wörtern in Teilbedeutungen zu zerlegen, die sogenannten **semantischen Merkmale (Seme)**.
Echte Synonyme, also bedeutungsgleiche Wörter, weisen dieselben semantischen Merkmale auf. Viele bedeutungsähnliche Wörter unterscheiden sich zumindest durch ihre **Konnotation**.
Mit „**Denotat(ion)**" bezeichnet man den „objektiven" Bedeutungskern, also das, was in einer Sprachgemeinschaft als allgemein bekannte Bedeutung gilt (z. B.: Frosch = vierbeiniges Reptil, meist grün, quakt usw.).
Mit „**Konnotat(ion/en)**" bezeichnet man die mitschwingenden Nebenbedeutungen, also z. B. den emotionalen Gehalt oder den stilistischen Wert eines Wortes. Konnotationen sind subjektiv, können also von Mensch zu Mensch ganz verschieden sein (z. B.: Frosch = niedliches Tier oder aber glitschig, eklig usw.).

Wortgeschichte
Im Laufe der Geschichte kann sich die Bedeutung von Wörtern verändern:
- Der **Wortkörper** bleibt gleich, die **Wortbedeutung** verändert sich (**Bedeutungsveränderung**, z. B.: Fräulein: früher: eine hochgestellte unverheiratete Frau – später: eine unverheiratete Frau – heute: kaum noch benutztes Wort).
- Die Bedeutung eines Wortes kann sich erweitern oder verengen (**Bedeutungserweiterung oder Bedeutungsverengung**).
- Die Bedeutung kann sich verbessern (**Aufwertung**) oder verschlechtern (**Abwertung**), z. B.: Aufwertung: Der Marschall war im Mittelhochdeutschen die Bezeichnung für einen Pferdeknecht, heute versteht man darunter einen Offizier im Generalsrang.
- **Bedeutungsübertragung**: Der **Wortkörper** bleibt gleich, typische Bedeutungsmerkmale werden übertragen (z. B. Feder: Feder eines Vogels – Schreibfeder; Kamm: Hahnenkamm – Gerät zum Kämmen).

Fremdwort, Lehnwort, Erbwort
- Wörter, die aus einer fremden Sprache übernommen wurden, nennt man **Fremdwörter**. Man erkennt sie an Merkmalen, die typisch für die Fremdsprache, aber ungewöhnlich für das Deutsche sind, z. B.:
  - an Buchstaben(-kombinationen), z. B. y, ik, ine, in: Handy, Informatik, Maschine, Magazin.
  - an der fremden Aussprache von Buchstaben, z. B. [æ] für Gangway, [u] für Crew.
  - an der Betonung, die nicht auf der ersten Silbe (z. B. áufnehmen) oder der Stammsilbe (z. B. unternéhmen) liegt, sondern z. B. auf der dritten Silbe (z. B. Qualitä́t).
- Wörter aus einer anderen Sprache, die sich in Schreibung, Aussprache und Grammatik dem Deutschen angepasst haben, wie z. B. Straße (von lat. *strata*), nennt man **Lehnwörter**, weil sie aus einer anderen Sprache ausge„liehen", „entlehnt" sind.
- Die Wörter, die wir auf das Germanische zurückführen können und aus dieser Sprache geerbt haben, nennt man **Erbwörter**, z. B. Mutter, Schwester, Haus, Kuh.

Anglizismen: Übernahmen aus dem Englischen in eine andere, z. B. die deutsche Sprache.

> Begriffe definieren > Sprachen in der Sprache

Zeichen (sprachliches)
Ein sprachliches Zeichen stellt eine **feste Verbindung zwischen** einem bestimmten **Lautbild** und einer bestimmten **Vorstellung** her. Diese Verbindung ist zwar **arbiträr** (beliebig), gleichzeitig **aber verbindlich**, da sich sonst die Mitglieder einer Sprachgemeinschaft nicht verstehen könnten.

Problemlos ist meist die Kommunikation, wenn sie sich auf konkret wahrnehmbare Wirklichkeit bezieht. Sobald wir uns vom unmittelbar Wahrnehmbaren entfernen, benötigen wir Begriffe, mit denen wir z. B. Sinneseindrücke aufgrund ähnlicher Eigenschaften abstrakt zusammenfassen.

Da Begriffe Konstruktionen sind und keine direkte Entsprechung in unserer Umwelt haben, können sie von unterschiedlichen Sprechern mit unterschiedlichen Vorstellungen bzw. Sinneseindrücken verbunden werden, was leicht zu Missverständnissen führen kann.

Zeitgestaltung

Die Gestaltung der Zeit hat eine besondere Bedeutung in der erzählenden Literatur:
1. **Erlebendes Ich:** Der Ich-Erzähler erlebt das Geschehen als handelnde Figur, geringe zeitliche Distanz, sichere Vorausdeutungen sind nicht möglich, Nähe zum personalen Erzähler.
   Erzählendes Ich: Der Ich-Erzähler erzählt aus der Erinnerung, große zeitliche Distanz, sichere Vorausdeutungen sind möglich, Nähe zum auktorialen Erzähler.
2. Der Erzähler kann **chronologisch**, also in der Reihenfolge der geschehenen Handlung, erzählen oder in veränderter oder ungeordnet wirkender Reihenfolge.
   Analepse: Rückblende, der Erzähler kann so z. B. Erinnerungen aus der Vergangenheit in das als Gegenwart angenommene Geschehen einbeziehen.
   Prolepse: Vorausdeutung, der Erzähler kann so z. B. aus größerem zeitlichen Abstand erzählen und vorwegnehmend den Leser zum Mitwisser zukünftiger Ereignisse machen.
3. **Erzähltempo:**
   - **Erzählzeit** (Dauer des Erzählens oder Vorlesens) und **erzählte Zeit** (Dauer des erzählten Vorgangs) können in etwa gleich lange dauern,
   - oft aber umfasst das erzählte Geschehen eine längere Zeitdauer als das Erzählen selbst **(Zeitraffung)**
   - und manchmal ist es auch umgekehrt, das Erzählen dauert länger als das erzählte Ereignis **(Zeitdehnung)**.

   Durch das gewählte Erzähltempo verändert sich die Wirkung auf den Leser.

Zeitung

Textarten in der Zeitung

Meist unterscheidet man in Zeitungen **informierende Texte** (Meldung, Nachricht, Bericht) und **kommentierende Texte** (Kommentar, Glosse).

Einige Texte in heutigen Zeitungen sind – dem Lesergeschmack entsprechend – **Mischformen**, in Abonnementzeitungen weniger, in Boulevardzeitungen mehr; so finden sich in einem Text z. B. informierende und unterhaltende oder informierende und kommentierende Aspekte.

Eine Grundform der Zeitungstexte ist die **Nachricht**; sie ist eine objektive und verständliche Information über Tatsachen, die dem Leser oder Hörer erstens **neu** (vgl. das engl. Wort für die Nachrichten: *news*) und zweitens entweder **wichtig** (z. B. neuer Präsident im Irak) oder **interessant** (z. B. Mann beißt Hund) sind, selbst wenn das Ereignis den Leser nicht direkt betrifft (z. B. Tsunami in Südostasien).

Die Nachricht sollte Antworten auf die **7 W-Fragen** geben: Sie teilt dem Empfänger mit, wer was wann wo wie warum getan hat oder tun wird. Dabei beruft sie sich auf eine **Quelle**, gibt also auch das Woher? an.

Information, inszenierte Information, Infotainment
Die Gestaltung der Informationsvermittlung durch die Medien hat sich verändert. Statt sachlich-nüchterner Information in Text und Bild hat sich in nahezu allen Medien mehr oder weniger stark eine **Mischung von Information und Entertainment** – auch **„Infotainment"** genannt – durchgesetzt. Diese Mischung stört, so sagen die Kritiker, wegen der „Übermalung" der sachlichen durch emotionale Darstellung die Informationsfunktion, während die Befürworter sagen, dass durch Bilder und Emotionen die Information intensiviert wird.
Angesichts der **Macht der Bilder und Töne**, die Mediennutzer über die sachliche Information hinaus auch emotional zu **fesseln** und zu **beeinflussen** vermag, sprechen Kritiker auch von einer **inszenierten Information**.

Onlinezeitung
Eine besondere Rolle spielen die Onlineangebote der Medien. Das entscheidende Kennzeichen einer Onlinezeitung ist ihre **Hypertextstruktur**, die den Leser/„User" auf dem Lektürepfad von der „Oberfläche" der Startseite über mehrere Schritte in die „Tiefe" zu immer neuen Informationen führt. Die **Onlinelektüre** verläuft nicht, wie die der Printzeitung, linear von vorn nach hinten (und hin und her), sondern von außen nach innen und auf unterschiedlichen **Ebenen (delinear, „räumlich")**.

> Reportage

Zitate/zitieren

Zitate belegen und **veranschaulichen** deine Aussagen, dürfen sie aber nicht ersetzen. Zitiere nur die wichtigsten Textbezüge, sonst wirkt deine Darstellung nicht eigenständig. Das Zitat ist ein Teil aus einem Text, den du **wörtlich (direktes Zitat)** übernimmst. Es kann ein Satz, ein Teilsatz oder auch nur ein Wort sein. Jedes Zitat muss **unverändert wiedergegeben** werden, seine Herkunft muss **überprüfbar** sein:
- Am Anfang und am Ende des Zitats stehen Anführungszeichen. Bei längeren Zitaten werden Auslassungen durch Klammern (meist eckige) und drei Punkte gekennzeichnet.
- Wichtige Wörter oder Satzteile integrierst du am besten in den eigenen Satzbau, die Belegstelle steht in Klammern. Wenn du das Zitat veränderst, weil es sonst z. B. grammatisch nicht in deinen Satz passt, kennzeichnest du die Veränderung durch eckige Klammern.
- Bei der Seiten- bzw. Zeilenangabe bedeutet „f." (= folgende), dass auch die folgende Seite oder Zeile gemeint ist (z. B. Z. 5f.); „ff." (fortfolgende) bedeutet, dass die folgenden Seiten oder Zeilen, in der Regel bis zum Abschnitt- oder Textende, mitgemeint sind (z. B. S. 14ff.).
- Beziehst du dich in deinen Ausführungen auf mehrere Quellen, muss die Quelle jeweils genauer angegeben werden: Verfasser, Titel des Textes, Verlag/Erscheinungsort, Erscheinungsjahr und Seitenzahl, z. B.: Churchill „gab [er] Stalin einen Zipfel von sechzig Metern Sonnenallee", Brussig, Thomas: Am kürzeren Ende der Sonnenallee, Frankfurt am Main (Fischer), 2001, S. 8; bei weiteren Zitaten aus diesem Text: Brussig, a.a.O., S. 12; „a.a.O." bedeutet: am angegebenen Ort.

Indirekte (nicht wörtliche) Zitate
Eine umfangreichere Textstelle gibst du am besten entweder sinngemäß oder in indirekter Rede wieder. Anführungszeichen werden nicht gesetzt; auch bei indirekten Zitaten stehen aber die Seiten- bzw. Zeilenangaben, auf die Bezug genommen wird, in Klammern.

> Textbeleg

Kleines Autorenlexikon

Bichsel, Peter: *24. März 1935 in Luzern/Schweiz; Schweizer Schriftsteller, Kurzgeschichten und Kolumnen in Tageszeitungen; Ausbildung und Tätigkeit als Grundschullehrer, lebt in Bellach bei Solothurn
→ „Ein Tisch ist ein Tisch" (Auszug), S. 187

Brecht, Bertolt: *1898 in Augsburg, † 1956 in Berlin (Ost); Literatur-, Medizin-, Philosophiestudium; intensive Beschäftigung mit dem Marxismus; 1933 Flucht aus Deutschland über viele Stationen in die USA; 1948 Rückkehr nach Berlin (Ost); zahlreiche Theaterstücke, Essays, Erzählungen, Lieder und Gedichte
→ „Rudern, Gespräche", S. 47 → „Der hilflose Knabe", S. 48 → „Das Wiedersehen", S. 58/256 → „Herr Keuner und die Flut", S. 58

Doderer, Heimito von: *5. September 1896 in Hadersdorf-Weidlingau bei Wien; † 23. Dezember 1966 in Wien, österreichischer Schriftsteller; 1915 Freiwilliger im Ersten Weltkrieg, Infanterist in Galizien/Bukowina, 1916 Kriegsgefangenschaft in Sibirien; erste Texte als Schriftsteller, Entlassung 1920; Studium der Geschichte und Psychologie; Feuilletons für Tageszeitungen und Magazine; 1933 Beitritt zur NSDAP, 1936 allmähliche Distanzierung vom Nationalsozialismus, 1940 Reserveoffizier, 1945 Kriegsgefangenschaft, 1946 Rückkehr nach Österreich; 1948 Abschluss der mehrjährigen Arbeit an dem Roman „Die Strudlhofstiege"; mehrere Romane
→ „Die Merowinger oder Die totale Familie" (Auszug), S. 67

Domin, Hilde: *1909 in Köln, † 2006 in Heidelberg; 1932 aufgrund jüdischer Herkunft Emigration, zuletzt in die Dominikanische Republik; Lehrerin, Übersetzerin und Lektorin; 1954 Rückkehr nach Deutschland; überwiegend lyrische Texte, auch Essays und kritische Arbeiten; eindringliche, bewusst einfach und klar gehaltene Sprache
→ „Wort und Ding", S. 182

Eichendorff, Joseph Freiherr von: *10.3.1788 auf Schloss Lubowitz bei Ratibor/Oberschlesien, † 26.11.1857 Neisse/Schlesien; deutscher Schriftsteller der Romantik (Lyrik, Romane, Erzählungen, theoretische Schriften); ab 1805/06 Jurastudium (Halle/Heidelberg/Wien), 1808 Bildungsreise nach Paris und Wien, 1810 Rückkehr nach Lubowitz; 1813-1815 Teilnahme an den Befreiungskriegen gegen Napoleon; ab 1816 preußischer Staatsdienst in Breslau, Danzig, Königsberg, Berlin
→ „Sehnsucht" (1. von 3 Strophen), S. 69

Fleming, Paul: *5. Oktober 1609 in Hartenstein (Sachsen), † 2. April 1640 in Hamburg; Arzt und Schriftsteller, einer der bedeutendsten Lyriker des Barock; 1628–1633 Medizinstudium (Leipzig), danach Begleitung eines Herzogs nach Russland, 1635 nach Persien; 1640 Doktor der Medizin an der Universität Leiden, auf der Rückreise nach Reval zu seiner Verlobten; Tod in Hamburg
→ „Wie er wolle geküsset sein", S. 120

Gernhardt, Robert: *13. Dezember 1937 in Reval/Estland, † 30. Juni 2006 in Frankfurt am Main; deutscher Schriftsteller, Lyriker, Essayist, Zeichner und Maler
→ „Zögern", S. 68

Goethe, Johann Wolfgang von: *1749 in Frankfurt a. M., † 1832 in Weimar; übernahm nach seinem Jurastudium (Leipzig) verschiedene Hofämter in Weimar; erste Gedichte und Theaterstücke während des Studiums; 1786–88 Reise nach Italien, Beginn der klassischen Epoche; sein umfangreiches lyrisches, dramatisches und episches Werk zählte damals wie heute zur Weltliteratur
→ „Ganymed" (1. von 5 Strophen), S. 120 → „Mailied", S. 134 → „Willkommen und Abschied", S. 137 → „Die Leiden des jungen Werther" (Auszüge), S. 140ff.

Gombrowicz, Witold Marian: *4. August 1904 in Maloszyce/Polen, † 25. Juli 1969 in Vence/Frankreich; polnischer Schriftsteller; 1939 nach dem Jurastudium Emigration nach Buenos Aires, nach dem Krieg Rückkehr nach Europa (nicht Polen); 1963 in Berlin (West), danach in Südfrankreich
→ „Yvonne, die Burgunderprinzessin" (Auszüge), S. 96ff.
→ „Eine Art Testament" (Auszüge), S. 111

Gryphius, Andreas: *2. Oktober 1616 in Glogau/Schlesien, † 16. Juli 1664 ebenda; deutscher Dichter und Dramatiker des Barock: Tragödien und Gedichte (Sonette), Thema: Leid während des Dreißigjährigen Kriegs, Eitelkeit und Vergänglichkeit alles menschlichen Tuns; 1634–1636 Studium in Danzig, anschließend Hauslehrer in Schlesien und Ostpreußen; 1638 Reise durch die Niederlande, anschließend Sprachenstudium (10 Sprachen) an der Universität Leiden
→ „Überschrift an dem Tempel der Sterblichkeit", S. 128

Haefner, Klaus: *1936 in Berlin; Physiker und Biologe, Experte für Computerunterstützte Hochschullehre und Informationstechnische Grundbildung (ITG) in Schule und Lehrerausbildung
→ „Klone unter uns", S. 155ff.

Hamann, Johann Georg: *27. August 1730 in Königsberg, † 21. Juni 1788 in Münster; deutscher Philosoph und Schriftsteller, 1746 Studium der Theologie, dann Rechtswissenschaft (Königsberg), Beschäftigung mit Sprachen, Literatur und Philosophie; 1752 Hofmeister in Livland, 1756 Anstellung in einem Rigaer Handelshaus, Reise nach London, 1759 Königsberg; intensives Bibelstudium/ „Erweckungserlebnis"
→ „Thesen", S. 133

Heine, Heinrich: *1797 in Düsseldorf, † 1856 in Paris; Jura-, Literatur- und Geschichtsstudium; seit 1831 in Paris, gelegentliche Reisen nach Deutschland; Journalist und Korrespondent; Prosatexte, Essays, Reiseberichte, vor allem lyrische Texte; als kritischer Journalist und revolutionärer Demokrat gehörte er 1835 zu den vom Verbot des „Jungen Deutschland" betroffenen Autoren
→ „Ich weiß nicht, was soll es bedeuten", S. 68

Kleines Autorenlexikon

Herder, Johann Gottfried: *1744 in Mohrungen (Ostpreußen), † 1803 in Weimar; Medizin-, Theologie- und Philosophiestudium (Königsberg); Lehrer und Prediger; Abkehr von der Aufklärung hin zum Sturm und Drang; Bekanntschaft mit Goethe, Einfluss auf dessen Frühwerk; bedeutender Dichter, Übersetzer, Theologe, Philosoph und Literaturkritiker
→ „Forderung nach einer neuen Art Dichtung", S. 131

Hoffmannswaldau, Christian Hoffmann von: *25. Dezember 1616 in Breslau, † 18. April 1679 ebenda; schlesischer Lyriker und Epigrammatiker, Begründer des „galanten Stils"; 1638 Studium der Rechtswissenschaften (Leiden/Niederlande); Bildungsreise, längere Aufenthalte in England, Frankreich, Italien und Wien, 1642 Rückkehr nach Breslau, dort Bürgermeister der Stadt, Landeshauptmann des Fürstentums Breslau
→ „Vergänglichkeit der Schönheit", S. 127

Kästner, Erich: *23. Februar 1899 in Dresden, † 29. Juli 1974 in München; deutscher Schriftsteller, Drehbuchautor und Kabarettist, humorvolle, scharfsinnige Kinderbücher, humoristische und zeitkritische Gedichte; 1917 Einberufung zum Militärdienst, 1919 Studium der Geschichte, Philosophie, Germanistik und Theaterwissenschaft, 1927–1933 in Berlin, freier Mitarbeiter für verschiedene Tageszeitungen; 1928 „Emil und die Detektive", 1931 „Pünktchen und Anton", 1933 „Das fliegende Klassenzimmer"; 1933 Verbrennung seiner Bücher; nach 1945 Journalist und freier Autor in München; mehrere Literaturpreise
→ „Entwicklung der Menschheit" (1.–3./6. von 6 Strophen), S. 70 → „Sinn und Wesen der Satire" (Auszug), S. 70

Kafka, Franz: *1883 in Prag, † 1924 bei Wien; jüdischer Herkunft; zeitlebens unter dem Eindruck des gefürchteten Vaters; Germanistik- und Jurastudium an der deutschen Universität in Prag; Angestellter einer Arbeiter-Unfall-Versicherung; Erkrankung an Tuberkulose; Spiegelung menschlicher Beziehungslosigkeit und Isolation in oft grotesk und paradox wirkenden Texten
→ „Der Steuermann", S. 59/256

Kerner, Charlotte: *1950 in Speyer; Journalistin und Schriftstellerin; überwiegend an Jugendliche gerichtete Romane; häufig medizinische Themen; 2000 Jugendliteraturpreis für den Zukunftsroman „Blueprint"
→ „Blueprint" (Klappentext/Nachwort), S. 144, 146

Kronauer, Brigitte: *29. Dezember 1940 in Essen, deutsche Schriftstellerin und Essayistin; Studium der Germanistik und Pädagogik, zunächst Lehrerin in Aachen und Göttingen, seit 1974 freie Autorin in Hamburg; mehrere Romane, Erzählungen und Abhandlungen; gilt als eine der gebildetsten und sprachmächtigsten Schriftstellerinnen im deutschen Sprachraum
→ „Die Wiese", S. 54f.

Kunert, Günter: *6. März 1929 in Berlin; gilt als einer der vielseitigsten und bedeutendsten deutschen Gegenwartsschriftsteller: Lyrik, Kurzgeschichten (Parabeln) und Erzählungen, Essays, autobiografische Aufzeichnungen, Aphorismen, Glossen und Satiren, Märchen und Science Fiction, Hörspiele, Reden, Reiseskizzen, Drehbücher, Kinderbücher etc.; Grafikstudium in Ost-Berlin und Studienabbruch, 1948 SED-Beitritt; 1972/73 Gastdozent an amerikanischen und englischen Universitäten; 1977 Verlust der SED-Mitgliedschaft, 1979 Übersiedlung in die Bundesrepublik (bei Itzehoe)
→ „Die kleinen grünen Männer", S. 60f.

Lavater, Johann Kaspar: *1741 in Zürich, † 1801 ebenda; reformierter Pfarrer, Philosoph und Schriftsteller; verfasste politische, publizistische, theologische und erbauliche Schriften
→ „Wo Wirkung, Kraft Tat, ...", S. 132

Luther, Martin: *10. November 1483 in Eisleben, † 18. Februar 1546 ebenda; theologischer Urheber und Lehrer der Reformation, 1521ff. Bibelübersetzung
→ „Aus dem ‚Sendbrief vom Dolmetschen'" (Auszug), S. 197f.

Mann, Thomas: *6. Juni 1875 in Lübeck, † 12. August 1955 in Kilchberg bei Zürich; von vielen als bedeutendster deutscher Schriftsteller des 20. Jahrhunderts angesehen (Romane, theoretische Schriften); 1893 Übersiedlung nach München, literarischer Ruhm durch den Familienroman „Buddenbrooks" (1901), dafür 1929 Literatur-Nobelpreis; 1939 Emigration in die USA, 1944 US-Staatsbürger; 1952 Rückkehr aus der Emigration in die Schweiz
→ „Buddenbrooks" (Auszug), S. 88ff.

Marti, Kurt: *31. Januar 1921 in Bern; ab 1950 Pfarrer in der Schweiz, seit 1983 freier Schriftsteller; Predigten, Aufsätze, Gedichte, Aphorismen, Kurzprosa
→ „Gehen, bleiben", S. 53f.

Matzen, Raymond: *21. Februar 1922 in Straßburg; alemannischer Dichter, Professor am Dialektologischen Institut der Universität Straßburg, Förderer des elsässischen Dialekts
→ „Säsene", S. 193f.

Niccol, Andrew: *1964 in Paraparaumu/Neuseeland; neuseeländischer Drehbuchautor, Filmregisseur und Produzent
→ Drehbuch zum Film „Die Truman Show" (Auszüge), S. 166ff.

Opitz, Martin: *23. Dezember 1597 in Bunzlau (Schlesien), † 20. August 1639 in Danzig; bedeutender Dichter des Barock; nach dem Studium Hauslehrer in den Niederlanden; 1623 Rat am Hof zu Breslau; 1624 Hauptwerk „Buch von der Deutschen Poeterey"; 1625 von Kaiser Ferdinand II. zum „Poeta Laureatus" gekrönt; 1636 Sekretär des polnischen Königs
→ „Ach Liebste, lass uns eilen", S. 122

von Platen, August: 24.10.1796 in Ansbach, † 5.12.1835 in Syrakus; deutscher Schriftsteller; Offizierslaufbahn, 1814/1815 Teilnahme an Befreiungskriegen, Jurastudium und Aufgabe des Studiums, Wendung zur Poesie und Beschäftigung mit persischer Sprache und Literatur, Übersiedlung nach Italien („Sonette aus Venedig")
→ „Wie rafft' ich mich auf in der Nacht" (1./2. von 4 Strophen), S. 69

Regener, Sven: *1. Januar 1961 in Bremen; deutscher Musiker und Schriftsteller, Debüt mit „Herr Lehmann"; 2004 sein zweiter Roman „Neue Vahr Süd"
→ „Neue Vahr Süd" (Romananfang), S. 74f.

Schiller, Friedrich von: *1759 in Marburg, † 1805 in Weimar; Einberufung in die Herzogliche Militär-Akademie; dort Jura-, dann Medizinstudium; 1781 anonyme Veröffentlichung „Die Räuber", sensationeller Erfolg der Uraufführung in Mannheim, Arrest und Schreibverbot deswegen, Flucht aus Stuttgart, 1785 Leipzig, 1787 Dresden, 1787 Weimar, 1789 Ernennung zum Professor für Geschichte und Philosophie in Jena, 1799 Übersiedelung nach Weimar; neben Goethe wichtigster Vertreter der „Weimarer Klassik"
→ „Kabale und Liebe" (IV. Akt, 7. Szene), S. 114ff.

Schulz von Thun, Friedemann: *6. August 1944 in Soltau, deutscher Psychologe und Kommunikationswissenschaftler, Autor des dreibändigen Werkes „Miteinander reden" → Grafik Kommunikationsmodell, S. 7

Simmons, Charles: *1924 in New York; arbeitet als Redakteur und Schriftsteller
→ „Salzwasser" (Auszüge), S. 74ff.

Strauß, Botho: *2. Dezember 1944 in Naumburg; deutscher Schriftsteller, einer der meistgespielten zeitgenössischen Dramatiker an deutschen Bühnen; Studium der Germanistik, Theatergeschichte und Soziologie (Köln, München), 1967–1970 Journalist bei der Zeitschrift „Theater heute", bis 1975 Dramaturg an der Berliner Schaubühne am Halleschen Ufer; lebt in Berlin und in der Uckermark
→ „Im Eissalon", S. 52

Timm, Uwe: *1940 in Hamburg; Studium der Philosophie und Germanistik, seit 1971 freier Schriftsteller; anfangs politische Lyrik, später vor allem Prosatexte und Drehbücher sowie Kinderbücher
→ „Rot" (Romananfang), S. 92

Tucholsky, Kurt: *9. Januar 1890 in Berlin, † 21.12.1935 in Hindås bei Göteborg; deutscher Journalist und Schriftsteller, seit 1924 meist im Ausland, ab 1929 in Schweden, 1933 Verbrennung seiner Bücher und Ausbürgerung
→ „Rechenaufgaben" (Auszug), S. 71

Vanderbeke, Birgit: *1956 in Dahme/Brandenburg; 1961 Übersiedlung in die BRD; Jura- und Romanistikstudium, Journalistin, seit 1993 freie Schriftstellerin in Südfrankreich
→ „Sweet sixteen" (Romananfang), S. 75

Voß, Johann Heinrich: *20. Februar 1751 in Sommerstorf bei Waren (Müritz), † 29. März 1826 in Heidelberg; Dichter und Übersetzer berühmter Klassiker (Homer, Vergil, Horaz, Shakespeare)
→ „Frühlingsliebe", S. 130

Wagner, Heinrich Leopold: *19. Februar 1747 in Straßburg, † 4. März 1779 in Frankfurt am Main; deutscher Schriftsteller des Sturm und Drang, befreundet mit Goethe, Klinger und Lenz (sozialkritisches Drama „Die Kindermörderin"); 1773 Hofmeister in Saarbrücken, 1776 Studienabschluss in Straßburg, danach Tätigkeit als Anwalt in Frankfurt
→ „Du, der du in dir ...", S. 132

Walser, Johanna: *3. April 1957 in Ulm; deutsche Schriftstellerin (psychologische Skizzen und Miniaturen) und literarische Übersetzerin, Tochter des Autors Martin Walser, ab 1982 Studium der Germanistik und Philosophie (Berlin, Konstanz); 1982 Luise-Rinser-Preis, 1993 Villa-Massimo-Stipendium
→ „Versuch mit mir", S. 50

Walser, Robert: *15. April 1878 in Biel/Schweiz, † 25. Dezember 1956 bei Herisau/Schweiz; Schweizer Schriftsteller; 1905–1913 in Berlin, danach in Biel, 1921 als Archivar in Bern; 1933 Nervenklinik Herisau; erst nach 1945 Wiederentdeckung seines Erzählwerks (autobiografisch gefärbte Romane, Erzählungen und Kurprosa: analytische, detaillierte Beobachtungsgabe, Vorliebe für Wortspiele, Witz und Ironie)
→ „Manchmal habe ich so Sehnsucht", S. 48

Weir, Peter: *21. August 1944 in Sydney; australischer Filmregisseur
→ „Die Truman Show" (Film/Auszüge), S. 166ff.

Weiße, Christian Felix: *28. Januar 1726 in Annaberg/Erzgebirge; † 16. Dezember 1804 in Leipzig; deutscher Schriftsteller (Lyrik) und Pädagoge der Aufklärung, 1775–1782 erste Kinderzeitschrift Deutschlands; 1745–1750 Studium der Philologie und Theologie (Leipzig), danach Hauslehrer, Bildungsreise nach Paris
→ „Der Kuss", S. 129

Zesen, Philipp von: *8. Oktober 1619 in Priorau bei Dessau, † 13. November 1689 in Hamburg; deutscher Dichter und Schriftsteller, 1639–1641 Studium der Rhetorik und Poetik (Wittenberg); 1642 bis 1648 in Amsterdam, Leiden, Utrecht als Übersetzer und Korrektor, ausgedehnte Reisen nach London, Paris, Baltikum, Dänemark, Gesellschafter des Fürsten am Dessauer Hof, 1662 Bürgerrecht in den Niederlanden
→ „Das Sechste Lied", S. 125

Zuckmayer, Carl: *27. Dezember 1896 in Nackenheim/Rheinhessen, † 18. Januar 1977 in Visp/Schweiz; deutscher Schriftsteller; Kriegsfreiwilliger im Ersten Weltkrieg, Studium der Naturwissenschaften, 1920 Volontär und gelegentlicher Regieassistent, freier Schriftsteller, 1924-1925 Zusammenarbeit mit Brecht am „Deutschen Theater" in Berlin, 1930 „Hauptmann von Köpenick" (gegen preußischen Bürokratismus und Militarismus); 1933 Aufführungsverbot, 1939 Ausbürgerung, Emigration: Schweiz, Kuba und USA, 1958 Übersiedlung in die Schweiz
→ „Der Hauptmann von Köpenick" (Auszug), S. 195f.

Register

A
Absurdes Theater 109, 209
Adressat 22, 44f., 125, 127, 145, 147, 151f., 159
Adverbialsatz 235
Akkulturation > Kultur
Aktant 59, 216
Alexandriner > Metrik/Metrum
Alliteration > rhetorische Figuren/Tropen
Analepse > Rückblende
Analyse (eines Textes) > Texterschließung
Anapher > rhetorische Figuren/Tropen
Anrede > rhetorische Figuren/Tropen
Antagonist 118
Antithese/Antithetik 127, 139, 232
Antonyme 191, 204
Appell/appellieren 7, 22, 131, 161, 179, 223
Argument/Argumentation/Argumentationsblock/argumentieren 19f., 22, 25, 31ff., 34ff., 41, 42ff., 93, 133, 136, 147, 151f., 154f., 160f., 175, 204, 212f.
Argumentationsfolge/-strategie/-ziel 22, 35, 154, 159
Attributsatz 235
Aufbau 51, 63f., 66, 135, 138, 154f., 159, 161, 162, 192, 210ff., 218, 222, 233
Aufklärung 131f.
auktoriale Erzählsituation > Erzählsituation, auktoriale
Aussage (eines Textes) 16, 57, 58ff., 61, 76, 128, 136, 185, 209f., 211, 240f.
Autobiografie/autobiografisch 51, 65

B
Barock 122ff.
Begriffe definieren 15f., 35, 43, 147, 187ff., 190ff., 199, 204f.
begründetes Textverständnis > Texterschließung
Beleg/belegen 19, 30, 31ff., 35, 37, 43, 45, 134, 136, 147, 155, 161, 240, 245
Beobachtungsbogen 24
Bewerbung 205
Bewertungsbogen 91
Beziehung > Kommunikationsmodell
Bild/bildliches Sprechen 126, 128, 205f., 231
Bildteil > Parabel

Biografie/biografischer Hintergrund 63, 65, 71, 86f., 110f., 139, 143, 225
Brainstorming 180
Briefroman 140f.

C
Charakter/charakterisieren (direkt, indirekt) 51, 64, 67, 82ff., 90f., 99, 102f., 105, 118, 130, 136, 140, 165, 179, 205, 206ff., 209, 215f.
literarische Charakteristik 84, 88ff., 206f.
Chiasmus > rhetorische Figuren/Tropen
Choreografie 97, 99, 241
Cluster 180, 192
Code/codieren 13, 223

D
Debatte/debattieren 19, 133, 207
decodieren 13, 223
Denotat/Denotation 56, 205, 237, 243
deuten > Interpretation/interpretieren
Dialekt 183, 193ff., 199, 207, 238, 239
dialektische Erörterung > erörtern/Erörterung, dialektisch
Dialog/Dialoganalyse 103, 104, 105ff., 118, 167f., 171, 173, 207, 208, 242
Diskussion/diskutieren 12, 17ff., 20, 22, 23f., 26., 34, 53f., 57, 58, 83, 109, 118, 132f., 151, 159, 165, 174, 179, 207f.
Diskussionsformen/-regeln/-leitung 20, 23f., 159, 207f., 226f.
Distanzierung, Mittel der 91, 206, 208, 220
Drama/Dramatik 95ff., 103, 109, 113, 118, 208ff.
Dramaturg/Dramaturgie 96, 105, 110, 113
Drehbuch 165ff., 169f., 172f., 179, 218
Drehpunkt 30, 39, 212
Drei-Phasen-Modell 92, 240f.

E
Eindruck, erster > Texterschließung
Einschnitt (Versmaß) > Zäsur
Einstellung (Film) > Kamera
Elativ > rhetorische Figuren/Tropen
Ellipse > rhetorische Figuren/Tropen

Emblem/Emblematik 123, 126, 128, 139, 231
Empfänger > Kommunikationsmodell
encodieren 13, 223
Enjambement 136
Epigramm > Sinngedicht
Epik > Prosa
Epoche, literarische 63f., 121ff., 130ff., 141
Ergebnisprotokoll > Protokoll
Erlebnislyrik 132, 135, 211f.
erörtern/Erörterung 29, 30, 31ff., 34ff., 42ff., 212f.
– dialektisch 30, 34ff., 45, 212
– linear 30, 31ff., 212
– literarisch 213
– textgebunden 42ff., 212f.
erschließen > Texterschließung
erstes Textverständnis > Texterschließung
Erzähler(-rolle/-rede) 49ff., 53f., 56, 63f., 67, 73, 74, 76ff., 80, 86, 87, 90, 92f., 211, 213f., 233, 244
Erzählerstandpunkt > Erzähler
Erzählperspektive 53, 211, 213
– Er/Sie 53, 211, 213
– Ich 53, 77f., 87, 92, 140, 211, 213, 244
Erzählsituation 53, 63, 77f., 90, 211, 213f.
auktoriale: 53, 77f., 211, 213, 244
neutrale: 53, 77f., 211, 214
personale: 53, 77f., 211, 214, 244
erzählte Zeit 53, 79, 244
Erzählzeit 53, 79, 244
Euphemismus > rhetorische Figuren/Tropen
Exposition 105, 109, 113, 208, 214, 227
Exzerpt/exzerpieren 19, 159, 214, 234

F
Fachsprache 238
Feedback(-runde) 15, 24, 26f., 181, 214f.
Fernsehen 174f., 179, 180
Figur (literarische) 49ff., 56, 59, 64, 67, 74ff., 79, 82ff., 85, 87, 90f., 98ff., 117f., 144, 196, 208, 209, 210, 211, 215f., 233, 242, 244
Figur (Film) 165, 167, 170, 174
Figur, rhetorische > rhetorische Figuren/Tropen
Figurengestaltung/-konstellation/-konzeption/-rede > Figur

249

Register

Film 87, 164ff., 179, 180f., 199, 216ff.
Filmanalyse 167, 170f., 218
filmische Erzählverfahren 166ff., 170, 174, 179, 216ff.
Filmkritik 179
Fishbowl > Diskussionsformen
Fragenwand 19
Fünfsatz > Argumentationsstrategie

G

Gattung 63f.
Gedankenfiguren 232
Gedicht (erschließen) > Lyrik
Gedichtvergleich 130, 137f., 218f.
Gegenthese > These
Gesprächsregeln/-analyse 15, 117f., 207
gestaltendes Interpretieren/Schreiben > Interpretation/interpretieren, gestaltend/szenisch
Gestaltungsmittel > sprachliche (Gestaltungs-)Mittel
Geste/Gestik 55, 97f., 103, 105, 107, 162, 168, 223, 239, 241
Gliederung 31ff., 36ff., 40f., 45, 46, 56, 63, 91, 117f., 162, 206f., 212f.
Grafik (analysieren) 6, 16, 30, 51ff., 56f., 147ff., 199
Grammatik 185
Groteske 109, 209, 219f.
Gruppensprache 238

H

Handlung (äußere/innere) 50f., 59, 61, 63f., 66, 74f., 77f., 79ff., 85f., 100, 105f., 109, 114, 117f., 165ff., 173, 210, 211, 224, 225, 233
Handlungsachse > Kamera
Handlungsort/-raum > Raumgestaltung
Handout 229
historischer Hintergrund > Kontext, historischer
hot chair 99, 233
Hyperbel > rhetorische Figuren/Tropen
hypotaktisch/Hypotaxe > Satzgefüge/Satzreihe

I

Ich, erlebend/erzählend 78
Ich, lyrisches > lyrisches Ich
Ich-Botschaften 220
indirekte Rede 11, 53, 91, 154, 208, 220, 245
indirekte Zitate > Zitate/zitieren
indirekter Fragesatz 155
Infinitivgruppe 203, 235
Information/informieren 11, 17, 25, 87, 139, 145, 147ff., 152, 154, 162, 180, 244f.
Infotainment 245
Inhaltsangabe 54, 110, 154, 160f., 221
innerer Monolog > Monolog
Inszenierung/inszenieren 225, 242
interkulturell 8, 12
Internet 25, 28, 29, 41, 43, 87, 112, 159, 175, 185, 202
Interpretation/interpretieren 49, 54, 57, 58f., 60f., 63ff., 86f., 90, 92f., 100, 114ff., 136ff., 209f., 211, 218, 219, 221f., 226, 241
– textimmanent 86
– gestaltend/szenisch 58, 65, 69f., 75, 100, 106, 209f., 219, 225, 240
Interpretationsgespräch 58
Interpretationshypothese 56f., 60, 61, 63, 92, 128, 136, 138, 221
Interview 180
Interview mit dem Text/Bild 49, 65
intrakulturell 8
Inversion > rhetorische Figuren/Tropen

J

Jambus > Metrik/Metrum
journalistische Text(-sorten) > Zeitung
Jugendsprache 238

K

Kadenz 127f., 134
Kamera(-einstellungen, -perspektiven) 170f., 216ff.
Karikatur 149f., 222
Katastrophe (Drama) 107, 109
Klangfiguren/-mittel 128, 130, 225, 232
Klischee 15, 223
Komma > Zeichensetzung
Kommentar > Zeitung
Kommunikation/kommunizieren 7ff., 25, 118, 190, 223, 225f.
Kommunikationsmodell 7, 9, 13, 223
Komödie 109, 209, 224
Konflikt 11, 51, 85f., 91, 109, 113, 208
Konjunktiv 11, 151, 154

Konnotat/Konnotation 56, 205, 237, 243
Kontext, historischer 82, 86, 110f., 139, 143, 225
Körperhaltung/-sprache 10, 192, 223
kreatives Schreiben 66f., 224
Kritik (Theater-/Text-/Film-) 112f., 179
Kugellager > Diskussionsformen
Kultur 6, 8ff., 13, 15ff.
Kurzgeschichte 65, 76, 187, 224, 225
Kurzprosa 49ff., 61, 64f., 225
Kurzvortrag > Referat

L

Lautbild 188
Lautmalerei > rhetorische Figuren/Tropen
Leerstelle > Interpretation/interpretieren, gestaltend/szenisch
Leserbrief 45
Lesererwartung/-steuerung 74ff., 79, 84, 92, 241
Lesezettel 82, 84, 90f.
Lesung (literarischer Texte) 87
Licht 167, 171, 173, 217
lineare Erörterung > erörtern/Erörterung, linear
literarische Erörterung > erörtern/Erörertung, literarisch
literarisches Leben 87
Lokalsatz 235
Lyrik 47, 68ff., 120f., 122ff., 194, 218, 225f.
lyrisches Ich 68, 78, 134ff., 225

M

Medien 19, 35, 165ff., 175ff., 179, 180f., 228, 244f.
Meinungsbildung > Medien
Metapher/Metaphorik 122, 128, 232
Metrik/Metrum 69, 121, 124, 126f., 134, 225, 226
Mimik 55, 97f., 105, 162, 168, 223
Mindmap 11, 23, 136, 180, 192
Moderation/Moderator 23f., 151, 175, 226f.
Modus 39, 54
Monolog/innerer Monolog 53, 100, 103, 208, 209, 219, 240, 242
Montage 167, 168
Motiv/Motivgeschichte 67, 86, 122, 126, 138, 225, 227, 233
Mundart > Dialekt

N

Nebensatz 202, 235
Nebentext 97, 103f., 208, 209, 210, 241
Neologismus > rhetorische Figuren/Tropen
neutrale Erzählsituation > Erzählsituation, neutrale
nonverbale Kommunikation 7ff., 11
Novelle 82, 227

O

Ober-/Unterbegriff 82, 191, 204
Objektsatz 235
Orts-/Schauplatzgestaltung 75, 79ff., 210, 211, 230

P

Parabel 58ff., 61, 64f., 76, 227
Parallelismus > rhetorische Figuren/Tropen
Paralleltext > Interpretation/interpretieren, gestaltend/szenisch
Paraphrase/paraphrasieren 227
Parataxe > Satzgefüge/Satzreihe
Parodie 68ff., 228
Partizipialgruppe 235
personale Erzählsituation > Erzählsituation, personale
Personifikation > rhetorische Figuren/Tropen
Podiumsdiskussion > Diskussionsformen
Portfolio 163, 228
Präsentation/präsentieren 151f., 162f., 174, 181, 228f.
Programmheft 110ff., 229
Projekt 180f., 199, 229
Prolepse > Vorausdeutung
Prosa > 49ff., 140, 211, 225, 233
Protagonist 113, 118, 208, 216
Protokoll 229f.

Q

Quelle/Quellenverweis 37

R

Raumgestaltung 80, 82, 86, 93, 118, 230, 241
Raumsemantik > Raumgestaltung
Recherche/recherchieren 6, 8, 19, 25, 71, 112, 139, 163, 197, 199
Rechtschreibung 198, 200f.
Rede 47, 129, 133, 152, 154f., 159, 192, 231
Redewiedergabe 11, 38f.
Referat 65, 73, 175
Regie/Regisseur 95ff., 101, 108f., 113, 174, 242
Regieanweisungen 109, 208, 210, 241f.
Reim/Reimschema 69, 127f., 130, 134, 225
Repetitio > rhetorische Figuren/Tropen
Reportage 180, 230
Requisiten 242
Rezension 27, 87
Rhetorik 231
rhetorische Dichtung 123, 231
rhetorische Figuren/Tropen 44, 47, 128, 159, 192, 225, 231f.
rhetorische Frage 136, 232
Rhythmus/rhythmische Mittel 69, 225
Rollenbiografie, -interview/-karte/-spiel 8, 11, 13, 98f., 101, 151, 209, 233, 240
Roman 72ff., 92f., 144, 146f., 233
Rückblende 78f., 118, 244

S

Sachinhalt (einer Nachricht) > Kommunikation
Sachteil > Parabel
Sachtext 147ff., 152ff., 159, 161, 221, 240
Sachtext (erschließen) 147ff., 152ff., 159, 233f.
Satire 68ff., 234f.
Satz/-art/-bau 46f., 57, 69, 75f., 85f., 91, 118, 128, 134f., 141, 155, 159, 182, 184f., 210, 211, 225, 235, 236
Satzfiguren 47, 232
Satzgefüge/Satzreihe 236f.
Satzglieder 47, 86, 236
Satzgliedstellung > Satzbau
Satzverknüpfung > sprachliche Verknüpfung
Schauspiel 209
Schlüssel (des Textverstehens) 49, 56, 59, 64, 92, 128, 136, 210, 211, 225, 233, 241
Schnitt 167f., 170f., 217f.
Schreibgespräch 101
Schreibkonferenz 45, 57, 64, 67, 91, 93, 100, 161
Schreibplan 237
Selbstoffenbarung > Kommunikation
Semanalyse 190, 205
Semantik 190, 243
semantische Textanalyse 56f., 59f., 63ff., 141, 237
Sequenz/-plan/-protokoll 166ff., 216

Setting (der Romanwelt) > Raumgestaltung
Simulationsspiel > Rollenspiel
Sinnbild > Emblem
Sinngedicht 123, 231
Sonett 123f., 127f.
Spielszene 49, 52, 65, 97ff., 102, 105ff., 109, 180, 209, 239, 240
Sprache, gesprochene/geschriebene 199
Spracherwerb 183ff., 238
Sprachgeschichte 183, 193ff., 243
sprachliche (Gestaltungs-)Mittel 15, 33, 38f., 49, 51, 67, 69, 75, 91, 93, 130, 151, 155, 211, 225, 233
sprachliche Verknüpfung 36, 39, 44, 91
Standardsprache 197, 238
Standbild 52, 105, 209, 239
Statistik 6, 29, 239
steigernde Erörterung > erörtern/Erörterung, linear
Stellung nehmen 35, 45, 46, 118, 126, 133, 145ff., 150f., 152ff., 161
Stereotype 239
Stil/stilistisch 15, 46f., 50, 85f., 93, 118, 210
Stoff/Stoffgeschichte 239
Stoffsammlung 31f., 36, 45, 138, 212
Storyboard 169f., 172ff., 218
Stream of consciousness 105
Strophe/-form 69f., 127, 134, 225
Struktur (Text) 37, 43, 56, 154
Sturm und Drang 121, 129ff., 140ff.
Subjektsatz 235
Subtext 104, 118, 210
Symbol 16, 81, 206
Synonyme 190, 204, 243
Syntax > Satzbau
Synthese 40
Szene 101f., 108, 114, 117ff., 165ff., 179, 196, 208, 242
Szenesprache 238
szenische Verfahren 52, 99, 105ff., 240
szenisches Interpretieren > szenische Verfahren

T

Tagelied 123, 125f., 240
Takt 128, 134, 226
Tempus 51, 54, 91, 182
Text/-art 210, 211, 240
Textanalyse > Texterschließung
Textbeleg > belegen

Texterschließung 35, 42, 44, 50ff., 56f., 76ff., 86f., 92f., 209ff., 211, 233f., 240f.
Texte umschreiben/verändern/ausgestalten > Interpretation/interpretieren, gestaltend/szenisch
Textsignal 74, 84, 92, 104, 112, 147, 241
Textvergleich 82, 155
Textverständnis > Texterschließung
Textzusammenfassung > Inhaltsangabe
Theater/Theaterstück 94ff., 97, 104, 113, 196, 199, 241f.
Thema 30f., 35, 42f., 56f., 63f., 68, 118, 138, 144, 147, 152, 154, 159, 161, 175, 210, 211, 225, 233
These/Gegenthese 19, 30, 32ff., 35ff., 43f., 151, 154, 159, 161, 174, 185f., 212
Thesenpapier 229
Ton(-gestaltung, -technik) 97, 166ff., 171, 173, 217

Tragikomödie 109, 209
Tragödie 109, 209
Trochäus > Metrik/Metrum
Tropen > rhetorische Figuren/Tropen
Typografie 163

U
überarbeiten 33, 37f., 40, 45, 49, 64, 67, 69f., 119, 138, 154
Umgangssprache 238
Unterscheidungsschreibung > Rechtschreibung

V
Vergleich 122, 128, 205
Vergleichspunkt > Parabel
Verknüpfung > sprachliche Verknüpfung
Versmaß > Metrum
Vier-Ohren-Modell > Kommunikation
Vorausdeutung 78f., 118, 244
Vortrag, vortragen 11f., 45, 55, 65, 69, 122, 126f., 129, 134, 152, 225

W
Werbung 147, 242
Wortbedeutung > Begriffe definieren > Wortkunde > Zeichen, sprachliches
Wortfeld 86
Wortfiguren 232
Wortgeschichte > Sprachgeschichte > Wortkunde
Wortgruppen > Rechtschreibung
wörtliche Rede > Zitat/zitieren (direkt/indirekt)
Wortwahl 86, 128, 130, 134f., 159

Z
Zäsur 121, 127
Zeichen, sprachliches 188ff., 243f.
Zeichensetzung 69, 134, 202f.
Zeit(-gestaltung) 78f., 87, 93, 210, 211, 244
Zeitung 244f.
Zitat/zitieren (direkt/indirekt) 37, 39, 41, 63, 91, 118, 245
Zuhörer/zuhören 11, 15, 20, 23, 151, 162

Textquellenverzeichnis

Mit * gekennzeichnete Texte sind nicht der neuen Rechtschreibung angepasst, da die Rechteinhaber einer Anpassung an die neue Rechtschreibung nicht zugestimmt haben.
Hier nicht aufgeführte Texte sind Originalbeiträge der Verfasserinnen und Verfasser.

S. 8: Interkulturelles Rollenspiel. Nach: Losche, Helga: Interkulturelle Kommunikation. Sammlung praktischer Spiele und Übungen. 3. Auflage. Augsburg: ZIEL-Verlag 2003, S. 112. – **S. 10:** Argyle, Michael: Körpersprache und Kommunikation. (Innovative Psychotherapie und Humanwissenschaften; Bd. 5). Aus dem Engl. übers. von Christoph Schmidt. 9. Aufl. Paderborn: Junfermann 2005, S. 97f. – **S. 10:** Text 3. Aus: Payer, Margarete: Internationale Kommunikationskulturen. 4. Nonverbale Kommunikation. 2. Gesten, Körperbewegungen, Körperhaltungen und Körperkontakt als Signale. Fassung vom 2006-06-12. URL: http://www.payer.de/kommkulturen/kultur042.htm. [Einige Beispiele interkulturell missverständlicher Gesten] (02.05.07). – **S. 11f.:** Text 4. In: Funck, Astrid: Die Sprachingenieure. brand eins 6/2005. – **S. 12f.:** Henkel, Martin/Taubert, Rolf: Versteh mich bitte falsch! Zum Verständnis des Verstehens. Zürich: Haffmans 1991, S. 21f. – **S. 14:** Spielvorgaben für ...: Aus: Neue Geschäftspartner: Nosamduken und Ellinganer. Aus: http://www.ikkompetenz.thueringen.de/downloads/simulation_nosamduken.pdf © www.interculture.de / Fachgebiet IWK Uni Jena / Britta Opfer, Cindy Ulitzsch & Julia Zeng (02.05.07; gekürzt). – **S. 15:** Text 6. In: Süddeutsche Zeitung vom 17.05.06 (Streiflicht). – **S. 16:** Wie zeigt sich „Kultur"? In: Hofstede, Geert/Hofstede Gert Jan: Lokales Denken, globales Handeln. Interkulturelle Zusammenarbeit und globales Management (Beck-Wirtschaftsberater). Aus dem Engl. übers. von Petra Mayer und Martina Sondermann. 3., vollst. überarb. Aufl. München: Deutscher Taschenbuch Verlag 2006, S. 7f. – **S. 18:** Acikgöz, Vedat: Muslime in Deutschland. ... Aus: http://www.qantara.de/webcom/show_article.php/_c-469/_nr-340/i.html © DEUTSCHE WELLE/DW-WORLD.DE 2005 (02.05.07; gekürzt). – **S. 19f.:** „Schnupperknast" – ... Aus: http://www.zeit.de/online/2006/14/integration_stimmen? ©ZEIT online, dpa, 3.4.2006 (02.05.07; gekürzt). – **S. 21f.:** Lau, Mariam/Peter, Joachim: Bausteine der Eingliederung. Aus: http://www.welt.de/data/2006/04/06/

870493.html. Erschienen am 6.April 2006. © WELT.de 1995-2006 (02.05.07; gekürzt). – **S. 22:** Argumente strukturieren im Fünfsatz. Nach: Egle, Gert: Fünfsatz Redeplanung. Aus: http://www.teachsam.de/deutsch/d_rhetorik/disku/fuenfsatz/fuenfs_2_1.htm © teachSam 1999/2005 (02.05.07; stark verändert). – **S. 26:** Johari-Fenster. Nach: Zell, Helmut. Aus: http://www.ibim.de/techniken/6-3.htm © h.zell - 25.02.2006 (02.05.07; leicht verändert). – **S. 27:** Persönlichkeitsprofil: Nach: Peterßen, Wilhelm H.: Kleines Methoden-Lexikon. 2. Aufl. München: Oldenbourg Schulbuchverlag 2001, S. 97 (verändert). – **S. 27:** One-Minute-Paper/Rezension/Feedback-Briefe. Nach: Stangl, Werner. Aus: http://arbeitsblaetter.stangl-taller.at/KOMMUNIKATION/FeedbackPraxis.shtml ©opyright www.stangl-taller.at (02.05,07; verändert). – **S. 28:** Kohlenberg, Kerstin: Gute Freunde im Netz. Aus: http://zeus.zeit.de/text/2005/41/Jugend_2fComputer_41 © DIE ZEIT 06.10.2005 Nr. 41 (02.05.07). – **S. 28:** Wong, May: Drei Tage ohne Nachricht – eine Ewigkeit. Aus: http://www.stern.de/computer-technik/internet/533537.html?q=Schule%20Computer. Artikel vom 11. Dez. 2004 ©stern.de 1995-2007 (02.05.07). – **S. 28:** Paulsen, Susanne: Cyberkids ... Aus: http://www.spiegel.de/schulspiegel/0,1518,244085,00.html. Artikel vom 10. April 2003 ©SPIEGEL ONLINE 2003 (02.05.07). – **S. 28:** Vernetzte US-Schule: ... Aus: http://www.spiegel.de/unispiegel/studium/0,1518,371047,00.html. Artikel vom 23. August 2005 ©SPIEGEL ONLINE 2005 (02.05.07). – **S. 28:** Lau, Jörg: Spiele ohne Grenzen. Aus: http://www.zeit.de/2006/45/Titel-Computerspiele-45?page=all ©DIE ZEIT, 02.11.2006 Nr. 45 (02.05.07). – **S. 28:** Bessere Noten durch Computer? Aus: http://www.spiegel.de/schulspiegel/wissen/0,1518,397238,00.html. Artikel vom 25.1.2006 ©SPIEGEL ONLINE 2006 (02.05.07). – **S. 29:** „Mindert Computereinsatz ..." Nach: Sinn, Hans-Werner. Aus: http://www.cesifo-group.de/portal/page?_pageid=36,161420&_dad=portal&_schema=PORTAL&p_itemid=984559 © 1999-2007 ifo Institut für Wirtschaftsforschung e.V., München (stark verändert und verkürzt). – **S. 47:** Brecht, Bertolt: Rudern, Gespräche.* In: Ders.: Gesammelte Gedichte, Bd. 3. Hg. v. Suhrkamp Verlag in Zusammenarbeit mit Elisabeth Hauptmann. © Copyright Suhrkamp Verlag, Frankfurt/Main 1967 (edition suhrkamp 837), S. 1013. – **S. 48:** Walser, Robert: Manchmal habe ich so Sehnsucht.* In: Ders. Fritz Kochers Aufsätze. 3. Aufl. Copyright Insel Verlag 1904. Frankfurt/Main: Insel Verlag 1979 (insel taschenbuch 63), S. 84ff. – **S. 48:** Brecht, Bertolt: Der hilflose Knabe.* In: Ders.: Gesammelte Werke. Bd. 12. © Suhrkamp Verlag Frankfurt/Main 1967, S. 381. – **S. 50:** Walser, Johanna: Versuch mit mir. In: Dies.: Vor dem Leben stehend. Hg. v. Thomas Beckermann. Originalausgabe: Veröffentlicht im Fischer Taschenbuch Verlag Frankfurt/Main 1982. © 1982 S. Fischer Verlag, Frankfurt/Main, S. 9. – **S. 51f.:** Strauß, Botho: Im Eissalon. In: Ders.: Das Partikular. München/Wien: Carl Hanser Verlag 2000, S. 27. – **S. 53f.:** Marti, Kurt: Gehen, bleiben. In: Ders.: Wen meint der Mann? Gedichte und Prosatexte. Auswahl u. Nachwort v. Elsbeth Pulver. © für diese Ausgabe 1990 Philipp Reclam jun., Stuttgart (Universal-Bibliothek Nr. 8636), S. 30. – **S. 54f.:** Kronauer, Brigitte: Die Wiese.* In: Nach Musil. Denkformen. Hg. v. Lucas Cejpek. Wien: Turia & Kant 1992, S. 132f. – **S. 58, 256:** Brecht, Bertolt: Das Wiedersehen.* In: Ders.: Große kommentierte Berliner und Frankfurter Ausgabe. Bd. 18. Hg. v. Werner Hecht. Berlin/Weimar: Aufbau Verlag; Frankfurt/Main: Suhrkamp Verlag, S. 451. – **S. 58:** Brecht Bertolt: Herr Keuner und die Flut.* In: Ders.: Gesammelte Werke. Bd. 12. Hg. v. Suhrkamp Verlag in Zusammenarbeit mit Elisabeth Hauptmann. © Copyright Suhrkamp Verlag, Frankfurt/Main 1967. – **S. 59, 256:** Kafka, Franz: Der Steuermann. In: Ders.: Sämtliche Erzählungen. Hg. v. Paul Raabe. Copyright 1935 by Schocken Verlag, Berlin. Frankfurt/Main: Fischer Taschenbuch Verlag 1985, S. 319. – **S. 60f.:** Kunert, Günter: Die kleinen grünen Männer. In: Ders.: Tagträume in Berlin und andernorts. Kleine Prosa, Erzählungen, Aufsätze. © 1972 Carl Hanser Verlag, München. Frankfurt/Main: Fischer Taschenbuch Verlag 1974, S. 28f. – **S. 67:** Doderer, Heimito von: Die Merowinger oder Die totale Familie. München: Deutscher Taschenbuch Verlag 1965 (=TB 281). Lizenz d. Biederstein Verlag, S. 120f. – **S. 68:** Gernhardt, Robert: Zögern. In: Klappaltar. Zürich: Haffmans Verlag 1998, S. 13. – **S. 68:** Heine, Heinrich: Ich weiß nicht, ... In: Lutz Görners Heinrich-Heine-Lesebuch. Köln: Görners Reziteater 1999, S. 8. – **S. 69:** Platen, August von: Wie rafft' ... In: Ders.: Meine deutschen Gedichte. Seelze: Kallmeyer 1999, S.25498. – **S. 69:** Eichendorff, Joseph von: Sehnsucht. In: Ders.: Werke und Schriften. Bd. 1.: Gedichte. Epen. Dramen. Hg. v. Gerhart Baumann. Stuttgart: Cotta 1953. – **S. 70:** Kästner, Erich: Entwicklung der Menschheit. In: Ders.: Doktor Erich Kästners Lyrische Hausapotheke. Sonderausgabe. 2. Aufl. Stuttgart/München: Deutsche Verlagsanstalt 2000, S. 68f. – **S. 70:** Kästner, Erich: Sinn und Wesen der Satire. In: Ders.: Kästner für Erwachsene. Zürich: Atrium Verlag 1966, S. 383. © Atrium Verlag, Zürich. – **S. 71:** Tucholsky, Kurt: Rechenaufgaben. In: Ders.: Justitia schwooft! Schriften zum deutschen Justizalltag. 3. Aufl. Frankfurt/Main: Büchergilde Gutenberg 1990, S. 130. – **S. 73, 75:** Vanderbeke, Birgit: Sweet Sixteen. Frankfurt/Main: S. Fischer Verlag 2005, Klappentext, S. 7f. – **S. 73, 74, 76f., 78, 80, 81, 82, 82f., 83f., 85:** Simmons, Charles: Salzwasser. 5. Aufl. Übers. v. Susanne Hornfeck. München: Deutscher Taschenbuch Verlag 2003. ©1998 Charles Simmons. ©1999 der deutschsprachigen Ausgabe: C.H. Beck'sche Verlagsbuchhandlung, München: Klappentext, S. 9, 23f., 136, 10f., 12f., 53, 13-17, 25f., 131f. – **S. 73:** „Aufgewachsen in dem ..." Aus: http://www.amazon.de/Neue-Vahr-S%C3%BCd-Roman-Regener/dp/product-description/3442459915 © 1998-2007, Amazon.com, Inc. und Tochtergesellschaften (01.10.07). – **S. 74f.:** Regener, Sven: Neue Vahr Süd. Frankfurt/Main: Eichborn Verlag 2004, S. 7. – **S. 88ff.:** Mann, Thomas: Die Buddenbrooks. © 1960/1974 S. Fischer Verlag, Frankfurt/Main. Frankfurt/Main: Fischer Taschenbuch Verlag 1989, S. 323. – **S. 92:** Timm, Uwe: Rot. 4. Aufl. 2004. München: Deutscher Taschenbuch Verlag. © 2001 Verlag Kiepenheuer &Witsch, Köln, S. 7f. – **S. 94, 96f., 98, 99, 99f., 101, 102, 105, 105f., 107f., 108, 108f.:** Gombrowicz, Witold: Yvonne, die Burgunderprinzessin. Dt. v. Heinrich Kunstmann. 5. Aufl. Frankfurt/Main: Fischer Taschenbuch Verlag 2005. © 1964 S. Fischer Verlag, Frankfurt/Main,

Textquellenverzeichnis

S. 37, 39f., 41f., 42, 45f., 47f., 50, 54ff., 73f., 33f., 34, 104f. – **S. 95:** Breth, Andrea: Wohin treibt das Theater. In: Theater heute 12/04, S. 17. – **S. 103 u. 209:** Technik der Figurencharakterisierung. Nach: http://www.literaturwelt.com/analyse/dramatik/figurencharakterisierung.html (06.09.07). – **S. 111:** Gombrowicz, Witold: Eine Art Testament. Gespräche und Aufsätze. (Gespräche mit Dominique de Roux 1968.) Gesammelte Werke Bd. 13. Aus dem Polnischen und Französischen von Rolf Fieguth/Walter Tiel/Renate Schmidgall. München: Carl Hanser Verlag 1996, S. 7ff., S. 29, S. 297. – **S. 112f.:** Hammerstein, Dorothee: Vive la France. Die Saison in Paris mit Höhepunkten, Überraschungen und einer echten Entdeckung. (Absatz über Gombrowicz: Yvonne, die Burgunderprinzessin.) In: Theater heute 1/1999, S.8f. – **S. 114ff.:** Schiller, Friedrich: Kable und Liebe. Stuttgart: Philipp Reclam Jun. 1986 (= Universal-Bibliothek Nr. 33), S. 76ff. Text folgt: Friedrich Schiller: Sämtliche Werke. Säkular-Ausgabe in sechzehn Bänden. Bd. 3. Hg. v. Erich Schmidt. Stuttgart/Berlin: Cotta 1905. – **S. 120:** Fleming, Paul: Wie er wolle geküsset sein. In: Ders.: Deutsche Gedichte. Hg. v. Johann M. Lappenberg. Stuttgart: Literarischer Verein 1865 (Nachdruck 1965). – **S. 120:** Goethe, Johann Wolfgang von: Ganymed. In: Ders.: Werke Bd. 1: Gedichte und Epen. 11. Aufl. Hg. v. Erich Trunz (Hamburger Ausgabe). München: Beck Verlag 1978. – **S. 122:** Opitz, Martin: Ach Liebste, ... In: Ders.: Teutsche Poemata. Abdruck der Ausgabe von 1624. Hg. v. Georg Witkowski. Halle/Saale: Niemeyer 1902. – **S. 125:** Zesen, Philipp von: Das Sechste Lied. In: Ders.: Sämtliche Werke, Bd. 2, Lyrik, Teil 2. Hg. v. Ferdinand van Ingen. Berlin/New York: de Gruyter 1984. – **S. 127:** Hoffmannswaldau, Christian Hoffmann von: Vergänglichkeit der Schönheit. In: Deutsche Übersetzungen und Gedichte. Breslau: Fellgibel 1679 (Nachdruck 1984). – **S. 128:** Gryphius, Andreas: Überschrift an dem Tempel der Sterblichkeit. In: Andreas Griphen: Teutsche Reim-Gedichte. Frankfurt/Main: Hüttner 1650, S. 174. – **S. 129:** Weiße, Christian Felix: Der Kuss. In: Deutsche Liebeslyrik. Hg. v. Hans Wagener. © 1982, 1995 Philipp Reclam jun., Stuttgart, revidierte Ausgabe 1995 (Universal-Bibliothek Nr. 7759), S. 109. – **S. 130:** Voß, Johann Heinrich: Frühlingsliebe. In: Deutsche Liebeslyrik. Hg. v. Hans Wagener. © 1982, 1995 Philipp Reclam jun., Stuttgart, revidierte Ausgabe 1995 (Universal-Bibliothek Nr. 7759), S. 122. – **S. 131:** Herder, Johann Gottfried: Forderung nach einer neuen Art der Dichtung. Auszug aus einem Briefwechsel über Ossian und die Lieder alter Völker. (1773). In: Sturm und Drang. Kritische Schriften. Hrsg. v. Erich Löwenthal. Heidelberg: L. Schneider Verlag 1972, S. 533. – **S. 132:** Wagner, Heinrich Leopold/Lavater, Johann Kaspar/Jacquin, Gottfried von. – **S. 133:** Hamann, Johann Georg. – **S. 134:** Goethe, Johann Wolfgang von: Mailied. In: Ders.: Werke. Bd. 1: Gedichte u. Epen. Hg. v. Erich Trunz. (Hamburger Ausgabe). 11. Aufl. München: C.H. Beck Verlag 1978. – **S. 137:** Goethe, Johann Wolfgang von: Willkommen und Abschied. In: Sämtliche Werke. Bd. 3.2. Hrsg. v. Karl Richter. München: Carl Hanser Verlag 1990, S. 15f. – **S. 140ff.:** Goethe, Johann Wolfgang von: Die Leiden des jungen Werther. In: Ders.: Werke. Band 6: Romane und Novellen. Hg. v. Erich Trunz (Hamburger Ausgabe). 13. durchges. u. erw. Aufl. München: C.H. Beck Verlag 1993 (Auszüge). – **S. 144, 146:** Kerner, Charlotte: Blueprint. Blaupause. 6. Aufl. Weinheim: Beltz & Gelberg 2006, Klappentext, Nachwort (von 2001). – **S. 144:** Rabisch, Birgit: Duplik Jonas 7. München: Deutscher Taschenbuch Verlag 1995. ©1992 Bitter-Verlag, Recklinghausen, Klappentext. – **S. 145:** Klonen. Aus: http://www.polixea-portal.de/index.php/Lexikon/Detail/id/72687/name/Klonen. Stand: 9. Okt. 2001 © 2007 Polixea Portal (04.05.07). – **S. 145:** Haefner, Klaus: Das Ende der genetischen Lotterie. In: Frankfurter Rundschau vom 3. April 1997. – **S. 150:** Text 3. Kamphaus, Franz. In: Politik betrifft uns, Nr. 2/2002: Stammzellenforschung. – **S. 151:** Text 4. Birnbach, Dieter. In: Politik betrifft uns, Nr. 2/2002: Stammzellenforschung. – **S. 152f.:** Text 5. Kues, Hermann. Rede im Deutschen Bundestag, 214. Sitzung, Berlin, Mittwoch, den 30. Jan. 2002, Plenarprotokoll 14/214 (neu). Aus: http://dip.bundestag.de/btp/14/14214.pdf (04.05.07). – **S. 153f.:** Text 6: Reiche, Katharina. Rede im Deutschen Bundestag, 214. Sitzung, Berlin, Mittwoch, den 30. Jan. 2002, Plenarprotokoll 14/214 (neu). Aus: http://dip.bundestag.de/btp/14/14214.pdf (04.05.07). – **S. 155ff.:** Haefner, Klaus: Klone unter uns. In: Frankfurter Rundschau vom 29.01.98. – **S. 166, 169, 172f.:** Die Truman Show. Das Drehbuch. Vorwort u. Anmerk. v. Andrew Niccol/Einleitung v. Peter Weir. Aus dem Amerik. übersetzt v. Beate Veldtrup. © 1998 by Paramount Pictures. © für die dt. Ausgabe Fischer Taschenbuch Verlag, Frankfurt/Main 1998, S. 105ff. – **S. 170:** Bewegungsrichtungen und Handlungsachsen. Nach: www.schule-macht-film.de (04.05.07). – **S. 171:** Licht und Tongestaltung. Nach: www.schule-macht-film.de (04.05.07). – **S. 175f.:** Streit, Alexander von/Weichert, Stephan A.: War of the (media) Worlds. In: Cover 5/05, S. 3. – **S. 176:** Kummer, Tom: Die Matrix der Wirklichkeitsentwürfe. In: Cover. Medienmagazin. 5/05, S. 12. – **S. 177f.:** Rötzer, Florian: Eine gesäuberte Version vom Krieg. In: Telepolis vom 13.11.03. URL: http://www.heise.de/tp/r4/artikel/16/16065/1.html © Heise Zeitschriften Verlag, Hannover (04.05.07). – **S. 178:** Stahr, Volker S.: Die unsichtbare Masse. In: Rheinischer Merkur, Nr. 34 vom 25.08.05. – **S. 180f.:** Ampelspiel/Expertenpodium: Nach: Brenner, Gerd: Methodentraining: Projekt Medien und Meinungsbildung (Reihe „Kursthemen Deutsch"). Hrsg. v. Dietrich Erlach und Bernd Schurf © Cornelsen Verlag Berlin 2002, S. 17, S. 51 (verändert). – **S. 181:** Aquarium/Blitzlicht/3 mal 3-Feedback/Feedback-Zielscheibe: Nach: Peterßen, Wilhelm H.: Kleines Methoden-Lexikon. 2. Aufl. München: Oldenbourg Schulbuchverlag 2001, S. 38f., 47, 95ff. (alle verändert). – **S. 182:** Domin, Hilde: Wort und Ding. In: Dies.: Gesammelte Gedichte. 3. Auflage. © 1987 S. Fischer Verlag, Frankfurt/Main. – **S. 183:** Dick, Alexander: Mundarttheater in Landwasser. In: Badische Zeitung vom 11.01.2007. – **S. 184:** Kühne, Norbert: Wie Kinder Sprache lernen. Grundlagen – Strategien – Bildungschancen. Darmstadt: Primus-Verlag 2003, S. 25f. – **S. 184f.:** Dittmann, Jürgen: Der Spracherwerb des Kindes. Verlauf und Störungen. München: C.H. Beck Verlag 2002, S. 112f. – **S. 186:** Text 3. Aus: http://www.muttersprachererwerb.de/kurzdar1.htm. Autor:

Bernd Reimann ©1998-2007 (02.05.07). – **S. 187:** Bichsel, Peter: Ein Tisch ist ein Tisch. In: Ders. Kindergeschichten. Lizenz des Luchterhand-Verlags, Neuwied, Berlin. Frankfurt/Main: Suhrkamp Verlag 1997, S. 21ff. – **S. 189f.:** Henkel, Martin/Taubert, Rolf: Versteh mich bitte falsch! Zum Verständnis des Verstehens. Zürich: Haffmans 1991, S. 75ff. – **S. 191:** Hog, Martin: Was ist Arbeit. In: Sichtwechsel. Elf Kapitel zur Sprachsensibilisierung. Stuttgart: Ernst Klett Verlag 1991, S. 22. – **S. 193f.:** Matzen, Raymond: Säsene. In. Der.: Dichte isch Bichte. Gedichte in Strassburger Mundart. Einf. Georges Zink. Zeichn. Robert Küven. Kehl: Morstadt 1980, S. 72f. – **S. 195f.:** Zuckmayer, Carl: Der Hauptmann von Köpenick. Lizenzausgabe des S. Fischer Verlages, Frankfurt/Main. Frankfurt/Main: Fischer Taschenbuch Verlag 1983, S. 12f. – **S. 197:** Luther, Martin: Aus dem „Sendbrief vom Dolmetschen". In: Luther Deutsch. Die Werke Martin Luthers in neuer Auswahl für die Gegenwart. Bd. 5: Die Schriftauslegung. Hg. v. Kurt Aland. 2. erweiterte u. neubearbeitete Aufl. Stuttgart: Ehrenfried Klotz Verlag / Göttingen: Vandenhoeck & Ruprecht 1963, S. 83f. – **S. 197f.:** Fortsetzung. In: Luther, Martin: Luthers Werke, Kritische Gesamtausgabe (Weimarer Ausg.) Bd.30. Weimar: Böhlau/Graz: Akademische Druck- und Verlagsanstalt 1964, S. 636 ff. – **S. 198:** Martin Luther und die Entstehung der deutschen Schriftsprache. In: dtv-Atlas zur deutschen Sprache. Hg. v. Werner König. München: Deutscher Taschenbuch Verlag, S. 97. – **S. 201:** nichtschwimmer. In: Badische Zeitung vom 22.11.06, S. 15, Gewinnerkurzgeschichte von der vierzehnjährigen Paulien Schmid im Schreibwettbewerb des Literaturbüros Freiburg. – **S. 202:** Olt, Reinhard: Tzimbar lentak – das Zimbrische lebt. In: Frankfurter Allgemeine Zeitung vom 30.08.06. – **S. 203:** „En wönter vil schnea ..." In: a.a.O. (= Fortsetzung).

Trotz entsprechender Bemühungen ist es nicht in allen Fällen gelungen, den Rechteinhaber ausfindig zu machen. Gegen Nachweis der Rechte zahlt der Verlag für die Abdruckerlaubnis die gesetzlich geschuldete Vergütung.

Bildquellenverzeichnis

Umschlag-Vorderseite: (1) aus: R. Reuß/P. Staengele, Franz Kafka, Hirstorisch-kritische Ausgabe sämtlicher Handschriften, Drucke und Typoskripte, © 1995 Stroemfeld Verlag, Basel/Frankfurt, S. 77; (2) Münchner Stadtmuseum/Fotomuseum; (3) Dorothee Mahnkopf. **Umschlag-Rückseite:** (1) Monika Horstmann; (2) Ullstein Bild/Andree. Seite 7: (1) Karger-Decker/Interfoto; (2) picture-alliance/KPA/HIP/Ann Ronan Picture Library; (3) Friedemann Schulz von Thun, „Miteinander reden 1. Störungen und Klärungen. Allgemeine Psychologie der Kommunikation" © 1981 by Rowohlt Taschenbuch Verlag GmbH, Reinbek bei Hamburg. Seite 9: picture-alliance/Bildagentur Huber. **Seite 15:** Spiegel special „Die Deutschen". **Seite 17:** picture-alliance/dpa/dpaweb. **Seite 19:** Plakat zur Ausstellung im Zeitgeschichtlichen Forum © JahnDesign, Fotos: Ullstein, Keystone. **Seite 32:** picture-alliance/dpa. **Seite 34:** (1, 2) picture-alliance/dpa. **Seite 49:** akg-images. **Seite 50:** picture-alliance/dpa. **Seite 52:** ullstein/Würth GmbH/Swiridoff. **Seite 53:** picture-alliance/dpa/dpaweb. **Seite 54:** picture-alliance/dpa. **Seite 58:** Karger-Decker/Interfoto. **Seite 59:** akg-images/Archiv Klaus Wagenbach. **Seite 60:** Isolde Ohlbaum. **Seite 67:** picture-alliance/dpa. **Seite 68:** (1) picture-alliance/dpa; (2) akg-images. **Seite 69:** akg-images. **Seite 70:** akg-images/Stefan Moses. **Seite 71:** Interfoto. **Seite 72:** (1) © C. H. Beck; (2) S. Fischer Verlag; (3) Goldmann/Random House. **Seite 74:** © C. H. Beck; (2) ullstein/Teutopress. **Seite 75:** picture-alliance/dpa/dpaweb. **Seite 79:** © C. H. Beck. **Seite 88, 89:** akg-images. **Seite 92:** picture-alliance/dpa/dpaweb. **Seite 94:** (1) ullstein/Garthe; (2) picture-alliance/dpa; (3) keystone. **Seite 95:** ullstein/Zemann. **Seite 98, 99:** Ute Leube-Dürr. **Seite 100:** (1) picture-alliance/ZB; (2) ullstein-dpa; (3) picture-alliance/Schröwig/Eva Örtwig; (4) picture-alliance/dpa. **Seite 104:** Ute Leube-Dürr. **Seite 107, 108** (1): Ute Leube-Dürr. **Seite 108:** (2) aus „Theater heute 8/92" S. 18. **Seite 111:** ullstein/Garthe. **Seite 114:** akg-images. **Seite 117:** Cinetext/OZ. **Seite 120, 121, 125, 127, 128:** akg-images. **Seite 129:** (1) akg-images; (2) VG Bild-Kunst, Bonn 2007. **Seite 130,131:** akg-images. **Seite 132:** (1) picture-alliance/akg-images; (2) ullstein bild. **Seite 133, 134, 135, 141, 142:** akg-images. **Seite 143:** Goethe-Museum, Düsseldorf. **Seite 144:** (1) Beltz & Gelberg in der Verlagsgruppe Beltz, Weinheim & Basel; (2) Birgit Rabisch: Duplik Jonas 7 © für das Coverfoto von Jan Röder: 1998 Deutscher Taschenbuch Verlag, München. **Seite 145, 147:** picture-alliance/Picture Press/Camera Press. **Seite 148, 149** (1): Globus Infografik. **Seite 149:** (2) Gabor Benedek. **Seite 153:** picture-alliance/dpa. **Seite 156:** picture-alliance/ZB. **Seite 158:** picture-alliance/dpa. **Seite 164, 165, 166:** cinetext. **Seite 168:** picture-alliance/dpa. **Seite 171:** picture-alliance/dpa/dpaweb. **Seite 172:** defd-pwe Verlag. **Seite 174:** picture-alliance/KPA/CB/Tammie Arroyo. **Seite 176:** SV-Bilderdienst. **Seite 177:** Reuters/Corbis. **Seite 182:** (1) Picture Press/Marina Raith; (2) plainpicture/P. Usbeck; (3) Vario Images; (4) mauritius images/Matthias Tunger; (5) Peter Wirtz, Dormagen. **Seite 183, 194, 195** (1), **199:** Werner König: dtv-Atlas Deutsche Sprache. Grafiken von Hans-Joachim Paul. © 1978, 1994 Deutscher Taschenbuch Verlag, München. **Seite 185:** picture-alliance/dpa. **Seite 186:** Picture Press/Marina Raith. **Seite 187:** ullstein bild. **Seite 188:** (1) picture-alliance/akg-images; (2) aus: Studienbuch Linguistik, Max Niemeyer Verlag, Tübingen. **Seite 193:** akg-images. **Seite 195:** picture-alliance/dpa. **Seite 197:** picture-alliance/akg-images.

VG Bild-Kunst, Bonn 2007: S. 129.

Trotz entsprechender Bemühungen ist es nicht in allen Fällen gelungen, den Rechtsinhaber ausfindig zu machen. Gegen Nachweis der Rechte zahlt der Verlag für die Abdruckerlaubnis die gesetzlich geschuldete Vergütung.

Impressum

Text 5, S. 58 **Das Wiedersehen*** (Schluss) BERTOLT BRECHT

„Oh!" sagte Herr K. und erbleichte.

* Der Text ist nicht der neuen Rechtschreibung angepasst.

Text 7, S. 59 **Der Steuermann** (Schluss) FRANZ KAFKA

Was ist das für ein Volk! Denken sie auch oder schlurfen sie nur sinnlos über die Erde?

Das Papier ist aus chlorfrei gebleichtem Zellstoff hergestellt, ist säurefrei und recyclingfähig.

© 2008 Oldenbourg Schulbuchverlag GmbH, München
www.oldenbourg-bsv.de

Das Werk und seine Teile sind urheberrechtlich geschützt. Jede Nutzung in anderen als den gesetzlich zugelassenen Fällen bedarf der vorherigen schriftlichen Einwilligung des Verlages. Hinweis zu § 52 a UrhG: Weder das Werk noch seine Teile dürfen ohne eine solche Einwilligung eingescannt und in ein Netzwerk eingestellt werden. Dies gilt auch für Intranets von Schulen und sonstigen Bildungseinrichtungen.

Der Verlag übernimmt für die Inhalte, die Sicherheit und die Gebührenfreiheit der in diesem Werk genannten externen Links keine Verantwortung. Der Verlag schließt seine Haftung für Schäden aller Art aus. Ebenso kann der Verlag keine Gewähr für Veränderungen eines Internetlinks übernehmen.

1. Auflage 2008 R 06
Druck 12 11 10 09 08
Die letzte Zahl bezeichnet das Jahr des Drucks.

Alle Drucke dieser Auflage sind untereinander und
im Unterricht nebeneinander verwendbar.

Umschlagkonzept: Mendell & Oberer, München
Umschlag: groothuis, lohfert, consorten GmbH, Hamburg
Umschlagillustration: Monika Horstmann, Hamburg; Dorothee Mahnkopf, Berlin
Lektorat: Annabella Beyer, Anne-Kathrein Schiffer, Monika Renz (Assistenz)
Herstellung: Constanze Müller
Illustration: Dorothee Mahnkopf, Berlin
Satz und Reproduktion: artesmedia GmbH, München
Druck: Stürtz GmbH, Würzburg

ISBN 978-3-486-**17360**-4
ISBN 978-3-637-**17360**-6 (ab 1.1.2009)